Michaela Karl • »Ich brauche einen Liebhaber,
der mich am Denken hindert«

MICHAELA KARL

Ich brauche einen Liebhaber, der mich am Denken hindert

KATHERINE MANSFIELD

Eine Biografie

btb

In Memoriam
meiner geliebten Mutter
Christl Karl
(1946–2007)

Dedicated to
Rosalie »Robin« Danehy (1927–2021)
as a remembrance to the wonderful
time in Cambridge, where we met
the Bloomsbury Group for the first time.

»I only know that you may lie
Day long and watch the Cambridge sky,
And, flower-lulled in sleepy grass,
Hear the cool lapse of hours pass,
Until the centuries blend and blur
In Grantchester, in Grantchester.«

(Rupert Brooke, *The Old Vicarage, Grantchester*,
Café des Westens, Berlin, Mai 1912)[1]

»Ich weiß nicht, wer ich bin;
ich bin nicht, was ich weiß;
ein Ding und nicht ein Ding,
ein Stüpfchen und ein Kreis.«

(Angelus Silesius)

Inhalt

Prolog: Der Blick durch den Zaun 11

»Eines kann ich nicht ertragen, und das ist Mittelmaß!«
I. Ein ungeschliffener Diamant
oder Kass von den Beauchamps 37

»Das ist meine Welt!«
II. Eine fantasiebegabte Wahrheitsdichterin
oder Weiße Gardenien für Oscar Wilde 75

»Großer Gott, was für eine langweilige Gesellschaft!«
III. Ein Albtraum in Neuseeland
oder Ein Zelt auf dem Trafalgar Square 105

»Wir sind so eine glückliche Familie, seit mein Mann gestorben ist.«
IV. Die Verlockungen von Babylondon
oder Rendezvous mit Pfarrer Kneipp 141

»Ich liege auf dem Fußboden und rauche und lausche.«
V. Launenhafte Stunden
oder Die veränderliche Währung der Jugend 173

»*Morgens, so um zehn Uhr dreißig, fange ich an, mich zu erneuern*«
VI. Die Katze im Burberry-Mantel
oder Die ominöse Sexualität der Bäume   **219**

»*Alle paaren sich, von den Möpsen und Pfauen bis hin zu Ott und dem Premierminister.*«
VII.   Verpatzte Teestunde mit E. M. Forster
oder Die Verschwörung der Außenseiter   **259**

»*Am besten ist es, im Bett zu bleiben und von da aus widerwärtig zu sein.*«
VIII. Wie eine Fliege in der Milch
oder Die Liebe Montagnacht um Viertel vor zwölf   **301**

»*Ich wäre gern ein Krokodil – die einzige Kreatur, die nicht hustet.*«
IX. Elizabeths Levkojen
oder Die Symptomatik bei Schädelbasisbruch   **341**

»*An der Pforte des Himmels ruft ein grimmiger Engel: ›Schwindsüchtige nach rechts.‹*«
X. Die Existenz des Schmarotzers
oder Die Angst im Warteraum   **377**

Epilog: Das Blühen des Selbst   **417**

> *Land of Hope and Glory,*
> *Mother of the Free,*
> *How shall we extol thee,*
> *Who are born of thee?«*

(M: Edward Elgar/T: Arthur C. Benson)

Prolog: Der Blick durch den Zaun

Excuse me please, eine Frage: Wer gehört für Sie zu den bedeutendsten Briten?

Queen Elizabeth oder Queen Victoria? Paddington Bär oder Winnie the Pooh? Winston Churchill oder Emmeline Pankhurst? Richard III. oder Lady Macbeth? Agatha Christie oder Ian Fleming? Jane Austen oder die Brontë-Schwestern? Sherlock Holmes oder James Bond? Laura Ashley oder Mary Quant? David Bowie oder David Beckham? Mr Darcy oder Ebenezer Scrooge? Die Beatles oder die Sex Pistols? Shakespeare oder Dickens? Vielleicht ja auch George Orwell, der seine Landsleute dereinst so trefflich beschrieb: »Die Freundlichkeit der englischen Zivilisation ist vielleicht ihr ausgeprägtestes Merkmal. Man merkt es sofort, wenn man englischen Boden betritt. Es ist ein Land, in dem die Busschaffner gutmütig sind und Polizisten keine Revolver tragen. In keinem Land (…) ist es einfacher, Leute vom Bürgersteig zu schubsen.«²

Nun, für mich gehört in die Riege der bedeutendsten Briten unzweifelhaft die Duchess of Bedford. Die Hofdame Queen Victorias gilt als Erfinderin des Afternoon Tea. Weil der Herzogin zwischen Lunch und Dinner oft etwas flau im Magen war, bat sie ihre Zofe, ihr am späten Nachmittag immer Tee mit Gebäck zu servieren. Bald pflegte sie zu diesen Teestunden Gäste einzuladen, die wiederum davon so begeistert waren, dass sie ihrerseits Teestunden abhielten und sich so still und heimlich eine Tradition entwickelte, für die die Engländer bis heute weltberühmt sind: die nachmittägliche Tea Time, bevorzugt zwischen vier und fünf Uhr. Noch immer wird diese Auszeit von der Hektik des Tages bevorzugt mit Sandwiches, Scones samt Marmelade und Clotted Cream sowie kleinem Gebäck genossen. Mir selbst bringt nichts auf der Welt England so nahe wie der Duft von Bergamotte und das Klappern von feinem Porzellan. Und deshalb würde ich Sie heute gern zu einer Teestunde einladen, zu einer Teestunde mit Katherine Mansfield, einer der bedeutendsten Schriftstellerinnen des 20. Jahrhunderts und so ganz nebenbei eine echte Herausforderung für alle, die sich ihr nähern wollen – damals wie heute. Denn auch wenn die Wegbereiterin der modernen englischen Short Story heutzutage von Leserinnen weltweit verehrt wird, so war die gebürtige Neuseeländerin zu ihren Lebzeiten vor allem eins: unbeliebt.

Doch lassen Sie sich davon bitte nicht irritieren. Abgesehen davon, dass die Spröden oftmals die Interessanten sind, lohnt es sich in vielerlei Hinsicht, auf Katherine Mansfields Spuren durch London zu wandeln, und das nicht nur, weil die britische Hauptstadt um 1900 die größte Metropole der Welt war. Sie könnten Virginia Woolf, T. S. Eliot, Bertrand Russell und D. H. Lawrence zu einem Plausch im Palm Court, dem Tearoom des neueröffneten Hotel Ritz am Piccadilly, treffen. Oder Katherine Mansfield und ihre Freunde am Wochenende im offenen Automobil nach Garsington Manor begleiten, dem Landsitz von Lady Ottoline Morrell, um morgens Tennis, nachmittags Krocket und abends Scharade zu spielen. Sie könnten zusammen mit Katherine in der Great Marlborough Street bei Liberty vorbeischauen, um zu sehen, ob neue Stoffe eingetroffen sind, oder in Knightsbridge durch die Feinkostabteilung von Harrods bummeln. Das Kaufhaus wurde nach einem verheerenden Brand erst vor Kurzem neu eröffnet. Für den Abend würde ich Ihnen Bernard Shaws neustes Stück ans Herz legen. Mrs Patrick Campbell spielt darin eine gewisse Eliza Doolittle. Und auch J. M. Barrie, der Lieblingsautor der Edwardians, soll etwas Neues geschrieben haben. Es nennt sich *Peter Pan*. Vielleicht bekommen Sie ja auch Karten für Nellie Melba oder Enrico Caruso, und Sie würden selbstverständlich Zeuge, wie Aston Webb, der Architekt des Victoria and Albert Museum, die östliche Hauptfassade des Buckingham Palace neu gestaltet. Den imperialen Soundtrack zu Ihrer kleinen Zeitreise liefert natürlich kein geringerer als Edward Elgar, der britische Komponist der Jahrhundertwende schlechthin. Sein »Land of Hope an Glory« gilt bis heute als inoffizielle britische Nationalhymne. Überzeugt? Na dann, viel Vergnügen im Babylon der Moderne.

Dass Sie und ich bei all dem Trubel nur Zaungäste sein können, ist in diesem Fall durchaus von Vorteil. Denn auf unserer Seite des Zauns steht auch Katherine Mansfield, die Frau mit den vielen Gesichtern: überragende Dichterin, Kritikerin, Schriftstellerin, Übersetzerin und Herausgeberin, zugleich aber auch trotzige Tochter, lästige Pubertierende, verzweifelt Liebende, alles verschlingende Freundin, eifersüchtige Kollegin, Urbanista, Kolonistin, neue Frau, Modernistin, Komödiantin, tragische Heldin, Skandalnudel, Geliebte, Rachsüchtige, Ehefrau und Kranke. Ihre Freunde beschrieben Katherine als ehrgeizig und wagemutig, humorvoll und bitter, verletzlich, aber auch verletzend, vor allem aber als ungeheuer launisch: »Ihre Stimmungswechsel geschahen schnell und waren verwirrend, ein Augenblick konnte durch eine unpassende Bemerkung plötzlich in beißenden Zorn umschlagen; wie beißend der Zorn sein konnte, wissen nur diejenigen, die ihn selbst erlebt haben. Katherine hatte eine Zunge wie ein Messer, sie konnte einem damit das bloße Herz herausschneiden, um im nächsten Moment ihre grandiose Grausamkeit zu bereuen. Sie konnte so grausam sein. Sie zeigte keinerlei Toleranz gegenüber Dummen oder Langsamen. Ihr Geist war schnell, so klar und den Gedanken und Gesprächen der anderen so weit voraus; wenn sie ihr hinterherhinkten, wurde sie ungeduldig, gelangweilt und schließlich wütend.«[3] Mit ihrem Verhalten stieß Katherine Mansfield ihre Umgebung oft vor den Kopf, und doch hatte sie viele Freunde, die unbeirrt an ihr festhielten. Freunde, die sie zueinander stets auf Distanz hielt, denn Katherine bevorzugte Exklusivität in ihren Beziehungen und konnte zudem nicht riskieren, dass ihre vielen Lügen aufflogen. Sie changierte stets zwischen dem Bedürfnis nach Nähe und dem Wunsch nach Alleinsein. Angewidert von der Gesellschaft, hasste sie es dennoch, einsam, isoliert und hilflos zu sein, gleich einem Kind, das sich zu Tode fürchtet. Sie, die lebenslang eine Außenseiterin blieb, galt auch bei Menschen, die ihr gewogen waren, als »schwieriger Charakter«. Andere bezeichneten sie, weit weniger diplomatisch, als arrogant, hinterhältig und bösartig. Einerseits hochsensibel, pflegte sie auszuteilen wie keine Zweite. Sie konnte charmant, liebenswürdig und mitfühlend sein und hatte trotz ihres unbestreitbaren Talents den Ruf einer Blenderin. Von Kindheit an von Identitätsproblemen geplagt, schwindelte sich Katherine Mansfield auf der Suche nach ihrem wahren Ich durchs Leben. Da sie ohnehin nicht wusste, wer sie war, fand sie nichts dabei, sich wieder und wieder neu zu erfinden. Bereits in jungen Jahren erschuf die Frau mit den zahlreichen Spitznamen und Pseudonymen, die immer wieder ihren Namen änderte, die Kunstfigur Katherine Mansfield. Um mehr über sich herauszufinden, schlüpfte sie in verschiedene Rollen und beobachtete dabei ganz genau die Reaktionen ihrer Mitmenschen. Ihre enge Freundin, die Malerin Dorothy Brett, erinnert sich: »Katherine nahm Jobs an – merkwürdige Jobs –, nur um Erfahrungen zu sammeln. Aus demselben Grund ging sie auch oft eigenartige Beziehungen zu anderen Menschen ein. Ihr größtes Vergnügen war ein Rollenspiel, bei dem sie jemand anders war. Sie schlüpfte so tief in ihre Rolle hinein, bis sie selbst nicht mehr wusste, wer und was sie war.«[4] Katherine auf der Suche nach sich selbst fand es unerlässlich, Grenzen zu überschreiten: »Möchtest Du nicht gern alle Arten des Lebens ausprobieren – eines ist doch sehr klein. (…) Das ist das Befriedigende beim Schreiben – man kann so viele Menschen verkörpern.«[5]

Wenn Katherine schrieb, so pflegte sie nicht über die Dinge zu schreiben, sie pflegte sich in die Dinge zu verwandeln, ja mehr noch: »Wenn ich an den Apfelständen vorbeikomme, muss ich einfach stehen bleiben und sie anschauen, bis ich das Gefühl habe, ich selbst verwandle mich auch in einen Apfel – und dass ich jeden Moment vielleicht einen Apfel hervorziehe, wie durch ein Wunder, aus mir selbst heraus, wie der Zauberer ein Ei hervorzieht. (…) Wenn ich über Enten schreibe, dann schwöre ich, dass ich eine weiße Ente mit einem runden Auge bin und auf einem mit gelben runden Tupfen eingefassten Teich gleite und gelegentlich auf die andere Ente mit dem runden Auge zuschieße, die neben mir auf dem Kopf schwimmt. Ja, dieser ganze Prozess der Entenwerdung ist so erregend, dass ich kaum atmen kann, wenn ich nur daran denke. Denn obwohl die meisten nicht weiter gelangen können, ist das eigentlich erst das ›Prélude‹. Es folgt der Augenblick, da Du mehr Ente bist, mehr Apfel oder mehr Natascha, als jedes dieser Objekte überhaupt jemals sein könnte, und so erschaffst Du sie neu.«[6] Katherine konnte in ihrer Fantasie verschwinden, konnte in ihren Figuren, einem Tier oder der Natur vollends aufgehen. Im wahren Leben aber war sie zerrissen: Selbstbewusst und vollkommen von sich überzeugt, achtete sie sich selbst dennoch am geringsten. Oft hasste sie, was sie eigentlich liebte, wollte autark sein und doch zu jemandem gehören. Sie liebte leidenschaftlich: Frauen wie Männer, ihre Katzen und ihre japanische Puppe Ribni, die sie durch halb Europa schleppte. Zugleich war »Hass« eine ihrer vorherrschenden Emotionen. Sie umgab sich gern mit Luxus. Dienstboten, teure Kleidung, Zigaretten, Parfum, Reisen und Wochenendeinladungen betrachtete sie als absolut angemessen für die Tochter eines Bankiers. Dass sie so oft pleite war, empfand sie hingegen als ausgesprochen ungerecht. Die große Briefeschreiberin sah keinerlei Notwendigkeit darin, zumindest in ihren Briefen bei der Wahrheit zu bleiben. Am liebsten machte sie sich zur Heldin ihres eigenen Lebensromans. Sich ihrer literarischen Bedeutung einerseits und ihrer Fehler andererseits durchaus bewusst, ordnete sie an, nach ihrem Tod alles zu vernichten, was ihrem Ruf als Mensch und Schriftstellerin schaden könnte.

Nichts ging Katherine Mansfield über die Freiheit, eigene Entscheidungen zu treffen. In diesem Sinne war sie, die Neuseeländerin, eine wahrhafte Britin, ganz im Sinne George Orwells: »Wir sind ein Volk von Blumenliebhabern, aber auch ein Volk von Briefmarkensammlern, Taubenliebhabern, Hobbyschreinern, Couponschneidern, Dartspielern und Kreuzworträtselfreunden. Die ganze Kultur, die wirklich heimisch ist, dreht sich um Dinge, die, selbst wenn sie gemeinnützig sind, nicht öffentlich sind – der Pub, das Fußballspiel, der Garten, der Kamin, und die ›gute Tasse Tee‹. Man glaubt immer noch an die Freiheit des Individuums, fast wie im neunzehnten Jahrhundert. Aber das hat nichts mit wirtschaftlicher Freiheit zu tun, dem Recht, andere für den eigenen Profit zu benutzen. Es ist die Freiheit, eine eigene Wohnung zu haben, in seiner Freizeit zu tun, was man will, sich seine Vergnügungen selbst auszusuchen, anstatt sie sich von oben vorschreiben zu lassen.«[7]

Erfüllt von ihrem Drang nach Freiheit landete Katherine Mansfield um die Jahrhundertwende in London und traf dort auf eine intellektuelle Bohème, die am Ende des Viktorianismus ebenfalls alte Zwänge hinter sich lassen wollte. Nach dem Tod Queen Victorias, die von 1837 bis 1901 den englischen Thron innehatte, befand sich das Land in einer Übergangsphase. Bereits in den letzten Jahren der Regentschaft Victorias hatten die kriegerischen Auseinandersetzungen in den britischen Kolonien zugenommen. Auch wenn noch immer ein Viertel der Welt zum britischen Empire gehörte, die Niederlage von Karthum, die Burenkriege und die noch immer ungelöste Irlandfrage wiesen in Richtung Zeitenwende.

Alte Gewissheiten und viktorianische Werte waren schon vor Längerem ins Wanken geraten. Darwin und Nietzsche hatten die Abkehr von der Religion eingeläutet, und William Gladstones Wahlrechtsreform bringt mehr Wähler denn je an die Urnen. Bildung auch für Mädchen wurde selbstverständlicher, und die Schülergeneration der sogenannten »doubting class« hatte schon in der zweiten Hälfte des 19. Jahrhunderts begonnen, gegen die Väter zu rebellieren. Während der Regentschaft der ewigen Königin hatte sich die Welt rasant verändert. Moderne Verkehrsmittel wie die Eisenbahn oder das Dampfschiff hatten es immer mehr Menschen ermöglicht, zu reisen und ihren Horizont zu erweitern. 1841 verkaufte Thomas Cook seine erste Reise: ein Picknick von Leicester nach Loughborough. Ende der 1860er Jahre brachte er die Briten bereits bis nach Ägypten. Neuseeländische Besucher wie Katherines Familie waren auf der Insel keine Seltenheit. Das mobile Zeitalter hatte die Erde geschrumpft. Schon Katherines Eltern, die als Teil des britischen Empires zur Anglosphäre gehörten, konnten sich dank finanzieller Mittel einer neuen globalen Mobilität rühmen, die für Katherine Mansfields Generation bereits selbstverständlich war.

Diverse technische Innovationen und eine allumfassende Industrialisierung hatten aus Großbritannien unter Victoria die führende Industrienation der Welt gemacht, die nun aber Gefahr lief, von Deutschland und Frankreich, vor allem aber den USA, überholt zu werden. Die Industrialisierung hatte neben ungeheurem Wohlstand für die Mittelschicht auch entsetzliches Elend produziert. Die Lebens- und Arbeitsbedingungen der neu entstandenen Arbeiterklasse waren katastrophal und blieben es, auch nachdem Mitte des 19. Jahrhunderts erste Reformen umgesetzt wurden, die das Leben dieser Menschen verbessern sollten. Noch lange waren schlechte Bezahlung, Kinderarbeit und Ausbeutung an der Tagesordnung. Immerhin wurde mit Einführung der Schulpflicht der Grundstein dafür gelegt, dass auch die Kinder der Arbeiterklasse lesen und schreiben lernten. Ab 1880 mussten alle Kinder zwischen fünf und zehn Jahren zur Schule gehen. Dass viele Briten lesen und schreiben konnten, förderte den Erfolg von Bestsellerautoren wie Charles Dickens und den Brontë-Schwestern. Gern gelesen wurden in jenen Jahren auch Bram Stockers *Dracula*, Rudyard Kiplings *Dschungelbuch* und Robert Louis Stevensons *Die Schatzinsel*. Etwas schwerer tat sich die Leserschaft mit Thomas Hardys Meisterwerk *Tess von den d'Urbervilles*. Dafür hatten ab Mitte des 19. Jahrhunderts nahezu alle Briten, die lesen konnten, täglich eine Zeitung in der Hand. 1855 wurde die Steuer auf Zeitungen abgeschafft, sie wurden billiger, was auch das Entstehen der zahlreichen Literaturmagazine förderte, für die Katherine schrieb.

Großbritannien erlebte in diesen Jahren eine wahre Landflucht. Arbeitete am Beginn des 19. Jahrhunderts noch ein Drittel der Briten in der Landwirtschaft, waren es 1901 nur noch 6 Prozent. 1801 lebten 33 Prozent der Briten in Städten, 1901 waren es 78

Prozent. Folgen dieser Entwicklung waren Elendsquartiere, Luftverschmutzung und Seuchen, aber auch das Entstehen einer urbanen Gesellschaft, die geprägt war von den romantischen Idealen der bürgerlichen Mittelschicht. Bilder aus jener Zeit zeigen bevorzugt Familien, die im Salon zusammenkommen und gemeinsam um das obligatorische Klavier herumstehen und singen. Unverzichtbarer Bestandteil dieses Lebens waren Heerscharen an dienstbaren Geistern, deren Leben sich bei einem Verdienst von 9 bis 25 Pfund pro Jahr überwiegend im Souterrain abspielte. Wer es sich leisten konnte, beschäftigte Dienstboten, auch Katherine Mansfield sparte lieber am Essen als am Personal. In Ermangelung technischer Haushaltsgeräte war die Führung eines großen Haushalts in diesen Jahren ohne helfende Hände tatsächlich unmöglich. Erst Erfindungen wie der Dosenöffner (1855), das elektrische Bügeleisen (1882) oder die Waschmaschine (1901) änderten dies. Die technikbegeisterten Viktorianer waren unter den Ersten, die Wasserklosetts in ihre Häuser einbauen ließen, nachdem der britische Klempner George Jennings diese auf der Weltausstellung in London 1851 erstmals präsentiert hatte. Die Viktorianer hatten zudem ein Faible für Rasentennis und Fußball und waren begeisterte Radfahrer. Der Telegraf, die Schreibmaschine und das elektrische Licht veränderten die Welt. Frauen begannen, Bürgerinnenrechte einzufordern. Zu Beginn des 20. Jahrhunderts war die Frauenstimmrechtsbewegung die größte, lauteste und bedeutendste politische Bewegung Großbritanniens. In der Kunst dominierten die Präraffaeliten und das Arts and Crafts Movement von William Morris. Soziale Bewegungen wie die *Fabian* Society und nicht zuletzt der Aufenthalt von Karl Marx und Friedrich Engels in London sorgten für allgemeine Reformstimmung. Vielen waren die schrecklichen Arbeitshäuser, die Charles Dickens aus eigener Erfahrung in seinen Romanen so eindringlich schildert, ein Dorn im Auge. Es entstanden Gewerkschaften, und um

1900 gründete sich die Labour Party. Die Zeit der Snobs, Angeber und Großtuer ging langsam zu Ende und wurde sukzessive abgelöst vom Zeitalter der Massen. Für manche eine bedrohliche Situation, anderen kamen diese Veränderungen gerade recht. Der Schriftsteller Lytton Strachey, Mitglied der formidablen Bloomsbury Group, veröffentlichte 1921 sein bahnbrechendes Werk *Eminent Victorians* und galt seitdem als Experte für den Viktorianismus. In der Zeitschrift *Nation and Athenaeum* beschrieb er 1928 jene Zeit als »ein Zeitalter der Barbarei und der Feigheit, des Edelmuts und der Gemeinheit, der Befriedigung und der Verzweiflung; ein Zeitalter, in dem alles entdeckt und nichts bekannt war; ein Zeitalter, in dem die Umrisse gewaltig und die Einzelheiten schäbig waren; als die Gasleitungen sich schwach durch den umgebenden Nebel kämpften, die Zeit fürs Mittagessen irgendwo zwischen zwei und sechs liegen konnte, als die Rhabarbermengen regelmäßig und gigantisch waren, sich die Hunde aus den Fenstern der oberen Etagen stürzten und die Köche betrunken herumtorkelten, als man stundenlang mit den Füßen in schmutzigem Stroh saß, das von Pferden durch die Straßen gezogen wurde, die Bäder winzige Blechwannen waren und die Betten voller Ungeziefer und anderer Katastrophen«.[8]

Katherine Mansfield erreichte London während der trügerischen Ruhephase des Edwardianismus, in dem vieles nicht mehr gültig war und manch anderes dennoch noch nicht akzeptiert wurde. In der die Menschen, die den Viktorianismus heftig kritisierten, ihn gleichzeitig durch Erziehung und Erleben so verinnerlicht hatten, dass sie Schwierigkeiten hatten, sich davon zu lösen. Großbritannien am Beginn des Jahrhunderts war eine Klassengesellschaft, und die junge Katherine bekam bald zu spüren, dass sie, obwohl aus gutem Elternhaus, nicht die richtige Schule besucht hatte und nicht die richtigen Leute kannte. Wie auch, wurde sie doch in der britischen Kolonie Neuseeland geboren. Die Differenz zwischen imperialistischer Metropole und kolonialer Peripherie war riesig. Neuseeländer waren für die meisten Europäer nicht existent, dies musste auch Katherine erfahren: »›Sind Sie Amerikanerin?‹, fragte die Gemüsedame und drehte sich zu mir um. ›Nein.‹ ›Dann sind Sie Engländerin.‹ ›Nun, eigentlich …‹ – ›Eins von beidem müssen Sie doch sein; entweder, oder.‹«[9] Die Bewohner der Alten Welt blickten voll Herablassung auf die Bewohner der Kolonien. Kolonisten galten als unintelligent und ungehobelt, die autochthone Bevölkerung der Kolonien war hingegen kaum einen Gedanken wert, und wenn, dann nur einen rassistischen. Paradoxerweise prallten die Kolonisten, die dieses Herrenmenschendenken oft ebenfalls vertraten, ihrerseits am Klassendenken der »echten« Engländer ab. Sogar die eigenen Verwandten in England behandelten Katherine und ihre Geschwister von oben herab. Obwohl ihr Onkel einst selbst in Australien gelebt hatte, nannte er die Mädchen in seinen Tagebucheinträgen unverdrossen »Maori Girls«.[10]

Das koloniale Denken von der zivilisatorischen Überlegenheit gehörte in England zum guten Ton und wurde auch auf die Kolonisten übertragen. Katherines Eltern stammten aus Australien, das wie Sibirien oder Französisch-Guayana zur Kategorie der Strafkolonien gehörte und schon allein deshalb keinen besonders guten Ruf hatte. Dies änderte sich auch nicht, als sich das Land im Laufe der Zeit durch die zahlreichen britischen Emigranten in eine Siedlungskolonie verwandelte. Die Siedler waren zwar als Fußsoldaten des Empires unabdingbar für dessen Ausbreitung, dennoch genossen sie im Mutterland nur wenig Respekt. Gleichwohl wurden Siedlungskolonien wie Australien oder Kanada, die sich durch einen hohen europäischen Bevölkerungsanteil auszeichneten, bald eine eigene Regierung und der Dominionstatus zugestanden – etwas, wovon Kolonien wie Indien nur träumen konnten.

Als Migrantin aus Neuseeland traf Katherine Mansfield in London auf eine städtische Avantgarde, die den Kolonialismus zwar ablehnte, aber dennoch in dessen Denkmustern verhaftet war – selbst gegenüber einer »weißen Neuseeländerin«, deren Status als nicht ebenbürtig galt. Die feinen Nuancen, die den Eingeweihten verrieten, woher man kam, vermochte Katherine während ihrer Zeit in England nie zu durchschauen. Nicht hineingewachsen in eine Welt voll unergründlicher Spielregeln, blieb sie stets außen vor. Niemals konnte sie so ganz Teil der Bloomsbury Group, jener alles überragenden englischen Künstler- und Intellektuellengruppe, werden, deren privilegierte persönliche Sichtweisen sie nicht verstand. Ihre Freundin Lady Ottoline Morrell aus dem Dunstkreis der Bloomsbury Group bringt es auf den Punkt: »Ich kann durchaus nachvollziehen, wie schwierig es für jemanden, der aus Neuseeland kam, gewesen sein muss, uns zu verstehen. Sie war nicht vertraut mit den englischen Traditionen, und die Menschen, die sie kennengelernt hatte, seit sie in Europa war, waren eine seltsame Gesellschaft aus Künstlern, Sängern und Schauspielern: arm, rücksichtslos, wankelmütig und wild.«[11]

Katherine sprach kein Oxford-Englisch, sondern mit leichtem Akzent, über den man sich hinter ihrem Rücken lustig machte, weil er ihre koloniale Herkunft verriet. Dem Schriftsteller Frank Swinnerton erschien ihr Sprechen als »achtsam moduliertes Murmeln« voller »brummender oder intonierter Worte«, wobei sie kaum die Lippen bewegen würde. Katherine sprach ein neuseeländisches Englisch, in dem bereits vorhandene englische Worte neu definiert worden waren, um neuseeländische Realitäten abzubilden. In ihren Texten benutzte sie immer wieder auch Worte aus der Sprache der Māori wie »whare«, »toi toi« oder »paua«.[12]

Denn auch wenn sie von Neuseeland aus England immer als ihre echte Heimat wahrgenommen hatte, hatte sie sich stets für die Kultur der Māori interessiert und Kontakte mit Indigenen gepflegt. Diese Cross-Cultural-Relations setzten jedoch, wie man am Beispiel ihrer Freundin Maata sehen kann, voraus, dass es sich bei den Vertretern der Indigenen um reiche und einflussreiche Māori handelte. Gleichwohl standen diese ihr näher als die Bloomsbury Group – Engländer der oberen Mittelschicht, verbunden durch eine gemeinsame Erziehung in Oxbridge. Die blieben ihr gänzlich fremd. Deren Dogma, dass ein gutes Leben durch ästhetische Sensibilität und persönliche Freundschaften zu erreichen war, hielt Katherine für intellektuelle Überheblichkeit. Umgekehrt sahen diese in ihr immer ein »colonial girl« und hantierten mit allerlei Zuschreibungen ihr gegenüber, was, wie Ottoline Morrell vermutet, bei Katherine zu einem gewissen Minderwertigkeitskomplex führte: »Ich glaube, Katherine fühlt sich unsicher in ihrer Position, zum Teil weil sie Neuseeländerin ist und sich in England noch nicht so recht zurechtfindet. (...) Bei ihrem letzten Besuch spielten wir nach dem Dinner ein Spiel, bei dem es darum ging, Menschen anhand von Symbolen wie Bildern, Blumen und Düften zu beschreiben; unglücklicherweise wurde Katherine mithilfe eines ziemlich exotischen Duftes wie Stephanotis oder Patchuli beschrieben, und obwohl ihr Name nicht genannt wurde, wussten wir alle und auch sie, wer gemeint war. Es war furchtbar. Die Gehässigkeit, die in der Gesellschaft herrschte, entlud sich böswillig gegen sie und verletzte sie.«[13]

Zwar näherten sich gerade ihre Künstlerfreunde Katherine mit großer Neugier, doch diese war begleitet von unsäglichen Vorurteilen. Vorurteile, die Katherine gegenüber ihren neuseeländischen Landsleuten ebenfalls lange Zeit hegte und pflegte. Auch sie empfand die Bewohner der Peripherie als ungebildet, wenig geistreich und dumpf. London – das war für sie Moderne, Kultur, Geist. Ohne sich darüber im Klaren zu sein, dass Provinz vor allem im Kopf steckt, versuchte sie verzweifelt, diese Provinz hinter sich zu lassen: »Ich bin eine ›Kolonistin‹. Ich wurde in Neuseeland geboren, kam nach Europa um ›meine Bildung zu vervollkommnen‹, und als meine Eltern meinten, die ungeheure Aufgabe sei vorüber, ging ich zurück nach Neuseeland. Ich hasste es. Es erschien mir als eine kleine, nichtige Welt; ich sehnte mich nach ›meinen‹ Leuten und größeren Interessen und so weiter. Und nach einigem Ringen kam ich schließlich aus dem Nest und nach London, mit achtzehn, um nie mehr wiederzukommen.«[14] Ihre Tagebücher und Briefe sind voller Schimpftiraden über ihre ach so unkultivierten, bornierten Landsleute. England war das Land ihrer Träume.

Dass sie so dachte, daran waren ihre Eltern nicht ganz unschuldig. Katherines Großvater war einst voller Pioniergeist aus England ausgewandert, ihr Vater war in Übersee reich geworden, und Katherine und ihre Geschwister genossen die Früchte des Aufstiegs. Während ihr Großvater immer Engländer blieb, fühlten sich Katherines Eltern auch dem neuen Land verbunden, übernahmen dort Leitungsaufgaben und setzten sich für Neuseeland und dessen Eigenständigkeit ein. Gleichwohl wurden die Kinder sehr britisch erzogen und dazu angeleitet, das Mutterland im Herzen zu tragen. Der Schriftsteller Anthony Trollope schrieb über diesen Hang zu England nach seiner Neuseelandreise 1870, der Neuseeländer sei davon überzeugt, dass »England der beste Ort der Welt und er selber englischer als jeder Engländer«[15] sei. Dass dem nicht so war, erfuhr Katherine erst bei ihrer Ankunft in England. Ein Schock, der das Gefühl der Heimatlosigkeit verstärkte und Neuseeland zum Sehnsuchtsort machte. Je länger sie von zu Hause fort war, umso mehr träumte sie sich, als Neuseeland-Expatriate im selbstgewählten Exil, zurück nach Neuseeland. Am Ende wollte sie vor allem eins: wieder zurück.

Katherine Mansfields Leben war geprägt vom Aufbrechen und vom Ankommen, vom Weiterreisen und von unendlich vielen

Zwischenstopps. Sie war rastlos und immer in Bewegung: Aus Neuseeland wollte sie weg, in Europa zog sie von Wohnung zu Wohnung, von Land zu Land, von Hotel zu Hotel: »Ich genieße das Hotelleben. Es hat so etwas Verantwortungsloses, und das fasziniert mich.«[16] Nirgendwo fühlte sie sich zugehörig: weder ihrer Familie noch Neuseeland, nicht der Māori-Kultur, nicht der Bloomsbury Group, nicht England und nicht Europa. Sie war zerrissen zwischen dem Wunsch nach Heimat und dem dringenden Wunsch weiterzuziehen, zwischen Dazugehörigkeit und Fremdheit. An einen engen Freund schrieb sie 1922: »Ich bin ein geteilter Mensch mit einem Hang zu dem, was ich sein möchte. (...) Ich bin mir dieser Störung in mir sehr bewusst.«[17] Dem Ort, an dem sie gerade nicht war, galt stets ihre Sehnsucht, ebenso erging es ihr mit Menschen. Elizabeth Bowen schreibt zu Recht, Katherine Mansfield habe ihre Kunst nicht aus der Erinnerung, sondern aus der Sehnsucht heraus geschaffen.[18] In ihrem Fall vor allem aus dem Wechselspiel aus »fortsehnen« und »zurücksehnen«.

Wohl auch aus diesem Grund befreundete sich Katherine am engsten mit Menschen, die ihre Kolonialerfahrung teilten und Verständnis für dieses Leben zwischen den Welten hatten: Francis Carco aus Neukaledonien, Beatrice Hastings aus Südafrika, Elizabeth von Arnim aus Neuseeland, Ruth Herrick aus Rhodesien (Simbabwe) und natürlich ihre engste Gefährtin Ida Baker, die als Tochter eines Armeearztes in Burma (Myanmar) aufgewachsen war. Die Überheblichkeit, mit der diesen Menschen in England begegnet wurde, lässt sich klar als Fremdenfeindlichkeit kategorisieren. Noch nach Jahren spürte Katherine Mansfield diese Ablehnung allein schon beim Betrachten der Geranien im Garten hinter dem Haus: »Sie glühen vor Anmaßung und Stolz. Ich bin die arme Kleine aus den Kolonien, die durch einen Londoner Garten wandert – und die sich vielleicht umsehen, aber nicht zu lange bleiben darf. Wenn ich mich ins Gras lege, schreien sie mich an: ›Schaut mal an, wie sie da in *unserem* Gras liegt und so tut, als ob sie hier wohne und als ob dies ihr Garten sei und das Haus mit den offenen Fenstern und den wehenden bunten Vorhängen ihr Haus. Sie ist eine Fremde – eine Ausländerin. Sie ist nur ein kleines Mädchen, das auf den Tinakori-Hügeln sitzt und träumt: Ich ging nach England und heiratete einen Engländer, und wir wohnten in einem hohen, ernsten Haus mit roten Geranien und weißen Margeriten im Garten hinter dem Haus. – Frechheit!‹«[19]

Dabei war alles, was mit den Kolonien zu tun hatte, für die Engländer ein durchaus zweischneidiges Schwert. Es bedeutete Macht und Einfluss auf der einen, Dekadenz und Niedergang auf der anderen Seite. Darauf wies lange vor Katherines Ankunft ein ganz anderer Neuseeländer hin. Der französische Maler Gustave Doré, berühmt für seine Illustrationen zu den Gedichten Lord Byrons und Dantes *Göttlicher Komödie*, schuf zusammen mit dem Journalisten William Blanchard Jerrold 1872 das illustrierte Porträt der Stadt London: *London, a pilgrimage*. Zu den 180 Stichen, die das Buch illustrieren, zählt auch *Der Neuseeländer*. Er stellt einen Rückkehrer aus den Kolonien in die britische Hauptstadt dar, kurz nachdem diese in Flammen aufgegangen ist. Eine verhüllte Gestalt sitzt auf einem Reststück der London Bridge gegenüber der Themse und blickt auf die Ruinen des viktorianischen London. Es herrscht Endzeitstimmung. Dorés Bild manifestierte die Sorge Englands, die Kolonien könnten sich besser entwickeln als das Mutterland. Heute nahezu vergessen, war »Der Neuseeländer« um die Jahrhundertwende eine omnipräsente allegorische Figur. Er geht zurück auf den Historiker Thomas Babington Macaulay, der ihn als Gegenfigur zu einem in Ruinen liegenden London etablierte, um damit den Untergang der klassischen zivilisierten Welt zu beschreiben. Ob es sich beim Neuseeländer um einen zurückgekehrten Kolonialisten oder einen Māori handelt, ist umstritten. In jedem Fall ist er sowohl Überlebender als auch Bote einer neuen überlegenen Kultur.

Der Neuseeländer als das personifizierte schlechte Gewissen der Metropole ging den Viktorianern im Übrigen gewaltig auf die Nerven. 1865 hatte das *Punch Magazine* eine Liste mit Personen und Dingen aufgestellt, die aus dem täglichen Leben verbannt werden sollten. Angeführt wurde diese Liste von der allegorischen Figur des Neuseeländers: »Die Rückkehr dieses Veteranen ist unerlässlich. Es kann nicht länger hingenommen werden, dass er den Verkehr auf der London Bridge aufhält. Er wird gegenwärtig in seinem eigenen Land sehr vermisst. Kann zurückkehren, wenn London in Trümmern liegt.«[20] So weit ist es während Katherine Mansfields Zeit in London Gott sei Dank nie gekommen. Ihr Leben als Schriftstellerin begann in einem äußerlich intakten London, in dem ihr Bewusstsein für eine durch Neuseeland geprägte Identität wuchs. Ottoline Morrell schreibt hierzu: »Als sie in England lebte, war sie sich meiner Meinung nach bewusst, eine Neuseeländerin zu sein, war insgeheim stolz darauf und hielt innerlich daran fest wie an einem liebgewonnenen Schutzhafen, in dem ihre Gedanken und Phantasien behütet herumspielen konnten, doch zugleich hielt sie das womöglich davon ab, hier in aller Unbefangenheit und Freundlichkeit auf uns zuzugehen und ihre Empfindlichkeit und Feindseligkeit gegenüber den meisten Personen zu verbergen, die nicht ihresgleichen waren; sie verbarg ihr wahres Ich hinter einem Gesicht, das so ausdruckslos wie eine feingearbeitete Maske war.«[21]

Katherine Mansfield stand zwischen den Kulturen, ihre Herkunft als weiße Siedlungskolonistin, die eine Zwischenstellung zwischen Imperialisten und Unterdrückten einnimmt, machte sie zur Außenseiterin hier wie dort und letztlich zu einer kolonialen Modernistin. Weder gehörte sie zur Kolonie noch zum Empire. Eine Kosmopolitin, eine Weltbürgerin war sie aber auch nicht, die Welt war keineswegs ihr Zuhause. Schrieb sie über Māori, vermochte sie sich kaum von gängigen europäischen Stereotypen zu befreien. Und obwohl sie einen gewissen Eurozentrismus verinnerlicht hatte, blieb ihr Europa fremd. Sie begriff sich nie als »Pākehā«, wie die Māori die weißen Siedler nennen, sondern sah sich vielmehr als neuseeländische Europäerin. Seit einiger Zeit schon weisen Mansfield-Forscherinnen deshalb darauf hin, dass sie damit ein Beispiel für die von Homi Bhabha entwickelte Hybridtheorie ist, in der aus der Kreuzung von Identitäten und Kulturen neue Hybrididentitäten entstehen können.

Als Modernistin mit Kolonial- und Metropolenerfahrung war sie Außenseiterin und Teil des Establishments zugleich, wurde künstlerisch akzeptiert und erfuhr als Person zugleich Ablehnung. Gleichwohl wusste sie – »die Exotin« – die Doppelrolle und den Freiraum, den ihr diese Zwitterstellung bot, produktiv zu nutzen: künstlerisch wie gesellschaftlich. Auch wenn es ihr nicht gelang, die Vorurteile der Londoner Elite ihrer Person gegenüber abzubauen, so schuf sie doch mit ihren Werken eine Verbindung zwischen alter und neuer Welt. Neben ihrer kolonialen Identität, die in ihren Neuseelandgeschichten deutlich wird, entwickelte sie auch eine Metropolenidentität, filterte aus beiden Welten das Beste für sich heraus.

Während sie in England in Verbindung mit anderen Avantgarde-Autoren zur Schriftstellerin wurde, wurde ihr Gespür für Ästhetik und Kunst durch Neuseeland geprägt. In der Natur Neuseelands entwickelte Katherine Mansfield jene exakte Beobachtungsgabe, für die sie berühmt wurde. Sie lernte, genau hinzusehen, genau hinzuhören und mit geschärften Sinnen durch die Welt zu gehen. Ihre erste Biografin Ruth Elvish Mantz schrieb zu Recht, dass Katherine Mansfield in England lernte, *wie* man schreibt, Neuseeland ihr aber gezeigt hätte, *worüber* sie schreiben sollte.

Als *Colonial Modernist* verfügte Katherine über eine unverwechselbare Perspektive auf die Dinge, ihr Heranwachsen in Neuseeland wird zur Inspirationsquelle ihrer besten Kurzgeschichten. Dass sie dabei mit ihren Landsleuten, aber auch mit der eigenen Familie nicht immer freundlich umging, nährte das Gerücht, ihr Vater habe Schiffe, die im Hafen von Wellington einliefen, abgepasst, damit die Bücher seiner Tochter über Bord geworfen wurden, ehe sie neuseeländischen Boden erreichten. Weiß man allerdings, dass gerade Katherines Vater alles tat, um die Erinnerung an seine Tochter wachzuhalten und ihren Ruhm zu mehren, bleibt dies nicht mehr als ein Gerücht. Zwar ist es unabdingbar, Katherine Mansfields Short Storys zu lesen, um ihr nahezukommen, sie jedoch für bare Münze zu nehmen wäre verfehlt. Auch wenn vieles autobiografisch anmutet und sie eine wahre Meisterin darin ist, Stimmungen, Hierarchien und Machtverhältnisse aufzudecken, so hat sie reale Ereignisse und ihr nahestehende Menschen vor allem als Material benutzt, um ihre Geschichten zu entwickeln: »Ich bin überzeugt davon, dass die einzige Möglichkeit, als Schriftstellerin zu leben, darin besteht, aus dem realen, vertrauten Leben zu schöpfen – quasi den persönlichen Schatz zu heben …. Und das Merkwürdige ist, dass, wenn wir das beschreiben, was uns so zutiefst persönlich erscheint, andere Menschen es für sich selbst übernehmen und es so verstehen, als wäre es ihr eigenes.«[22]

Nietzsches Trennung von Werk und Autor ist bei Katherine Mansfield unmöglich, oder wie Ian Gordon, einer der besten Mansfield-Kenner, schreibt: »Katherine Mansfield verarbeitete ihre eigenen Erlebnisse in ihren Geschichten in einem Ausmaß, das in der englischen Belletristik ihresgleichen sucht. Sie schrieb über nichts, was ihr nicht unmittelbar widerfahren wäre, selbst dann nicht, wenn sie am phantasievollsten zu sein schien. Ihre Geschichten gewinnen, wenn man sie in der Reihenfolge ihrer Entstehung liest, an Kraft und Bedeutung und werden an allen Stellen von den Ereignissen ihrer eigenen Geschichte erhellt. Ihr gesamtes Werk wird auf diese Weise zu einer Art *recherche du temps perdu*, zu einer Erinnerung an die Vergangenheit.«[23]

Mehr als die Wahrheit spiegeln ihre Geschichten ihre Empfindungen wider, ihre Sicht der Dinge oder auch, wie sie die Dinge gern gehabt hätte. Gespräche von Biografen mit Freunden und Familie über Katherine Mansfields Erzählungen zeigen, wie sehr Wahrnehmung differiert und wie wenig eine Person im Besitz der Wahrheit ist.

Katherine Mansfield hat nie einen Roman geschrieben, auch wenn sie es, wie die Fragmente *Juliet*, *Maata* und ihre Kurzgeschichten über die Familie Burnell deutlich machen, immer vorhatte. Wie andere Meister der Kurzgeschichte litt auch sie darunter, »nur« Kurzgeschichten zu verfassen. Dabei ist die Short Story wahrlich eine literarische Königsdisziplin und so ganz nebenbei auch die perfekte Literaturform für das Schreiben, so wie sie es verstand: »Es ist etwas ganz Eigenartiges, wie das Handwerk zum Schreiben kommt. Ich meine, bis in die Details. Par exemple. In ›Miss Brill‹ legte ich nicht nur die Länge jedes Satzes fest, sondern sogar den Klang jedes Satzes – ich legte fest, wie jeder Absatz anstieg und abfiel, damit er zu ihr passte – zu ihr passte an jenem Tag, genau in jenem Augenblick. Nachdem ich es geschrieben hatte, las ich es laut – mehrere Male –, so wie man eine Musikkomposition noch einmal spielen würde, und versuchte, es dem Ausdruck von Miss Brill immer weiter anzunähern – bis er ihr passte. (...) Wenn ein Stück gelingt, dann scheint es mir, als dürfte kein einziges Wort an der falschen Stelle stehen und kein Wort da sein, das man herausnehmen dürfte.«[24] In einer Katherine-Mansfield-Story ist jedes Wort wohl gesetzt, nichts kann weggelassen werden, kein Wort ist überflüssig. Ihre Erzählungen lesen sich nicht so nebenbei. Es verlangt Konzentration, ihren Metaphern und Symbolen auf die Spur zu kommen und nicht zu übersehen, dass der Birnbaum, der Wind oder die Aloe im Garten mehr sind, als sie scheinen. Jedes noch so winzige Detail ist von Bedeutung. D. H. Lawrence verglich Katherine Mansfield einmal mit Charles Dickens, »wenn es so in dem Kessel auf dem Feuer brodelt und alles eine große Bedeutung hat«.[25]

Katherine Mansfields Kurzgeschichten setzen stets unvermittelt, aber immer genau zum richtigen Zeitpunkt ein. Nichts ist dem Zufall überlassen. Der Leser befindet sich sofort mitten im Geschehen. In ihren leisen, eleganten Geschichten gibt es weder eine Einführung noch ein sanftes Hinausgleiten. Vieles enthüllt sich erst mit der Zeit oder wird gar erst am Ende offenbar. Die Spannung bleibt hoch, auch wenn die Erzählung selbst weder Höhepunkt noch vordergründig einen Plot zu haben scheint. Mansfields Figuren lassen sich nicht durch Wissen verstehen, wir kennen sie nicht, erfahren nur wenig über sie und sind nicht in der Lage, sie zu beurteilen. Impressionistisch im Stil, umfasst die Zeitspanne ihrer Kurzgeschichten meist nur einen Augenblick. Selbst ihre längeren Texte erzählen oft nur von einem Tag, selten gehen sie über mehrere Tage. Alles ist flüchtig, ausschnitthaft und doch von bestechender Unmittelbarkeit. Wir begleiten die Figuren nur für wenige Augenblicke, dann ist deren Geschichte auch schon wieder zu Ende – allerdings nur vordergründig. Denn beim Lesen der letzten Zeilen ist klar, die Geschichte geht weiter, das Leben der Figuren wird sich ändern, auch wenn niemand sagen kann, welche Richtung sie einschlagen. Alles ist möglich von dem Moment an, in dem der Leser diese Leben wieder verlässt. Zurück bleibt meist Unbehagen, eine perfekte Welt hat Risse bekommen: Die ruinierte Perfektion ist eines der Lieblingsmotive dieser Autorin.

Weder die Vergangenheit noch die Zukunft ihrer Protagonisten enthüllt Katherine Mansfield, über das Leben vor und nach der Erzählung erfahren wir nichts. Es gibt nur die erzählte Wirklichkeit, die meist nicht einmal durch den Ort der Handlung konkretisiert wird. Katherine Mansfield schreibt nicht über Neuseeland oder Europa, sie schreibt über Kindheit, Ehe, Familie, Frauen und Männer. Weltweit können sich Leserinnen in ihren Texten wiederfinden, deren universelle Zugänglichkeit eines ihrer bestechendsten Merkmale ist.

Katherine Mansfield verzichtet auf einen Erzähler und weiterführende erzählerische Angaben. Sie beschreibt weder Gesichter noch Kleidung, verzichtet auf Altersangaben und Charakterbeschreibungen. Nicht einmal, wie die Figuren zueinander stehen, enthüllt sie. Auffällig ist, mit wie wenig Personen sie auskommt, Freunde und Familie tauchen gleich in mehreren Geschichten auf. Dafür tragen Flora und Fauna, Möbel und Häuser oft menschliche Züge. Katherine Mansfield ergreift nie Partei. Ihre Betrachtungsweise ist nüchtern distanziert, und doch ist sie in der Lage, ihre Figuren bis hin zur Grausamkeit zu sezieren. Manchmal kann man sich des Gefühls nicht erwehren, dass sie ihren Figuren nicht nur keinerlei Sympathie entgegenbringt, sondern sie mit kaum zu verhehlender Aggressivität quält. Wie ihre Mitmenschen, so behandelt sie auch ihre Figuren mit einer gewissen Rücksichtslosigkeit – mitleidlos, zugleich aber auch mit Humor. Mit einem exzellenten Gespür für Zwischentöne gesegnet, schuf sie Erzählungen, die keinen Zeitgeist atmen und darum bis heute lesenswert sind.

Ähnlich wie Anton Tschechow, der als eine ihrer Inspirationsquellen gilt, arbeitete sie mit der Technik des Bewusstseinsstroms, einer Methode des inneren Monologs. Während allerdings beim inneren Monolog die Figur in Form von meist grammatikalisch und im Satzbau korrekten Selbstgesprächen mit sich selbst kommuniziert, bleiben beim Bewusstseinsstrom Bewusstseinsinhalte unmittelbar, unzusammenhängend und ungeregelt im Raum stehen. Oft sind sie fragmentarischer Natur und werfen Wahrnehmung, Empfindung und Erinnerung wild durcheinander. Diese besondere Form der Ich-Erzählung, die auch von Katherines Freundin und Konkurrentin Virginia Woolf eingesetzt wurde, soll die Gedankenentwicklung der Figuren enthüllen. Katherine Mansfield schrieb aus der subjektiven Wahrnehmung ihrer Figuren heraus und legte mithilfe des Bewusstseinsstroms Widersprüche und Gegensätze offen, die in der Gefühlswelt ihrer Figuren toben. Ihre Texte sind geprägt von dieser auch von James Joyce und Marcel Proust verwandten Erzähltechnik, die vor allem im englischsprachigen Modernismus beliebt war und bei der der Leser aufgrund fehlender Beschreibungen und chronologischer Struktur einige Rekonstruktionsarbeit leisten muss. Eine Katherine-Mansfield-Story folgt keiner chronologischen Reihenfolge, sondern dem inneren Erleben der Figuren, wobei Vergangenheit und Gegenwart geschickt ineinandergreifen. Bei ihr geht es nicht um Ereignisse, sondern um Stimmungen. Und um diese perfekt wiederzugeben, war Katherine Mansfield im wahren Leben stets am Beobachten, am Sammeln von Material, am Notieren. Alles war von Bedeutung, alles konnte irgendwann verwendet werden: jeder Geruch, jeder Windhauch, jede Blume. Sie hatte ein ungeheures Auge für Details, war immer hoch konzentriert und aufnahmefähig. Noch Jahre später konnte sie Eindrücke hervorholen und daraus eine Geschichte machen. Ihre Themen waren vielfältig. Es geht um Identität, Bisexualität, Ehe, Liebe, Einsamkeit, Sehnsucht, toxische Männlichkeit, Geschlechterverhältnisse und unglückliche Frauen. Ihre Figuren wirken oft radikal, wie Menschen verzehrende Ungeheuer, die Katherine Mansfield dazu zwingt, sich einer Situation zu stellen. Für ihre Figuren wollte Katherine Mansfield genau das, wonach sie auch in ihrem eigenen Leben auf der Suche war: Wahrhaftigkeit.

Knapp hundert meisterhafte Erzählungen hat Katherine Mansfield verfasst, alle geprägt von einem eigentümlichen Wechselspiel aus Nähe und Distanz, zu dem sie vor allem ihre eigene Biografie animierte. Im Schreiben überwand die Frau, die sich nirgendwo zugehörig fühlte, Grenzen: zeitlich, geografisch, menschlich, und schuf sich, ähnlich wie ihr Kollege Edward Said dies in seiner Autobiografie *Am falschen Ort* beschreibt, eine Heimat aus Wörtern. Im Schreiben fand sie die Wahrhaftigkeit und Geborgenheit, die sie im Leben vermisste.

Die Frau mit den vielen Gesichtern macht es einem nicht leicht, sich ihr zu nähern. Schon zu Lebzeiten legte sie großen Wert darauf, ihr Innerstes nicht vollends nach außen zu kehren, die Unergründliche zu bleiben. Nach der langen Zeit, die ich mit ihr verbringen durfte, bin ich mehr denn je davon überzeugt, dass dies ihr gutes Recht war und ist. Wie alle, die sich mit ihr beschäftigen, habe auch ich nicht auf jede Frage eine Antwort bekommen. Sie würde wohl große Genugtuung empfinden angesichts der Tatsache, dass ganze Heerscharen von Literaturwissenschaftler*innen und Biograf*innen ihr so manches Geheimnis nicht entlocken konnten.

Bald schon werde ich England verlassen. Nach einem Konzert in St Martin-in-the-Fields schlendere ich durch das abendliche London, vorbei an der National Portrait Gallery. Hier sind die Porträts von Katherines Freunden und Feinden versammelt. Ihr eigenes hängt in Neuseeland, weit weg von England und den Bloomsburys. Unwillkürlich muss ich daran denken, wie wir in jungen Jahren in Cambridge bei schönem Wetter beinahe täglich im legendären Orchard von Grantchester dieser Intellektuellengruppe huldigten. Was hätte ich darum gegeben, diese Leute kennenzulernen. Katherine Mansfield kannte sie, und auf die meisten hätte sie gut und gern verzichten können. Dabei hätte niemand so gut zu dieser verwegenen Gruppe gepasst wie sie, die unangepasste, aufmüpfige, mutige Neuseeländerin, die vor allem eins sein wollte: Katherine Mansfield.

Und dieser Katherine Mansfield versuche ich gerecht zu werden, ganz im Sinne Bertrand Russells, der einst über seinen Nachruhm etwas formulierte, das auch zu Katherine Mansfield gepasst hätte: »Ich weiß nicht, wer mein Biograf sein wird, aber ich hätte gern, dass er, mit welcher Rede es ihm recht sein mag, etwa Folgendes berichtet: ›Ich war kein feierlicher Heiliger wie auf bunten Glasfenstern, der nur zum Zwecke der Erbauung existierte; ich existierte aus meiner eigenen Mitte heraus. Vieles, was ich tat, war bedauerlich, ich achtete achtbare Leute nicht, und wenn ich vorgab, es zu tun, dann war es Betrug. Ich log und heuchelte, denn hätte ich es nicht getan, so hätte man mich meine Arbeit nicht tun lassen. Aber es besteht keine Notwendigkeit, nach meinem Tode mit der Heuchelei fortzufahren.‹«[26]

In diesem Sinne blicken wir durch den Zaun und wagen eine Annäherung an das Phänomen Katherine Mansfield.

London, im Sommer 2023

*»Anfangs lieben Kinder ihre Eltern;
wenn sie älter werden,
halten sie Gericht über sie;
manchmal verzeihen sie ihnen.«*

(Oscar Wilde: Das Bildnis des Dorian Gray)

»Eines kann ich nicht ertragen, und das ist Mittelmaß!«

I.

Ein ungeschliffener Diamant
oder Kass von den Beauchamps

Olgivanna Lloyd Wright, Le Prieuré, Fontainebleau, Frankreich, 15. Oktober 1922
»Sie stand in der Tür des großen Speisesaals und sah alles und jeden mit stechend intensiven, dunklen Augen an. Sie brannten vor Verlangen und Hunger nach neuen Eindrücken. (...) Ich fragte, wem dieses wundervolle Gesicht gehörte – ihren Körper hatte ich gar nicht bemerkt. ›Sie ist eine Schriftstellerin, eine Engländerin, ihr Name ist Katherine Mansfield.‹ Ich wollte sie unbedingt kennenlernen.«[27]

Wellington, Neuseeland, 14. Oktober 1888
Dieser Sonntag beginnt stürmisch. Seit den frühen Morgenstunden braust der Wind ums Haus. Doch in der Tinakori Road Nr. 11 in der neuseeländischen Hauptstadt Wellington hat dafür

niemand ein Ohr. Die Dame des Hauses liegt in den Wehen. Der Morgen graut schon, als das Kind endlich das Licht der Welt erblickt: Es ist ein Mädchen. Jahre später wird dieses Mädchen über jenen stürmischen Sonntagmorgen am 14. Oktober 1888 schreiben: »Sie war während eines eisigen Südsturms schreiend aus ihrer widerstrebenden Mutter gekrochen. Als die Großmutter sie vor dem Fenster wiegte, sah sie, wie das Meer sich zu grünen Bergen erhob und die Esplanade überschwemmte. Das kleine Haus war wie eine Muschel im lauten Meeresdröhnen. Unten im Graben peitschten die Bäume wild gegeneinander, und große Möwen glitten kreiselnd und kreischend am Fenster vorbei.«[28] Der Wind wird sie ihr Leben lang faszinieren und ängstigen zugleich und ein wiederkehrendes Motiv ihrer Erzählungen sein.

Einen Tag nach dem großen Ereignis findet sich unter den Geburtsanzeigen der Wellingtoner *Evening Post* folgende Notiz: »Beauchamp – am 14. Oktober, Frau von Mr Harold Beauchamp, eine Tochter«.[29] Das Kind erhält den Namen Kathleen Mansfield Beauchamp, doch die Welt lernt sie später unter ihrem selbstgewählten Namen Katherine Mansfield kennen.

Seit 1865 neuseeländische Hauptstadt, ist Wellington in jener Zeit eine mittlere Kleinstadt mit circa 28000 Einwohnern. Katherines Familie gehört zu den angesehenen Bürgern der von Wasser umgebenen Stadt an der südwestlichen Spitze der Nordinsel von Neuseeland. Geprägt von einem Naturhafen, der entscheidend zum Wohlstand ihrer Bewohner beiträgt, liegt sie malerisch zwischen grünen Hügeln. Eine Idylle, die Katherine durchaus mit gemischten Gefühlen betrachtet: »Zugegeben ein recht unscheinbares Fleckchen Erde, aber wenn man so wie ich rastlos in der Weltgeschichte herumzieht, dann sind es wohl gerade die unscheinbaren Orte, die es in sich haben.«[30]

Gesellschaftliche Aufsteiger wie Katherines Eltern leben bevorzugt im Stadtteil Thorndon. Hier befinden sich das neuseeländische Parlament, zahlreiche Gerichtsgebäude und Kirchen sowie die Nationalbibliothek. Im Westen durch den grünen Gürtel des Te-Ahumairangi-Hügels begrenzt, im Osten durch den Hafen, ist Thorndon eine der ältesten Siedlungen Neuseelands, errichtet beim Eintreffen der ersten europäischen Siedler 1840. Heute sind dort zahlreiche Botschaften untergebracht, auch die deutsche. Das Haus, in dem Katherine Mansfield das Licht der Welt erblickt, gehört zu den bescheideneren Gebäuden im Viertel. Man sieht ihm an, dass es während der Wirtschaftskrise der 1880er Jahre errichtet worden war. Seit geraumer Zeit sieht sich das Land, dessen Hauptwirtschaftszweig der Export von Wolle ist, mit der Tatsache konfrontiert, dass auch andere Länder in großem Stil Wolle exportieren. Der Zusammenbruch der Wollpreise auf dem Weltmarkt hat den Immobilien- und Bankensektor des Inselstaates mitgerissen. Das Land befindet sich in einer Depression, es gibt unzählige Pleiten und mannigfache Arbeitslosigkeit. Es gibt Gegenden in Wellington, die mehr ans mittelalterliche London denn an eine moderne Stadt erinnern. In unmittelbarer Nähe zu Katherines Elternhaus liegen Slums, die eine Säuglingssterblichkeit von fast 80 Prozent aufweisen.[31]

Katherine ist nach den Töchtern Vera Margaret (1885) und Charlotte Mary, genannt Chaddie, (1887) das dritte Kind ihrer Eltern. Sie wird in einen nicht uninteressanten Haushalt hineingeboren. Ihr Vater Harold Beauchamp wird im Laufe seines Lebens nicht nur einer der reichsten Männer Neuseelands werden, sondern völlig unabhängig von seiner berühmten Tochter in die Geschichtsbücher eingehen. Er gehört jener Generation von Neuseeländern an, die bereits in den Kolonien geboren wurden, und ist Abkömmling einer Familie von Abenteurern, Visionären und Pionieren, die ihre Vorfahren bis zu William the Conqueror zurückverfolgen können.

Mitte des 19. Jahrhunderts war sein Vater Arthur Beauchamp, Katherines Großvater, aus Highgate in England nach Sydney ausgewandert. Zahlreiche seiner Verwandten folgten seinem Beispiel und gehörten damit zu den wenigen Briten, die sich freiwillig in die britische Strafkolonie New South Wales aufmachten. Die allerwenigsten Untertanen seiner Majestät konnten sich vorstellen, ans andere Ende der Welt überzusiedeln, weshalb die Besiedlung der neuen Besitztümer der britischen Krone einige Zeit in Anspruch nahm.

Im 17. Jahrhundert waren es vor allem niederländische Seefahrer gewesen, die zuerst bis an die Westküste Australiens vorgedrungen waren. Was sie dort vorfanden, wirkte wenig einladend, dennoch beauftragte die Niederländische Ostindien-Kompanie 1642 eine Expedition mit der gezielten Erforschung des Landes, das, ohne daraus Besitzansprüche abzuleiten, den Namen »New-Holland« erhielt.

Ins Blickfeld der britischen Krone rückte der neue Kontinent zum ersten Mal, als der Naturforscher und Freibeuter William Dampier 1688 und 1699 an Bord des Piratenschiffs *Cygnet* im Nordwesten des heutigen Australiens anlandete. Seine Berichte nach Hause klangen wenig vielversprechend, wurden aber unter dem Titel *A Voyage to New Holland* zur Inspirationsquelle eines der berühmtesten Reiseromane aller Zeiten: *Gullivers Reisen*. Dieser war bereits zu Lebzeiten so erfolgreich, dass der neu entdeckte Kontinent für die meisten Menschen eher durch die Fantasie Jonathan Swifts geprägt war als durch die Realität. Nicht nur, dass der Roman eine ziemlich freie Landkarte der Südwestküste New-Hollands zeichnete, behauptet Romanheld Gulliver auch, ein Cousin William Dampiers zu sein: »Wir legten am 4. Mai 1699 in Bristol ab, und unsere Reise war zunächst sehr glücklich. Aus verschiedenen Gründen wäre es nicht angebracht, den Leser mit den Einzelheiten unserer Abenteuer in jenen Gewässern zu behelligen. Es mag genügen, ihn zu informieren, dass wir auf unserer Fahrt von dort nach Ostindien durch einen heftigen Sturm nordwestlich von Van Diemen's Land verschlagen wurden. Nach einer Berechnung befanden wir uns auf dem 30. Breitengrad zwei Minuten südlich. Zwölf aus unserer Mannschaft waren bereits infolge der übergroßen Anstrengung und schlechten Nahrung gestorben, die Übrigen befanden sich in einer sehr schwachen Verfassung. Am 5. November, das ist Sommeranfang in jenen Breiten, als das Wetter sehr dunstig war, erspähten die Matrosen einen Felsen, der eine halbe Kabellänge von unserem Schiff entfernt war. Aber der Wind war so stark, dass wir geradewegs auf ihn zugetrieben wurden und unmittelbar danach auseinanderbrachen. Sechs Mitglieder der Mannschaft, zu denen ich gehörte, ließen das Rettungsboot in die See hinab und bemühten sich, von Schiff und Felsen freizukommen. Nach meiner Berechnung ruderten wir ungefähr neun Meilen, bis wir nicht mehr konnten, da wir uns durch die Anstrengung bereits verausgabt hatten, als wir noch auf dem Schiff waren. Wir gaben uns daher den Wellen preis, und etwa eine halbe Stunde später kenterte das Boot durch eine Böe aus nördlicher Richtung. Ich kann nicht sagen, was aus meinen Gefährten im Boot geworden ist oder aus denen, die auf den Felsen entkamen, oder denen, die wir im Schiff zurückließen. Ich nehme aber an, dass sie alle untergegangen sind. Was mich selbst angeht, so schwamm ich, wie das Schicksal mich lenkte, und ich wurde von Wind und Flut vorwärtsgestoßen. Oft ließ ich meine Füße hinunter, konnte aber keinen Grund spüren. Doch als ich beinahe ohnmächtig und nicht länger zu kämpfen in der Lage war, trat ich auf festen Boden. (…) Ich war todmüde, und (…) infolge eines Viertelliters Branntwein, den ich beim Verlassen des Schiffes getrunken hatte, hatte ich große Lust einzuschlafen. Ich legte mich ins Gras, das sehr kurz und weich war, und schlief dort besser als je zuvor in meinem Leben. (...) Als ich erwachte, brach gerade der Tag an. Ich versuchte aufzustehen, konnte mich aber nicht bewegen. Ich lag zufällig auf dem Rücken und merkte, dass meine Arme und Beine beiderseits auf dem Boden festgebunden waren.«[32] Nimmt man Swifts nautische Angaben für bare Münze, dann liegt die Insel Liliput mitten in Australien. Während Swift Dampiers Reise nach Australien nur als Hintergrund seiner Geschichte wählte, beruht ein weiterer Klassiker der Literaturgeschichte auf einer tatsächlichen Episode in Dampiers Seefahrerleben: Daniel Defoes *Robinson Crusoe* von 1719. Dampiers ehemaliger Segelmeister Alexander Selkirk, von dem er sich im Streit getrennt hatte, blieb 1704 freiwillig auf der unbewohnten Isla Más a Tierra viele Meilen vor der chilenischen Küste zurück, da er befürchtete, das durch Bohrmuscheln beschädigte Schiff *Cinque Ports* könnte sinken. Zwar konnte er davon keinen seiner Mannschaftskameraden überzeugen, behielt jedoch recht, als das Schiff kurz darauf mit Mann und Maus unterging. Fünf lange Jahre musste Selkirk ausharren, bis Dampier ihn bei seiner dritten Weltumseglung 1709 wieder an Bord nehmen konnte. Auch wenn das Publikum begeistert war von derlei Geschichten, waren die Interessen der englischen Regierung lange Zeit völlig anders gelagert und konzentrierten sich vor allem auf die Besitzungen in Amerika. Auch keine andere europäische Macht zeigte Interesse, das neue Land unter ihr Hoheitsgebiet zu bringen. Dies änderte sich, als 1770 James Cook auf seiner ersten Reise in die Südsee an der fruchtbaren Ostküste Australiens anlandete. Er unterstellte dieses Gebiet unter dem Namen New South Wales dem Besitz der englischen Krone. Kurz darauf verlor das Britische Empire durch den amerikanischen Unabhängigkeitskrieg seine bis dato größte Kolonie. Damit verbunden war nicht nur ein Macht- und Einflussverlust, sondern auch ganz praktisch die Möglichkeit, überfüllte britische Gefängnisse durch Gefangenentransporte in die Kolonien nach Nordamerika zu entlasten. Damit rückte das Land am anderen Ende der Welt wieder ins Bewusstsein. Mit der Gründung einer neuen Strafkolonie in New South Wales konnte zudem die Machterweiterung im Pazifik strategisch vorangetrieben werden. Am 26. Januar 1788 trafen die ersten elf Schiffe der sogenannten *First Fleet* mit verurteilten Sträflingen an Bord dort ein. Die erste neue Ansiedlung wurde nach dem amtierenden britischen Innenminister Sydney benannt. Heute ist der Gründungstag der Kolonie New South Wales, der 26. Januar 1788, als »Australia Day« offizieller Nationalfeiertag. Gefeiert wird er jedoch vor allem von weißen Australiern. Für die Aborigines markiert er den Beginn ihrer Vertreibung aus ihrem eigenen Land und den Tag, an dem die Kolonialisierung mit all ihren Schrecken offiziell begann.

Mit den Häftlingen kommen zunächst vor allem Soldaten und Verwaltungsbeamte. Auch sie kommen in den wenigsten Fällen freiwillig, sehen sich aufgrund unglücklicher Umstände meist gezwungen, ihren Dienst in der neuen Kolonie zu verrichten. Bis zum Ende der Deportationen 1868 werden insgesamt 162000 Häftlinge nach Australien verschifft. Ab 1792 kommen auch vereinzelt Siedler, denen die britische Regierung die Landnahme in New South Wales gestattet – Land, das sich teils auch im Besitz der Ureinwohner befindet. Die Zahl der freiwilligen Einwanderer bleibt jedoch so gering, dass die Regierung ab 1835 dazu übergeht, geeigneten Auswanderungswilligen die Überfahrt zu bezahlen. Besonders junge Familien, Paare, aber auch alleinstehende Frauen will man zur Auswanderung bewegen. Von Anfang an ist geplant, dass sich die Sträflingskolonie finanziell selbst tragen und selbst verwalten soll. Einer der ersten Gouverneure von New South Wales wird 1806 William Bligh, ehemaliger Kapitän der *Bounty*, der bei einer Meuterei von seiner eigenen Crew ausgesetzt worden war und dem es in einer seefahrerischen Glanzleistung gelungen war, mit einigen Getreuen in einer offenen Barkasse mehr als 3600 Seemeilen von Tonga nach Timor zurückzulegen. Jules Vernes Kurzgeschichte über die Meuterei auf der *Bounty* sowie die Filmadaptionen des Stoffs mit Clark Gable oder Marlon Brando als Fletcher Christian, dem »heroischen« Anführer der Meuterer, haben Bligh einen der Wahrheit nicht ganz entsprechenden schlechten Ruf eingebracht und ihn zu einem der finsteren Figuren der Abenteuerliteratur gemacht. Seinem schlechten Ruf wird Bligh allerdings als Gouverneur von New South Wales voll und ganz gerecht.

Die meisten Häftlinge bleiben nach Verbüßen ihrer Haftstrafe in New South Wales. Die Kluft zwischen den freigelassenen *Emancipists* und den freiwilligen Einwanderern, den *Exclusives*, ist prägend für die ersten Jahre der Kolonisation Australiens. Um wie viel dramatischer die Situation für die Aborigines ist, nehmen die wenigsten Siedler wahr. »Zivilisatorische« Umerziehungsmaßnahmen kongregationalistischer Missionare sowie gewaltsame Strafexpeditionen durch die Kolonisatoren prägen den Alltag der Aborigines. Durch eingeschleppte, bis dato unbekannte Krankheiten dezimiert sich die indigene Bevölkerung drastisch. Eine Entwicklung, die von den Kolonialherren bewusst in Kauf genommen wird, erhofft man sich dadurch doch eine »Lösung« des lästigen »Eingeborenenproblems«. Schließlich braucht man für Neuankömmlinge und entlassene Strafgefangene immer mehr Land. Vor allem, als im Zuge des australischen Goldrausches 1851 die Bevölkerung sprunghaft ansteigt und Tausende Glücksritter an der australischen Küste anlanden. Dies wird zum Startschuss der *White Australia Policy*, einer diskriminierenden Einwanderungspolitik, die vor allem Menschen aus Asien bis weit ins 20. Jahrhundert hinein als Menschen zweiter Klasse behandelt.

Katherines Großvater bleibt als Abkömmling des britischen

Mutterlandes und freiwilliger Auswanderer davon unbehelligt. Dem geselligen, großzügigen, vielfach talentierten Mann, leider ohne einen Funken Geschäftssinn, stehen alle Türen offen. Er gilt als würdiger Vertreter des sogenannten »Pa-Man«, mit dem die Familie männliche Mitglieder beschreibt, die, wie Katherine ihrem späteren Schwager Richard Murry gegenüber bestätigt, zwar nicht geschäftstüchtig, dafür aber rundherum außergewöhnlich sind: »Mein Großvater sagte, mit einem sauberen Paar Socken und einer Krähenflinte kommt man um die ganze Welt. Im Alter von 70 und noch was machte er sich auf nach England, doch Mutter bekam es mit der Angst & gab ihm noch das ein oder andere Taschentuch dazu. Als er zurückkehrte, war er bis auf eine große Gießkanne, die er in London für seine jungen Kürbisse gekauft hatte, alles losgeworden. Allerdings soll er Dir kein leuchtendes Beispiel sein.«[33]

Bald nach seiner Ankunft vermählt sich Arthur Beauchamp mit Mary Elizabeth Stanley, einer Waise aus Lancaster, die von ihrer Tante kurzerhand in die frauenarme Kolonie verschifft worden war, um sich hier einen Ehemann zu suchen. Als Katherines Vater Harold, geboren 1858 in Ararat/Victoria/Australien, zwei Jahre alt ist, verlässt das Paar Australien in Richtung Neuseeland, um hier ein Auktionshaus zu eröffnen. Es ist nur einer von zahlreichen Umzügen, die der unstete und geschäftlich nur mäßig erfolgreiche Arthur seiner Familie, die durch insgesamt acht Kinder bald auf zehn Personen anwächst, zumutet. Das kleine Hafenstädtchen Picton wird schließlich zum Stammsitz der Beauchamps. Der viktorianische Schriftsteller Anthony Trollope, der auf einer Reise 1872 das Städtchen besucht, gibt einen kleinen Eindruck davon wieder, wie das Leben hier aussieht: »Picton selbst ist ein hübsches, malerisches Städtchen, das wie alle neuseeländischen Häfen zwischen Bergen und Meer eingezwängt liegt. Es ist ein seltsam einsamer Ort, der nirgendwohin eine Straße hat, außer zu seinem Rivalen Blenheim. Einmal die Woche legt hier ein Dampfer aus Wellington an und einmal aus Nelson, und so erhält es seine Verbindung zur Welt aufrecht … Was das äußere Erscheinungsbild angeht, scheint es Picton recht gut zu gehen. Es gab sehr gute Geschäfte und ordentliche Häuser, hübsche Gärten, und alles machte den Eindruck von verschlafenem, wohlgenährtem Wohlstand.«[34]

Ein Wohlstand, von dem die Familie Beauchamp leider nur träumen kann. Die Sprunghaftigkeit des Vaters bringt Unsicherheit und Armut über die Familie, die vorwiegend von Fisch, Hammelfleisch, wildem Schweinefleisch und Vögeln wie Tauben, Kakas und Tuis lebt. Eine Erfahrung, die dazu führt, dass Harold später größten Wert auf die finanzielle Absicherung seiner Familie legt und in seiner Mutter eine wahre Heldin sieht: »Meine Mutter war einer der liebenswertesten Menschen, die man sich vorstellen kann. Ich kann wahrhaftig sagen, dass ich sie nie schlecht gelaunt erlebt habe. (…) Als Pionierin sah sie sich mit Problemen und harter Arbeit jeglicher Art konfrontiert, die untrennbar mit diesen frühen Jahren verbunden waren. Es muss extrem anstrengend gewesen sein, das Zuhause so oft aufzugeben, um meinem Vater von Ort zu Ort zu folgen; aber sie hat die Weisheit dieser Entscheidungen nie in Frage gestellt.«[35]

Immerhin wird es der humorvolle Arthur zum Parlamentsabgeordneten seiner neuen Heimatstadt bringen. Als überzeugter Liberaler fordert er dort unter anderem eine gerechte Landverteilung zugunsten der Māori. Die Faszination für Kultur und Leben der Māori wird Arthur an seinen Sohn Harold weitergeben. Dieser versucht sogar, deren Sprache zu erlernen.

Als Harold elf Jahre alt ist, soll er nach dem Willen des Vaters die Schule beenden und im Geschäft mitarbeiten. Mithilfe seiner über alles geliebten Mutter kann Harold den Vater überreden, ihn bis zum 14. Lebensjahr die Whanganui Collegiate School besuchen zu lassen. Dann jedoch gibt es keinen Aufschub mehr. Harold muss dem Vater unter die Arme greifen. Er arbeitet nun tagsüber im Büro und betätigt sich nachts als Viehtreiber. Mit 15 Jahren steht er in diesem Zusammenhang wegen eines von ihm verursachten Unfalls vor Gericht, angeklagt, die Shakespeare Cliff Road mutwillig beschädigt zu haben, indem er eine Viehherde über die Lehm- und Schlammböschung getrieben hatte.[36] Zu Hause ist er Mädchen für alles: »Als Junge half ich beim Ausschneiden der Büsche, beim Melken und bei anderen Arbeiten im Freien; da wir keine Haushaltshilfe hatten, half ich meiner Mutter im Haus und erwarb so einige Fähigkeiten beim Kochen, Schrubben, Waschen und einigen andere Dingen.«[37]

1876 gründet Arthur Beauchamp in Wellington das Auktionshaus Beauchamp, Campbell & Co., für das auch Harold tätig ist, ehe er 1877 als Angestellter zur Handelsfirma W. M. Bannatyne & Co. wechselt. Hier lernt er die 14-jährige Annie Burnell Dyer, Schwester eines Kollegen, kennen. Sechs Jahre muss er warten, bis er am 18. Februar 1884 seine Traumfrau in der St. Paul's Cathedral in Wellington zum Traualtar führen kann.

Nach der Hochzeit ziehen Schwiegermutter Dyer und seine Schwägerinnen Edith, genannt Kitty, und Isabell, genannt Belle, bei dem jungen Paar ein. Harold macht in der Firma rasch Karriere, steigt nach kurzer Zeit zum Teilhaber auf. 1888 zieht die stetig wachsende Familie in das neu erbaute Haus in der Tinakori Road Nr. 11 (heute Nr. 25)[38] in Thorndon. Nach dem Tod des Firmengründers und dem Ausstieg des zweiten Partners übernimmt Harold Beauchamp zusammen mit seinem Freund Walter Nathan das Unternehmen und legt damit den Grundstein für seinen Aufstieg zu einem der einflussreichsten Männer Neuseelands, worüber später auch die Heimatzeitung berichtet: »Mr Harold Beauchamp ist wohl einer der meistbeschäftigten Männer Neuseelands, dennoch interessiert er sich für alles, was das Wohlergehen unserer Kolonie fördert. Er ist kein Politiker, wiederholt hat er spontane Anfragen zurückgewiesen, für das Parlament oder das Amt des Bürgermeisters von Wellington zu kandidieren, da er der Meinung ist, dass politische oder bürgerliche Pflichten mit hohen kommerziellen Bestrebungen unvereinbar sind.«[39]

Harold Beauchamp gilt als Selfmademan mit viktorianischen Prinzipien und britischem Humor. Zudem ist er ein guter Sportsmann. Der ausgezeichnete Rugbyspieler ist Mitglied im Athletic Rugby Club, in dessen Jahrbuch er als »energischer und enthusiastischer Stürmer« bezeichnet wird, »nie weit entfernt vom Ball«.[40] Auch im Tar Boating Club gilt er als Stütze, und dass er dem Wellington Club, einem Herrenclub nach englischem Vorbild, angehört, ist beinahe schon selbstverständlich. Katherine Mansfield selbst beschreibt ihn als »nicht groß, sehr gesund aussehend, mit weißem Haar und einem kleinen gestutzten Bart, großen blauen Augen, einer ausdrucksstarken Stimme. In der Tat sieht er aus wie ein typischer kolonialer Banker!! Und so voller Leben.«[41] Harold Beauchamp wird für seine Familie der nächste Pa-Man, ungeachtet seines wirtschaftlichen Erfolges. 1913 wird Katherine schreiben: »Ich fühle mich bei meinem Pa-Man wie ein kleines Mädchen. Ich möchte hochspringen und ihm auf die Brust trommeln und dabei rufen: ›Du *musst* mich lieben.‹ Wenn er sagt, dass er das tut, dann bin ich recht zuversichtlich, dass Gott an meiner Seite ist.«[42] Dass sie ihn dennoch immer auch als ein wenig hinterwäldlerisch und engstirnig beschreibt, wird ihm nicht gerecht.

Auch Harold ist im Herzen vermeintlich Engländer geblieben. Insgesamt 24-mal wird er die lange Reise von Australien nach Europa antreten, was in etwa zwei Jahre auf See bedeutet. Dort zu leben, kommt für ihn allerdings nie infrage, nicht einmal, nachdem alle seine Töchter nach England gehen, wird er ihnen folgen.

Katherines Verhältnis zum erfolgreichen Vater bleibt zeitlebens ambivalent. Seine Beschreibung in ihren Short Storys fällt nicht immer schmeichelhaft aus. In ihren Tagebüchern zeichnet sie ein wesentlich differenzierteres Bild des Vaters: »Vater war ein Selfmademan, doch der Preis, den er für all das bezahlen musste, war so groß und so schmerzhaft ... Er war jung und sensibel, und er fragte sich immer, ob er im wahren Sinne des Wortes auf seine Kosten gekommen war. Es gab immer noch Stunden, in denen er im Mondlicht auf und ab ging, halb entschlossen, diese verflixte tägliche Hetzjagd ins Büro einfach aufzugeben.«[43]

Sie erinnert sich, wie er sie während eines Erdbebens aus dem Haus getragen hat oder wie er mit seinen Kindern auf dem Rücken auf allen vieren um den Tennisplatz kroch und eine Dampflock imitiert habe. Besonders bewundert sie seine Gabe als Geschichtenerzähler, die sie offenkundig von ihm geerbt hat. Nicht wenige Zeitgenossen weisen darauf hin, dass sich Vater und Tochter trotz ihrer vielen Auseinandersetzungen durchaus ähnlich waren.

Weitaus komplizierter gestaltet sich Katherines Verhältnis zu ihrer Mutter Annie, der 1864 geborenen Tochter von Joseph Dyer und Margaret Isabella Mansfield. Während Joseph Dyer in den 40er Jahren aus England nach Australien gekommen war, war Katherines geliebte Großmutter, nach der sie sich später benennen wird, bereits in Sydney geboren worden. In Annies Geburtsjahr war das Paar nach Neuseeland ausgewandert. Bereits 1878 wird Großmutter Dyer Witwe. Die tatkräftige und warmherzige Frau übernimmt nach der Hochzeit von Harold und Annie die Haushaltsführung im Hause Beauchamp. Katherines Mutter Annie leidet seit einem rheumatischen Fieber im Jugendalter an Herzinsuffizienz und gilt als wenig belastbar. Sie liebt es zwar, opulente Einladungen zu geben, das tägliche Klein-Klein mit den Dienstboten ist ihr hingegen ein Gräuel. Am allerliebsten ist sie ohnehin auf Reisen. Sie nimmt jede Gelegenheit wahr, ihren Mann, der ihr in großer Verehrung tief ergeben ist, auf seinen Reisen zu begleiten. Einmal verrät sie der bass erstaunten Katherine, wie gern sie Entdeckerin geworden wäre: »Sie saß am Fußende der Ottomane und knüpfte ihre Stiefeletten zu. Ihre kurzen, feinen, widerspenstigen Haare standen ihr vom Kopf ab. Sie trug einen kurzen Unterrock aus Leinen und kurze, spitzenbesetzte Schlupfhosen. ›Hol der Kuckuck diese Knöpfe‹, sagte sie und zerrte an ihnen. Und dann setzte sie sich plötzlich auf und bohrte den Griff des Stiefelknöpfers in die Ottomane: ›O Gott‹, sagte sie, ›wenn ich bloß nicht geheiratet hätte. Ich wünschte, ich wäre Forschungsreisende geworden.‹ Und träumerisch fügte sie hinzu: ›Die Flüsse von China, zum Beispiel.‹ ›Aber was weißt du denn von den Flüssen in China, Liebes‹, sagte ich. Denn Mutter verstand überhaupt nichts von Geografie; sie wusste weniger als ein zehnjähriges Kind. ›Nichts‹, stimmte sie bei. ›Aber ich *weiß*, was für einen Hut ich tragen würde.‹ Sie schwieg einen Augenblick. Dann sagte sie: ›Wenn Vater nicht gestorben wäre, hätte ich auf Reisen gehen können, und dann hätte ich, zehn zu eins, nicht geheiratet.‹ Und sie schaute mich träumerisch an – oder eher durch mich hindurch.«[44] Annie Beauchamp hadert mit den Konventionen, genau wie ihre rebellische Tochter, die es aber im Gegensatz zur Mutter schafft, sich daraus zu befreien.

Annie Beauchamp hingegen bleibt Ehefrau und wird Mutter von sechs Kindern. Obwohl auch für Katherine außer Frage steht, dass Harold seine Frau anbetet, wird sie das Gefühl nicht los, die Mutter habe ihre Sexualität und ihren Körper stets als fremdbestimmt empfunden: »Sie hatte schon immer gehasst, bestürmt zu werden, schon als Kind. Es gab Momente, da jagte er ihr Angst ein, regelrechte Angst. Und sie war drauf und dran, ihn anzuschreien: ›Du bringst mich um!‹ Am liebsten hätte sie dann die gröbsten, hässlichsten Ausrücke gebraucht ... ›Du weißt, wie empfindlich ich bin. Du weißt so gut wie ich, dass mein Herz angegriffen ist, und der Doktor hat dir deutlich gesagt, dass ich jederzeit tot umfallen kann. Ich habe doch schon drei so große Brocken in die Welt gesetzt.‹ ... Ja, ja, das war die Wahrheit. (...) Trotz aller Liebe und Hochachtung und Bewunderung hasste sie ihn. (...) Noch nie war ihr das so klar gewesen wie in diesem Augenblick.«[45] Wie wenig passt dazu die Aussage von Katherines Geschwistern, die die Ehe der Eltern als das Zusammenspiel eines gleichberechtigten Teams beschreiben. Annie Beauchamp habe nie unter einem Minderwertigkeitskomplex gelitten und sich von niemandem, am allerwenigsten von ihrem Mann, unterbuttern lassen.

Ihre Schwangerschaften erlebt die gesundheitlich fragile Annie dennoch als äußerst beschwerlich. Erst als erwachsene Frau wird Katherine verstehen, warum die Mutter manchmal so wenig mütterlich agierte, und ihrem Verständnis dafür in einer ihrer berühmtesten Erzählungen »An der Bucht« Ausdruck verleihen: »Ja, das war ihr eigentlicher Groll auf das Leben; das war es, was sie nicht begreifen konnte. Das war die Frage, die sie sich immer wieder stellte und auf die sie keine Antwort erhielt. Es sagte sich so leicht, dass es das Los der Frau sei, Kinder zu bekommen. Es war falsch. Sie wenigstens konnte beweisen, dass es nicht stimmte. Sie war gebrochen, geschwächt, entmutigt vom Kinderkriegen. Und es war doppelt schwer zu ertragen, weil sie ihre Kinder nicht liebte. Es war zwecklos, sich etwas vorzumachen. (...) Nein, auf jeder dieser grauenvollen Reisen hatte ein eisiger Wind, so schien es, sie durch und durch erstarren lassen; sie hatte keine Wärme mehr übrig für sie.«[46] Eine Einschätzung, die Katherines Schwestern Mitte der 1960er Jahre in einem legendären Rundfunkinterview weit von sich weisen. Zwar sei die Mutter kränklich gewesen, aber dennoch immer sehr nahe bei ihren Kindern, was für die damalige Zeit durchaus ungewöhnlich gewesen sei. Den Schwestern ist sie eher als Freundin denn als Mutter in Erinnerung geblieben. Sie habe ihre Kinder von Herzen geliebt und habe stets regen Anteil am Leben ihrer Kinder genommen. Ein starker Charakter sei sie gewesen und sehr intelligent. Zudem habe sie wundervolle Briefe geschrieben. Den Mädchen bleibt sie als äußerst tolerant in Erinnerung. So sei den Beauchamp-Kindern weitaus mehr gestattet gewesen als ihren Freundinnen. Katherines Darstellung der Mutter sei ungerecht und schlichtweg ein Produkt ihrer Fantasie. Doch ganz so einfach ist es eben auch nicht.

Nach der Geburt ihres letzten Kindes, des lang ersehnten Stammhalters, wird Annie Beauchamp nie wieder ein Kind bekommen. In Ermangelung anderer Verhütungsmethoden erinnern sich die Mädchen daran, wie verschiedentlich ein Arzt gerufen wurde, um eine heimliche Abtreibung durchzuführen.[47]

Annie Beauchamp wird zum Vorbild für die Figur der Linda Burnell in Katherines berühmten Neuseelanderzählungen. In »An der Bucht«, »Prelude« und »Das Puppenhaus« können die Leser einen bruchstückhaften Ausschnitt auf das Leben der Familie Burnell erhaschen – die unzweifelhaft Katherines eigener Familie nachempfunden ist. Obwohl Katherine hier besonders mit ihrer Mutter hart ins Gericht geht, wird doch deutlich, dass deren Verhalten vor allem der Unmöglichkeit geschuldet ist, selbstbestimmt zu leben. Das unvollkommene Leben ihrer Mutter bestärkt Katherine, ihren eigenen Weg zu gehen, ganz gleich, wie hoch der Preis dafür auch sein mag. Im falschen Leben verkümmern wie die Mutter, das will sie auf keinen Fall. Dabei stimmen Zeitgenossen der beiden sämtlich überein, wie ähnlich sich Mutter und Tochter sind. Selbst Katherines treue Freundin Ida Baker, die ansonsten immer der Meinung ihrer geliebten Katherine war, zeichnet ein anderes Bild als Katherine selbst, die sich von der Mutter nicht geliebt fühlt: »Mrs Beauchamp war Katherine in vielen Zügen ähnlich. Auch sie war einfallsreich und künstlerisch begabt. Ich kannte sie nicht besonders gut, spürte aber, dass sie Katherine von allen Familienmitgliedern am meisten Verständnis entgegenbrachte. (...) Oft schien es, als lebte sie in ihrer eigenen Welt, die mit ihrem Mann und ihrer Familie in keinem Zusammenhang stand. (...) Später, als Katherine sich ihre Freiheit gegen alle Widerstände erkämpft hatte, begann sie ihre Mutter besser zu verstehen, zu lieben und sich mit ihr sogar eng verbunden zu fühlen.«[48] Als Kind jedoch hat sie das Gefühl, es gibt nur eine Sache, die sie mit ihrer Mutter verbindet, die Liebe zu Blumen: »Aschenblumen ... die blauen – und die zartrosa. Mutter liebte sie, und wir züchteten sie massenweise in einem Hochbeet. Ich liebe die Form ihrer Blütenblätter. Sie sind so zart. Wir hatten blaue Blumen in den Töpfen im weiß-goldenen Salon mit den grünen Holzjalousien. (...) Es ist seltsam, dass wir Beauchamps alle diese Leidenschaft für Blumen haben ... Ich habe einen großen Strauß altmodischer Ringelblumen auf meinem Tisch stehen. Sie erinnern mich an die schwarze Vase, die wir in Nr. 75 hatten.«[49]

Im November 1889, Katherine ist gerade mal einmal ein Jahr alt, gehen die Eltern für neun Monate auf Europareise. Die Mädchen bleiben in der Obhut von Granny Dyer zurück. Die nimmt in Katherines Erinnerungen eine geradezu überragende Stellung ein: »Großmamas Geburtstag. Wo befindet sich wohl jene Photographie meiner geliebten Großmutter auf der sie sich an die Schulter ihres Mannes lehnt und auf der sie das Haar so schlicht gescheitelt trägt und zu ihm aufblickt? Ich mag es so gern.«[50] Die Großmutter wird zum ruhenden Pol inmitten der lauten Familie. Sie bietet Katherine, die ihre Mutter kühl und abweisend empfindet, Liebe und Geborgenheit: »Das Wunderbarste, was ich mir vorstellen kann, ist, dass meine Großmutter mich zu Bett bringt, und dass sie dann mit einer Schale heißer Milch und Brot kommt und mit gefalteten Händen, den linken Daumen über den rechten gelegt, vor mir steht und mit ihrer lieben Stimme sagt: ›Da, mein Liebling, ist das nicht gut?‹ Oh, was für ein Wunder von Glück das wäre! Und später aufzuwachen und zuzuschauen, wie sie die Betttücher aufdeckt, um nachzuschauen, ob man kalte Füße hat, und wie sie sie in eine kleine rosa Wolljacke hüllt, weicher als Katzenfell ... Ach!«[51]

Das zweigeschossige Haus in der Tinakori Road füllt sich rasch. Bei ihrer Rückkehr aus Europa ist Annie wieder schwanger, und 1890 erblickt Gwendoline das Licht der Welt. Doch nur wenige Woche nach der Geburt erkrankt das Baby an Cholera. Die hygienischen Verhältnisse in Wellington, wo das Abwasser ungefiltert ins Hafenbecken läuft, sind in jenen Jahren so verheerend, dass es immer wieder zu Typhus- und Choleraausbrüchen kommt.[52]

Jetzt muss Katherine die geliebte Großmutter teilen: »Tag und Nacht waren Großmutters Arme belegt. Ich hatte keinen Schoß mehr, auf den ich klettern, kein Kissen, auf dem ich ausruhen konnte. All das gehörte nun Gwen. Aber Gwen wusste es nicht; sie hob niemals die Hand, um mit der silbernen Brosche, einem Halbmond mit fünf kleinen Eulen, zu spielen; sie langte nie nach Großmutters Uhr und öffnete selber die Rückseite, um Großvaters Haare zu sehen; sie schmiegte sich nie an sie, um das Lavendelwasser zu riechen, oder nahm Großmutters Brillenfutteral und überlegte, ob es wirklich aus Silber sei. Sie lag einfach da und ließ sich wiegen.«[53] Mit nur drei Monaten stirbt die kleine Schwester. Ein Familienfoto zeigt die trauernde Großmutter mit dem toten Kind in den Armen.

Als Konsequenz aus diesem Ereignis beschließen Harold und Annie Beauchamp, mit ihren Kindern Wellington zu verlassen. Ein Jahr nachdem Tochter Jeanne (1892) geboren wurde, ziehen sie aufs Land nach Karori, vier Kilometer westlich vom Stadtzentrum Wellingtons, wohin Harold nun täglich zur Arbeit pendelt: »1893 zogen wir nach Karori, nicht nur wegen der Gesundheit der Kinder, sondern auch zu meinem eigenen Wohl«[54], wird er in seinen Erinnerungen schreiben. Mit Vorliebe legt der passionierte Spaziergänger den Weg zur Arbeit mit Stock, Mantel, Aktentasche und Hut zu Fuß zurück. Nur bei schlechtem Wetter nimmt er den Pferdewagen.

Die Familie mietet ein großes Haus, das sich Harold aufgrund seines fortschreitenden beruflichen Erfolges, der ihn in den Vorstand diverser Firmen, darunter auch der Wellingtoner Hafenbehörde, führt, nun ohne Weiteres leisten kann. Heute, da man längst eine Straße nach Harold Beauchamp benannt hat, ist Karori ein beliebter und dicht besiedelter Vorort der neuseeländischen Hauptstadt. 1893 bietet die Karori Road 372, in der sich das neue Haus der Familie befindet, nichts als Landleben und Idylle mit traumhaftem Blick aufs Meer. Ihr neues Zuhause wurde 1866 von Stephen Lancaster, dem ersten Bürgermeister von Karori, erbaut und hat neben verschiedenen Vormietern einmal sogar eine Schule beherbergt. Das wunderschöne weiße Holzhaus steht mitten in einem großen Garten voller Blumen und Obstbäume. Ihre Erzählung »Prelude« beginnt mit dem Umzug der Familie in dieses Haus und schildert den Moment, als Katherines Alter Ego Kezia ihr neues Zuhause zum ersten Mal erblickt: »Es war ein langgestreckter, niedriger Bau, mit einer Säulenveranda und einem Balkon ringsherum. In sanftem Weiß lag es in dem sattgrünen Garten wie ein schlafendes Tier. Und nun leuchtete eins, dann ein anderes der Fenster auf. Jemand lief mit einer Lampe durch die leeren Räume. Hinter einem der unteren Fenster flackerte das Licht eines Kaminfeuers. Eine seltsame wohlige Erregung schien in zitternden Wellen von dem Haus auszugehen.«[55] Das Haus trägt den Namen »Chesney World« nach dem Roman *Bleak House* von Charles Dickens. In diesem Roman, in dem

Dickens mit Inspektor Bucket den ersten Detektiv der Literaturgeschichte einführt, ist Chesney Wold ein Symbol für Reichtum, Macht und ererbte Privilegien. Doch während Dickens' Hausbewohner Sir Leicester die Personifizierung der statischen englischen Klassengesellschaft ist, zieht jetzt ein abenteuerlustiger Selfmademan hier ein, der in der neuen Welt die Klassenschranken der alten Welt überwunden hat.

Die Kinder lieben Karori, das Haus, den großen Garten und vor allem die Nähe zu den geliebten Verwandten. Denn nur eine Meile entfernt leben im »The Monkey Tree Cottage« die Waters, namentlich Tante Agnes, die Schwester ihrer Mutter, Onkel Val und ihre Söhne Barrie und Eric. In »Prelude« werden sie zur Familie Trout und die Cousins zu Pip und Rags: »Die Trout-Jungen waren die Cousins, von denen Kezia dem Fuhrmann erzählt hatte. Sie wohnten eine Meile entfernt in einem Haus, das Monkey Tree Cottage hieß. Pip war groß für sein Alter, mit glattem schwarzem Haar und einem blassen Gesicht, aber Rags war sehr klein und schmächtig, und wenn er ausgezogen war, standen seine Schulterblätter ab, wie zwei kleine Flügel.«[56]

Onkel Val, der so ganz anders ist als der geschäftstüchtige, zupackende Vater, ist der erklärte Liebling der Mädchen. Er liebt Musik und hat eine Engelsgeduld mit den Kindern, die ihm mit großer Freude bei der Gartenarbeit helfen. Hinter vorgehaltener Hand erzählt man sich, er habe Tante Agnes geheiratet, nachdem diese vor dem Traualtar von ihrem eigentlichen Bräutigam stehen gelassen wurde. So ganz glücklich scheint er nicht zu sein, denn Katherine zitiert das Alter Ego ihre Onkels in »An der Bucht« folgendermaßen: »Kannst du mir sagen, was der Unterschied ist zwischen meinem Leben und dem eines gewöhnlichen Sträflings? Der einzige Unterschied, den ich sehe, ist der: Ich habe mich selbst ins Gefängnis eingeliefert, und niemand wird mich je wieder herauslassen. Und das ist weit schlimmer als alles andere.«[57]

Gleichwohl macht er das Leben der Kinder zu einem einzigen Kindergeburtstag, veranstaltet Kostümpartys und Spielenachmittage. Dabei fällt es vor allem Katherine nicht leicht, ihre Kleidung pflichtgemäß sauber zu halten. Da die Mädchen ihre Kleidchen eine ganze Woche lang tragen müssen, legt die Mutter größten Wert darauf, dass sie ohne Flecken und Risse bleiben. Katherine gelingt es meist nur mithilfe der geliebten Großmutter, verloren gegangene Haarspangen und verschmutzte Kleidung vor der Mutter zu verbergen.

Am Sonntag besuchen die Mädchen die anglikanische Kirche, in der ihr Vater aktiv ist, und manchmal dürfen sie auch abends mit dem Vater durch die Straßen gehen. Dies ist ein großes Abenteuer, tragen sie doch mangels Straßenbeleuchtung Taschenlampen bei sich. Sie spielen mit dem Vater Tennis oder lauschen ihm, wenn er am Klavier für Gäste spielt. Als Mitglied von diversen Amateurtheatern sorgt Harold Beauchamp immer für Unterhaltung.

Eine der wichtigsten Bezugspersonen der Kinder wird der irische Bursche des Vaters, Patrick »Pat« Sheehan. Der kümmert sich nicht nur um die Pferde und fährt Harold Beauchamp in die Stadt, er erzählt auch die wunderbarsten Geschichten über seine alte Heimat: »Er pflegte mich auf den Tisch zu heben und dann lange Geschichten über die Herzöge von Irland zu erzählen, die er gesehen und mit denen er sogar gesprochen hatte. Wir waren sehr stolz darauf, dass unser Gärtner mit der irischen Aristokratie so auf Tuchfühlung gegangen war, und abends, wenn Pat in der Küche beim Tee saß, stahlen wir uns hinaus und baten ihn, uns ein paar irische Gepflogenheiten zu zeigen. In einer Reihe stehend, Hand in Hand, sahen wir zu, wie Pat etwas Salz auf sein Messer streute, es mit der Gabel abklopfte und dabei den kleinen Finger der rechten Hand krümmt ... genau wie die Herzöge von Irland, die so Salz auf ihren Messern balancierten.«[58]

Pat ist für Katherine neben der Großmutter der liebste Mensch auf der ganzen Welt. Allerdings muss sie sich später eingestehen, dass dies wohl nicht auf Gegenseitigkeit beruht habe: »Pat war nie sehr angetan von mir. Ich fürchte, er fand meinen Charakter überhaupt nicht gut. Ich empfand nämlich keine Freude daran, einen Vogel in einem Käfig zu halten, und eines Tages beging ich das unverzeihliche Verbrechen, eine Kürbisblüte zu pflücken. Von dem Schock, den dieser letzte Akt der Barbarei ausgelöst hat, hat er sich nie wieder erholt. Ich sehe ihn noch vor mir, wie er jedes Mal, wenn ich in seine Nähe kam, mit dem Kopf nickte und sagte: ›Also so was! Es hätte das beste Gemüse der Saison werden können und uns wochenlang ernähren können.‹«[59]

Hier in Karori kommt endlich der lang ersehnte Stammhalter der Familie zur Welt: Leslie (1894), genannt »Chummie«. Damit ist die Familie komplett, und obwohl das Haus jetzt wirklich voller Menschen ist, fühlt Katherine, die bereits als kleines Kind Albträume und Angstzustände entwickelt, sich oft einsam.

Die Aufmerksamkeit der Eltern gehört den älteren Mädchen und natürlich Leslie, dem von allen heißgeliebten Sohn und Bruder, zu dem Katherine ein ganz besonders inniges Verhältnis entwickelt. Vera, die Älteste, ist der Sonnenschein der Familie: »Vera zu sehen bedeutete, sie zu lieben«, sagt eine Cousine der Kinder ganz offen: »Kathleen zu sehen bedeutete, sich an sie zu erinnern.«[60] Katherine selbst wird, als sie Jahre später ein Babyfoto von sich entdeckt, ernüchtert schreiben: »Ich hatte es mir immer vorgestellt – als süßes kleines lachendes Ding, ziemlich französisch, mit sehnsüchtigen Augen unterm Pony (...) Doch dieses kleine, feierliche Ungeheuer mit einer dünnen Haarsträhne sah aus, als würde es gleich Hals über Kopf hintüberfallen. An den Füßen trägt es, soweit ich erkennen kann, ein Paar gewöhnlicher Arbeiterstiefel, die der Photograph, aus Verwunderung oder Bosheit, so nahe photographiert hat, dass jedes Füßchen so groß wie der Kopf ist. Das einzig Auffällige an ihm sind die Ohren.«[61] Chaddie, die Zweitgeborene, ist ein charmantes, höfliches Kind, das der großen Schwester Vera nacheifert. Katherine, von allen nur Kass gerufen, fühlt sich als Sandwichkind weder den Großen noch den Kleinen zugehörig. Da sie etwas mopplig und behäbig ist, müssen die anderen oft auf sie warten. Die Nachbarskinder schreien ihr über den Zaun hinweg zu: »Dickerchen! Dickerchen! Dickerchen!«[62] Die verträumte und zugleich impulsive Katherine ist oft für sich allein, fühlt sich von ihrem lauten Zuhause überfordert. Gleichwohl liebt sie ihre Geschwister und hat auch viel Spaß mit ihnen: »Wir hatten nur wenige Spielsachen, dafür aber – was auch viel besser war – jede Menge guten Schlamm und eine Betontreppe, die in der Hitze der Sonne heiß wurde und ein traumhafter Ofen war.«[63] Dass sie ihre Schwestern in ihren Short Storys wenig schmeichelhaft als ziemlich konventionell und spießig darstellt, nehmen diese ihr durchaus übel. Der neuseeländische Schriftsteller und Journalist Owen Leeming, der die drei noch lebenden Schwestern Vera, Chaddie und Jeannie 1962 zu einem Interview in England an einen Tisch bringt, betont zudem, wie wenig Katherines Beschreibung den drei Damen gerecht wird, die ihm gegenübersaßen. Allesamt seien sie außergewöhnlich, sophisticated, charmant, witzig und intelligent gewesen.[64]

Je älter sie wird, desto mehr fühlt sich die pummelige Katherine, die zu allem Übel auch noch eine Brille tragen muss, neben ihren strahlenden Schwestern als hässliches Entlein. Dass die drei Mädchen identisch gekleidet werden, macht die Sache keineswegs besser. Kass gilt bald als »schwieriges Kind«, das keiner so richtig verstehen kann. Wild und streitlustig beginnt sie zu stottern, wenn sie aufgeregt ist. Wenn sie wieder einmal von allen genug hat, schwingt sie sich auf ihr Pferd, um Dampf abzulassen: »Ich hab sie alle so satt – ich muss raus hier.«[65]

Am wohlsten fühlt sie sich in der Natur, zwischen Blumen: »In meiner Kindheit lebte ich umgeben von einer Fülle von Blumen, und diese waren meine einzigen Vertrauten (...) Meine größte Freude war, neue Blumen zu entdecken und zu lieben, und mein größter Kummer der Gedanke, dass sie sterben könnten. Ich erinnere mich an einen frühen Frühling. Mitten in der Nacht schlich ich mich aus dem Haus, um das Schneeglöckchen, das am Tag zuvor erblüht war, mit einer Decke vor der Kälte zu schützen.«[66]

Ab 1895 besucht Katherine in Karori die örtliche Schule. Da Karori nur eine kleine Siedlung ist, gehen alle Kinder, die hier leben, in dieselbe Schule, auch die der armen Nachbarn. Während Katherine in ihren Erzählungen suggeriert, dies sei den Eltern ein Dorn im Auge gewesen, bestehen die Schwestern darauf, dass die Eltern entgegen dem Tenor der Zeit keinerlei Klassendenken besaßen. Auch die restlichen Schilderungen ihrer viktorianischen Kindheit, wonach sie ihre Nachmittage ausschließlich mit Granny Dyer verbringen und erst gegen Abend sauber gewaschen zur Mutter gebracht werden, um mit ihr am Klavier ein Lied zu singen, verweisen die Schwestern ins Reich der Fantasie. Ihre Eltern seien, obwohl Kinder ihrer Zeit, was die Erziehung ihrer Kinder anbelangte, durchaus progressiv gewesen.

In den Ferien reisen die Kinder mehrmals mit Granny Dyer nach Picton, um ihre Großeltern väterlicherseits in ihrem »General Merchant Store« in der Wellington Street zu besuchen. Die Anreise mit dem Dampfschiff ist eines der Highlights ihrer Kindheit und inspiriert Katherine 1921 zu ihrer Erzählung »Die Seereise«: »Die Picton-Fähre sollte um halb zwölf ablegen. Es war eine schöne Nacht, mild, sternenklar, doch als sie aus der Droschke stiegen und den Alten Pier entlanggingen, der sich weit in den Hafen hinein erstreckte, wehte ein leichter Wind übers Wasser und fuhr unter Fenellas Hut, und sie hob die Hand, um ihn festzuhalten. (…) Wie sie an dem dunklen Pier lag, über und über mit goldenen Lichtern behangen und geschmückt, sah die Picton-Fähre aus, als wolle sie lieber zu den Sternen reisen als übers dunkle Meer.«[67] Einmal mehr hat der Wind eine tragende Rolle in ihrem Text, der von einem kleinen Mädchen erzählt, dessen Mutter vor Kurzem verstorben ist.

Einmal in Picton, besuchen sie meist auch Großonkel Cradock, den Bruder des Großvaters, der mit seiner Familie zehn Meilen flussaufwärts lebt. Dessen Farm im Māori-Gebiet, mit dem schönen Namen Anakiwa, was in der Sprache der Māori »Grotte der Meervögel« bedeutet, ist für die Mädchen das Paradies und ihr erster Kontakt zur indigenen Bevölkerung, in Gestalt der von allen heißgeliebten Hausangestellten Old Armena.

In der Schule zeigt sich bald, dass Katherine, die Bücher zu ihren besten Freunden erklärt hat, außergewöhnlich intelligent ist. Gleichwohl kommt man nur schwer an sie heran. Schon als Kind beginnt sie mit der Errichtung jener unsichtbaren Mauer, die sie ihr Leben lang aufrechterhalten wird. Zugleich versucht sie um jeden Preis, Aufmerksamkeit zu erzeugen, wie ihre Großcousine Ethel berichtet: »Kass ärgerte ihren Vater, weshalb er ihr nicht viel Aufmerksamkeit schenkte. Es war deutlich zu erkennen, dass er Vera lieber mochte. Kass lümmelte in allen nur erdenklichen Positionen herum und träumte vor sich hin, während er sie festhielt und versuchte, sie dazu zu bringen, gerade zu sitzen. Sie war anders als der Rest der Familie und sah auch anders aus – dick und blass.«[68] Gleichwohl teilt sie mit ihrem Vater ein starkes Gerechtigkeitsempfinden. So setzt sie sich einmal für einen Mitschüler ein, den der Lehrer bestrafen will, weil er im Unterricht eingeschlafen ist: »Sie dürfen Percy Jones nicht schlagen … Er steht jeden Morgen um 3 Uhr auf, um seinem Vater beim Melken zu helfen. Dann liefert er die Milch in der Stadt ab, kehrt nach Hause zurück, um zu frühstücken, und muss um 9 Uhr hier in der Schule sein. Deshalb dürfen sie ihn nicht schlagen.«[69] Ein andermal schanzt sie ihrer Schwester einen Preis zu, den eigentlich sie, die eine der besten Vortragenden der Schule ist, gewonnen hätte. Sie überzeugt die Lehrerin davon, Chaddie und nicht ihr den Preis zu verleihen. Zunächst ist sie ist unheimlich zufrieden mit sich. Doch als man die überglückliche Chaddie zu Hause für ihre Leistung beglückwünscht, kippt Katherines Stimmung so sehr ins Negative, dass man ihr letztlich Eifersucht unterstellt: »Ich lag da, den Kopf ins Kissen gedrückt. Mir kamen die Tränen. Ich zog mir die Kleider über den Kopf. Das Opfer war zu groß. Ich stopfte mir einen Zipfel des Lakens in den Mund, damit ich die Wahrheit nicht herausschreien konnte. Niemand liebte mich, niemand verstand mich.«[70]

Als Katherine knapp zehn Jahre alt ist, kehrt die Familie nach Wellington zurück. Das neue Haus der Familie ist einmal mehr in der Tinakori Road, diesmal jedoch in einem besseren Abschnitt. Möglich wird dies durch die Berufung von Harold Beauchamp in den Vorstand der Neuseeländischen Nationalbank. Nachdem die Bank of New Zealand in den vergangenen Jahren gleich zweimal durch Immobilienspekulationen in eine Krise geraten war, sieht sich der Staat gezwungen, einzugreifen. Premierminister Richard Seddon höchstpersönlich schlägt seinen Freund und Vertrauten Harold Beauchamp für den neu zu besetzenden Vorstand vor. Die Berufung kommt zur rechten Zeit, denn den Eltern ist sehr an einer guten Schulausbildung ihrer Mädchen gelegen, einer Ausbildung, wie sie die Dorfschule von Karori nicht leisten kann. Und auch Tante Belle ist froh, dem Dorfleben zu entkommen. Dort einen passenden Ehemann zu finden, hat sich, wie bereits vermutet, als Ding der Unmöglichkeit erwiesen. Der edle Ritter in schimmernder Rüstung war ein Traum geblieben.

Der große Umzug im April 1898 in das neue Haus mit 14 Zimmern, einem großen Garten und Tennisplatz wird von Tante

Belle und Granny Dyer organisiert. Harold und Annie sind wieder einmal auf dem Weg nach Europa. In ihrer luxuriösen Erste-Klasse-Kabine für 73 Pfund auf der *RMS Ruahine* verfasst Annie ein Bordtagebuch für ihre Kinder, in dem sie täglich von ihrem Leben an Bord berichtet: »Ich wachte heute Morgen auf und hatte das Bedürfnis, im Bett bleiben zu müssen. (…) Die Stewardess und Harold waren sehr aufmerksam. (…) Meine Kabine ist wohl die angenehmste auf dem Schiff, sie ist so gemütlich und frei von Gerüchen, und man spürt die Maschinen so gut wie gar nicht. Ich muss nur zweimal am Tag nach unten gehen, Dinner und Nachmittagstee werden mir oben serviert.«[71]

Sie berichtet von den anderen Passagieren, von Gesprächen, auch über die Kinder, von Bordvergnügungen und Landgängen: »Habe ein bisschen auf meiner Gitarre gespielt, der Dr. möchte, dass ich ›Alabama Coon‹ spiele und Hal es morgen Abend beim Konzert singt.«[72] Dass sie zum Maskenball in Hosen als »New Women« gehen will, zeigt durchaus, wie progressiv auch Annie Beauchamp sein kann. Das Tagebuch, abwechselnd von Vater und Mutter verfasst, gibt nicht nur Einblick in eine äußerst harmonische Ehe, in der beide Partner, ganz im Gegensatz zu Katherines Ehepaar Burnell, besorgt und rücksichtsvoll mit dem jeweils anderen umgehen, sondern gilt auch als eine besonders liebevolle Geste an die Daheimgebliebenen. An ihrem Geburtstag stellt Annie Beauchamp die Fotografie ihrer fünf Kinder auf den Geburtstagstisch, um sie an diesem besonderen Tag bei sich zu haben. In England angekommen, schickt sie das 102 Seiten umfassende Tagebuch umgehend an ihre Lieben nach Neuseeland, die von den Eltern durchaus vermisst werden: »Die Belastung des Abschieds war furchtbar. Ich frage mich, wie es euch allen geht. Am meisten Zeit zum Nachdenken habe ich abends im Bett, und das hält mich dann stundenlang wach. Wenn der Kapitän mir etwas über sein kleines Mädchen und seinen kleinen

Jungen erzählt, muss ich immer über meine Mädchen und meinen Jungen nachdenken. Die drei kleinen Mädchen hier, Molly Lance, Rene und Isabell, lieben es, wenn ich ihnen von Jeanne und ihren Puppen erzähle.«[73] Später wird Annie Beauchamp von einigen Mansfield-Biografen vorgeworfen werden, sie habe Katherine als einziges ihrer Kinder in ihrem Tagebuch nicht namentlich erwähnt. Dabei geht weder Jeannes noch Chaddies Erwähnung über einen Halbsatz hinaus, während der Name Vera nur einmal im Zusammenhang mit einem gleichnamigen Mädchen an Bord fällt. Ihr Tagebuch ist ein Bordbuch und vielleicht weniger dem Inhalt als der Geste nach eine Liebeserklärung an ihre Kinder. Dass dennoch Annie Beauchamps Worte, Gesten und Taten Katherine gegenüber so kritisch beäugt werden, hat vor allem mit einer Geschichte zu tun, die unweigerlich in jedem noch so kurzen Lebenslauf Katherine Mansfields auftaucht. Marion Ruddick, die zusammen mit ihren Eltern reist und gemeinsam mit den Eheleuten Beauchamp im November 1898 auf der *S. S. Warrimoo* nach Neuseeland zurückkehrt, weiß sie zu berichten. Marion wird in den nächsten Monaten Katherines beste Freundin werden. Ihr erstes Zusammentreffen erfolgt unmittelbar nachdem das Schiff im Hafen von Wellington angelegt hat. Neun Monate haben Harold und Annie ihre Kinder nicht gesehen, doch das Wiedersehen verläuft nicht so, wie Marion Ruddick sich dies vorgestellt hat: »Ich stand neben Mrs Beauchamp, die etwas distanziert auf die Gruppe herabblickte. Sie schien mir nicht gerade überglücklich, was ich nach so langer Abwesenheit eigentlich erwartet hatte. Endlich sprach sie als Erstes Kathleen an, so dass jeder es hören konnte: ›Nun Kathleen‹, sagte sie, ›ich sehe, du bist immer noch so dick wie zuvor.‹ Und bei meinem ersten Blick auf Kathleen sah ich, wie deren Augen blitzen und sie rot vor Wut wurde, während sie sich mit einem Ruck ihrer Ringellocken abwandte.«[74]

Dann kehren alle zusammen zurück in die Tinakori Road Nr. 75 (heute 133). Katherine selbst hat das herrschaftliche Haus in der Nähe des Botanischen Gartens in ihrem Tagebuch genau beschrieben: »Unser Haus an der Tinakori Road stand weit zurück von der Straße. Es war ein großes, weißgetünchtes, viereckiges Haus mit einer schlanken Säulenveranda und einem sich um das ganze Haus herumziehenden Balkon. Auf der Frontseite zog sich der Garten von der Veranda aus in Terrassen und Treppenstufen hinab – bis zu einer mit Kapuzinerkresse bewachsenen Mauer (…) Die Tinakori Road war keine sehr elegante Straße: Es wohnten alle möglichen Leute dort. Natürlich gab es einige gute Häuser, alte Häuser, wie das unsrige zum Beispiel, Häuser, die in verwilderten Gärten versteckt lagen, und es bestand kein Zweifel, dass das Land in jener Gegend eines Tages sehr wertvoll werden würde, wenn man genug davon kaufte und ausharrte (…) Aber es war etwas peinlich, Tür an Tür neben der eigenen Waschfrau zu wohnen.«[75]

Die Zimmer der Mädchen liegen im Obergeschoss, und aus den Fenstern können sie den Hafen sehen, genau wie früher im Haus Nr. 11. Katherine liebt diesen Blick hinaus in die Wolken, vor allem am frühen Morgen, ihr ganzes Leben lang: »Vier Uhr. Ist es jetzt um vier Uhr schon hell? Ich springe aus dem Bett und renne zum Fenster hinüber. Es ist dämmrig, weder ganz schwarz noch blau. (…) Wie oft habe ich als Mädchen um diese Zeit schon gewacht! Aber damals – ich verweilte am Fenster, bis mir kalt wurde – bis mir eiskalt war – erregt, ich weiß nicht wovon.«[76]

Auch im neuen Zuhause gibt es eine klare Rollenverteilung. Mr Beauchamp geht seinen Geschäften nach, seine Frau bleibt zu Hause. Katherine verarbeitet die vorgebliche Idylle, in der Frauen wie in einem Jane-Austen-Roman zur Untätigkeit verurteilt sind, später auch literarisch: »[Tante Beryl], Tante Harrie und Mutter saßen am runden Tisch, vor ihnen große flache

Teetassen. In dem Dämmerlicht und in ihren weißen bauschigen Musselinblusen mit Flügelärmeln, waren sie drei am Rand eines Lilienteichs sitzende Vögel. Hinter ihnen verschwamm das dämmrige Zimmer im Schatten; die vergoldeten Bilderrahmen waren wie in die Luft gezeichnet; der Türknopf aus geschliffenem Glas schimmerte; ein Lied – ein weißer Schmetterling mit ausgebreiteten Flügeln – haftete an dem Ebenholzklavier.«[77] Ein schönes, aber statisches Bild, dem Katherine auf keinen Fall entsprechen will.

Das neue Haus mit seinem wunderschönen Garten wird zum Schauplatz ihrer wohl berühmtesten Erzählung »Das Gartenfest«.

Zusammen mit Vera, Chaddie und ihrer neuen Freundin Marion besucht Katherine jetzt die Wellington Girls' High School. Hier verfasst Katherine ihre erste Geschichte für die Schülerzeitung *The High School Reporter:* »Enna Blake«. Neben den Text schreibt die Redaktion: »Diese Geschichte, die von einem Mädchen geschrieben wurde, das erst seit Kurzem unsere Schule besucht, lässt auf Großes hoffen.«[78] Ein Jahr später veröffentlicht sie mit »A Happy Christmas Eve« eine weitere Geschichte. Auch in ihrer neuen Schule ist sie eine gute Schülerin. Sie gewinnt Preise in Englisch, Französisch und Arithmetik und sieht sich in stetigem Wettbewerb mit ihren Mitschülerinnen: »Jinnie Moore war sehr gut im Rezitieren. War sie besser als ich? Ich konnte die Mädchen zum Weinen bringen, wenn ich in der Nähstunde aus Dickens vorlas, und das konnte sie nicht. Sie mochte Dickens nicht; sie zog Bücher über Pferde, Landstreicher, Schiffbrüche und Präriefeuer vor – das war ihr Stil, ihr unbekümmerter, rothaariger, verwegener Stil.«[79] Alle drei Schwestern spielen in der Krocket-Schulmannschaft und lernen in der Badeanstalt von Thorndon schwimmen. Marion erinnert sich daran, dass Katherine anders war als die übrigen Mitschülerinnen: »Es gab eine in der Klasse, für die das Nähen nicht angenehm war, und das war Kathleen. Ihre Finger waren gewöhnlich voller Tinte und an Nähtagen meist noch stärker als sonst. Da ihre Hände zudem schweißnass waren, sickerte die Tinte in den weißen Stoff, an dem sie nähte – mit schlimmen Folgen. Eines Tages stach sie sich in ihrer Not in den Finger und flüsterte mir Verwünschungen auf den Kopf der Person zu, die das Nähen erfunden hatte.«[80] Als Marion beim Schwimmunterricht sich mit einer Mitschülerin unterhält, wird sie mit den starken Gefühlen konfrontiert, die Katherine beherrschen und sie immer wieder zu unüberlegten Handlungen treiben: »Plötzlich rempelte mich jemand ziemlich heftig an. Um nicht ins Wasser zu fallen, hielt ich mich am Geländer fest, und als ich mich umdrehte, stellte ich fest, dass es Kathleen war. Kathleen war eifersüchtig auf ihre Freunde; ihre Vorlieben und Abneigungen waren intensiv, da gabe es keine halben Sachen.«[81]

Weihnachten 1898 mietet Harold für seine Familie ein kleines Ferienhaus in Island Bay am Strand von Wellington. Marion begleitet die Beauchamps, da ihre Mutter eine Kur antritt. Es werden aufregende Tage, in denen Marion einen kleinen Einblick in das Familienleben der Beauchamps bekommt. Die Familie macht Hausmusik, organisiert Konzerte und Theateraufführungen. Am Weihnachtstag lesen sie *A Christmas Carol* von Charles Dickens. Die Ferien am Meer sind ein solcher Erfolg, dass Harold von 1899 bis 1902 das Cottage »The Glen« in Muritai, Day's Bay, anmietet, über das Katherine 1921 eine Erzählung schreiben wird: »Sie heißt ›An der Bucht‹ und ist (so hoffe ich) voller Sand und Seetang und Badesachen, die über Veranden hängen, und Sandschuhen, die auf Fensterbänken stehen, und kleinen rosafarbenen ›Meeres‹-Winden und körnigen Sandwiches, und die Flut kommt herein. Und es riecht (oh, ich hoffe, es riecht) ein bisschen fischig.«[82]

»An der Bucht« ist eine von drei Erzählungen über die Familie Burnell, für die Katherines eigene Familie Pate steht. Der von ihr darin beschriebene Sommertag der Familie enthüllt, wie wenig die Bedürfnisse und Vergnügungen der einzelnen Personen miteinander kompatibel sind. Hinter der friedlichen Fassade toben versteckte Emotionen, die ein Wechselbad der Gefühle zeigen. Hauptfigur der Erzählung ist die unverheiratete Tante Beryl, die nach Freiheit sucht und sich zugleich vor ihr fürchtet. Dass sich die Figur an Tante Belle anlehnt, ist dabei unverkennbar.

Die Landschaft in Day's Bay wird Katherines Kunst der atmosphärischen Beschreibungen, in denen auch die Natur menschliche Züge aufweist, prägen: »Ah-Aah! machte das müde Meer. Und aus dem Busch drang das Geriesel kleiner Bäche, die flink und leicht zwischen glatten Steinen hindurchschlüpften, in Farnteiche flossen und wieder hinaus; das Klatschen dicker Tropfen auf große Blätter war zu hören und machte etwas – aber was? –, ein leises sich Regen und Schütteln, das Knacken eines Zweigs, und dann eine so tiefe Stille, dass es schien, als lausche jemand.«[83]

Anfang 1899 verlässt Marion die Schule und Wellington. Zunächst für ein Internat in Nelson und dann weiter in Richtung Kanada. Katherine steht am Hafen und winkt, bis das Schiff außer Sichtweite ist.

In diesem Jahr wechseln alle Kinder inklusive Leslie an die Privatschule von Mary Swainson in Fitzherbert Terrace Nr. 20, die als die beste Schule des Landes gilt. Katherine ist sehr aufgeregt, wie eine unvollendet gebliebene Short Story vermuten lässt: »Sollte es möglich sein, dass sie in einer Woche bereits Schülerin von Miss Farmer war, ein rot-blaues Hutband trug, die breite Treppe zu jenem großen grauen Haus hinauflief, in dem es summte wie in einem Bienenkorb, wenn man daran vorbeikam? Ihre Kirchenbank war genau gegenüber von derjenigen, in der Miss Farmers Schülerinnen saßen. Würde sie endlich die Namen der Mädchen erfahren, die sie so oft beobachtet hatte?«[84]

In der neuen Schule hält man nicht allzu viel von Katherines literarischer Begabung: »zu langatmig, schlecht geschrieben, lieblos«.[85] Grammatikalische und orthografische Fehler werden jetzt über den Inhalt gestellt. Dass aus ihr einmal eine weltberühmte Schriftstellerin wird, hätten ihre Lehrer aus jener Zeit weit von sich gewiesen. Als schlichtweg unmöglich wird vor allem die unübersehbare Tatsache befunden, dass sie sich selbst unverkennbar in ihre Geschichten einbaut. Dass das fantasiebegabte Kind sein eigenes Leben als Blaupause für seine Geschichten nutzt, betrachtet man als egozentrisch und überheblich. Dass sie es mit der Wahrheit nicht allzu genau nimmt, empört. Je mehr sie versucht, interessant zu sein, desto mehr gerät sie ins Abseits. Miss Butts, eine attraktive, von den Mädchen hochverehrte Lehrerin, beschreibt Katherine als »plump und unattraktiv – nicht einmal auf eine clevere Art frech, schäbig, voller Tinte und völlig ehrgeizlos«. Dass die 13-Jährige sie mit Fragen wie »Ich habe alles über die freie Liebe gelesen, was meinen Sie dazu?« zu schockieren versucht, ärgert Miss Butts: »Frag doch deine Mutter, was sie darüber denkt.«[86] Die meisten Mitschülerinnen können sich später vor allem an die Streiche und Frechheiten der pubertierenden Katherine erinnern. Gleichwohl findet sie Freundinnen, mit denen sie den Literaturclub A. R. (ante-room) gründet. Hier erzählen sich die Mädchen gegenseitig Geschichten und bringen ein kleines literarisches Magazin heraus. Kass wird zur selbsternannten Anführerin der rebellischen Mädchen ihres Instituts und bringt damit ihre Lehrer gegen sich auf. Dennoch engagiert sie sich in der Schülerzeitung *Comet* und wird Mitglied der Theatergruppe. Ein Auftritt als Tweedledee in *Alice im Wunderland* ist einer der Höhepunkte ihrer Schulzeit. Ein anderer ist die enge Freundschaft mit Maata Mahupuku, der wunderschönen Enkelin eines Māori-

Königs, was sie zu einer Prinzessin macht. Dass sie hier zur Schule geht, liegt in diesen kolonialen Zeiten aber wohl vor allem daran, dass Maata auch für englische Verhältnisse märchenhaft reich ist: »Maata war ständig bei den Beauchamps. Die Mädchen, die nicht so viel Geld bekamen, machten große Augen angesichts der Menge, die Maata immer zur Verfügung stand. Gleichwohl war sie sehr hübsch, klug und großzügig und alles andere als überheblich. Sie und Kathleen waren besonders befreundet.«[87]

Katherines Lieblingszeit in der Schule ist der Mittwochnachmittag, wenn die ganze Klasse, geprägt vom Kolonialismus, Hemden für die Mission näht. Dann werden alle Pulte an die Wand gerückt, und die Mädchen sitzen in kleinen Gruppen zusammen, während die Lehrerin aus *David Copperfield* von Charles Dickens vorliest: »Wir nähen billige Hemden aus Flanell für die Maori-Mission. Sie sind so lang wie Nachthemden, sehr weit, mit riesigen Armlöchern und einem einfachen Band um den Hals – nicht einmal eine Spitzenborte. Die armen Maoris! Sie können nicht alle so groß sein wie diese Hemden. Aber Mrs Wallis, die Frau des Bischofs, sagte, als sie der Schulvorsteherin das Zeitungsmuster brachte: ›Es ist besser, davon auszugehen, dass sie dick sind‹.«[88] Kurzzeitig denkt Katherine sogar darüber nach, selbst Missionarin zu werden, so heilig sind ihr diese Mittwochnachmittage. Gleichwohl gibt es gerade da immer Streit mit ihrer Mutter: »Warum darf ich am Mittwochnachmittag mein Haarband nicht wechseln? Alle anderen Mädchen dürfen es; und es kann nicht sein, weil meine Mutter wirklich befürchtet, ich würde mein bestes Haarband verlieren. Ich weiß, wie man ein Haarband so bindet, dass es sich auf keinen Fall lösen kann, und sie weiß es auch, denn sie hat es mich gelehrt. Aber Mutter sagte: ›Nein. Du kannst dein gestricktes Schürzchen tragen, aber das blaue Seidenhaarband bleibt zu Hause. Dein gewöhnliches braunes Samtband ist sehr nett, passend und unauffällig.

(Mutter liebt solche Sprüche.) Es ist nicht meine Sache, was *all die anderen Mädchen* tun. (...) Na gut, dann stecke ich eben das blaue Seidenband in die Tasche und wechsle es aus, wenn ich in der Schule bin. Es geschieht Mutter recht. Nicht, dass ich sie täuschen will, aber sie zwingt mich dazu, und es ist ihr eigentlich auch ganz egal – sie will nur ihre Macht zeigen.«[89]

Für die Direktorin ähnelt Katherine, gerade im Vergleich mit ihren Schwestern, einer »Gewitterwolke«: »Die Familie war sehr konventionell, Kass war die Geächtete. Keiner hier sah, was hinter all der Unkonventionalität und Rebellion steckte. Ich glaube, niemand verstand ihr Verhalten oder sie als Person. Man versuchte nur, sie gefügig zu machen: tadelte sie wegen Rechtschreibfehlern, Nachlässigkeit und schlechter Schrift. (...) Sie war ein ungeschliffener Diamant, während die anderen fast zu geschliffen waren.«[90] Eine Erkenntnis, die sie nicht dazu verleitet, Katherine zu helfen. Die Halbwüchsige ist launisch und oft aufbrausend, fühlt sich verloren wie die Hauptfigur in ihrem unvollendet gebliebenen Roman *Juliet*: »Juliet war der Sonderling in der Familie – das hässliche Entlein. Sie lebte in ihrer eigenen Welt (...) & war von einem heftigen Temperament besessen. Es fehlte ihr völlig an Gelassenheit. Sie wurde von ihren Launen beherrscht, die sie überrollten und deren Anzahl gewaltig war. (...) Sie kritisierte alles und jeden, mit dem sie in Berührung kam, und hüllte sich in eine grimmige Verschlossenheit. (...) Sie hatte keinen festen Weg vor sich, kein Ziel, das sie erreichen wollte, und sie sah sich gezwungen, ihre Energie an jemandem auszulassen, und dieser Jemand war ihre Familie.«[91]

Wenn sie in Rage gerät, kann es vorkommen, dass sie ihre Schwestern körperlich angreift, wie sie unverhohlen in *Juliet* zugibt, wo sie den Schwestern der Hauptfigur die mittleren Namen ihrer Schwestern gibt: »Um zwei Uhr nachmittags hatte Juliet ein schweres Buch nach ihrer ältesten Schwester Margaret und ein

Tintenfass nach ihrer älteren Schwester Mary geworfen.«[92] Kass beginnt, die Familie ein klein wenig zu überfordern.

Während sie im Sommer 1901 an ihrem ersten Manuskript »Three 20th Century Girls« arbeitet, steht Neuseeland vor einer wegweisenden Entscheidung, bei der Harold Beauchamp eine tragende Rolle einnimmt. Die schwere Wirtschaftskrise der 80/90er Jahre hatte bei den einzelnen Kolonien, die sich aus der Kronkolonie New South Wales entwickelt haben, zu der Erkenntnis geführt, dass der Separatismus der einzelnen Kolonien und ihre Zersplitterung Teil des Problems sind. So entstand der Gedanke an eine Föderation der sechs Einzelstaaten, an der sich auch Neuseeland beteiligen soll. Zu den Delegierten der einzelnen Kolonien, die gegen Ende des 19. Jahrhunderts auf mehreren Konferenzen die Bedingungen für das *Commonwealth of Australia* aushandeln, gehört auch Katherines Vater, der sich vehement gegen eine Föderation mit Australien ausspricht. Als das *Commonwealth of Australia* am 1. Januar 1901 begründet wird, macht Neuseeland nicht mit. Das Land bleibt bis 1907 eine Kolonie, dann erhält es Dominionstatus und wird damit nahezu unabhängig von Großbritannien. Für die nicht europäischen Einwohner von Australien ist die Gründung des Commonwealth folgenreich: Ihre Rechte werden drastisch beschnitten, Nicht-Europäer und Aborigines werden explizit von der Sozialgesetzgebung ausgeschlossen, Arbeitsplätze für diese Gruppen abgebaut. Bis 1937 rechnet man ohnehin weiter mit dem endgültigen Aussterben der Aborigines. Als dies zum Glück ausbleibt, geht Australien zu einer brutalen Assimilierungspolitik über, die in jüngster Zeit vor allem durch die Verbrechen an der gestohlenen Generation international traurige Berühmtheit erlangt hat.

Katherine nimmt dies alles kaum zur Kenntnis. In ihrem Leben gibt es gerade Wichtigeres als Politik. Sie ist verliebt in den Sohn ihres Cellolehrers Thomas Trowell. Dessen Zwillinge

Tom, genannt Arnold, und Garnet sind hochbegabte Musiker, denen die Stadt Wellington durch ein Spendenprojekt das Musikstudium in Europa ermöglichen will. Sie hat die Jungen durch ihren Klavierlehrer kennengelernt und ist fasziniert von der gesamten Familie: begabt, künstlerisch und immer am Existenzminimum lebend. Die gemeinsam mit Vater Harold begonnenen Klavierstunden gibt sie umgehend auf, um ebenfalls Cellistin zu werden. Die 14-Jährige ist hin und weg von Tom, den sie »Caesar« tauft. In *Juliet* beschreibt sie ihr erstes Aufeinandertreffen: »Ein Junge in ihrem Alter betrachtete sie neugierig. Er stand neben einer großen Lampe, und das Licht schien direkt auf sein Gesicht und sein volles rotbraunes Haar. Er war sehr blass und hatte einen träumerischen Ausdruck. Dennoch zeigten seine feinen Züge ein beeindruckendes Maß an Selbstbewusstsein und Kraft.«[93]

Doch nicht nur die zwei jungen Musiker sollen bald nach Europa gehen. Auch Harold Beauchamp vertritt die Ansicht, dass seine drei ältesten Töchter ihre Schulbildung in Europa vervollkommnen sollen. Selbstverständlich denkt er dabei an England. Neuseeland besitzt nach Überzeugung der Eltern zu wenig Kultur, um den Töchtern genug Bildung und den letzten Schliff zu geben. Am 29. Januar 1903 geht die Familie mitsamt Kanarienvogel und Clavichord an Bord der *Niwaru*, wie Harold Beauchamp in seinen Memoiren festhält: »Wir mieteten alle Passagierräume auf der *Niwaru* für meine Frau und für mich sowie unsere gesamte Familie, die aus vier Töchtern, einem Sohn und der Schwägerin Belle und dem Schwager Sydney Dyer bestand. Es war schon ein besseres Kreuzfahrer-Segelschiff, das zuerst die Häfen von Gisborne und Auckland anlief und dann via Kap Hoorn in Las Palmas einen Zwischenstopp einlegte.«[94] Aus jedem Hafen schreibt Katherine einen Liebesbrief an Tom Trowell. Das Familienfoto, das während dieser Reise auf Las Palmas entsteht, zeigt eine wohlhabende Großfamilie auf dem Weg in ein neues Abenteuer.

> *»Die gesunde Einstellung einem Fehler*
> *oder einer begangenen Sünde gegenüber,*
> *ist sicherlich die,*
> *seine moralischen Schultern kräftig zu schütteln.«*

(Elizabeth von Arnim: Elizabeth auf Rügen)

»Das ist meine Welt!«

II.

Eine fantasiebegabte Wahrheitsdichterin *oder* Weiße Gardenien für Oscar Wilde

Katherine Mansfield, Montana-sur-Sierre, Schweiz, 26. Juni 1922
»In meinem Herzen habe ich eine Schwäche für die *Niwaru* … Weißt Du noch, wie gern Mutter die dreieckigen Toastscheiben mochte? Sie waren aber auch schrecklich gut, an einem kalten Nachmittag in der Gegend um das Hoorn. Wie gern würde ich wieder einmal eine lange Seereise machen. Aber immer verbinde ich derlei mit einer Vorstellung von Mutter in ihrer kleinen Seehundjacke mit dem aufgestellten Kragen.«[95]

England, Mitte März 1903
Sieben Wochen dauert die Schiffsreise nach Europa. Sie bleibt Katherine ein Leben lang im Gedächtnis. Sie nutzt die Zeit, um in ihr kleines Notizbuch einige Gedichte zu schreiben. Dann landen sie endlich in der »alten Heimat« an, die Annie und Harold

Beauchamp ihren Töchtern in den nächsten Wochen auf einer Rundreise näherbringen. Die diversen Verwandten, denen man bei dieser Gelegenheit einen Besuch abstattet, werden gebeten, sich in den nächsten Jahren ein wenig um die drei Mädchen zu kümmern. Katherine ist durchaus angetan von Good Old England. Hin und weg ist sie allerdings von der englischen Hauptstadt. Begeistert schreibt sie an ihre Freundin Marion Tweed in Neuseeland: »Ich wünschte, ich könnte dir einen Eindruck von London vermitteln. Es ist schlichtweg unbeschreiblich. Einfach herrlich!!! Der Verkehr ist überwältigend. Die beste Möglichkeit, den Ausblick zu genießen, ist, ganz oben im Bus zu sitzen, mit einem starken Gummiband am Hut! (…) Meine Liebe, ich wünschte, du könntest Westminster Abbey sehen. Sie ist so wunderschön!!«[96] Saint Paul's Cathedral, das British Museum und der Hyde Park stehen auf dem Besichtigungsprogramm. In der Tate Gallery verliebt sie sich in die Bilder von George Frederic Watts und schreibt voller Entzücken an Marion: »Oh Marius, die Bilder. Meine Liebe, sie rauben mir alle Adjektive!!!!! Ich habe mich in alle Bilder von Watts in der Tate Gallery verliebt. Die unglaubliche Intensität der Farben ist absolut verblüffend, sein tiefes Rot, der stille Friede seines Blaus und seine Gestalten!!! Ich denke, die beiden schönsten, die ich gesehen haben, sind ›Love and Life‹ und ›Hope‹.«[97] Watts, der als bedeutendster Maler des viktorianischen Englands gilt, wird zu Lebzeiten vor allem für seine Porträts gerühmt, arbeitet aber auch als Bildhauer und malt zahlreiche Fresken. Liebevoll als »britischer Michelangelo« bezeichnet, ist das von Katherine so begeistert aufgenommene Gemälde »Hoffnung« eines seiner wichtigsten Werke und mit Sicherheit sein populärstes. Dabei ist es kein gefälliges Werk. Entgegen den gängigen Darstellungen der Hoffnung kauert bei Watts eine leicht bekleidete Frau frierend auf dem Erdball. Am eisgrauen Himmel erstrahlt nur ein einziger Stern. Die Frau hält eine Leier in den

Händen, deren Saiten bis auf eine gerissen sind. Sie hat die Augen verbunden, das Bindenende hängt gleich einem Galgenstrick an der Leier. Emotionslos zupft sie auf der einzig verbliebenen Saite und lauscht offenbar dem dabei entstehenden Ton nach. Sie wirkt traurig und unendlich einsam. Die Hoffnung ist bei Watts keine strahlende Zukunft, sondern eine höchst jämmerliche Angelegenheit. Dass dieses Bild einem jungen Mädchen, dem die ganze Welt offensteht, so gut gefällt, würde erstaunen, wenn es sich hierbei nicht um Katherine Mansfield handeln würde.

Allerdings fängt dieses Bild das Lebensgefühl der meisten Bewohner Londons besser ein, als Katherine bewusst ist. Die gut gefüllte Brieftasche des Vaters sorgt dafür, dass Familie Beauchamp nur die strahlende Seite der mit dem Tod Queen Victorias 1901 angebrochenen *Edwardian era* erlebt, eine Epoche, über die der Kulturhistoriker Samuel Hynes schreibt, sie sei »eine gemächliche Zeit, in der Frauen Florentinerhüte trugen und nicht wählen durften, in der die Reichen sich nicht dafür schämten, prunkvoll zu leben, und in der die Sonne über der britischen Flagge niemals unterging«.[98] Heute gilt diese Zeit unter dem in der Bevölkerung äußerst beliebten Edward VII. vielen Briten als eine gute Zeit von Frieden und Wohlstand. Die Burenkriege sind seit Mai 1902 vorbei, und die liberale Regierung leitet umfassende Reformen ein, die mehr und mehr Menschen politische Rechte einräumen. Damit dies auch für Frauen gilt, gründen Emmeline Pankhurst und ihre Töchter 1904 die radikale Suffragettenorganisation *Women's Social and Political Union* (WSPU) und zeigen den Männern, wozu Frauen bereit sind, wenn man ihnen ihre Bürgerinnenrechte verwehrt. Ja, es tut sich einiges auf der Insel. Die Frauenrechtlerin Hettie Millicent Mackenzie wird als erste Frau in Großbritannien zur ordentlichen Professorin ernannt und bringt Jahre später als Theosophin die Waldorf-Pädagogik auf die Insel. 1903 erhält der Brite William Randel Cremer für die Gründung der »Interparlamentarischen Union für internationale Schiedsgerichtsbarkeit« den Friedensnobelpreis. Das London Symphony Orchestra gibt 1904 unter Hans Richter, dem ehemaligen Dirigenten Richard Wagners, sein erstes Konzert als erstes selbstverwaltetes Orchester Englands. Der spätere Literaturnobelpreisträger John Galsworthy veröffentlicht 1906 den ersten Teil der englischen Buddenbrooks, *Die Forsyte Saga*, und Charles Rolls gründet zusammen mit Henry Royce in Manchester eine Automobilfabrik, die noch viel von sich hören lassen wird. Wer sich diese neue Art der Fortbewegung nicht leisten kann, kommt zumindest in den Genuss der neueröffneten Piccadilly Line der London Tube. Während im Prince of Wales Theatre die Musicalkomödie *The Prince of Pilsen* von Gustav Luders ihre 160. Vorstellung erlebt und das Publikum mit Ellen Terry eine der größten Miminnen aller Zeiten feiert, geht so ganz nebenbei der Stern von einem der erfolgreichsten Schriftsteller des 20. Jahrhunderts auf: Bernard Shaw.

Das schöne Leben der einen geht zu Lasten der anderen. Jene Seite Londons, die Katherine und ihre Schwestern auch in den nächsten drei Jahren nicht zu Gesicht bekommen, beschreibt ein anderer berühmter Schriftsteller, der just zur selben Zeit hier eintrifft. Kurz nachdem er mit *Der Ruf der Wildnis* Weltruhm erlangte, war Jack London in die Hauptstadt des reichsten Landes der Erde gekommen, um der Situation des Prekariats nachzuspüren. Er orientiert sich dabei an der Armutskarte, in die Charles Booth, ein Pionier der Stadtforschung, nach seiner jüngsten Armutsstudie die Elendsquartiere Londons eingezeichnet hat. Booth, der eigentlich angetreten war, um die Behauptung des Sozialforschers Henry Hyndman, wonach ein Viertel der Londoner arm sei, zu entkräften, war schließlich zu dem Ergebnis gekommen, dass sogar mehr als 30 Prozent der Bewohner Londons in bitterer Armut lebten. Booth hatte die Armen in seiner umfangreichen Studie »Life and Labour of the People of London«, einem Meilenstein der empirischen Sozialforschung, in Klassen eingeteilt und diejenigen Viertel, die er als verloren ansah, in seiner Karte schwarz eingefärbt. Die Ärmsten der Armen leben im Londoner East End und sind für Booth Gelegenheitsarbeiter, Straßenhändler, Faulenzer, Kriminelle und Halbkriminelle, die wie Wilde leben und deren einziger Luxus das Trinken ist. Gerade als Katherine sich anschickt, London zu erkunden, veröffentlicht Jack London seine investigative Sozialreportage *Menschen des Abgrunds*, für die er den Sommer 1902 unerkannt als Seemann getarnt im Londoner East End verbrachte: »Es gibt keine Straße in London, wo man den Anblick der Armut meiden kann, weil etwa fünf Minuten von jedem beliebigen Punkt ein Armenviertel liegt; die Gegend aber, durch die meine Kutsche jetzt fuhr, war eine einzige große Spelunke. Die Straßen waren mit Menschen einer anderen Rasse bevölkert, von kleinen Menschen, die niedergebrochen und benebelt aussahen. Wir rollten dahin durch Meilen von Mauersteinen und Schmutz, und jede Querstraße zeigte eine ebenso lange Allee von Mauern und Elend. Hier und dort torkelten ein betrunkener Mann oder eine betrunkene Frau herum, und die Luft war direkt unrein von Streit und Zank. Auf einem Platz suchten alte Männer und Frauen tastend im Schmutz nach Gemüseabfällen, verfaulten Kartoffeln und Bohnen, während kleine Kinder wie Fliegen um einen Haufen verfaulten Obstes schwärmten und ihre Arme bis zu den Schultern in die breiige Masse bohrten, um kleine Stücke herauszufischen, die nur teilweise in Fäulnis übergegangen waren, und die sie sofort verzehrten.«[99] Jack Londons schonungslose Beschreibung der rauen Wirklichkeit, samt seiner eindrucksvollen Fotos, haben bis heute nichts von ihrer Wirkung verloren und zeigen ein London, das vom London Katherines, Veras und Chaddies weiter entfernt ist als Neuseeland von Europa.

Unbehelligt von all dem beginnt für die drei Schwestern nach den Osterferien im April 1903 das Leben als Schülerinnen am Queen's College, in der Harley Street Nr. 45 in London. Gegründet 1848, gilt die noch heute existierende Mädchenschule, deren Patronin die jeweilig amtierende britische Königin ist, als weltweit erste Einrichtung, an der sich Frauen für eine akademische Laufbahn qualifizieren können. Heute führt die Homepage des Colleges für Mädchen zwischen 11 und 18 Jahren unter ihren berühmten Absolventinnen stolz auch Katherine Beauchamp Mansfield auf.[100] Dass Harold Beauchamp diese über die Landesgrenzen hinaus bekannte Reformschule für seine Töchter auswählt, zeigt, wie wichtig ihm deren fundierte schulische Bildung ist, auch wenn er sicher nicht darüber nachdenkt, sie studieren zu lassen. Mit den Payne-Töchtern besuchen bereits drei Cousinen der Mädchen diese Schule. Cousine Sylvia Payne wird eine von Katherines engsten Vertrauten. Für die Ausbildung seiner Töchter muss Harold Beauchamp tief in die Tasche greifen. Die Schulkosten betragen pro Kind 22 Guineen (1 Pfund 1 Shilling) pro Semester für das Internat sowie 9 Guineen für den Unterricht. 1 Pfund von 1903 hat heute eine Kaufkraft von 122,51 Pfund.

Vierzig Kinder besuchen die progressive Internatsschule, in der es weder strenge Disziplin noch eine Schuluniform gibt. Katherine freut sich sehr auf ihre neue Schule: »Es ist die allerherrlichste Schule. Die Direktorin ist eine Miss Croudace, und das Internat leitet eine Miss Wood. Beide sind außerordentlich freundlich.«[101] Camilla Croudace, eine ehemalige Queens-Absolventin, ist eine außergewöhnliche Frau mit britischem Humor und durch nichts aus der Fassung zu bringen. Clara Finetta Wood, genannt Woodie, ist eine britische Exzentrikerin wie aus dem Bilderbuch. Stets in ihrer Lieblingsfarbe Purpur gekleidet, macht sie nur bei Opernbesuchen farblich eine Ausnahme und trägt Violett. Die beiden Damen lassen den Mädchen viel Freiheit. So ist es den Schülerinnen gestattet, zu zweit unbeaufsichtigt durch London zu bummeln. Die Mädchen dürfen ihre Fächer frei wählen, was Katherine nutzt, um Geografie, Theologie, Chemie, alte Geschichte, Zeichnen und Arithmetik rasch ad acta zu legen und sich ganz auf Deutsch, Französisch, Englisch, Gesang und Cello zu konzentrieren. Später wird sie bedauern, nicht mehr von den Bildungsangeboten der Schule wahrgenommen zu haben und sich in Arithmetik mit 0 von 150 Punkten zufriedengegeben zu haben. Ihre Aufgaben erledigen die Mädchen selbstständig und eigenverantwortlich. Überprüft werden diese nicht von den Lehrern, sondern von älteren Mitschülerinnen. In Katherines Fall ist dies ihre Cousine Evelyn Payne. Prüfungen werden meist nur intern abgehalten, da die Schule die Mädchen dazu anleiten möchte, sich selbst einzuschätzen. Konkurrenzdenken unter den Mädchen gilt als verpönt. Mehrmals wöchentlich bietet die Schule Abendvorträge renommierter Wissenschaftler und Intellektueller an, an denen auch Externe teilnehmen können. Das Haus ist erfüllt von lebendigen Diskussionen und besitzt eine herrliche Bibliothek, die es Katherine besonders angetan hat: »Die Schule ist prächtig eingerichtet. Der Raum, in dem wir lernen, ist dick mit Orientteppichen ausgelegt, überall große Sessel, süße Tischchen, Läufer und reizende Bilder. Selbst Latein wäre in diesem Raum interessant.«[102] Als Internatsschülerin bezieht Katherine im Nachbargebäude Nr. 41 ein Zimmer unterm Dach. In ihrem unvollendeten Roman *Juliet* begegnen wir der Hauptfigur am Tag der Ankunft in ebenjenem Zimmer: »Hier also sollte sie die nächsten drei Jahre verbringen – drei Jahre. (…) Sie fragte sich, wer dieses Allerheiligste wohl mit ihr teilen würde. Irgendeine Engländerin, steif und sportlich, die die Wände mit Hundebildern tapezieren und einen Hockeyschläger in der Ecke aufbewahren würde. Gott bewahre, dachte sie. Sie setzte sich aufs Bett und zog ihre langen Handschuhe aus. Wie seltsam und schummrig das Licht war.«[103] In Katherines Fall sind ihre Zimmergenossinnen ihre Schwestern Vera und Chaddie. Trennvorhänge sorgen dafür, dass jedes der drei Mädchen ein wenig Privatsphäre genießen kann.

Als die Eltern im November 1903 die Rückreise nach Neuseeland antreten, haben sich die Mädchen bereits prima eingelebt und sind, wie Katherine in *Juliet* anmerkt, sehr zufrieden mit der neu gewonnenen Freiheit: »Sie war allein in London – welch glorreicher Gedanke. Drei Jahre des Lernens lagen vor ihr. Und dann noch das ganze Leben, in das sie sich stürzen konnte. Die anderen waren jetzt tatsächlich weg. Sie würde völlig fremde Menschen treffen. Sie konnte so sein, wie sie wollte. Oh, was für ein Trost war es, zu wissen, dass jede Minute die anderen weiter von ihr entfernte! Ich nehme an, ich bin grotesk unnatürlich, dachte sie und lächelte.«[104] Dass die von ihr später so heftig kritisierten »stockkonservativen, bildungsfernen« Eltern ihre drei Töchter zur Vervollkommnung ihrer Schulausbildung an eine Reformschule nach England schicken, während Bruder Leslie nie über eine neuseeländische Schule hinauskommt, ist ihr niemals auch nur eine Erwähnung wert. Dabei hat Harold Beauchamp nicht, wie zu jener Zeit durchaus üblich, der Bildung seines Sohnes den Vorzug gegeben, sondern strebt auch für seine Töchter die bestmöglichen Bildungschancen an.

Katherine wird sich in London sehr wohlfühlen, ja ihre Ankunft hier später als die langersehnte Erweckung betrachten. Ein Tagebucheintrag vom 1. April 1904 enthüllt jedoch auch eine insgeheime Sehnsucht nach Neuseeland, weniger nach den Verwandten als nach dessen Natur: »Ich habe große Sehnsucht, wieder auf dem Lande zu sein, in Wäldern und Gärten und Wiesen, um dem Spiel des Frühjahrsorchesters zu lauschen. Während meiner Arbeit habe ich den ganzen Tag von Wäldern geträumt und von den geheimen Schlupfwinkeln, die mein gewesen sind, jahrelang nur mein. (...) Heute Abend saß ich in meinem Sessel bei dem gedämpften Licht meiner Leselampe, in Gedanken versunken an die Jahre, die vergangen sind. Sie zogen durch mein Herz wie eine Melodie von Moll, und die Erinnerung daran, süßduftend wie der Duft meiner Blumen, durchströmte meinen müden Kopf in seltsamer Erquickung.«[105]

Ganz allein haben die Eltern ihre Mädchen freilich nicht in Europa zurückgelassen. Tante Belle bleibt in London und zieht als Unterstützung der Internatsleiterin zeitweilig sogar ins Internat ein. Die 28-Jährige bleibt auf eigenen Wunsch. Hübsch, klug und noch unverheiratet, nimmt sie die Suche nach einem passenden Ehemann jetzt strategisch in Angriff. Mit Erfolg – im September 1905 heiratet Belle in der St. Marylebone Parish Church in London den wohlhabenden Börsenmakler Harry Trinder. Vera, Chaddie und Katherine sind Brautjungfern. Tante Belle wird nicht mehr nach Neuseeland zurückkehren.

Zum Vormund der drei Mädchen haben die Eltern Harolds Cousin Henry jun. bestimmt. »Guardy«, wie die Mädchen ihn liebevoll nennen, ist Musikprofessor an der London Academy of Music und Sohn von Harolds geliebtem Onkel Henry Herron Beauchamp. Dieser kehrte 1870 als reicher Mann aus Australien zurück und lebt seither mit Frau und Familie auf dem Anwesen »The Retreat« (Zuflucht) in Bexley, Kent. Hier verbringen die Mädchen ab jetzt ihre Ferien. Auch an den Weihnachtstagen kommt man zusammen, wie Onkel Henrys Tagebuch zu entnehmen ist: »Weihnachtstag. Drei Harold-Beauchamp-Mädchen wohnen seit letztem Dienstag im ›Retreat‹, sehr nette junge Dinger, die uns erheitern. Um 1 Uhr aßen wir bei Chaddie [auch Henrys Tochter heißt Chaddie] Truthahn und um 7 Uhr High Supper – dazu gab es eine Flasche Champagner, die sofort die jungen Geister der lieben Mädchen anregte. Rezitationen von Vera und Kathleen, letztere sehr gut.«[106] Dass er die drei Mädchen in seinem Tagebuch beständig als »Māori-Girls« bezeichnet, gehört hier anscheinend zum guten Ton.[107]

Henry Beauchamp hat sechs Kinder, die allesamt »gut geraten« sind. Interesse zeigt Katherine aber vor allem an ihrer Cousine zweiten Grades Mary Annette Beauchamp. Diese ist mit einem deutschen Adeligen verheiratet und hat sich als Elizabeth von Arnim international einen Namen als Schriftstellerin gemacht. 1898 hatte sie – noch anonym – ihren höchst amüsanten Tagebuchroman *Elizabeth und ihr Garten* veröffentlicht. Das Buch, in dem der adelige Gatte nur als der »Grimmige« in Erscheinung tritt, wird nicht nur ein literarischer, sondern auch ein großer kommerzieller Erfolg. 21 Auflagen in den ersten acht Monaten bringen Elizabeth nach heutigen Maßstäben mehr als eine halbe Million Pfund ein und machen aus ihr eine reiche Frau. Seit die Urheberschaft des Buches bekannt ist, ist Elizabeth der Star der Familie. Von seinem Besuch bei Onkel Henry 1898 brachte Harold Beauchamp voller Stolz mehrere Ausgaben des Werkes mit nach Neuseeland und schenkte eines davon seiner Tochter Katherine. In seinen Erinnerungen schreibt er: »Es ist sonderbar, dass Elizabeth und Kathleen, die beide in der fernen Kolonie geboren wurden und ihr literarisches Genie von ihren fuchsjagenden Vorfahren geerbt haben, ihre besten Werke in fremder Umgebung schufen. Elizabeth in Deutschland und Kathleen in Frankreich.«[108] Zu schade, dass Elizabeth, die genau wie Katherine vorwiegend eigenes Erleben in ihren Texten verarbeitet und dadurch die Umbrüche des Jahrhunderts dokumentiert, derzeit mit Mann und Kindern auf Gut Nassenheide in Pommern lebt. So interessant klingen die Geschichten der kreuz und quer durch Berlin radelnden Elizabeth, die später mit dem Planwagen England bereisen wird. Autonomie und Freiheit sind für die hochmusikalische Elizabeth genauso wichtig wie für Katherine. Dass ihre Eskapaden für die Familie ebenso schwer zu begreifen sind wie Katherines Lebenswandel für die ihre, wird die beiden Frauen in späteren Jahren zusammenschweißen. Es gibt viel Verbindendes, nicht zuletzt die Liebe zu Gärten und Natur: »Der Garten ist mein Schutz, meine Zufluchtsstätte, zu der es mich hinzieht, nicht das Haus. Im Haus gibt es Pflichten und Verdruss, Dienstboten, die man ermuntern und ermahnen muss, Möbel und Mahlzeiten; aber dort im Freien drängen sich auf Schritt und Tritt die Segnungen (…) Dort fühle ich mich geborgen und zu Hause, und jede Blume und jedes Unkraut ist ein guter Bekannter und jeder Baum ein Liebster«,[109] heißt es in *Elizabeth und ihr Garten*. Literatur und Blumen sind die großen Leidenschaften beider Frauen: »Jeder liebt irgendwas, und ich kenne keine anderen Liebesobjekte, von denen man so wesentliche und unfehlbare Geschenke zurückbekommt, wie von Büchern und einem Garten.«[110] Gemeinsamkeiten, die sie allerdings erst später entdecken. Während ihres ersten London-Aufenthalts treffen die Beauchamp-Schwestern ihre berühmte Cousine nur ein einziges Mal in »The Retreat«. Das Ergebnis ist ernüchternd, die Überheblichkeit der berühmten Verwandten, wie Vera berichtet, grenzenlos: »Wir waren bloß kleine koloniale Tölpel.«[111]

Zum Glück spielt sich das Leben der drei vorwiegend im College ab, wo sie sich sehr wohlfühlen. Freilich werden sie auch hier immer wieder mit kolonialen Vorurteilen konfrontiert. Ausgerechnet der Religionslehrer weist Katherine auf den Umstand hin, dass sie keine Engländerin, sondern nur eine aus den Kolonien ist: »Eines Tages [forderte er] die jungen Damen im Hörsaal auf […], die Hand zu erheben, die einmal von einem wilden Stier verfolgt worden wären, und da niemand sonst es tat, erhob ich die Hand (obwohl ich natürlich nie von einem wilden Stier verfolgt worden war). ›O‹, sagte er, ›ich fürchte, Sie können da nicht mitreden. Sie sind ja eine kleine Wilde aus Neuseeland‹, was ein klein wenig überheblich war, denn es muss doch sehr selten vorkommen, dass man von einem wilden Stier die Harley

Street, die Wimpole Street, Welbeck Street, Queen Anne auf und ab oder um den Cavendish Square herumgejagt wird.«[112]

Katherine nimmt es hin, noch zu jung, um über Ausgrenzung reflektieren zu können und zu wollen. Denn das College insgesamt gefällt ihr, sie saugt die Eindrücke auf wie ein Schwamm, intuitiv wissend, dass sie all dies später einmal verarbeiten wird: »Ich lebte in den Mädchen, den Professoren, dem großen, schönen Gebäude, den lodernden Flammen des Kaminfeuers im Winter und den vielen Blumen im Sommer. Die Aussicht von den Fenstern, das ganze Muster, das sich wob. Niemand, hatte ich den Eindruck, sah es wie ich. Meine Sinne waren grad wie die eines Eichhörnchens. Ich sammelte und sammelte und hortete für jenen langen ›Winter‹, da ich meine Schätze wieder heben würde – und wenn jemand zu nahe kam, floh ich schnell auf den höchsten, dunkelsten Baum hinauf und versteckte mich in den Zweigen.«[113] Distanz wahren zu anderen und der Blick aus dem Fenster, zentrale Motive vieler Katherine-Mansfield-Short-Storys, finden sich auch in »Nelke« wieder, der einzigen Erzählung, die sie über ihre Zeit hier im Queen's College verfasst.

Ein typischer Collegetag beginnt für Katherine und ihre Mitschülerinnen im Speisesaal. An ein ausgiebiges Frühstück schließt sich ein Morgenspaziergang im Regent's Park an. Dann besucht jede Schülerin die von ihr gewählten Kurse – so viele oder so wenige, wie sie möchte – und beendet den Schultag mit einer Studierphase in der Schulbibliothek. Sollte hier ein gewünschtes Buch nicht vorhanden sein, können die Mädchen jederzeit zur London Library am St. James Square gehen und es dort ausleihen. Die Schule hat eigens einen Vertrag mit dieser unabhängigen Bibliothek abgeschlossen. In ihrer Freizeit spielt Katherine auch weiterhin Tennis oder Krocket, engagiert sich im Theaterclub und im Debattierclub. Besonders gern halten sich die Mädchen im Bun Shop von Mrs Brown auf, wo sich das schwarze Brett für die Nachrichtenübermittlung zwischen den Schülerinnen befindet. Hier trifft sich auch Katherine mit ihren Freundinnen. Denn solche hat sie sehr wohl, auch wenn sie generell als eher unbeliebt gilt: »Diejenigen, die nicht ihre speziellen Freundinnen waren, mochten sie in der Regel nicht«, heißt es in einer Historie des Queen's College.[114] Dies liegt vor allem daran, dass Katherine in ihren zumeist erfundenen Dramen immer die Hauptrolle spielt und sich selbst unheimlich wichtig nimmt. Wie eine ihrer Freundinnen berichtet, kommt dies bei den Mitschülerinnen nicht allzu gut an: »Sie kam mit den anderen Schülerinnen nicht gut aus und pflegte gern zu sagen: ›Lasst mich in Ruhe, Mädels. Ich habe schlechte Laune!‹«[115] Ihre Freundin Ruth berichtet später, Katherine habe sie einmal fast davon überzeugt, dass sie nach einer Vergewaltigung schwanger sei und dringend einen Gynäkologen aufsuchen müsse. Letztendlich seien sie dort aber niemals hingegangen: »Täuschung zum eigenen Schutz war ihre große Stärke, und ihr Sinn für Dramatik war untrüglich – sie konnte sich in jede Rolle hineindenken.«[116]

Katherine, die nun ihre lebenslange Neigung entwickelt, alles, was sie hört und sieht, alles, was ihr bedeutsam erscheint, zu notieren, um es später irgendwann einmal zu verwenden, ist anders als ihre Mitschülerinnen und will dies auch bewusst sein. Für die Mädchen ist sie schwer einzuschätzen. Einerseits beständig auf Distanz bedacht, kann sie andererseits unglaublich einnehmend und charmant sein – vor allem, wenn sie etwas will. Schon als junges Mädchen beschließt Katherine, dass es besser ist, nicht alles über sich preiszugeben. Jeder soll die Katherine bekommen, die er möchte, auch wenn dies bedeutet, zu schauspielern, zu lügen, zu fantasieren. Ihr wahres Selbst soll nur ihr gehören: »Mein Herz ist ein Ort, zu dem alles, was ich liebe (sei es in der Phantasie oder in der Realität), freien Zugang hat. Es ist der Ort, an dem ich meine Erinnerungen aufbewahre, all mein

Glück und meinen Kummer, und es gibt ein großes Schubfach mit der Aufschrift ›Träume‹. Es gibt viele, viele Menschen, die ich sehr mag, aber sie sehen im Grunde nur meine öffentlichen Räume und nennen mich falsch, verrückt und wandelbar. Ich würde ihnen niemals zeigen, wie ich wirklich bin, um keinen Preis der Welt. Ich nehme an, sie würden mich dann für noch verrückter halten.«[117] Ein schwieriger Weg, den sie da eingeschlagen hat, öffnet sie sich doch nicht einmal ihren wenigen engen Freundinnen. Zu diesen gehört hier im College Vere Bartrick-Baker, genannt Mimi, die Pearl ihres Romans *Juliet*. Einige Monate älter als Katherine, kommt die kluge, dunkelhaarige Vere aus einem für Katherine äußerst interessanten Elternhaus: Die Eltern sind geschieden, Veres Vater ist Journalist bei der *Financial Times,* und die Mutter, die selbst Gedichte veröffentlicht, ist alleinerziehend. Vere ist es, die Katherine ihre Ausgaben des *Lippincott's Monthly Magazin* überlässt, in denen Oscar Wildes *The Picture of Dorian Gray* zum ersten Mal als Fortsetzungsroman veröffentlicht wurde. Für Katherine eine Offenbarung, genau wie ihre Gespräche mit der belesenen Vere über Literatur. Die beiden Mädchen treffen sich entweder im Bun Shop oder den verborgenen Ecken des Colleges. Als die Schulleitung erfährt, dass sich die Mädchen bei diesen Treffen an den Händen halten, ist man dort aufs Höchste alarmiert, wie Vere erzählt: »K. M. und ich führten lange Gespräche über Tolstoi, Maeterlinck, Ibsen im unteren Korridor und (…) wurden der Unmoral verdächtigt. Fräulein Croudace war verblüfft, als ich ihr auf die Frage, worüber wir sprachen, sagte, worum es ging.«[118]

In ihrer Collegeerzählung »Nelke« von 1918 zeichnet Katherine Vere in der Figur der verführerischen Eve. Die Stimmung, die diese Geschichte transportiert, macht deutlich, dass zwischen den Mädchen zumindest auf der Gefühlsebene mehr als eine reine Mädchenfreundschaft besteht. Schon zu Schulzeiten ist

Katherine klar, dass sie sich über die üblichen homoerotischen Freundschaften hinaus, die es an Mädchenpensionaten und Jungeninternaten gibt, für das eigene Geschlecht interessiert. Als Produkt ihrer Zeit, die Sexualität bei Frauen, noch dazu untereinander, weder kennt noch thematisiert, hat sie anfangs Probleme damit, diese Gefühle auszuleben.

In »Nelke« bringt Eve eine rote Nelke mit in den Französischunterricht und lässt sie mit den Worten »Souvenier tendre« in Katies Ausschnitt fallen. Deren Blick schweift während des Unterrichts bei Lehrer Hugo-Wugo aus dem Fenster zu einem Stallburschen, der mit nacktem Oberkörper die Pferde in den Stallungen mit Wasser aus einer Pumpe bespritzt: »Sie sah ihn förmlich – in einem verschossenen Hemd, die Ärmel aufgekrempelt, die Brust entblößt, klitschnass –, und während er laut und unbeschwert pfiff, sich bückte und duckte, wurde Hugo-Wugos Stimme wärmer, sonorer, gewann an Kraft, schwang sich auf, stieg – um nur ja den Takt zu halten mit dem Mann da draußen (oh, dieser Geruch von Eves Nelke), bis beide sich zu einem brausenden, triumphierenden Etwas vereinigten, das sich aufschwang ins Licht und barst, und dann – der ganze Raum brach in Stücke.«[119] Auch nach ihrer Collegezeit bleiben die beiden Frauen, die sich laut Katherines Jugendwerk *Juliet* verabreden, in London eine Wohnung zu teilen, und auf eine dauerhafte Verbindung ohne die Last der Mutterschaft setzen, in Kontakt. Es kommt zu einem intensiven Briefwechsel, den Katherine am Ende ihres Lebens als kompromittierend einstuft. Sollte dem so gewesen sein, konnte sie sich auf Veres Diskretion verlassen. Briefe mit kompromittierendem Inhalt erblickten nie das Licht der Öffentlichkeit, sondern wurden, so sie denn existierten, von Vere in aller Stille vernichtet.

Zu Katherines Freundeskreis zählt zudem Ruth Herrick, wie Katherine aus Neuseeland stammend und ebenfalls ein Freigeist.

Aufgewachsen ohne den früh verstorbenen Vater, gilt sie als unabhängig und starrköpfig und ist den anderen Mädchen schlicht und einfach zu wild. Sie liebt Blumen und Musik, und allein dadurch fühlt sich Katherine der jüngeren Ruth, die ihre koloniale Herkunft teilt, verbunden. Sie gehen zusammen in Konzerte und kleiden sich im Stil der Boheme mit langen weiten Schals und übergroßen Filzhüten. Katherine besteht zudem darauf, dass sie sich zu Übungszwecken auf Französisch unterhalten, auch wenn ihr Wortschatz begrenzt ist. Nach dem College studiert Ruth in Wien und Dresden Klavier. Erst nach Ende des Ersten Weltkriegs kehrt sie nach Neuseeland zurück und ist hier 27 Jahre lang Neuseelands oberste Pfadfinderin. Während des Zweiten Weltkriegs wird sie Kommandeurin des ersten weiblichen Marinedienstes Neuseelands, *The Women's Royal New Zealand Naval Service*. Unter ihrer Führung dienen während des Krieges fast 650 Frauen in 21 verschiedenen Berufen und Zweigen des Marinedienstes. 1946 wird sie zum *Officer of the Order of the British Empire* ernannt, 1962 zum *Commander of the Order of the British Empire*. Hochdekoriert stirbt sie als eine der berühmtesten Frauen Neuseelands mit 94 Jahren 1983 in Wellington. Sie bleibt ihr Leben lang unverheiratet.[120]

Vierte im Bunde ist Gwen Rouse, ein Mädchen von der Isle of Man. Auch dies eine Freundschaft, die über das College hinausgeht, allerdings Risse bekommt, als Katherine 1908 feststellen muss, dass Gwen eine Affäre mit Tom Trowell hat, den sie ihr höchstpersönlich vorgestellt hat.

Zu Katherines erweitertem Freundeskreis gehören auch ihre Cousinen, die Schwestern Payne. Während Evelyn eine Art Tutorin für sie ist, lernt sie Sylvia im Swanwick Club kennen. Die auffällige Rothaarige, genannt »Jug«, steht genau wie Katherine gern im Mittelpunkt und gilt als Provokateurin. Katherine ist fasziniert davon, dass Sylvia sich, egal, wie unmöglich ihr Benehmen auch ist, nie für etwas entschuldigt. Bis 1908 bleiben die beiden in Kontakt, und Katherine wird an die Cousine schreiben: »Ich mag dich lieber als jedes andere Mädchen, das ich in England getroffen habe.«[121] Sie setzt Sylvia, die später als Malerin lebt, 1920 als Josephine »Jug« in »Die Töchter des verstorbenen Colonel« ein literarisches Denkmal.

Neben all diesen Mädchen, die Katherine ein Stück ihres Lebensweges begleiten, lernt sie am Queen's College auch die Person kennen, die sie bis zu ihrem Tod begleitet und dabei eine herausragende Stellung einnimmt: Ida Constance Baker. Für beide Frauen ist ihre Begegnung der Beginn einer lebenslangen Beziehung, auch wenn dieses »lebenslänglich« für Ida Baker oft einen bitteren Beigeschmack hat. Die treuste Gefährtin ihres Lebens lernt Katherine bereits an ihrem ersten Tag im College kennen, als Ida mit der Aufgabe betraut wird, den Beauchamp-Schwestern ihr Zimmer zu zeigen. Die 1888 in Stuston, Suffolk, geborene Ida ist nur neun Monate älter als Katherine und Tochter eines Arztes. Die ersten Jahre ihres Lebens hat sie in Burma (Myanmar) verbracht, wo Colonel Baker als Armeearzt stationiert war. Seit 1901 besucht sie zusammen mit ihrer Schwester Mary, die an Kinderlähmung leidet, Queen's College. Sie ist hochmusikalisch und träumt davon, Geigerin zu werden. Das hilfsbereite und verantwortungsbewusste Mädchen kümmert sich rührend um ihre kleine Schwester und ist seit Jahren Klassensprecherin. Als Katherine die 15-jährige Ida kennenlernt, muss diese gerade einen schweren Schicksalsschlag verkraften: Die geliebte Mutter ist gestorben, und der Vater hat sich mit dem kleinen Bruder voller Schmerz aufs Land geflüchtet und die Töchter in London zurückgelassen. Ida fühlt sich allein und verloren, ist auf der Suche nach einem Menschen, dem sie all ihre Liebe und Fürsorge angedeihen lassen kann. Zunächst schenkt sie Vera all ihre Aufmerksamkeit, doch bald schon spürt sie, dass die musikalische Katherine, die voller Begeisterung Cello spielt, eine passendere Gefährtin ist:

»Ich verbrachte viele Stunden in ihrem Zimmer (...) und hörte ihr beim Cellospielen zu. Dann redeten wir miteinander, wobei ich mich bemühen musste, ihren tiefschürfenden Gedanken zu folgen. Katherine sagte einmal, sie sehne sich danach, immer tiefer in sich hineinzuhorchen, wahrhaftig zu werden und eines Tages auf den dunklen Grund ihres Wesens zu stoßen. Wenn sie dort ausharre, werde sie vielleicht die Wahrheit erkennen. Sie war damals erst vierzehn Jahre alt.«[122] Ida, froh, den eigenen Kummer hintanstellen zu können, bemüht sich um Katherine und hilft der Neuen, sich in London und der Schule einzugewöhnen. Überglücklich stellt sie fest, dass Katherine Gedichte liest – kaum eines der Mädchen im College teilt diese Leidenschaft mit Ida. Dass Katherine darüber hinaus auch eigene Gedichte schreibt, die oftmals von Tod und Erlösung handeln und die sie teils ihren Mitschülerinnen widmet, fasziniert und tröstet Ida. Nach einigen Monaten der vorsichtigen Annäherung beginnt eine der intensivsten und berühmtesten Freundschaften der Literaturgeschichte: »Eines Tages im Herbst 1903, wir waren gerade 15 Jahre alt, ging ich mit Katherine im nahe gelegenen Regent's Park spazieren. Plötzlich sah sie mich an und sagte: ›Wollen wir Freundinnen sein?‹ Ich zögerte, zum einen, weil ich mich einem kanadischen Mädchen von unserer Schule verpflichtet fühlte, und zum anderen, weil ich der Meinung war, Freundschaft *passiert* einfach so. Aber es dauerte nicht lange, bis ich erkannte, dass ich ihre Freundin war und es für die nächsten 20 Jahre bleiben sollte. Freundschaft wurde die Straße meines Lebens, und meine Füße waren unbewusst dorthin gelenkt worden.«[123]

Zunächst nur eine harmlose Jungmädchenfreundschaft, wird Ida im Laufe der Jahre ihre Interessen und Bedürfnisse immer mehr jenen der Freundin, die sie für eine Jahrhundertbegabung hält, unterordnen. Erste Anzeichen für diese Entwicklung, die Katherine weidlich ausnutzen wird, gibt es schon in der Schule.

So schreiben zunächst beide für die Schülerzeitung, doch als Ida herausfindet, dass Katherines Texte besser sind als ihre eigenen, beendet sie ihre Mitarbeit umgehend: »Mir fiel eines Nachts eine Kurzgeschichte ein, die ich selbst so gut fand, dass ich sie gleich aufschrieb und am Morgen Katherine zeigen wollte. Bevor ich ihr das Blatt gab, überraschte auch sie mich mit einer Geschichte, die sie für die Schülerzeitung geschrieben hatte. Sie war der meinen zum Verwechseln ähnlich – so, als hätte ich ihre Gedanken beim Schreiben aufgegriffen –, nur war ihre sehr viel besser und gekonnter geschrieben. Damit war's um meinen Beitrag geschehen und mein Traum einer Mitarbeit ausgeträumt.«[124] Katherine wird im Laufe der Zeit Mitherausgeberin des *Queen's College Magazine* werden und die Erzählungen »The Pine-Tree«, »The Sparrows«, »You and I«, »Die Einsame«, »Your Birthday«, »One Day« und »About Pat« für die Zeitung verfassen.

Beide Mädchen tragen sich mit dem Gedanken, Künstlerin – sprich Musikerin – zu werden. Sie denken sich Künstlernamen aus, ganz so, wie dies auch die Künstler in ihrer Umgebung tun: Elizabeth (Mary) von Arnim oder Arnold (Tom) Trowell. Katherine wählt für sich den Namen Katherine Mansfield, nach dem Mädchennamen der geliebten Großmutter. Ida Baker würde sich gern nach der verstorbenen Mutter Katherine Moore nennen, aber Kathleen Beauchamp besteht auf den Vornamen Katherine, der für sie ohne jede Bedeutung ist. Sie bestimmt schließlich, dass die Freundin den Vornamen ihres Bruders Leslie bekommen soll. So wird aus Ida Baker Leslie Moore, oder LM, jene Initialen, unter denen sie durch Katherines Briefe und Tagebücher in die Literaturgeschichte eingeht. Dass Katherine einfach so über die Freundin bestimmen kann, ist erstaunlich, ist Ida doch keineswegs der unintellektuelle Trampel, als der sie später gern beschrieben wird. Ida ist eine ausgezeichnete Schülerin, und als bei einer Debatte im Debattierclub die Mitschülerinnen Ida mit großer Mehrheit zur Siegerin erklären, muss Katherine, die Brillante, ganz schön schlucken. Beide Mädchen sind Mitglied im Swanwick Club, bei dessen monatlichen Treffen jede Schülerin ein Gedicht vorbereiten und vortragen muss. Und einmal geben Katherine und Ida gemeinsam mit Vera ein Konzert für die Arbeiterinnen einer Marmeladenfabrik, organisiert von E. H. Pearce, dem Religionslehrer. Gleichwohl werden die Rollen rasch verteilt, und Ida hält loyal und treu zur Liebe ihres Lebens: aus freien Stücken und nicht, weil sie Katherine geistig unterlegen ist. Katherines Umfeld ist von dieser Freundschaft durchaus irritiert. Katherine scheint Ida zu dominieren, ja sie wie eine Sklavin zu behandeln, was diese sich ohne Murren bieten lässt. Dass Ida bereits zu Schulzeiten die Angewohnheit entwickelt, Katherine ständig zu fotografieren, kommt ihnen seltsam vor, genau wie Katherines Angewohnheit, Ida Befehle zu erteilen, und dies nicht immer mit freundlicher Stimme. Vielleicht lässt sich zu Katherines Verteidigung anführen, dass gerade Idas unterwürfiges Verhalten Katherines schlechte Charaktereigenschaften zum Vorschein bringt: »Wir hatten uns in der Nähe des alten Treffpunkts – Queen Anne Street – getroffen und gingen Seite an Seite durch die kleinen Gassen und Abkürzungen, die wir so gut kennen, und unterhielten uns. ›Lass mich deinen Schal binden‹ und ich bleibe stehen; und sie bindet ihn, und wir gehen wieder weiter.«[125] Schwester Vera bezeichnet Ida abschätzig als Katherines »wandelnden Schatten«.[126]

Als Ida 1904 das Internat verlassen muss, um sich mehr um ihre Familie zu kümmern, versichert sie Katherine, dass egal, was für eine Schreckenstat diese auch begehen würde, sie immer an ihrer Seite stehen wird. Die oft so abweisende und herrische Katherine ist durch diesen Schwur zutiefst berührt. Freundschaft ist ihr zeit ihres Lebens »in jeder Beziehung so heilig und ewig wie eine Ehe«.[127] Genau wie Sylvia Payne findet Ida Eingang in ihre Erzählung »Die Töchter des verstorbenen Colonel«. Unter ihrem mittleren Namen Constance wird Ida (Con) neben Sylvia Josephine (Jug) als alte Jungfer porträtiert, die ihr Leben lang vom herrischen Vater unterdrückt wurde. Nach seinem Tod sehen sich die beiden Frauen außerstande, auch nur die einfachsten Entscheidungen zu treffen. Die Furcht vor dem Vater endet nicht mit dessen Tod, der der Anfang von einem neuen Leben hätte sein können. Seelisch verkrüppelt durch die Vergangenheit wissen die beiden Frauen mit der neu gewonnenen Freiheit nichts anzufangen. Am Ende sind sie nicht einmal in der Lage, sich gegenseitig ihre Gedanken mitzuteilen, und enden in einer Sprachlosigkeit, die dem Leser viel Raum für Fantasie lässt.

Zu Katherines Lieblingsfächern am College gehört Literatur. Gefördert wird dieses Interesse von ihrem Lieblingslehrer Walter Rippmann, der am Queen's College Deutsch unterrichtet. Er wird von den Mädchen regelrecht umschwärmt und heiratet 1905 eine ehemalige Absolventin. Auch Katherine ist heimlich in ihn verliebt, wie sie Cousine Sylvia beichtet: »Ich schäme mich dafür, mit welcher Sehnsucht ich den Deutsch-Unterricht erwarte. Ich kann es einfach nicht ändern. Es ist furchtbar. Und wenn ich in die Klasse gehe, habe ich das Gefühl, ich muss ihn die ganze Zeit anstarren. Ich habe noch nie jemanden so sehr gemocht. Jeden Tag mag ich ihn mehr.«[128] Jedes Mädchen strebt danach, zu einem seiner literarischen Abende nach Landbroke Grove No. 72 eingeladen zu werden. In *Juliet* beschreibt Katherine, die tatsächlich dorthin gebeten wird, ihr Eintreffen in diesem avantgardistischen Zuhause: »Walter öffnete die Türe. ›Aha, da bist du ja endlich‹, sagte er eindringlich. ›Geh schon in den Rauchsalon vor, zweite Tür rechts.‹ (…) Der Raum war sehr dunkel, aber leuchtend gelbe Vorhänge verhüllten drei Fenster und hingen bis zum Boden. In den Ecken standen große Kerzenhalter. (…) Bilder wunderschöner Frauen hingen an den

Wänden, und auf dem Tisch stand eine bezaubernde Mädchenfigur, die in ihren schönen ausgestreckten Armen eine Muschel hielt. Es gab ein langes, rotgepolstertes niedriges Sofa und merkwürdig niedrige Stühle in der gleichen Farbe. Der Raum war erfüllt vom Duft der Chrysanthemen.«[129] Hier werden die Bücher der *Décadents* gelesen: Algernon Charles Swinburne, Paul Verlaine, Walter Pater und Oscar Wilde. Für Katherine eröffnet sich eine neue Welt. Die Verachtung der bürgerlichen Moral und der Antirealismus, den sie hier findet, treffen sie mitten ins Herz. Dass sich die Dekadenzkünstler als normen- und grenzüberschreitende Einzelgänger verstehen, spricht sie an, kennt doch auch sie dieses Wechselspiel von Lebensüberdruss und Lebensgier. Es gibt sie also doch, die Menschen, die fühlen und denken wie sie selbst. Sie sind hier in Europa und wollen nun alle gelesen werden. Katherines Tagebücher verzeichnen ein schier unglaubliches Lesepensum. Es scheint fast so, als wäre die Bekanntschaft mit dieser Art von Literatur ein Weckruf für das unverstandene Mädchen. Und der lauteste Ruf, den sie vernimmt, stammt von Oscar Wilde, den sie seit der Lektüre von *Dorian Gray* als Seelenverwandten betrachtet. Ihr Tagebuch ist voll mit Wild'schen Aphorismen, zu denen sie eigene, nicht weniger elegante Lebensweisheiten hinzufügt. Denn im Gegensatz zu den meisten Menschen leidet sie nicht am Leiden, sondern betrachtet das Leid als Grundbedingung ihrer Kunst. In ihr Tagebuch schreibt sie: »Glückliche Menschen sind nie genial. Genie verlangt Widerspruchsgeist.«[130] Dass sie Wildes Lieblingsblume, die weiße Gardenie, umgehend auch zu ihrer Lieblingsblume erklärt, erscheint naheliegend. Rippmann, der gern aus deutschen Gedichten zitiert, macht Katherine mit der deutschen Sprache vertraut. Sie ist begeistert und gewöhnt sich an, immer dann, wenn sie etwas besonders romantisch ausdrücken will, dies auf Deutsch zu tun. 1910 verfasst Katherine die Short

Story »A Fairy Story«. Hauptfiguren sind ein Junge, der die Welt entdecken möchte, und ein Mädchen, das auf der Suche nach sich selbst ist und dabei Hilfe von einem Wanderer erhält, der unzweifelhaft auf Walter Rippmann basiert: »Er las ihr Omar Kháyyám vor und erzählte ihr von London, von Spanien, von Paris, von Brüssel und wieder von London. Er lehrte sie seine Moral: dass Selbstlosigkeit einen Mangel an Fortschritt bedeutet und sie die sieben tödlichen Tugenden vermeiden müsse. Sie druckte einen kleinen Text aus und hängte ihn über ihren Waschtisch: ›Der stärkste Mann ist der, der auch am einsamsten ist.‹«[131]

Neben der Schwärmerei für Rippmann pflegt sie auch die Freundschaft mit Tom Trowell weiter. Die Zwillinge, die Neuseeland kurz nach den Beauchamps verlassen haben, studieren inzwischen am Dr. Hoch's Musikkonservatorium in Frankfurt a. Main, das durch Lehrer wie Clara Schumann oder Engelbert Humperdinck Weltruhm erlangte. Hier studieren später auch Paul Hindemith und Otto Klemperer. Bereits im Oktober 1903 reist Katherine zum ersten Mal nach Frankfurt, um Tom zu besuchen. Davon zeugt nicht zuletzt eine Postkarte an Ida vom 17. Oktober 1903 aus der Eschersheimer Landstraße, in der sich das Hoch'sche Konservatorium befindet. Die Verbindung scheint sich zu intensivieren, bald ist von einer stillschweigenden Verlobung die Rede. Weihnachten 1903 schickt Tom an Katherine eine deutsche Ausgabe von Heinrich Heines *Buch der Lieder*, die sie ihr Leben lang in Ehren hält. In der Neujahrsnacht schreibt Katherine an Tom aus London: »Es ist zwölf Uhr. Alle Kirchenglocken läuten. Ein neues Jahr beginnt. (...) Mein Liebster (...). Ich will in diesem neuen Jahr versuchen, ein anderer Mensch zu werden. Am Ende des Jahres werde ich sehen, wie ich alle die Vorsätze gehalten habe, die ich heute Abend fasse. So viel kann geschehen in einem Jahr. Man kann es so gut meinen und so wenig tun. Ich schreibe dies beim Licht einer winzigen Gasflamme, und ich habe nur einen Morgenrock an. Sehr dekolletiert. (…) Wie wundervoll, wie reizend ist doch diese Welt. Ich danke Gott in dieser Nacht, dass ich *bin*.«[132]

Sie schreibt noch viele solcher Briefe, die meisten davon schickt sie allerdings wohl aus Furcht vor der eigenen Courage nicht ab, sondern zeigt sie nur Toms Foto, das auf ihrem Nachtkästchen steht. Umgekehrt erhält sie zwar auch Briefe, jedoch weitaus weniger und weitaus weniger schwärmerisch. 1904 reisen die Schwestern zusammen mit Tante Belle zu einem Konzert der Zwillinge nach Bollendorf in die Eifel. Garnet Trowell selbst beschreibt jenen Abend, an dem sein Bruder einmal mehr im Mittelpunkt steht: »Er bekam Blumen, Lorbeerkränze und Veilchensträuße zu Hunderten (von Damen geworfen). Nach dem Konzert wimmelte es in seiner Garderobe von Menschen – meist Frauen –, die ihn umarmen wollten, und überall herrschte helle Aufregung.«[133] Katherine, die im Publikum sitzt, platzt fast vor Stolz bei dem Gedanken, dass sie die Freundin dieses viel umschwärmten Musikers ist. Lange noch wird sie von diesen rauschhaften Tagen mit Tom zehren. Zudem bringt sie als Souvenir eine lebenslange Angewohnheit mit nach England: Tom hat ihr gezeigt, wie man raucht. Ein Laster, dem sie zum Entsetzen ihrer Ärzte ihr Leben lang frönen wird.

Zurück in London beschließt sie, sicherlich auch um Tom zu beeindrucken, sich verstärkt auf ihre musikalische Karriere zu konzentrieren. Sie spielt recht gut Cello, mit ein wenig mehr Unterricht sollte eine Profikarriere möglich sein. Katherine überredet ihren Vormund Großcousin »Guardy«, sie an der London Academy of Music, wo er als Professor lehrt, unterzubringen, und ihren Vater, zusätzliche Cellostunden zu bezahlen. Ida, die treue Gefährtin, schließt sich an und nimmt dort Geigenstunden. Gewandet in langen schwarzen Mänteln und schwarzen Hüten sieht man die beiden Mädchen mit ihren Instrumenten durch den Londoner Nebel huschen. Dass Katherine ohne Begleitung das College für ihre Musikstunden verlassen kann, verschafft ihr ein Gefühl von Freiheit und Erwachsensein, das sie unsagbar genießt. Sie übt, sooft es geht, im Konzertraum der Queen's Hall, und findet dort ein professionelles Konzert statt, sind die beiden Mädchen unter den Ersten, die ihre Plätze einnehmen. Weihnachten 1905 schenkt Tom ihr eine Schmuckausgabe von *Tristan und Isolde*. Noch mehr freut sie sich allerdings, als die Zwillinge für ein Konzert nach London kommen. Endlich kann Katherine den Liebsten ihren Freundinnen vorstellen. Und tatsächlich: Ida, Vere, Ruth und Gwen sind begeistert von dem jungen Musiker, der nun unter seinem neuen Künstlernamen Arnold Trowell auftritt. Damit will er jegliche Verwechslung mit seinem Vater Tom vermeiden, und Künstlernamen stehen in jenen Jahren bei Kulturschaffenden ohnehin hoch im Kurs. Dass die beiden Brüder die Mädchen beeindrucken, liegt auch an ihrem künstlerischen Habitus, den eine Freundin Katherines folgendermaßen beschreibt: »Sie waren die seltsamsten Wesen, die ich je getroffen habe. Rothaarig, bleich, mit großen schwarzen Hüten auf dem Kopf und die längsten Zigaretten rauchend, die es jemals gegeben hat oder gibt.«[134]

Ende März 1906 fahren die Mädchen mit Tante Belle zunächst nach Paris und dann weiter nach Brüssel, wo die Brüder Trowell ihr Studium als Stipendiaten der dortigen Musikhochschule fortsetzen. Es sind traumschöne Tage, an denen die Mädchen laut Katherines Erzählungen in Ermangelung von Badekleidung einmal sogar nackt im Meer baden.

Zurück in London hält Katherines Hochstimmung nicht lange an. Am Freitag, dem 13. April 1906, treffen die Eltern an Bord der *S. S. Athenic* in England ein. Sie planen, den Sommer hier zu verbringen, zudem hat Harold eine Audienz bei Edward VII. Im luxuriösen Fripp's Hotel in der Manchester Street, nur einen kurzen Fußmarsch vom College entfernt, erfahren die Mädchen nach der ersten Wiedersehensfreude allerdings bald den wahren Grund für den Besuch der Eltern. Sie sind gekommen, um ihre Töchter nach Hause zu holen. Diese Ankündigung trifft die drei wie ein Schock. Die Zeit in England hat sie ihrer Familie und auch Neuseeland entfremdet. Alles, was die Mädchen lieben, ist nun hier in London. Keine will zurück ans andere Ende der Welt. Vor allem Katherine ist fassungslos: »Ich gehe die breite, fast menschenleere Straße entlang. Sie sieht bedeutungslos, verlassen, nachlässig aus – wie eine Frau, die nicht mehr an ihre Schönheit glaubt. Der herrliche Lebensrhythmus fehlt. Mit müden, bleichen Gesichtern gehen die Menschen hin und her – schweigend, traurig. Alle Farben scheinen ihren Glanz verloren zu haben.«[135] Im Mai 1906 beginnt sie ihren Roman *Juliet*, den sie bis 1907 nur für sich allein schreibt, um ihre Gedanken zu sammeln.

So einfach wird sie nicht aufgeben. Sie will in London bleiben, bemüht sich, die Eltern davon zu überzeugen, sie hierzulassen. Als Gegenleistung ist sie sogar bereit, auf ihren Traum von der Cellokarriere zu verzichten, von dem ihr Vater ohnehin rein gar nichts hält: »Vater ist strikt gegen meinen Wunsch, Cellistin zu werden oder das Cellospiel intensiver zu betreiben – meine Hoffnung auf eine musikalische Karriere ist also völlig dahin. Es war eine fürchterliche Enttäuschung – ich kann dir gar nicht sagen, wie ich mich gefühlt habe –, doch vermutlich hat es nicht den geringsten Zweck, gegen das Unvermeidliche anzukämpfen. In Zukunft werde ich nun also *all* meine Zeit fürs Schreiben verwenden«[136], schreibt sie an Cousine Sylvia.

Dass sie ihren Traum von der Cellistin so leicht ad acta legt, hängt wohl auch damit zusammen, dass im Laufe des Jahres 1906 die Beziehung mit Tom Trowell erkaltet, obwohl dieser jetzt ebenfalls in London lebt. Im Sommer 1906 besucht sie ein Konzert der Brüder in London. Es ist unübersehbar, dass vor allem Tom auf dem Weg zur Weltspitze ist. Genauso unübersehbar ist allerdings, dass der junge Musiker längst nicht so tief für Katherine empfindet, wie sie sich das wünscht. Er scheint vielmehr überfordert von ihren Gefühlen.

Immer wieder finden die Freundinnen nach Treffen mit Tom eine in Tränen aufgelöste Katherine auf ihrem Bett liegend vor. Die Trennung erscheint unausweichlich, auch wenn Katherine noch ein Jahr später in ihr Tagebuch schreiben wird: »Er soll der einzige Mann für mich sein, zu dem ich Meister und Geliebter sagen kann. Und obwohl ich weiß, dass noch viele faszinierende Verbindungen auf mich zukommen, so wird keine so sein wie diese – so beständig, so tief, so umfassend, denn er hat das lebendige Wesen der Musik in meine unschuldige Seele gesenkt.«[137] Tom Trowell wird nicht mehr nach Neuseeland zurückkehren. 1966 stirbt er als geachteter Cellist, Komponist und Musikprofessor in England. Eine seiner Kompositionen *Six morceaux pour violoncelle avec accomp de piano* widmet er 1908 Katherine Mansfield.

Noch während die Familie in London weilt, rückt Neuseeland in Gedanken ein Stückchen näher. Im Juni 1906 erreicht sie die Nachricht vom Tod ihres Freundes, des neuseeländischen Premierministers Richard Seddon, der heute als größter Politiker des Landes gilt. Und dann taucht auf einmal Katherines alte Schulfreundin Maata auf, die ihre Ausbildung in Paris abgeschlossen hat. Sie hat die große weite Welt im Gepäck und das nötige Kleingeld, um London unsicher zu machen. Die Ankunft der wunderschönen, weltgewandten Freundin bringt Katherines Gefühlshaushalt gehörig durcheinander. Ein Jahr später erinnert sie sich in Vorbereitung einer neuen Erzählung an diese Tage und an Maata, die sie mal »Ariadne«, mal »Carlotta« nennt: »In der Tasche eines alten Mantels fand ich einen von Ariadnes Handschuhen – einen cremefarbenen Wildlederhandschuh mit zwei silbernen Knöpfen. Er lag schon zwei Jahre dort. Aber er erinnert immer noch an Carlotta – wenn ich ihn an meine Wange halte, kann ich immer noch den süßen Duft ihres Parfums wahrnehmen. Oh Carlotta – erinnerst du dich? Wir fuhren in einer Kutsche die Regent Street hinunter, seitlich von uns Blüten eines goldenen Lichts und vor uns ein kleiner Halbmond.«[138] Ihre Sexualität birgt für Katherine jetzt erste Schwierigkeiten. Dass sich ein enger Freund Toms, den sie selbst gut kannte, Rudolph, erst vor Kurzem aufgrund seiner Homosexualität erschossen hatte, macht ihr zu schaffen. Ganz abgesehen davon, dass jede und jeder in England das Schicksal Oscar Wildes kennt.

Einzig sicherer Hafen in jenen Monaten ist Ida, zu der sich Katherine immer wieder flüchtet: »Manchmal kam Katherine in unsere Wohnung, um sich auszuweinen. Sie saß dann zusammengekuschelt in einer Ecke des Sofas und beklagte ihr Alleinsein. Niemand würde ihr zur Seite stehen, jammerte sie, niemand sie verstehen.«[139] Alle Versuche, die Meinung der Eltern zu ändern, scheitern. Dabei weiß sie nur zu gut, was sie zu Hause erwartet. Das langweilige Leben einer Frau der oberen Mittelschicht, die auf den richtigen Bräutigam wartet: »Mir liegt so viel daran, dass alle Frauen eine *echte* Zukunft haben – dir nicht auch? Die Vorstellung, dazusitzen und auf einen Mann zu warten, ist einfach scheußlich – und das ist die Einstellung vieler Mädchen. (...) Ich sehne mich so nach Macht über die Verhältnisse«[140], vertraut sie einmal mehr ihrer Cousine Sylvia an. Doch alles Flehen ist umsonst, im Gegensatz zu Tante Belle, die mit ihrem Gatten selbstverständlich in England bleibt, kehren die Beauchamp-Mädchen am 18. Oktober 1906, vier Tage nach Katherines 18. Geburtstag, an Bord der *S. S. Corinthic* zurück nach Neuseeland. Sollten die Eltern allerdings gedacht haben, damit sei die Sache ausgestanden, haben sie nicht mit Katherines unbändigem Willen gerechnet: »Wenn ich in Neuseeland bin, werde ich so unausstehlich sein, dass sie mich zurückschicken müssen.«[141] Sie ist unglaublich wütend auf ihre Eltern, macht ihnen Vorhaltungen und rechnet in bitterbösen Gedanken mit ihnen ab: »Sie sind noch schlimmer, als ich erwartet hatte. Sie sind neugierig und spähen herum, sie passen auf, und sprechen tun sie nur vom Essen. Sie streiten sich auf hoffnungslos vulgäre Weise. Mein Vater sprach von meiner Rückkehr als von einem verdammten Unsinn, sagte, stell dir vor, er wolle nicht, dass ich mich im Dunkeln mit Burschen herumtreibe. Seine mit langen sandfarbenen Haaren bedeckten Hände sind absolut grausame Hände. Ein Gefühl körperlichen Widerwillens ergreift mich. Er will, dass ich in seiner Nähe bleibe. (…) *Sie* ist immer misstrauisch, beständig auf anmaßende Weise tyrannisch. (…) Beide sind so absolut unenthusiastisch. Sie sind mir ein beständiges Ärgernis. Ihr Anblick bewirkt eine gänzliche Veränderung in mir. (…) Es wird mir nie möglich sein, zuhause zu leben. Das ist mir völlig klar. Es würde zu beständigen Reibereien führen.«[142]

Dass die Eltern sie keine Sekunde aus den Augen lassen, hat ganz konkret mit ihrer unverhohlenen Sympathie für ein Mitglied des Marylebone Cricket Club MCC zu tun. Der Club, der als die Wiege des englischen Kricketspiels gilt, ist mit einem Team auf Neuseelandtour, und die Sportler sorgen an Bord durchaus für Furore. Katherine nennt ihren Auserwählten in ihren Notizen »Adonis« oder »R.«. Vermutungen legen nahe, dass es sich dabei um Ronny Fox handelt, einen der Starspieler. Immerhin enthält ihr Fotoalbum von dieser Reise auch Fotos von Ronny Fox. Die junge Katherine ist begierig auf erste sexuelle Erfahrungen, was in ihrem Alter nichts Außergewöhnliches wäre, vergisst man nicht die Zeit, in der sie lebt, und ihr Geschlecht, für das es laut herrschender Meinung keinerlei sexuelle Begierden gibt. Katherine hingegen befasst sich intensiv mit ihren Gefühlen und bringt sie ausdrucksstark zu Papier: »So, indem ich über mich selber lächle, setze ich mich hin, um diesen neuen Einfluss zu analysieren: dieses komplexe Gefühl. Überall mache ich nach einiger Zeit ähnliche Erfahrungen. Es ist nicht ein Mann oder eine Frau, die eine Musikerin begehrt – es ist die ganze Oktave des Sex. F. R. ist mein letzter.«[143] Schon jetzt ist ihr klar, dass ihre Begierden Frauen und Männern gelten: »Gestern Nachmittag wurde auf dem Deck Kricket gespielt. Er schlug als Erster den Ball. Ich schaute ihm zu. Er machte ein paar langsame Schritte und schlug dann den Ball mit unglaublicher Kraft gegen das Tor. Bei jedem Wurf war mir, als sei der Ball auf mein Herz gerichtet. Ich rang nach Atem … Wir verleugnen unseren Geist im gleichen Maße, wie wir unsere Körper kastrieren (…) Oh, ich möchte es auf die Spitze treiben. (…) Ich möchte ihn aus der Fassung bringen, seltsame Tiefen in ihm erregen. Er hat so viel gesehen, dass es eine großartige Eroberung wäre.«[144] Was würden wohl ihre Eltern sagen, könnten sie ahnen, was sich in ihrem hübschen Kopf abspielt: »Wenn ich ihm nahe bin, ergreift mich ein widernatürliches Verlangen, ich möchte, dass er mir wehtut. Ich möchte von seinen starken Händen erdrosselt werden.«[145] Noch nennt sie ihr Begehren ganz im Geist der Zeit widernatürlich. Es wird dauern, bis sie sich selbst annehmen kann. Für kurze Augenblicke kann ihr Adonis über die schier ausweglose Situation, in der sie sich befindet, hinweghelfen. Doch immer wieder überkommt sie mit aller Macht die Trostlosigkeit dieser Reise hin in eine ungewisse, traurige Zukunft: »Ich lag auf dem Deck des Dampfers, die Hände hinter dem Kopf verschränkt. (…) Ich trieb in einem großen, grenzenlosen, purpurnen Meer. Ich wurde von der Gewalt der Wellen hin und her geworfen, und der verworrene Schall vieler Stimmen flutete mir entgegen. Ein Gefühl unsagbarerer Verlassenheit durchdrang meinen Geist. Ich wusste, dieses Meer war ewig. Ich war ewig. Dieses Weinen war ewig.«[146]

*»Verschleudere nicht das Gold deiner Tage,
indem du Langweilern zuhörst oder
dein Leben an den Unwissenden,
oder den Gemeinen wegwirfst.«*

(Oscar Wilde)

»Großer Gott, was für eine langweilige Gesellschaft!«

III.

Ein Albtraum in Neuseeland
oder Ein Zelt auf dem Trafalgar Square

Kap Hoorn, 20. November 1906
»Wenn das Schicksal dich zum Weinen bringt und elend macht, schüttle es ab und ergreif ein anderes; geh deinen Weg, kümmere dich nicht um die Aufschreie deiner Verwandten, ihren Spott oder ihr Flehen, lass nicht diese Minigesellschaft dir Kommen und Gehen vorschreiben, hab doch keine Angst vor der öffentlichen Meinung, wie sie dein nächster Nachbar verkörpert, wenn die ganze Welt vor dir liegt: neu und strahlend und alles möglich ist, so du nur tatkräftig und unabhängig bist und die Gelegenheit beim Schopfe packst.«[147]

Wellington, Neuseeland, 6. Dezember 1906
Diese Zeilen Elizabeth von Arnims hat Katherine im Kopf, als sie am 6. Dezember 1906, nach mehr als drei Jahren, wieder neusee-

ländischen Boden betritt. Am Kai warten unzählige Reporter auf Harold Beauchamp, der von seinem Empfang im Buckingham Palast berichten soll. Die *Evening Post* wirft dabei auch die Frage auf, ob seine drei Töchter denn nun in die Heimat zurückgekehrt seien, »um ihn hier mit Schwiegersöhnen zu versorgen, die ihm bei seinen Geschäften unter die Arme griffen«.[148] Katherine ist empört. In was für einem Albtraum ist sie gelandet? Dafür hat sie in London ein College besucht? Um in Neuseeland einen Ehemann für sich und einen Mitarbeiter für ihren Vater zu finden? Mit der Ankunft in Neuseeland wird aus Katherine Mansfield wieder Kathleen Beauchamp – die einsame Kass.

Die Mädchen kehren zurück in die Tinakori Road Nr. 75 in Wellington. Seit ihrer Abreise vor drei Jahren hat sich vieles verändert. Es ist still geworden im Haus. Bruder Leslie ist im Internat, und Granny Dyer lebt jetzt bei ihrer ältesten Tochter. Die alten Freundinnen haben inzwischen eigene Wege beschritten, sind verheiratet oder fortgezogen. Es fällt den drei Rückkehrerinnen schwer, sich wieder einzuleben. Und eigentlich wollen sie sich auch nicht wieder einleben. Nicht nur, dass sie sich einen leicht britischen Akzent angewöhnt haben und Kleider nach der neusten Londoner Mode tragen, sie fühlen sich den Neuseeländern in jeder Hinsicht überlegen, wie ein Brief Chaddies an Sylvia Payne zeigt: »Wir waren in letzter Zeit auf zwei sehr amüsanten Bällen, ich wünschte nur, die Männer dort wären Engländer gewesen, Männer aus den Kolonien sind so ganz anders.«[149] Chaddie hadert ähnlich wie ihre kleine Schwester Kass mit der Situation: »Meine Liebe, es gibt hier überhaupt keine Kultur, und die Menschen sind höchst uninteressant. Befolge meinen Rat, Liebste, und komm niemals in die Kolonien, um hier zu leben, bleib in England. Wie sehr wünschte ich, ich wäre auch dort. Ich würde alles geben, um dorthin zurückzukehren. Ich kann dir gar nicht sagen, wie trist es hier ist, wir haben überhaupt keine Freunde. Alle Mädchen, die wir von früher kennen, sind inzwischen erwachsen und haben geheiratet und sind nicht im Geringsten an uns interessiert, es ist wirklich eine traurige Situation, n'est-ce pas?«

Kass ist so wütend über die Entscheidung ihrer Eltern, dass sie beschlossen hat, alles zu hassen, was mit Neuseeland zu tun hat. Sie zieht sich vor der Welt zurück, nicht einmal die geliebte Großmutter will sie besuchen. Umso mehr ist sie getroffen, als diese an Silvester 1906, wenige Wochen nach Katherines Rückkehr nach Neuseeland, überraschend stirbt, ohne ihre geliebte Enkelin noch einmal wiederzusehen. Katherine versinkt in Selbstmitleid: »Das neue Jahr ist da. Ich wage kaum daran zu denken. Ich bin krank vor Kummer und Traurigkeit. Es ist ein Albtraum. Ich denke, früher oder später muss ich doch aufwachen. Hier kann man nicht leben. Ich weiß nicht, wie es weitergehen soll. Ich habe nicht eine einzige Freundin und keine Aussicht, eine zu finden. Ich kenne niemanden, und niemand will mich kennenlernen. Hier gibt es absolut nichts, was man tun könnte, es gibt nichts zu sehen, und mein Herz sehnt sich nach Oxford Circus, Westminster Bridge, London, meinem alten Zimmer (…). Wie es Leute gibt, die hier leben wollen, übersteigt meine Vorstellungskraft.«[150] Tatsächlich bietet Neuseeland für die von London verwöhnten Mädchen nicht allzu viel Abwechslung. Jungen Leuten wie Katherine und ihrem späteren Freund, dem britischen Dichter Rupert Brooke, der Neuseeland 1914 besucht, kommt die Insel schrecklich langweilig vor: »Ich fürchte, Neuseeland ist kein besonders interessantes Land«, schreibt dieser an seine Mutter nach England.[151]

Drei Jahre Europa haben zudem genügt, damit Katherine die Vorurteile der alten Welt gegenüber diesem rund 12 000 Seemeilen von England entfernten Inselstaat ungefiltert übernimmt. Sogar aufgeklärte Geister wie die Sozialisten Beatrice und Sidney

Webb halten die Bewohner Neuseelands für »die provinziellsten der Welt«.[152] Kein Wunder, dass diese Provinzler alles tun, um möglichst englisch zu wirken. Dabei ist die Doppelinsel im Südpazifik, die James Cook bei seiner Fahrt von Tahiti nach Australien 1770 zum ersten Mal kartografiert hat, keineswegs so rückständig, wie hier kolportiert wird. Entdeckt worden war sie bereits Ende des 13. Jahrhunderts von den Polynesiern. 1642 hatte der Niederländer Abel Tasman sie als erster Europäer gesichtet, sie jedoch nicht betreten. Sein Landsmann Hendrik Brouwer, der ein Jahr später mit seiner Expedition hier anlandete, gab ihr den niederländischen Namen Nieuw Zeeland. James Cook, der 1769/70 zu Forschungszwecken ein ganzes Jahr hier verbrachte, umsegelte bei dieser Gelegenheit als Erster die ganze Insel. Auf seiner zweiten Reise in die Südsee (1772–1775) wurde Cook von dem deutschen Naturforscher Georg Forster begleitet, der anschließend seinen weltberühmten Reisebericht *Reise um die Welt* herausbrachte und den Europäern so frei Haus erste Eindrücke der neu entdeckten Insel lieferte. Anders als die meisten Entdecker hegte Forster, der später die Französische Revolution unterstützte, keine Vorurteile gegen die indigene Bevölkerung. Sein Widerwille galt zuvörderst den adeligen Kolonialherren. Daran änderte auch die Begegnung mit dem Kannibalismus der Māori in Neuseeland nichts: »Wir selbst sind zwar nicht mehr Cannibalen, gleichwohl finden wir es weder grausam noch unnatürlich, zu Felde zu gehen und uns bey Tausenden die Hälse zu brechen, bloß um den Ehrgeiz eines Fürsten, oder die Grillen einer Maitresse zu befriedigen. Ist es aber nicht Vorurtheil, daß wir vor dem Fleische eines Erschlagenen Abscheu haben, da wir uns doch kein Gewissen daraus machen ihm das Leben zu nehmen?«[153]

In den ersten Jahren kommen vor allem Wal- und Robbenfänger nach Neuseeland, wo Māori als Nachfolger der ersten polynesischen Siedler und »Pākehā«, wie die Māori die wenigen europäischen Einwanderer, die sich hierher verirren, nennen, einigermaßen friedlich zusammenleben und Handel treiben. Nicht einmal die Ankunft christlicher Missionare, die auf die Indigenen nur wenig Einfluss gewinnen, ändert daran zunächst etwas. Erst die von den Europäern ins Land gebrachten Waffen stören das Zusammenleben auf der Insel. Die traditionellen Stammesfehden der Māori entwickeln sich jetzt zu kriegerischen Auseinandersetzungen mit hohen Verlusten. Den Musketenkriegen in der ersten Hälfte des 19. Jahrhunderts fallen bis zu 20 000 Menschen zum Opfer. Durch eingeschleppte Krankheiten dezimiert sich die einheimische Bevölkerung von etwa 250 000 vor Ankunft der Europäer auf circa 40 000 um 1896. Ab 1820 kommt es zudem zu blutigen Zusammenstößen zwischen der indigenen Bevölkerung und den weißen Siedlern. Und dann erwacht auch das weltpolitische Interesse an der Insel. Denn wenngleich sich zunächst kaum jemand für die Insel interessierte, droht Neuseeland Mitte des 19. Jahrhunderts zum Spielball zwischen den Kolonialmächten England und Frankreich zu werden. Im Januar 1840 schaffen die Briten Tatsachen und erklären Neuseeland offiziell zum Teil des britischen Weltreichs. Nur einen Monat später, am 6. Februar 1840, unterzeichnen Vertreter der Krone und 45 Vertreter der Māori den Vertrag von Waitangi, der als Geburtsstunde des modernen Neuseeland gilt. Mit diesem Vertrag geben die Māori ihre Selbstständigkeit auf, erhalten dafür als britische Untertanen individuelle und kollektive Rechte sowie das Eigentum an dem von ihnen genutzten Land. Neuseeland wird britische Kolonie. Obwohl der Vertrag als ältester Verfassungstext Neuseelands den Anfang moderner Staatlichkeit darstellt und von den Briten, die es diesmal besser machen und nicht erneut ein fremdes Volk unterjochen wollen, durchaus gut gemeint ist, birgt er ein großes Problem. Die Māori unterzeichnen eine Übersetzung des Vertrags, die nicht in allen Einzelheiten dem Vertrag entspricht, den die Briten unterzeichnen. Im englischen Original geben die Māori all ihre Rechte und die Souveränität über ihr Land an die Krone. In der vom britischen Missionar Henry Williams hastig in einer Nacht angefertigten Übersetzung für die Māori ist hingegen von einer Beteiligung der Maori an der Macht die Rede. Zudem ist den Māori nicht klar, dass sie ihr Land, sollten sie es verkaufen wollen, nur an die Krone verkaufen dürfen. Auch glauben die Māori, sie hätten den Briten nur den Erwerb einiger weniger Territorien gestattet, während im englischen Originaltext die Krone Zugriff auf alles Land hat. Diese gewollten oder ungewollten Übersetzungsfehler führen in den Folgejahren zu zahlreichen Konflikten, deren Verlierer stets die indigene Bevölkerung ist, die sich immer mehr an den Rand gedrängt sieht. Denn dass die New Zealand Company um immer mehr Einwanderer wirbt, belastet das Zusammenleben zwischen den Indigenen und den Siedlern, die immer mehr Land für sich beanspruchen. Obwohl den Māori im Vertrag von Waitangi der Besitz der von ihnen genutzten Ländereien, Wälder, Fischgründe und anderer für sie wichtiger Dinge garantiert wird, kommt es nun immer öfter zu Landverkäufen an Siedler zulasten der Māori. Verstärkt lassen sich Siedler mit Duldung der Kolonialverwaltung auf Land nieder, das sich eigentlich im Besitz der Māori befindet. Von 1842 bis 1872 kommt es schließlich zu diversen gewaltsamen Auseinandersetzungen zwischen den von britischen Soldaten unterstützten europäischen Siedlern und den Māori, die als Neuseelandkriege in die Geschichte eingehen. Sie enden mit der großflächigen Enteignung der indigenen Bevölkerung, die durch den Goldrausch 1861 zusätzlich belastet wird.

Neben diesem durch und durch kolonialistischen Umgang mit den Māori, der sich nahtlos in das Verhalten einreiht, das Kolonialisten auch andernorts an den Tag legen, setzt Neuseeland aber auch positive Akzente, was das Zusammenleben zwischen Siedlern und Indigenen anbelangt. Bereits 1867 erhalten männliche Māori das aktive und passive Wahlrecht, 1893 erhalten alle Frauen, die britische Staatsbürgerinnen und über 21 Jahre alt sind, das aktive Wahlrecht. Da auch Māori-Frauen britische Staatsbürgerinnen sind, schließt sie dies mit ein. Damit ist Neuseeland der erste Staat der Welt, der das aktive Frauenwahlrecht einführt. Das passive Frauenwahlrecht erhalten Frauen allerdings auch hier erst nach dem Ersten Weltkrieg. Doch immerhin, im ach so modernen Europa warten Frauen noch bis 1918, ehe sie in den Genuss dieses selbstverständlichen Bürgerrechts kommen. 140 000 Neuseeländerinnen lassen sich 1893 als Wählerinnen registrieren. Neuseeland hat eine höchst engagierte Frauenbewegung, der sich auch Katherines Mutter angeschlossen hat.[154] Diesen ersten Feministinnen ist es zu verdanken, dass bereits 1893 die Hälfte aller Studierenden weiblich ist, eine Möglichkeit, die Katherine für sich nicht in Betracht zieht.

Frauen sind hier auch in angesehenen Berufen ein wichtiger Bestandteil der Arbeitswelt. Es gibt weibliche Gewerkschafterinnen und eine sehr aktive Abstinenzbewegung, die, genau wie in den USA und Großbritannien, großen Einfluss besitzt. Neuseeländische Frauenrechtlerinnen sind gut vernetzt und höchst engagiert. Sie suchen Frauen am Arbeitsplatz und in ihren Häusern auf, um sie zu mobilisieren, sie sammeln Unterschriften und reichen Petitionen ein. In Neuseeland sind tatsächlich nicht in erster Linie die Frauen Bürger zweiter Klasse, sondern eine ganz bestimmte Gruppe von Einwanderern: asiatische Einwanderer; sie sind nicht willkommen. Den mit dem Goldrausch 1861 ins Land gekommenen Chinesen schlägt erbitterter Fremdenhass entgegen. Noch zwischen 1908 und 1956 sind Chinesen generell vom Erwerb der britischen Staatsbürgerschaft ausgeschlossen. Da aber nur britische Staatsbürger wählen dürfen, sind sie damit faktisch vom Wahlrecht ausgeschlossen. Auch Neuseeland will nur weiße Einwanderer in seine Reihen aufnehmen.

Katherine interessiert sich nicht für die Politik und Gesellschaft Neuseelands. Sie hält grundsätzlich rein gar nichts von ihren Landsleuten: »Die Leute hier beherrschen doch nicht mal das ABC.«[155] Neuseeland, das ist für sie Provinzialität und Hässlichkeit – nichts wie weg! Und tatsächlich scheint Neuseelands Naturidylle besonders auf Kulturschaffende noch 90 Jahre später genau diese Wirkung zu haben, wie ein Zitat von Jane Campion, der neuseeländischen Regisseurin des oscarprämierten Spielfilms *Das Piano,* zeigt: »Die Freudlosigkeit und Enge auf Neuseeland ist schwer auszuhalten. Jeder kennt jeden und weiß mehr über einen als man selbst. Neuseeland ist für mich dunkel und schwer … Es gibt dort keine Anerkennung für junge Künstler. Deshalb wollen alle weg. Wenn nicht nach Amerika oder Europa, dann nach Australien.«[156]

Das bleibt für Katherine zunächst nicht mehr als ein frommer Wunsch. Sie sitzt fest. Dahin die Tage der Freiheit, zu tun und zu lassen, was sie mag. Jetzt muss sie Bescheid geben, wohin sie geht und mit wem sie sich trifft. Oh, wie sehr ist ihr alles in Wellington verhasst. Allem voran natürlich die Eltern: »Mehr als eine Viertelstunde sind sie nicht zu ertragen, und geistig sind sie mir ganz und gar unterlegen. Was wird die Zukunft bringen? Ich bin voll ruhelosem Staunen, aber von der herrlichen Erwartung, die mich einst erfüllte, ist nichts geblieben, sie rauben sie mir.«[157]

Zunächst einmal bringt die Zukunft einen weiteren Umzug mit sich. Im Frühjahr 1907 wird Harold Beauchamp zum Vorstandsvorsitzenden der Bank von Neuseeland ernannt, was im Mai 1907 den Umzug der Familie in ein noch repräsentativeres Haus nach Fitzherbert Terrace 47 in Wellington zur Folge hat. Zum Abschied geben die Beauchamps eine rauschende Party, die zur Rahmenhandlung für Katherines Erzählungen »Das Gartenfest« wird: »Die Kapelle legte los; die gemieteten Kellner eilten vom Haus zum Festzelt. Wohin man auch blickte, schlenderten Paare umher, beugten sich über die Blumen, grüßten, spazierten weiter über den Rasen. Sie waren wie bunte Vögel, die sich auf ihrem Weg – wohin – für einen Nachmittag im Garten (…) niedergelassen hatten. Ach, was für ein Glück, mit Menschen zusammen zu sein, die alle glücklich sind, Hände zu drücken, Wangen zu drücken, in Augen zu lächeln.«[158] Unweit der Party spielt sich zeitgleich sowohl in der Realität als auch in der Fiktion ein Drama ab, das die Party für einen kurzen Moment überschattet. Ein junger Familienvater aus der ärmlichen Little George Street, die unterhalb der Tinakori Road verläuft, kommt an diesem Nachmittag zu Tode. Auch wenn man sich dadurch die Feierlaune nicht verderben lassen will, schicken die Beauchamps Vera nach der Party mit Kuchenresten vom Buffet ins Haus der trauernden Witwe. In Katherines Erzählung ist es ihr eigenes Alter Ego, Laura, die die Familie des Toten besucht und die den Tod des Mannes stärker empfindet als ihre Familie. Ja, die sich in dieser Situation der Familie gegenüber fremd fühlt und die Mutter bittet, das Fest abzusagen. Ihre Schwester Vera hingegen erinnert sich noch Jahre später an ihren beschämenden Auftritt im Festtagsstaat und wie ihr opulenter Hut kaum durch die schmale Tür des armseligen Häuschens gepasst habe: »*Ich* war diejenige, die die Sachen dorthin brachte.«[159] Für die Schwestern ist dies nur ein weiteres Beispiel für Katherines kreativen Umgang mit dem Leben der anderen. Doch auch ihr eigenes weiß sie zu fiktionalisieren. So fühlt sich Katherines Laura den Arbeitern, die die Bühne im Garten aufbauen, näher als ihrer Familie, die sie für ihren Hochmut und ihre Kaltherzigkeit verachtet. Zugleich aber wird deutlich, dass auch ihr Mitgefühl über eine gewisse Faszination nicht hinausgeht und sie das rauschende Fest durchaus genießt.

Im Mai 1907 erfolgt der Umzug nach Fitzherbert Terrace 47. Hier sind die Elendsviertel der Stadt weit weg. Der große Garten, der das Haus umgibt, verfügt über einen Krocketrasen und einen Tennisplatz. Das Haus hat einen eigenen Ballsaal, in dem rauschende Bälle stattfinden, an deren Opulenz sich Katherine 1922 in der nie vollendeten Kurzgeschichte »A Family Dance« erinnert. Dabei kommt ihr vor allem der teure Champagner wieder in den Sinn, den ihr Vater bei dieser Gelegenheit auffahren lässt: »Es war der Champagner, der den Unterschied machte – nicht wahr? Allein das Gefühl, dass er da war, gab so einen anderen ... Oh ja, absolut.«[160]

Das Haus besitzt ein Raucherzimmer, in das Katherine sich regelmäßig zurückzieht – offenkundig mit Einverständnis ihres Vaters. Dabei sind rauchende Frauen auch in Neuseeland um die Jahrhundertwende eher selten. Das neue Zuhause wird wiederum mit einer rauschenden Einweihungsparty, über die sogar die *Evening Post* berichtet, gebührend gefeiert: »Man kann sich kaum eine angenehmere Einweihungsfeier vorstellen als die, die Mrs Beauchamp am Freitag letzter Woche gab. (...) Die drei Miss Beauchamps dürften eine große Bereicherung für die Musikgesellschaft von Wellington sein. Die Gastgeberin, die ihre Gäste in dem hübschen Salon empfing, in dem rosa Moiré-Vorhänge vor den zartgelben Wänden hingen, trug ein blassgrünes Seidenkleid und einen schwarzen Federhut aus Samt (...) Miss Kathleen trug ein Tussar Seidenkleid in einem gelungenen Hauch von Purpurrot.«[161]

Katherines Zimmer befindet sich im ersten Stock. Die Fenster, die einen Blick auf die komplette Straße freigeben, hat sie mit schweren, dunklen Samtvorhängen verhängt, die, ganz dem Stil ihres alten Deutschlehrers Walter Rippmann folgend, stets geschlossen zu sein haben. Überall im Zimmer stehen große Vasen mit farbenprächtigen Schnittblumen. An der Wand hängt eine

Kopie der »Venus vor dem Spiegel« von Diego Velásquez. Neben dem Schreibtisch steht ihr Cello, und überall sind Bücher, Bücher, Bücher. So wie es Katherine entspricht, ist das Zimmer stets tadellos sauber und aufgeräumt. Sie hasst Unordnung, gleicht darin ihrer Mutter, die eine Tasse Tee zurückweist, sollte sich auch nur ein Tröpfchen Milch auf der Untertasse befinden. Hier in ihrer Kemenate, in der das Tageslicht ausgesperrt ist, gibt Katherine sich ihrer Melancholie hin: »Oh, dieser eintönige, schreckliche Regen! Dieses dumpfe, stetige, hoffnungslose Geräusch! Ich habe die Vorhänge zugezogen, um das weinende Gesicht der Welt auszuschließen (…) Ein fortwährendes Zwielicht hängt über allem. Ein morbider Zauber verbreitet eine lastende Atmosphäre. Seltsam, wie, während ich hier sitze, ruhig, allein, jedes meiner Besitztümer – der weißschimmernde Kalender an der Wand, jedes Bild, jedes Buch, mein Cellokasten, sogar die Möbel – sich zu regen scheinen. (…) Ich horche und denke und träume, bis mir mein Leben nicht als *ein* Leben, sondern wie viele Milliarden Leben erscheint, und meine Seele ist niedergedrückt von der Last vergangener Existenzen, von dem unbestimmten, beängstigenden Bewusstsein zukünftigen Strebens und Kämpfens.«[162]

In ihrer Niedergeschlagenheit schreibt sie Brief um Brief nach England, vor allem an Cousine Sylvia und an Freundin Ida. Die meisten sind nicht erhalten geblieben, da Katherine später darum bat, sie zu vernichten. Ein Anliegen, dem Ida in großer Verzweiflung nachkam. Erhalten geblieben jedoch sind Katherines Notizbücher, vollgekritzelt mit Aphorismen vor allem aus Oscar Wildes *Dorian Gray*. Unter dem Akronym A. W. für »A Woman« fügt Katherine eigene Lehrsätze hinzu: »Große Menschen sind immer völlig ihren eigenen Neigungen gefolgt. Wozu sollten wir uns die Namen von Menschen merken, die bloß tun, was alle anderen tun? Das Gesetz mit Erfolg zu brechen, ist ein Zeichen von Erhabenheit.«[163]

Nicht einmal die Tatsache, dass Katherine und ihre Schwestern dank der Kontakte ihres Vaters die vorzüglich ausgestattete Parlamentsbibliothek nutzen dürfen, wann immer sie wollen, kann sie aufheitern. Auch wenn sie von diesem Angebot eifrig Gebrauch macht, bleibt sie im Grunde ihres Herzens zornig: »Zum Teufel mit meiner Familie.«[164]

Verstärkt sucht sie die Einsamkeit, geht am Strand spazieren und überlegt verzweifelt, wie sie ihre Situation wenden könnte. »Ich bin am Meer – genau gesagt am Strand von Island Bay – und liege flach auf dem Gesicht im warmen weißen Strand. Und vor mir erstreckt sich das Meer (…) Ich habe weder Schuhe noch Strümpfe an, ein rosa Kleid, einen Panamahut und einen großen Sonnenschirm.«[165] Niemandem bleibt verborgen, wie unglücklich sie ist, und so schreibt Chaddie an Sylvia Payne: »Ich hasse den Gedanken, dass sie hier so unglücklich ist, das ist doch ein schrecklicher Zustand, noch dazu in ihrem Alter.«[166] Die Schwestern sind alle unglücklich, die Einladungen und Vergnügungen hier sind für die metropolenverwöhnten Mädchen kaum interessant, wie die Verwandten etwas enttäuscht feststellen müssen: »Nichts in NS war gut genug für sie (…) Sie stellten sich auf den Kopf, um wieder nach England zu kommen.«[167] Weder Tennis noch Schwimmen noch die Hausmusikabende oder die Gesellschaft verschiedener junger Herren aus der neuseeländischen High Society wie Tom Seddon, Sohn des verstorbenen Premierministers, können London ersetzen. Katherine will ihre Freiheit zurück und begeistert sich zunehmend für feministische Künstlerinnen wie die russische Malerin Marie Bashkirtseff, deren Tagebuch für Katherines Generation Kult ist. Neben der von Theodor W. Adorno als Schutzheilige des Fin de Siècle bezeichneten Bashkirtseff, deren Lebenshunger und tragisches Schicksal Katherine zutiefst berühren, hat es ihr vor allem die amerikanische Schriftstellerin, Abenteurerin und Suffragette Elizabeth Robins angetan. Auch Katherine macht sich jetzt Gedanken darüber, wie das Leben von Frauen ist und wie es ihrer Ansicht nach sein sollte: »Ich beginne nun langsam zu erkennen, wozu Frauen in der Zukunft fähig sein werden. Sie haben wirklich bis jetzt keine Chance gehabt. (…) Man hält uns in unseren selbstgeschmiedeten Sklavenketten fest. Ja, ich sehe jetzt ein, dass sie tatsächlich selbst geschmiedet sind und dass wir sie nur selbst beseitigen können. Eh bien (…) Unabhängigkeit, Entschlossenheit, ein festes Ziel, die Gabe der Unterscheidung, *geistige Klarheit* – diese sind unentbehrlich. Dann wieder Willenskraft – die Erkenntnis, dass Kunst unbedingte Selbstverwirklichung ist. Die Erkenntnis, dass der Genius in jeder Seele schläft – dass es gerade auf die Individualität, in welcher unser Sein wurzelt, so brennend ankommt.«[168] Katherine fühlt sich als Feministin und will mit ihrem Leben beispielgebend sein. Anders als ihre Mutter schließt sie sich nicht der organisierten Frauenbewegung an, sondern kämpft mit der Feder, mit ihren Erzählungen, die von versagter weiblicher Selbstbestimmung über Körper, Sexualität und Leben berichten. Ganz offensichtlich favorisiert sie später in ihren Erzählungen Frauen. Diese sind immer klüger als die Männer, die in ihren Short Storys allesamt keine Helden, sondern oft eine komplette Enttäuschung darstellen. Die Frauen ihrer Geschichten sind wesentlich cleverer als die emotional verkrüppelten männlichen Angeber, die sie mit spitzer Feder skizziert. Schön ist das Leben für Katherine Mansfields Frauen häufig nur dann, wenn die Männer abwesend sind.

In dieser revolutionären Stimmung trifft Katherine Maata wieder, die nach ihrer Zeit in Europa und den USA nun ebenfalls nach Neuseeland zurückgekehrt ist. Zu deren 17. Geburtstag am 10. April 1907 hatte Katherine an die Freundin, die sie gern Carlotta nennt, ein Geburtstagstelegramm übersandt: »Geburtstagsgrüße an meine süße Carlotta.«[169] Maata, die ihr Leben lang so großzügig ist, dass sie am Ende ihr ganzes Vermögen verpulvert hat, fasziniert Katherine ungemein. Bei ihrem kurzen Wiedersehen in London haben sich die zwei jungen Frauen gegenseitig ihre Tagebücher anvertraut. Jetzt treffen sie sich heimlich im Strandhaus der Familie Beauchamp in Days Bay. »The Glen« besteht nur aus einem großen Raum, verschiedenen Schlafkojen und einem Anbau, in dem das Badezimmer untergebracht ist. Die Wellen kommen fast bis ans Haus heran. Hier lässt Katherine ihren Gefühlen freien Lauf: »Ob andere in meinem Alter wohl ebenso fühlen, so vollkommen und nachdrücklich zügellos? So geradezu physisch krank in diesem stillen Raum, in dem man nur das Ticken der Uhr hört, wurde ich stark – ich will Maata, ich will sie – und ich habe sie gehabt – schrecklich –, das ist unkeusch, ich weiß, aber wahr. Was für eine außerordentliche Sache – ich habe barbarische wilde Gefühle – und bin gleichzeitig ganz bezaubert von dem Kind.«[170] In den nächsten Wochen verfasst Katherine diverse Vignetten über Frauen, die einander nicht nur in geistiger Liebe verbunden sind. Ihre Texte bekommen nun einen stark sexualisierten Unterton, der in seiner Offenheit durchaus bemerkenswert ist. Allerdings bleibt der tatsächliche Bruch mit der gesellschaftlich akzeptierten Vorstellung von Liebe geheim und ohne Konsequenzen – zumindest für Maata. Die wird sich in Kürze, den Konventionen ihrer Zeit gemäß, verheiraten. Am 21. Dezember 1907 wird die frisch vermählte Maata von Katherines Familie zum Tee eingeladen – in Katherines Abwesenheit. Maata heiratet insgesamt zweimal und bekommt zwei Töchter. Nachdem Katherine endgültig nach Europa übersiedelt, werden sich die Freundinnen nicht wiedersehen. 1913 beginnt Katherine einen Roman, der den Titel »Maata« trägt. Er bleibt unvollendet.

Dass Katherine sich vor allem in jungen Jahren zu Frauen und Männern hingezogen fühlt, weiß sie längst. Ende 1907 schickt sie ihrer Freundin Vere nach England die Abschrift ihrer Erzählung »Leves Amores«, die von einer homoerotischen Begegnung erzählt: »Ein Geheimnis schien zwischen uns zu sein. Und so ging ich mit ihr in ihr Zimmer, um diesen störrischen Haken zu lösen. Sie entzündete eine Kerze in einem Emaillehalter. Das Licht erfüllte den Raum mit Dunkel. Wie ein schläfriges Kind schlüpfte sie aus dem Rock, und plötzlich wandte sie sich zu mir um und schlang mir die Arme um den Hals. Jeder Vogel auf dem sich wölbenden Fried brach in Gesang aus. Jede Rose auf der zerfetzten Tapete knospte und wurde zur Blüte. Ja, selbst das grüne Reblaub auf den Bettvorhängen wand sich zu seltsamen Kränzen und Girlanden, umwand uns in blättriger Umarmung, hielt uns mit tausend klammernden Ranken fest.«[171] Katherine zeigt sich als junge Frau experimentierfreudig und mutig, allerdings auch innerlich zerrissen, lebt sie doch in einer vordergründig durch und durch heterosexuellen Welt. Gleichwohl will sie ganz im Sinne Oscar Wildes, der ihr näher ist als sonst irgendwer, alles ausleben. Auch dies ein Grund für ihre Sehnsucht nach London, wo sie glaubt, den »faszinierenden Kult« – so nennt sie ihre lesbischen Neigungen – freier leben zu können: »Jede Woche, manchmal jeden Tag – tout dépend –, wenn ich an den faszinierenden Kult denke, von dem ich absorbiert werden möchte, komme ich zum Schluss, dass all dies wirklich ein Ende nehmen wird. Freiheit um jeden Preis! Ich fange schrecklich unglücklich an, fasse Gott weiß wie viele Vorsätze, und dann breche ich sie! Eines Tages werde ich das nicht mehr tun. (…) Es hat lange genug gedauert. Ich muss gehen; ich kann nicht – will nicht ein Haus auf irgendeinen verdammten Felsen bauen. Aber Geld, Geld brauche ich.«[172] Doch gerade das steht ihr nicht zur Verfügung. Seit sie wieder in Neuseeland ist, muss sie Rechenschaft ablegen, wofür sie Geld ausgibt. Harold Beauchamp ist auch aufgrund der Erfahrungen seiner Kindheit sehr sparsam.

Auch Annie Beauchamp, die über ein wöchentliches Haushaltsgeld verfügt, muss ihre Ausgaben belegen. Ein Verfahren, das sie geschickt zu umgehen weiß und das Katherine in ihrer Erzählung »Neue Kleider« karikiert. Darin wird die Dame des Hauses, Mrs Anne Carsfield, von ihrem Mann ob ihrer »immensen« Ausgaben für ein neues Kleid der Tochter gerügt: »Soll das heißen [...], das da kostet fünfunddreißig Shilling – das Zeug, das du da für die Kinder zusammengeschustert hast. Grundgütiger! Man könnte meinen, du wärst mit einem Millionär verheiratet. (...) Du machst dich zum Gespött der ganzen Stadt. Wie soll ich deiner Meinung nach für den Jungen einen Stuhl kaufen oder sonst irgendetwas – wenn du mein Geld mit vollen Händen zum Fenster hinauswirfst? Den ganzen Tag liegst du mir in den Ohren, dass es unmöglich ist, Helen Vernunft beizubringen; und dann putzt du sie im nächsten Moment heraus mit grünem Kaschmir für fünfunddreißig Shilling...«[173] Ob Harold Beauchamp, der laut übereinstimmender Meinung, seine Frau anbetet, je so mit Annie gesprochen hat, ist fragwürdig.

Als Katherine die Verzweiflung über ihre Situation zu übermannen scheint, geschieht etwas, womit sie, die immer noch Tom Trowell hinterhertrauert, nicht gerechnet hat. Sie verliebt sich leidenschaftlich in die 27-jährige Malerin Edith Kathleen Bendall, deren Familie mit den Beauchamps befreundet ist. Die attraktive Künstlerin hat sich nach ihrem Studium an der Kunsthochschule in Sydney und Studien bei Neuseelands berühmtester lebender Malerin Frances Hodgkins ein Studio unweit Fitzherbert Terrace 45 eingerichtet und lebt hier als freie Malerin. Die beiden Frauen freunden sich an, planen gar ein Kinderbuch zusammen. Katherine schreibt zahlreiche Kindergedichte, die Edith illustriert. Matty Putnam, Harold Beauchamps treue Sekretärin, wird gebeten, Katherines Texte abzutippen, doch leider findet das Projekt keinen Verleger. Die intensive Zusammenarbeit vertieft die anfangs freundschaftlichen Gefühle der beiden Frauen, und nicht lange danach vertraut Katherine ihrem Tagebuch an: »Ich [hatte] nicht gewusst, was es heißt, wirklich zu lieben und geliebt zu werden – leidenschaftlich anzubeten. Aber jetzt glaube ich, wenn sie mir versagt sein sollte, muss ich … geht meine Seele auf die Straße und bettelt um Liebe von jedem zufällig vorbeigehenden Fremden, bittet und bettelt um ein wenig von dem kostbaren Gift. Ich bin halb wahnsinnig vor Liebe. Sie bedeutet mir gegenwärtig sogar mehr als meine Musik – sie ist wirklich alles, alles für mich.«[174] Die Beziehung zu Edith gibt ihr neuen Mut, Katherine schöpft wieder Kraft, um für ihre Zukunft zu kämpfen. Am 25. Juni 1907 schreibt sie in ihr Tagebuch: »Ein Jahr ist vergangen. Was ist geschehen? London liegt hinter mir, M. liegt hinter mir, C. ist fortgegangen. (…) Ich habe mich auf merkwürdige Weise verändert. Ich finde mich kolossal interessant. (…) Ich bin drei Wochen lang mit einem jungen Engländer verlobt gewesen, weil er eine so schöne Figur hatte. Ich bin sehr auf die langweiligste Art töricht gewesen; aber das ist vorbei. Das kommende Jahr wird denkwürdig sein.«[175] Alles ist nun anders, sie hat die Liebe gefunden, die *richtige* Liebe: »In meinem Leben – so viel eingebildete Liebe; in Wirklichkeit achtzehn unfruchtbare Jahre – niemals ein reiner, spontaner, zärtlicher Impuls. Adonis war – wenn ich es wage, in mein Herz zu schauen – nichts als eine Pose. Und jetzt kommt sie – und an sie gelehnt, an ihre Hände geklammert, ihr Gesicht an meinem, bin ich ein Kind, eine Frau und mehr als halb Mann.«[176] In ihrem Tagebuch bekennt sie sich zu dieser Liebe, in der Öffentlichkeit hält sie sich zurück, wohl wissend, welche Ausgrenzung dies für zwei Frauen in der neuseeländischen Gesellschaft zur Folge hätte. Heimlichkeit und Unsicherheit, die für die 18-jährige Katherine nicht immer leicht zu bewältigen sind: »Ich verbrachte die letzte Nacht in ihren Armen – und heute Abend hasse ich sie, was heißen will, wenn man es näher betrachtet, dass ich sie anbete: dass ich nicht in meinem Bett liegen kann, ohne den Zauber ihres Körpers zu fühlen: was auch heißt, dass Sex mir nichts bedeutet. Bei ihr fühle ich alle die sogenannten sexuellen Impulse stärker als je mit einem Mann. Sie bezaubert, unterwirft mich, und ihrem persönlichen Selbst – ihrem vollkommenen Körper – gilt meine Anbetung. Wenn ich mit dem Kopf auf ihrer Brust liege, dann fühle ich, was das Leben enthalten kann. Alle meine Sorgen und Ängste sind wie weggeblasen: (...) fort die schreckliche Banalität meines Lebens.«[177]

Erneut wird das Strandhaus in Days Bay ihr Liebesnest. Im Sommer 1907 verbringen die beiden hier wunderschöne Tage: »Wir legten uns hin, immer noch schweigend, und dann und wann presste sie mich an sich, küsste mich, mein Kopf auf ihrem Busen, ihre Hände waren auf meinem Körper und streichelten mich liebevoll – wärmten mich, um mir wieder mehr Leben zu geben. Dann ihre Stimme, die flüsterte: Geht's jetzt besser, Liebling? Ich konnte nicht mit Worten antworten. Und wiederum: Kannst du es mir nicht sagen? Ich schmiegte mich dicht an ihren warmen, süßen Leib, glücklicher als je zuvor, glücklicher, als ich es mir jemals hätte träumen lassen.«[178] Dennoch ahnt Katherine, dass ihr Glück nicht von Dauer sein wird: »Nie war das Gefühl, dass sie mir gehörte, so stark gewesen, dachte ich. Hier kann außer mir niemand bei ihr sein, hier kann ich sie durch tausend zärtliche Einflüsterungen an mich fesseln – eine Zeitlang. Was für eine Erfahrung! Als wir dann in die Stadt zurückkehrten, war es kein Wunder, dass ich nicht mehr schlafen konnte. (...) Bin ich besonders empfänglich für sexuelle Regungen? Es muss so sein, nehme ich an – aber ich bin froh darüber. Oh, dass sie mich, jedes Mal, wenn ich ihr begegne, in ihre Arme nähme und an sich presste. Und ich glaube, auch sie würde das gerne tun, aber sie hat Angst, und die Konvention hindert sie daran. Wir werden wieder fortgehen.«[179] Tatsächlich wird Edith im Jahr darauf Gerald Robinson, Pensionatsleiter am Wellington College, heiraten. Ihn lernt sie schon während ihrer Zeit mit Katherine kennen und lieben. Die schreibt wütend in ihr Tagebuch: »So, jetzt gehört E. K. B. der Vergangenheit an, und zwar endgültig und unwiderruflich. Dem Himmel sei Dank! Es war, wie ich im Nachhinein finde, eine ziemlich sentimentale Beziehung, die man besser beendet – sie wird nicht viel Großes erreichen. Sie hat nicht die nötige Charakterstärke.«[180] Katherines Briefe an Edith werden während deren Flitterwochen 1908 angeblich von einem Dienstmädchen versehentlich vernichtet. Vielleicht waren es aber auch die eigenen Eltern, die derart kompromittierendes Material über eine lesbische Liebe ihrer Tochter nicht im Hause haben wollten. Edith Bendall stirbt 1986 mit 107 Jahren, von Katherine Mansfield-Forscher*innen belagert bis ins hohe Alter.

Katherines Zorn auf Edith ist allerdings weit davon entfernt, ein gerechter Zorn zu sein. Auch sie plant ihre Zukunft mit einem Mann, nämlich mit Tom Trowell, den sie trotz aller Leidenschaft für Edith nicht aus den Augen verliert. Auch sie weiß, dass ihr Lebensweg vermutlich in eine heterosexuelle Beziehung münden wird, aller Progressivität zum Trotz. Zudem wünscht sie sich ganz traditionell eine Familie und Kinder, und die gibt es nun mal eher mit Tom Trowell als mit Maata, Edith oder Vere. Und wie um sich selbst zu überzeugen, schreibt sie in ihr Tagebuch: »Ich denke in jeder, wirklich jeder Situation an ihn – und ich glaube, dass ich ihn auch verstanden habe ... Ich liebe ihn – aber ich frage mich, ob auch aus ganzer Seele ...«[181] Sie nimmt wieder Kontakt mit der Familie Trowell auf, nimmt erneut Cellostunden bei Toms Vater: »Ein glücklicher Tag. Ich habe einen vollkommenen Tag verbracht. Nie habe ich Herrn Trowell so gerngehabt, mich so im Einklang gefühlt mit ihm; und mein Cello drückte alles aus.«[182] Sie ist eine gute Cellistin, die sich von nun an in Brauntöne kleidet, um beim Spiel mit ihrem Instrument auch optisch zu verschmelzen. Die Zukunft mit Tom, von der sie träumt, ist gleichbedeutend mit ihrer Rückkehr nach Europa, denn Tom wird nicht mehr nach Neuseeland zurückkehren. Mit Toms Vater diskutiert sie die Grundlagen einer solchen Verbindung: »*Après* tranken wir Tee und aßen Johannisbeerkuchen im Rauchzimmer (…) und sprachen über die Ehe und über die Musik – über den Fehler, den eine Frau mache, wenn sie glaubt, sie stehe zuvörderst in der Schätzung eines Musikers; zuerst kommt unbedingt seine Kunst. Ich weiß, ich verstehe. Und auch den Mangel an Sympathie. Sollte ich Cäsar heiraten – und ich dachte die ganze Zeit an ihn –, könnte ich wohl vieles selbst erproben. Herr Trowell sagte: ›Seine Frau muss an seinem Ruhm teilnehmen und dafür sorgen, dass er stets auf der höchsten Stufe bleibt.‹«[183]

Des Nachts steigert sie sich in ihre vermeintlich große Liebe hinein: »Geliebter, ich könnte das Gesicht im Kissen verbergen und weinen und weinen und weinen. Hier ist Nacht und Winterregen. Du bist in der Herrlichkeit des Sommers, im Tageslicht, im brausenden Verkehr – der Ruf des Lebens. Auch ich muss es haben. Ich muss fort von hier. (…) Weißt du, dass du alles in allem bist – dass du mein *Leben* bist?«[184] Freundin Ida hält sie mit Berichten und Zeitungsartikeln aus London über Toms Karriere auf dem Laufenden. Katherines Briefe an Tom sind erneut zahlreich, werden aber auch jetzt selten abgeschickt, sind meist nicht mehr als eine imaginäre Zwiesprache: »Obwohl ich dich nicht sehen kann, sollst du wissen, dass ich dein bin – jeder Gedanke, jede meiner Empfindungen gehört dir. Ich wache morgens auf und habe von dir geträumt. (…) Ich durchlebe in meiner Liebe zu dir alle Gefühlsregungen, die es gibt. Für mich bist du Mann – Liebhaber, Künstler, Gatte, Freund –, der, der mir alles gibt und dem ich alles hingebe, alles.«[185]

Als sie erfährt, dass die Eltern Trowell planen, ihre Söhne in Europa zu besuchen, keimt in ihr die Hoffnung auf, vielleicht mitreisen zu dürfen. Doch als die Trowells am 26. September 1907 an Bord eines Schiffes in Richtung England gehen, ist Katherine nicht dabei, sondern mit ihrer Familie auf der Gartenparty des Gouverneurs. Es ist der erste Dominion Day. Ab sofort ist Neuseeland keine Kolonie mehr, sondern besitzt wie Kanada und Australien Dominionstatus. Katherine ist diese politische Entwicklung, die für ihr Heimatland von entscheidender Bedeutung ist, herzlich egal. Freundin Ida hat ihr in einem langen Brief erschütternde Nachrichten von Tom übermittelt. Der Geliebte trifft sich mit ihrer alten College-Freundin Gwen Rouse: »Zuerst war ich so traurig, so verletzt, es schmerzte mich so sehr, dass ich die abscheulichsten Dinge in Betracht zog; aber jetzt fühle ich mich nur *alt*, und zornig und einsam. (…) Wie soll es nun weitergehen? Soll ich seine Lebensweise billigen? Soll ich sagen, tue, was du willst, lebe, wie du willst, sieh dir das Leben an, mache Erfahrungen, erweitere deinen Horizont? Oder soll ich es verurteilen? Nun, ich denke so: Es ist ein Jammer, dass Künstler so leben. Aber da es nun einmal so ist – *gut* … aber ich werde es nicht tun.«[186]

In ihrer Großmütigkeit übersieht sie glatt, dass Tom ihr in keiner Weise verpflichtet ist, die alten Verlobungspläne nur mehr in ihrer Fantasie existieren und auch sie zwischenzeitlich neue Lieben eingegangen ist. Mit der Abreise der Trowells wandert das Cello in die Ecke, wo es mehr und mehr verstaubt.

Erneut gibt sie sich ganz ihrem Kummer hin. Heiratsanträge lehnt sie ab, für den Moment hat sie mit Männern abgeschlossen: »Für Männer habe ich gar nichts mehr übrig. (…) Diese Kreaturen, die mit mir spielen wollen – Narren sind sie, und ich verachte beide. Ich sehne mich nach Menschen, die mir überlegen sind. Und wie steht es mit mir? Bin ich absolut niemand, nur übermäßig eitel? Ich weiß es nicht ... Ich weiß bloß, dass ich schrecklich unglücklich bin. Das ist alles. Ich bin so unglücklich, dass ich wünsche, ich wäre tot – aber ich wäre verrückt, wenn ich sterben wollte, wo ich doch überhaupt noch *gar nicht* gelebt habe.«[187]

London – dort will sie hin. Dort, wo Kultur, Leben und ihre Freundinnen sind. Dass deren Leben auch nicht gerade erfüllend ist, ficht sie nicht an. Denn während Katherine und ihre Schwestern in eleganten Kleidern Wellingtons Society aufmischen, muss sich Ida um ihren herrischen Vater kümmern, und Vere lebt, nach einem Jobintermezzo als Platzanweiserin im Theater, bei ihrer Mutter auf dem Land und arbeitet in einer Bank. Katherine hingegen schreibt unbeirrt einen Ermunterungsbrief nach dem anderen an sich selbst: »Ich habe Angst und versuche, tapfer zu sein. Dies ist die größte und schrecklichste Qual, die ich jemals durchgemacht habe. Aber ich muss Mut haben, muss ihm mutig entgegentreten, mit erhobenem Haupt, und ich muss *kämpfen*, für mein Leben, unbedingt. Hier stehe ich jedenfalls völlig, schrecklich allein. (...) Ich *muss* gewinnen. (...) Oh, Kathleen, (...) beweise nun, dass du stark sein kannst. (...) Du musst jetzt eine Frau sein und die Seelenangst der Kreatur ertragen. Bewähre dich. Sei stark, sei gut, sei klug, und es ist dein. Verliere nicht im letzten Augenblick den Mut. Argumentiere verständig und ruhig. Sei mehr als eine Frau. Bewahre einen völlig klaren Kopf, bewahre dein Gleichgewicht!!! Überzeuge deinen Vater, dass es *la seule chose* ist. Denke an das himmlische Glück, das dein sein könnte, das nach diesem Kampf vor dir liegt. Sie warten auf dich mit ausgestreckten Händen, und mit einem *Freudenschrei* fällst du in ihre Arme – die zukünftigen Jahre. Viel Glück, mein Schatz. Ich liebe dich.«[188]

Der Plan, den sie entwickelt, um wieder nach London zu kommen, verändert ihr Leben: Sie beschließt, ihrem Vater zu beweisen, welch gute Schriftstellerin sie ist und dass ein Leben in London zur Vollendung dieses Talents unabdingbar ist: »Ich möchte ein Buch schreiben (...), das in den Herzen der Leser Emotionen hervorruft, Empfindungen, die zu lebendig sind, um nichts zu bewirken, ein Buch, das tausend zarte Tränen und tausend süße Töne Gelächter hervorruft.«[189] Sie verfasst einige Vignetten und bittet erneut die Sekretärin ihres Vaters, diese abzutippen. Matty Putnam findet bedrückend, was sie da liest, doch Katherine erklärt ihr: »Bald werde ich Gedichte voller Fröhlichkeit schreiben, aber wenn ich Ihnen ein Geheimnis verraten darf, ich mag die anderen lieber, der tragische Pessimismus der Jugend – wissen Sie –, das kommt so zwangsläufig wie die Masern.«[190] Im tiefsten Inneren genießt Katherine ihre Melancholie, ist wie viele Künstlerinnen davon überzeugt, erst im Leiden wahre Kunst zu schaffen. Den Eltern bleibt der Eifer ihrer Tochter nicht verborgen. Sie beschließen, ganz entgegen der von Katherine so gern kolportierten Geschichte vom verkannten Genie, Katherine zu unterstützen. Überraschenderweise stellt sich auch die ansonsten so kritische Mutter, vermutlich auch aufgrund des eigenen nicht immer glücklichen Lebensweges, hinter Katherine. Harold Beauchamp setzt sich sogar mit Tom L. Mills, einem Journalisten der *Evening Post,* in Verbindung und bittet diesen um seine Einschätzung. Doch Katherine will sich nicht helfen lassen. Sie will ihren Weg allein gehen. Ganz allein, ohne ihren Vater, trifft sie Mills und übergibt ihm einige ihrer Texte. Der ist begeistert. Ihr Stil sei großartig, allerdings ist er durch die diversen sexuellen Anspielungen, die die Texte beinhalten, etwas konsterniert. Seine Einwände in dieser Richtung lassen Katherine kalt. Sie will nicht wissen, was er von ihren Themen hält, sondern nur, ob sie schreiben kann. Und das kann sie, wie Mills ihr bestätigt. Seiner Ansicht nach ist sie ein Jahrhunderttalent, was er umgehend auch Harold Beauchamp mitteilt.

Mills schlägt Katherine vor, einige weniger verfängliche Texte an den *Native Companion,* eine literarische Monatszeitschrift aus Australien, zu schicken. Auch hier ist man begeistert von ihren Texten. Allerdings zweifelt Herausgeber E. J. Brady, selbst Dichter und Bestsellerautor, an der Altersangabe der Autorin. Kann ein 18-jähriges Mädchen wirklich so schreiben? Brady vermutet, dass Frank Morton, ein Autor des *Native Companion,* hinter den Zeilen steckt. Die stilistische Ähnlichkeit ist verblüffend. Er wendet sich an die Autorin mit der Bitte um Aufklärung. Die schreibt ein wenig pikiert, aber durchaus selbstbewusst zurück. »Sie haben mich um Einzelheiten meine Person betreffend gebeten. Ich bin arm – unbekannt, erst achtzehn Jahre alt –, mit einem gierigen Appetit auf alles und Prinzipien, die so leicht wie meine Prosa sind.«[191] Als sie ihrem Vater Bradys Schreiben zeigt, setzt der sich hin und schreibt höchstpersönlich an den Herausgeber, um dessen Zweifel zu entkräften: »Ich möchte Ihnen versichern, dass es keinen Grund gibt, irgendeine ihrer Arbeiten zurückzuweisen, in der Annahme, es würde sich nicht um einen Originaltext handeln. Sie ist, so denke ich, ein sehr origineller Charakter, und schreiben – sei es gut oder schlecht – ist ihre natürliche Begabung. Tatsächlich schreibt sie seit ihrem achten Lebensjahr Gedichte und Prosatexte (...) Sie hat womöglich das literarische Talent meiner Familie geerbt, zu der unter anderem meine Cousine, die Autorin von *Elizabeth und ihr deutscher Garten* und anderen bekannten Büchern gehört.«[192] Mit der Bitte, sein Schreiben Katherine gegenüber vertraulich zu behandeln, empfiehlt er sich Brady. Wie gut kennt er doch seine eigensinnige Tochter, die es ohne Protegé ganz nach oben schaffen will und wird. Kurz darauf erhält Katherine einen Scheck über 2 Pfund als Tantiemen. Im Oktober 1907 erscheinen ihre ersten Texte unter »Vignettes« im *Native Companion.* Am 14. Oktober richtet die Familie zu Ehren ihres 19. Geburtstags einen Ball aus, gleichwohl beschwert sich Katherine unablässig weiter in ihrem Tagebuch über ihre »provinzielle Sippe«. Ehe im November 1907 mit »Silhouettes« weitere Texte folgen, wendet sie sich noch einmal an Brady: »Wenn Sie für die November-Ausgabe mehr als eine ›Vignette‹ planen, dann verwenden Sie bitte nicht mehr den Namen K. M. Beauchamp. Mir ist sehr daran gelegen, nur unter K. Mansfield oder K. M. zu publizieren.«[193] Im Dezember 1907 erscheinen mit »In a Café« und »In the Botanical Gardens« weitere Prosastücke. Mit all diesen Veröffentlichungen wird Brady zum Entdecker einer der bedeutendsten Autorinnen der Anglosphäre. 1955 schreibt er in seinen Erinnerungen: »Wenn der *Native Companion* auch nicht mehr bewirkt hat, als die Tür zur Veröffentlichung für Katherine Mansfield aufzustoßen, dann hat es sich doch gelohnt.«[194]

Aber auch wenn die Eltern Katherines Talent anerkennen und sehr stolz auf sie sind, ist es doch etwas ganz anderes, ein junges Mädchen viele Tausend Meilen entfernt von zu Hause in eine europäische Großstadt ziehen zu lassen. Dennoch scheinen sie sich sukzessive mit dem Gedanken anzufreunden, ihre Tochter gehen zu lassen, wie Chaddie, voller Stolz auf die kleine Schwester, an Sylvia Payne nach London berichtet: »Ich schicke Dir eine australische Zeitschrift, die ziemlich viele ihrer Arbeiten angenommen hat (…) Ist das nicht großartig? Ich kann Dir gar nicht sagen, wie stolz und glücklich ich bin. (…) Denk Dir nur, Kathleen wird nach Weihnachten nach London zurückkehren, ich mag gar nicht daran denken, auch wenn ich weiß, dass sie gehen muss, es ist die einzige Lösung für sie, und ich habe das Gefühl, dass ihr Fortgehen uns alle umso schneller dorthin zurückbringen wird! Oh Liebste, welch vollkommene Freude und Wonne würde das sein!«[195] Am 29. Oktober 1907 kann man im *Dominion* lesen: »Es geht das Gerücht, dass Miss Kathleen Beauchamp nach London zurückkehren wird, um dort eine literarische Tätigkeit aufzunehmen.«[196] Mag sein, dass nicht nur sie froh ist, aus Neuseeland wegzukommen, das Zusammenleben mit ihr ist alles andere als einfach, wie aus Katherines Tagebuch deutlich hervorgeht: »Großer Gott, was für eine langweilige Gesellschaft! Ich kann sie alle zusammen nicht ausstehen. Ich werde bestimmt nicht mehr lange hierbleiben! Gott sei's gedankt! Selbst wenn ich allein in meinem Zimmer bin, stehen sie draußen und rufen einander zu, reden über die Bestellung beim Metzger oder über die schmutzige Wäsche und – das fühle ich – richten mein Leben zu Grunde.«[197]

An die Familie Trowell hingegen schreibt sie voller Erwartung: »Küssen Sie mir London, und sagen Sie ihm, dass ich, wenn ich zurückkomme, in einem Zelt auf dem Trafalgar Square leben werde und es nur verlasse, um nach Bayreuth zu fahren. Ich werde bald bei Ihnen sein. Frohe Weihnachten.«[198]

Doch statt nach London bricht sie fürs Erste zu einer Wanderreise in den Norden Neuseelands nach Urewera auf. Millie Parker, Tochter eines befreundeten Apothekers, hat Katherine überredet, sich im November 1907 auf dieses Abenteuer einzulassen. Zusammen mit Tom Trowell haben die Mädchen einst als Trio Hausmusikabende veranstaltet und sind seither befreundet. Nun wollen sie mit einer kleinen Reisegruppe mit Planwagen und Zelten durch die Wildnis Neuseelands reisen. Harold Beauchamp, selbst ein begeisterter Wanderer, unterstützt diese Pläne seiner Tochter nur zu gern. Vielleicht kann ihr diese Reise die Heimat ein wenig näherbringen. Am 17. November 1907 geht es los. Die ersten 200 Meilen bis Hastings, wo sich die Gruppe treffen wird, legen die Mädchen mit der Eisenbahn zurück. Katherine ist voller Vorfreude. Jetzt, da London zum Greifen nahe ist, findet sie auch Gefallen an Neuseeland: »Das Reisen mit der Eisenbahn hat für mich etwas ungemein Bezauberndes. Ich lehne mich aus dem Fenster, eine Brise weht mir freundlich um die Ohren, und mein unter hundert grauen Stadtschleiern verborgener kindlicher Geist sprengt seine Fesseln und frohlockt in mir.«[199] Die Mitglieder ihrer Reisegruppe, Mr Hill, Mr und Mrs Webber und Ann Leithead, Katherine allesamt unbekannt, stehen am Bahnhof und erwarten die jungen Frauen. Mit zwei großen Pferdewagen geht es durch die Berge, manchmal ist es so steil, dass die Gruppe laufen muss. Übernachtet wird in Zelten, ihre Mahlzeiten kochen die Teilnehmer selbst. Katherine, die zur Belustigung ihrer Mitreisenden nicht mal weiß, wie man Kartoffeln schält, muss zum ersten Mal in ihrem Leben kochen, spülen und Betten machen. Alles durchaus unbequem, aber schon nach kurzer Zeit lernt Katherine die Vorzüge dieses einfachen Lebens zu schätzen: »Nach kurzen Augenblicken eines schrecklich unerfrischenden Schlafes wachte ich auf, als die graue Morgendämmerung in das Zelt glitt. Mir war heiß, und ich war müde und voll Unbehagen – das schreckliche Gesumme der Mücken, das schwere Atmen der anderen benebelten einen Augenblick meine Sinne, und dann stellte ich fest, dass die Luft von Vogelgesang erfüllt war. (…) Ich stand auf und schlüpfte durch die enge Zeltöffnung hinaus auf das nasse Gras. (…) Das Feld war von Kleeblüten übersät. Mit beiden Händen hob ich meinen Morgenrock auf und rannte zum Fluss hinunter, und das Wasser floss vorüber, lachte melodisch, und die grünen Weiden, plötzlich bewegt vom Atem des anbrechenden Tages, schwangen sachte miteinander. Da vergaß ich das Zelt und war glücklich.«[200] Allerdings bringt die Reise auch ungeahnte Strapazen für die völlig unpassend gekleidete Katherine mit sich. In ihrem Reisetagebuch hält sie fest, was sie alles trägt: Unterrock, Korsett, Schlüpfer, Strümpfe, Unterhemd und Armblätter gegen den Schweiß. Die langen Fußmärsche in der brütenden Hitze sowie die vielen Moskitos bringen sie an ihre physische Grenze. Dennoch beklagt sie sich nicht, sondern schreibt an ihre Mutter: »Am Abend erreichten wir das

Tarawera Hotel & lagerten in einer kleinen Buschmulde. Verdreckt, meine Liebe – ich fühlte mich schrecklich –, meine Kleider waren weiß vor Staub – wir hatten 8 Meilen Berganstieg bewältigt –, nach dem Abendessen (dicke Bohnen überm Lagerfeuer gekocht und Zunge & Kuchen und Tee) streiften wir dann herum. (...) Ich bin immer noch zerbissen & verbrannt, aber Kampferöl, Glyzerin & Gurke, Rosenwasser heilen mich & ich hülle mich immer in eine Kraftwagendecke. Das ist die Art zu reisen – es geht so langsam & so vollkommen frei, und ich mag sie alle hier recht gern – sie sind ultrakolonialistisch, aber durch und durch freundlich & gutherzig & großzügig – und stets gut zu mir. (...) Liebe Grüße an alle. Ich bin sehr glücklich.«[201] Wunderbar findet sie vor allem die zahlreichen heißen Quellen, die auf der Reise besucht werden: »Das Badehaus ist ein Stall – zu dritt badeten wir in einem großen Teich – bis zur Taille – und wir natürlich – splitternackt. Das Wasser war sehr heiß – & wie Öl – ganz köstlich. Wir schwammen & seiften uns ein & ließen uns treiben – & und als wir herauskamen, trank jede einen großen Krug Mineralwasser (...) man fühlt sich – innerlich & äußerlich wie Samt.«[202] Besonderes Highlight der Reise aber sind die Begegnungen mit den Māori, für deren Kultur sich Katherine ebenso wie ihr Vater und Großvater sehr interessiert: »Den ganzen Tag lachen wir vor Freude.«[203]

Die langen Abende, an denen die Gruppe singend und Geschichten erzählend am Lagerfeuer sitzt, genießt Katherine sehr. Viel zu schnell ist die Reise zu Ende, und die Freundinnen sitzen wieder im Zug zurück nach Wellington: »Im Zug. Noch nie war es so heiß. Das Land ist ausgedörrt – golden vor Hitze. Die Schafe suchen Schutz im Schatten der Felsen. In der Ferne schimmern die Berge in der glühenden Hitze. M. und ich sitzen einander gegenüber. Ich sehe ganz *bezaubernd* aus.«[204]

Auch wenn sie die Eindrücke dieser Reise ihr Leben lang im

Gedächtnis behalten wird und in einigen ihrer besten Geschichten verarbeitet, hat sich nichts an ihrem Entschluss, die Insel zu verlassen, geändert: »England zerrt an mir. Ich muss einfach gehen. Hier in Neuseeland werde ich nie die Erfahrungen machen, die ich machen muss.«[205] Zurück in Wellington laufen die Vorbereitungen für ihren London-Aufenthalt auf Hochtouren. Zunächst gilt es, überhaupt jemanden zu finden, der Katherine drüben aufnimmt. Tante Belle, die sich gerade anschickt, mit ihrem Mann Harry ein Haus in London zu kaufen, lehnt postwendend ab. Hektisch werden Telegramme an andere Verwandte ausgesandt, doch die Antwortschreiben beinhalten meist nur ein einziges Wort: »Nein«.[206] Um die Anspannung auszuhalten, setzt sich Katherine nach langer Zeit wieder an ihr Cello, übt, wohl auch im Hinblick auf ein Wiedersehen mit Tom, bis zu sechs Stunden täglich. Musikerin will sie allerdings nicht mehr werden. Am 28. Dezember schreibt sie stattdessen in ihr Tagebuch: »Ich sollte eine gute Autorin werden. Den Ehrgeiz dazu besitze ich bestimmt und auch die Ideen. Aber habe ich auch die Kraft, alles, was ich schreiben möchte, auszuführen? Ja, wenn ich zurückkehren kann, sonst nicht. Aber schließlich, warum nicht.«[207] Nun wird alles gut, daran glaubt sie fest: »Das Jahr ist erwacht, MEIN Jahr 1908. (…) Ein glückliches Neues Jahr (…) Nun denn – ich habe die Intelligenz und auch die Erfindungsgabe. Was sonst brauche ich?«[208]

Am 23. Januar schreibt sie auf Deutsch an Tom, kündigt ihr Kommen an: »Ich komme nach England früh in March – Ich hasse Wellington und natürlich sehne ich nach London – Haben sie mehrere Journaux von mir gehabt? Und was denken sie von dieser? Warum haben sie mir nicht erzählt!«[209]

Doch es kommt anders. Von einem Tag auf den anderen ziehen die Eltern ihre Reiseerlaubnis zurück. Warum genau bleibt Spekulation. Ida Baker deutet in ihren Memoiren an, es habe mit Katherines ungebührlichem Verhalten auf einer Abendgesellschaft zu tun, bei der sie mit einem Mann einfach verschwunden sei. Nach einer anderen Lesart hat Matty Putnam den Eltern einige der Texte gezeigt, die sie für Katherine abtippen sollte. Daraufhin hätten bei Mr und Mrs Beauchamp sämtliche Alarmglocken geschrillt. Tom Mills hingegen berichtet, er habe Katherine in diesen Wochen geholfen, weil sie von einem Mann erpresst worden sei. Auch diese Geschichte könnte letztlich Harold Beauchamp zu Ohren gekommen sein. Sogar dass die Eltern ihr Tagebuch gefunden haben, wird vermutet. Was auch immer der Grund ist, am Ende landet Katherine nicht in London, sondern wird vom Vater in ihr Zimmer gesperrt. Damit ist London weiter weg als je zuvor. Statt reich und berühmt in London zu leben, sitzt sie nun in ihrem Kinderzimmer in Neuseeland, ohne Geld und ohne Perspektive. Doch aufgeben kommt nicht infrage: »Ich hoffe, in den nächsten Monaten nach London abzureisen – Das ist nicht unklug von mir – Es ist das einzig Richtige. Ich kann mit Vater nicht leben – Ich muss zurückkommen, weil ich weiß, dass ich Erfolg haben werde – schau ihn Dir an – den herrlichen Optimismus der Jugend!«[210]

Nachdem im Januar 1908 auch noch der *Native Companion* sein Erscheinen einstellt, hat sie bis auf Weiteres keine Publikationsmöglichkeiten mehr. Dass Tom Mills ihr eine Veröffentlichung in seiner Lokalzeitung anbietet, kann sie angesichts seiner impertinenten Aufdringlichkeit nicht trösten: »Es ist wirklich ein bisschen lächerlich. Ich kann die Männer, die ich kenne, nicht als Freunde behalten. Sie neigen dazu, irgendwann auf einmal ein völlig unpassendes Verhalten an den Tag zu legen.«[211]

Die nächsten Monate badet sie, wie ihre Tagebucheinträge zeigen, in Selbstmitleid: »*10. Februar.* Mein Leben wird natürlich damit enden, dass ich Selbstmord begehe.« – »*18. März.* Ich bezahle meine Begabung mit meinem Leben. Es wäre besser, ich wäre tot – wirklich. Ich bin anders als die anderen, weil ich alles erlebt habe, was man erleben kann. Aber niemand ist da, um mir zu helfen. Natürlich ist Oscar – Dorian Gray – dafür verantwortlich.« –»*1. Mai.* Es geht mir jetzt viel schlechter denn je. Dieser Weg führt zum Wahnsinn.«[212]

Neuseeland bekommt einmal mehr ihren ganzen Zorn zu spüren: »Ich schäme mich für das junge Neuseeland. Das starre, saturierte Grundgerüst ihres Denkens muss zerstört werden, bevor sie beginnen können zu lernen. (…) Sie müssen in Richtung Kultur maßlos werden, ein oder zwei Jahre lang fast dekadent in ihren Neigungen sein und dann wieder zu Balance und Maß finden.«[213]

Erst als der neuseeländische Winter naht, stellt sie ihre Totalopposition, die sie keinen Schritt weitergebracht hat, ein und schwenkt auf eine andere, vielversprechendere Strategie um: »Jetzt muss es geplant werden. Oh Kathleen, du bist so abscheulich unklug gewesen. Schöpfe Weisheit aus allem, was du erlitten hast und noch erleiden musst. Ich weiß, du kannst wirklich nicht so bleiben, wie du jetzt bist. Sei gut, um Himmels willen gut und tapfer. Sage öfter die Wahrheit und lebe ein besseres Leben. (…) So wie es jetzt ist, gehst du mit unvorstellbarer Geschwindigkeit dem Teufel zu. Nimm dich jetzt zusammen.«[214] Sie rückt nun näher an ihre Geschwister heran, verbringt zusammen mit Chaddie die meiste Zeit am Strand von Days Bay: »Chaddie & ich – mit unserem Mädchen – leben allein in diesem kleinen Häuschen, das auf den Felsen gebaut ist. (…) Wir haben uns beide elend krank gefühlt – und Wellington war langweilig – sind also hierhergekommen – wo wir baden und rudern und durch den Busch oder am Meer entlang spazieren gehen – und lesen – ich schreibe. Ich liebe es jeden Tag mehr – und das Meer ist mir ein beständig neuer Eindruck. Unser Leben ist vollkommen frei – vollkommen glücklich.«[215] Nicht nur Vera, die aktuell in Australien ist und von Katherine mit Briefen und Liebesbezeugungen schier überschüttet wird, kommt ihr nun ganz nahe, auch ihr kleiner Bruder Leslie ist ihr während der letzten Monate so sehr ans Herz gewachsen: »Er und ich wollen zusammenleben – später. Nie hätte ich mir träumen lassen, ein Kind so zu lieben, wie ich diesen Jungen liebe.«[216]

Ab Mai 1908 besucht Katherine einen Schreibmaschinenkurs sowie einen Buchführungskurs an der Technischen Hochschule in Wellington. Ihre kleine Reiseschreibmaschine, die tragbare Corona, wird zu ihrem größten Schatz und von ihr lebenslang überallhin mitgeschleppt. Die Kurse belegt sie auch, um dem Vater zu zeigen, dass sie gewillt ist, sich ihren Lebensunterhalt selbst zu verdienen. Und tatsächlich scheint ihre Strategie aufzugehen. Die Eltern überlegen jetzt, sie zusammen mit ihren Schwestern gehen zu lassen, wie aus einem Brief Katherines an Vera hervorgeht: »Mutter denkt darüber nach, uns nach London zu schicken, um dort zusammen zu leben – wir drei in einer Wohnung mit 300 Pfund im Jahr, was völlig ausreichend ist.«[217] Doch Vera hat eigene Pläne und wird erst nach Katherines Abreise im Sommer 1908 aus Australien nach Neuseeland zurückkehren. Auch die frisch verliebte Chaddie will nicht mitkommen, und so bleibt letztlich nur Katherine übrig. Harold Beauchamp, der längst die Nase voll hat von seiner stets schlecht gelaunten Tochter, beruft den Familienrat ein. Dieser kommt schließlich überein, Katherine ziehen zu lassen. In seinen Erinnerungen schreibt Harold: »Was sie vorgelegt hatte, war zweifellos vielversprechend. Natürlich wollten wir ihr nicht im Weg stehen.«[218] Als Unterkunft soll die Beauchamp Lodge in Central London dienen, ein Hostel für alleinstehende junge Damen, die zufälligerweise den Namen Beauchamp trägt. Zudem wird ihr der Vater eine jährliche Apanage von 100 Pfund bezahlen. Eine Summe, die einer heutigen Kaufkraft von etwa 12 000 Pfund entspricht.[219] In der Literatur über Katherine Mansfield wurde dies vielfach als zu wenig kritisiert. Auch Ida Baker betont stets, der Vater habe Katherine in Armut leben lassen. Dabei beträgt das Durchschnittsgehalt, mit dem eine Familie in England in jenen Jahren auskommen muss, nur 70 Pfund im Jahr. Ein Arbeiter, der mit seiner vierköpfigen Familie einfach, aber keineswegs in den Elendsvierteln Londons lebt, erhält im Schnitt 30 Shilling pro Woche. Gut ausgebildete Menschen wie Lehrer, Journalisten oder Bankangestellte ernähren mit einem Jahresgehalt von 150 Pfund ihre gesamte Familie. Die alleinstehende Katherine hat mit ihren 100 Pfund weitaus mehr zu Verfügung als ein englischer Butler. Zudem plant sie ja, auf eigenen Füßen zu stehen und sich ihren Lebensunterhalt als Schriftstellerin zu verdienen. Im Übrigen erhalten alle Töchter von Harold Beauchamp jährlich dieselbe Summe, auch als sie längst verheiratet sind. Bei Katherine, die nicht müde werden wird, über ihr Leben in Armut zu schreiben, reicht es immerhin zumeist für eine Haushälterin, manchmal sogar noch für eine Köchin. Dass sie mit der Summe, die ihr Vater zahlt und die bei Bedarf umgehend erhöht wird, dennoch niemals auskommt, liegt vor allem daran, dass die verwöhnte Tochter aus gutem Hause davon ausgeht, dass sie ihren kostspieligen Lebensstandard auch im teuren London ohne Weiteres aufrechterhalten kann. Doch all die Reisen, die vielen Umzüge, die teure Kleidung und der Londoner Alltag verschlingen eine Unmenge Geld – es wird hinten und vorne nicht reichen.

Nach 18 Monaten Kleinkrieg mit den Eltern darf Katherine Neuseeland endlich verlassen. Prompt findet sie die Heimat längst nicht mehr so bedrückend wie zuvor. Voller Schalk schreibt sie an Vera nach Sydney: »Ich glaube, ich bin auf den Bällen hier beliebter als jedes andere Mädchen – ist das nicht komisch? Es macht mich glücklich – irgendwie –, aber es ist auch ein bisschen anstrengend. Soll ich dir mal die Männer aufzählen, die mich mögen – zu sehr?«[220] Nun wird eingekauft, gewaschen, gepackt: »Heute in vierzehn Tagen reise ich ab – unglaublich köstlicher Gedanke! Die *Papanui* läuft am 4. Juli aus Lyttelton aus. (...) Ich habe überhaupt nichts Elegantes – Schlichtheit und Kunstnuancen herrschen vor.«[221]

Es gibt mehrere Abschiedspartys für Katherine, die den Rummel sichtlich genießt: »Es findet so vieles statt – Abschiedstees & Bridgerunden und Partys –, dass es fast schon glamourös wirkt. Aber wenn ich die Leute jetzt so sehe, wird mir noch mehr bewusst – wenn das überhaupt möglich ist –, wie froh ich bin fortzugehen.«[222] Am 1. Juli gibt sogar die Tochter des neuen neuseeländischen Premierministers, Eileen Ward, in der Residenz des Premiers einen Abschiedstee für Katherine. Das letzte Abschiedsfest organisieren die Eltern. Alle Freunde kommen, um Katherine Lebewohl zu sagen. Jetzt berichten sogar die Zeitungen: »Zahlreiche Freundinnen des Ehrengastes kamen, um ihr Glück zu wünschen. Am Nachmittag gab es eine Quartettrunde (...) und anschließend wurde Miss Beauchamp das Buch als Souvenir überreicht. Im Billardzimmer lauschte man einigen herrlichen Aufnahmen von Melba, und in einem anderen Zimmer kam ein Wahrsager nicht zur Ruhe. Die Teetafel mit ihren buntfarbigen Lichtern in der Mitte und hier und da verstreuten kleinen Vasen mit Veilchen und Primeln darin sah sehr schön aus, und große Myrten- und Mistelsträuße schmückten den Kamin ... Miss K. Beauchamp trug einen dunkelbraunen Mantel und Rock und einen schwarzen Fuchspelz.«[223] Allen ist klar, dass viel Zeit vergehen wird, ehe man einander wiedersieht. Aller Mobilität zum Trotz ist die Welt 1908 ungleich größer als heute.

Am 4. Juli bringen die Eltern ihre erst 19-jährige Tochter zum Schiff. Sie lassen sie ziehen, so wie sie später auch Katherines Geschwister ziehen lassen werden. Keines der Kinder wird in Neuseeland bleiben. In Katherines Fall eine generöse Entscheidung der Eltern, die für großes Vertrauen in Katherine spricht. Eine unverheiratete Tochter, die Schriftstellerin werden möchte, ans andere Ende der Welt ziehen zu lassen, ist Anfang des 20. Jahrhunderts nicht nur gesellschaftlich, sondern auch aufgrund durchaus nicht einfacher Kommunikations- und Reisemöglichkeiten ein gewagter Schritt und wirft auf die Eltern ein ganz anderes Licht als das gern wiederholte Narrativ von den bornierten Viktorianern, die ihrer Tochter nur im Wege standen. Ein Narrativ, das nicht zuletzt Katherine durch ihre Erzählungen kräftig befördert und das von ihren Schwestern entschieden zurückgewiesen wird.

Zusammen mit den Eltern reist Katherine nach Lyttelton, wo sie standesgemäß mit einer Menge Schrankkoffer in der Salonklasse auf der *Papanui* nach Europa reist. Das Zwischendeck wäre für Katherine nie infrage gekommen. Insgesamt sind 24 Passagiere an Bord, darunter zwei Frauen. Kurz vor der Abreise schreibt sie in ihr Tagebuch: »Hier also ist eine kleine Zusammenfassung von dem, was ich benötige – Kraft, Wohlhabenheit und Freiheit. Es ist eine hoffnungslos abgeschmackte Lehre zu glauben, dass die Liebe alles auf der Welt sei, eine Lehre, die den Frauen von Generation zu Generation eingebläut wird und die uns so grausam hemmt. Wir müssen uns dieses Irrtums entledigen – und dann kommt für uns die Gelegenheit zu Glück und Freiheit.«[224]

Dann geht es endlich los. Katherine steht an der Reling und blickt auf ihre immer kleiner werdende Heimat. Sie ist wild entschlossen, nie wieder hierher zurückzukehren.

»Wie viele Meilen bis Babylon?
Drei Dutzend Meilen und zehn.
›Find ich den Weg bei Kerzenschein?‹
Magst gar zurück ihn gehn!«

(Englischer Kinderreim)

»Wir sind so eine glückliche Familie,
seit mein Mann gestorben ist.«

IV.

Die Verlockungen von Babylondon *oder* Rendezvous mit Pfarrer Kneipp

Katherine Mansfield, Tagebuch, London, Dezember 1908
»Ich möchte gerne eine Lebensgeschichte schreiben. (...) Über ein Mädchen in Wellington; der sonderbare Zauber und die Öde dieser Stadt mit klimatischen Wirkungen – Wind, Regen, Frühling, Nacht –, die See, das Schauspiel der Wolken. Um dann den Ort zu verlassen und nach Europa zu gehen. Dort ein Doppelleben zu führen, zurückzukehren und total desillusioniert zu sein, die Wahrheit herauszufinden, nach London zurückzugehen, dort ein so intensives und seltsames Leben zu führen, dass das Leben sic selbst willkommen zu heißen schien, und todkrank nach W. zurückzukehren, um dort zu sterben.«[225]

Plymouth, 24. August 1908
Rund sieben Wochen nach ihrer Abreise betritt Katherine endlich wieder englischen Boden. Als ihr Zug am Bahnhof Paddington Station einfährt, steht, so als ob nicht Jahre, sondern nur Tage vergangen sind, Ida Baker am Bahnsteig. Sie wohnt noch immer bei ihrem Vater und studiert Violine an der Musikhochschule. Die unverbrüchliche Treue und Hingabe der Freundin haben unter der Trennung nicht gelitten, das merkt Katherine rasch. In einem fiktionalen Text skizziert sie eine Ida, die sich am Vorabend von Katherines Rückkehr mit deren Fotografie unterhält: »Du bist die Vollendung ... Meine Bestimmung ist es, dir zu dienen. Ich war tot, als du mich fandest, ohne dich bin ich nichts. Lass mich dienen ... Ich bin hier und warte. Lass mich dienen ... Es gibt nur noch eines, das für mich einen Schrecken birgt ... das ist, dass du zu stark geworden bist, um meiner zu bedürfen. Du bist so furchtbar stark ... Auf diese Höhen kann ich dir nicht folgen. Neige dich zuweilen zu mir herab. Ich weiß, dass du mir nicht ganz gehören kannst, die große Welt braucht dich – ich aber gehöre ganz dir.«[226] Auch wenn es einem schier den Atem verschlägt angesichts der Rollen, die Katherine sich selbst und Ida zuweist, kommen sie der Wahrheit doch ziemlich nahe.

Ida ist mit dem Einspänner da und bringt Katherine zunächst in der Wohnung ihres Vaters in Montagu Mansions, Marylebone, unter. Einige Tage später begleitet sie Katherine zu ihrem neuen Zuhause: Beauchamp Lodge, Warwick Crescent Nr. 2 in London Paddington. Das Mädchenwohnheim, in dem vorwiegend Musikstudentinnen leben, wird von zwei Berufsmusikerinnen geleitet. Musik ist allgegenwärtig, nicht immer zu Katherines Freude: »Über mir übt eine Frau Trommel – kein inspirierendes Instrument. Es klingt wie das Grollen eines kolossalen Hundes, und ich weiß, ich werde schreckliche Albträume bekommen. Sie arbeitet daran, nächstes Jahr in Westgate bei einem Meisterwerk namens ›The Policeman's Chorus‹ mitzuspielen. Bien, das Ziel ist sicher nicht zu hoch gesteckt – ich wünsche ihr Erfolg!«[227] Katherines Zimmer liegt im ersten Stock des Rückgebäudes und hat einen kleinen Balkon hinaus auf den Kanal. Sie kann bis auf Robert Browning's Island blicken. Der berühmte Dichter hatte zwischen 1862 und 1887 in Warwick Crescent Nr. 19 gelebt und hier seine epische Dichtung *The Ring and the Book* verfasst. Die Gegend, auch Little Venice genannt, ist eine der idyllischsten von ganz London. Katherine lebt sich rasch ein, wahrt aber auch hier Distanz zu den anderen Frauen. Freundschaften bleiben zumeist oberflächlich, was auch daran liegt, dass sie es weiterhin genießt, ihre Mitmenschen zu verstören. So beichtet sie zwei Mitbewohnerinnen, dass sie auf ihrer Reise nach England in Montevideo vom Schiff entführt und betäubt worden sei. Nun befürchtet sie, ungewollt schwanger zu ein. Tatsächlich scheint sie sich an Bord auf eine kleine Liebelei eingelassen zu haben und sieht sich nun mit einer verspätet einsetzenden Monatsblutung, vielleicht sogar einem Arztbesuch konfrontiert.

Die jungen Frauen, die in Beauchamp Lodge leben, sind selbstständig und selbstbewusst. Diesem Umstand trägt auch die Wohnheimleitung Rechnung: Jede Bewohnerin hat einen eigenen Haustürschlüssel, kann kommen und gehen, wann sie will. Katherine ist entzückt: dahin die Tage der elterlichen Kontrolle und Überwachung.

Allerdings kostet dieses unabhängige Leben eine Stange Geld: 25 Schilling pro Woche für Kost und Logis. Alexander Kay, Direktor der Bank of New Zealand in London, zahlt ihr jeden Monat die väterliche Zuwendung aus und hat Anweisung, ihr bei Bedarf auch mehr Geld zur Verfügung zu stellen. Ein Auftrag, dem er, wie er 1927 auf Anfrage darlegt, mehr als einmal nachkommt: »Als Agent und Rechtsanwalt von Katherine Mansfields Vater teile ich Ihnen mit, dass seit ihrer Abreise aus Neuseeland und der Ankunft in England bis zu ihrem beklagenswerten Ende (...) ihr Vater durch mich ihr einen sehr großzügigen Zuschuss zukommen ließ und dass er im Besitz von Briefen ist, in denen Katherine ihre spontane Anerkennung seiner Großzügigkeit bekundet. Bei verschiedenen Gelegenheiten bezahlte ich hohe Summen für medizinische und andere Auslagen, die ihre festgesetzte Unterstützung enorm überschritt, aber diese Zahlungen folgten beständig ohne irgendwelche Bemerkungen oder Bedenken.«[228] Kritiker übersehen gern, dass es sich bei den Zahlungen um einen Zuschuss handeln sollte und nicht um die Alimentierung eines sorgenfreien Großstadtlebens. Dass Harold Beauchamp diesen Zuschuss überweist, auch nachdem seine Tochter mit ihren Texten Geld verdient und mit einem äußerst erfolgreichen Journalisten verheiratet ist, weiß Katherine durchaus zu schätzen, wie einer ihrer Briefe während des Ersten Weltkriegs zeigt: »Mein liebster Vater, heute Morgen erhielt ich Deinen Brief, in dem Du mir mitteilst, dass Du den Bankdirektor angewiesen hast, mir monatlich 13 Pfund anstatt wie bisher 10 Pfund auszuzahlen. Lieber, ich weiß kaum, wie ich Dir für diesen erneuten Beweis Deiner beispiellosen Großzügigkeit mir gegenüber danken soll. Es stellt meine Finanzen auf eine so solide Basis in einer Zeit, in der so viele in Not sind. Es gibt mir ein sehr reales Gefühl von Sicherheit und zusätzlichem Komfort. Ich danke dir tausendmal, mein lieber Vater: Ich bin dir zutiefst dankbar.«[229]

Gleichwohl kommt Katherine mit ihrem Geld nicht über die Runden. Ungeniert leiht sie sich Geld von Ida, die selig ist, der Freundin unter die Arme greifen zu können: »Ich selbst besaß wenig Geld, denn bis zu meinem einundzwanzigsten Geburtstag durfte ich jährlich nur zwölf Pfund ausgeben. Ich wäre damals nicht auf die Idee gekommen, meine Wertpapiere zu verkaufen. Aber ich wollte Katherine unbedingt helfen und gab ihr so lange von meinem Geld, bis es aufgebraucht war.«[230] Nun trennt sich Katherine von einem Teil ihrer Garderobe, vor allem von den Stücken, die die Mutter eingekauft hat und die nicht dem von Katherine favorisierten Boheme-Stil entsprechen. Doch das Geld reicht immer nur für kurze Zeit. Dass Unabhängigkeit auch Unsicherheit mit sich bringen kann, wird Katherine und Ida jetzt schmerzlich bewusst: »Armut war eine neue Erfahrung, die nicht leicht zu ertragen war. Wir schwiegen meist darüber, weil sie uns peinlich war. Später sagten wir uns, solange man noch jemanden um eine Tasse Tee bitten könne, sei nichts verloren. Warum also dieses Getue um das dumme Geld! Von da an wurde das Wort ›Tee‹ – abgekürzt ›T‹ zu unserem Geheimwort für Geld.«[231]

Am Ende verkauft Katherine ihr Cello. Nachdem sie sich entschlossen hat, Schriftstellerin zu werden, ist das einst so heißgeliebte Instrument ohnehin bedeutungslos geworden. Dass sie dafür nur läppische drei Pfund erhält, tut dennoch weh. Sie besinnt sich nun auf ihre schon in Neuseeland erprobten Fähigkeiten als Vortragskünstlerin und lässt sich als Rezitatorin für Feste und Galaabende buchen. Für 1 Pfund Honorar trägt sie Gedichte und kleine Szenen vor: »Ich weiß, dass ich die Macht besitze, Menschen in meinen Bann zu schlagen. Ich würde gern die Maude Allen dieser Kunstrichtung sein.«[232]

Ida ist bei ihren Auftritten als Garderobiere dabei, hilft beim Ankleiden und Frisieren. Katherine genießt ihre öffentlichen Auftritte und macht damit auch weiter, nachdem sie sich bereits als Schriftstellerin einen Namen gemacht hat. Am 17. Juni 1913 wird sie in Frida Uhl Strindbergs legendärem Underground-Nachtclub Cave of the Golden Calf in der Heddon Street mit einer von ihr erarbeiteten Mozart-Oper-Parodie von Bastien und Bastienne auftreten.[233] Dass sie in diesem Nachtclub verkehrt, der als Vorläufer aller modernen Nachtclubs Londons gilt, zeigt, wie sehr sie das Großstadtleben genießt und und wie sehr sie schon nach kurzer Zeit auf der Höhe der Zeit lebt: »Oben in der Regent Street nippten junge Männer in engen Anzügen und lackierten Fingernägeln im Cafe Royal an Crème de Menthe, während in einer dunklen Sackgasse ein neuer und teuflischer Ort lauerte, an dem sich die Futuristen tummelten: ein ›Nachtclub‹ mit dem profanen Namen ›The Cave of the Golden Calf‹. Vage Gerüchte hatten sie erreicht, dass es in den Hinterhöfen heutzutage alle Arten von solchen Lokalen gab, die von Mitgliedern der gesellschaftlichen Elite besucht wurden. Solche Andeutungen bestätigten alle Verdachtsmomente ihrer Klasse. Die Wurzel dieses Übels war der Name Oscar Wilde, über den in anständigen Haushalten noch immer nicht gesprochen wurde. Er ist zwar schon seit mehr als einem Jahrzehnt tot, aber Wildes Dekadenz war ungebrochen.«[234] Von ihrem ersten selbstverdienten Geld lässt Katherine sich neue Kleider schneidern – diesmal ganz nach Londoner Schick.

Katherine fühlt sich wohl in London – so ganz ohne familiäre Aufsicht. Nur einmal besucht sie ihre Tante Belle in Melrose, Upper Warlingham, Surrey, die gerade ein Baby bekommen hat. Ganz die brave Nichte, findet Katherine die neue Cousine entzückend und enteilt dann wieder Richtung London. Die britische Hauptstadt ist das ideale Pflaster für junge Frauen vom Typ Katherine Mansfield. Es herrscht eine ungeheure Aufbruchsstimmung, man gibt sich modern und progressiv. Angst vor der Zukunft scheint hier niemand zu haben – außer vielleicht die Menschen in den Slums, denen Katherine aber auch diesmal nicht begegnet. Die einzige Angst, die in den Kreisen herrscht, zu denen es Katherine hinzieht, ist die Angst, trotz enormen Talents nicht berühmt zu werden. Zu denjenigen, die sich ungeachtet ihrer privilegierten gesellschaftlichen Position Gedanken um die Menschen machen, die am Rande der Gesellschaft stehen, gehört Katherine nicht, selbst wenn ihr die Ideen und Ideale der *Fabian Society*, in der sich britische Linksintellektuelle Gedanken über eine neue, am Sozialismus orientierte Gesellschaft machen, nicht verborgen bleiben. Benannt nach dem römischen Feldherrn Quintus Fabius Maximus Verrucosus, der den ihm militärisch überlegenen Hannibal nicht in einer großen Schlacht, sondern durch eine ausgeklügelte Zermürbungsstrategie besiegen wollte, wollen die Fabians die Gesellschaft auf evolutionärem, nicht auf revolutionärem Weg verändern: »Auf den richtigen Moment müsst ihr warten, wie Fabius es geduldig tat, als er gegen Hannibal kämpfte, obwohl viele sein Zögern tadelten; aber wenn die Zeit kommt, müsst ihr hart zuschlagen, wie Fabius es tat, oder euer Warten wird vergeblich und fruchtlos sein.«[235] 1884 in London gegründet, ist die noch heute existierende Bewegung mit ihren sozialreformerischen Ideen eine der Wegbereiterinnen der Labour Party. Neben Bernard Shaw gehören der Autor des Romans *Die Zeitmaschine*, H. G. Wells, die Theosophin Annie Besant und das weltberühmte Ehepaar Sidney und Beatrice Webb, Mitbegründer der London School of Economics and Political Science und des *New Statesman*, zu den Fabians. Nicht nur auf die britische Politik haben diese Leute enormen Einfluss, sondern auch auf das Denken zahlreicher Politiker in den britischen Kolonien. So bekennt sich unter anderem der Führer der indischen Unabhängigkeitsbewegung und erste Ministerpräsident Indiens Jawaharlal Nehru explizit zu den Ideen der *Fabian Society*. Im Dunstkreis der *Fabian Society* bewegt sich auch Emmeline Pankhurst, Anführerin der radikalen Suffragettenbewegung *Women's Social and Political Union* (WSPU). Der Kampf ums Frauenstimmrecht, der überall in Europa und den USA geführt wird, wird nirgendwo militanter geführt als auf der Insel. Hier werden Politiker attackiert, Versammlungen gestört, Bomben gelegt und Golfrasen zerstört. Die Frauengefängnisse der Insel sind voll mit Frauen, die in Hunger- und Durststreik getreten sind und als Konsequenz von der Staatsmacht qualvoll zwangsernährt werden. In ganz London kann man diesen Frauen begegnen, die in ihren weißen Kleidern

Flugblätter verteilend und Paraden abhaltend durch die Stadt ziehen. Frauen, die ähnlich wie Katherine zumeist aus der Mittel- und Oberschicht stammen und die es satthaben, dass Väter, Brüder und Ehemänner über ihr Leben bestimmen. Frauen, die eigentlich ganz nach Katherines Geschmack sein müssten. Und tatsächlich geht Katherine, neugierig geworden, im Herbst 1908 zu einer Suffragettenversammlung in die Baker Street. Sie plant, einen Artikel für eine neuseeländische Zeitung zu schreiben: »Es war meine erste Begegnung. Kaum hatte ich den Saal betreten, stürzten sich zwei Frauen auf mich, die aussahen wie schlecht gepolsterte Stühle, und baten mich, Freiwillige zu werden. Es waren sicher über zweihundert Menschen anwesend – alle sahen seltsam aus, waren todernst und wirkten, vor allem die älteren, ziemlich ›verwahrlost‹. Sie erhoben sich und diskutierten und stritten, bis sie heiser waren, und stampften auf den Boden und applaudierten – der Raum wurde heiß, und in der Luft lag ein Geist von Aufruhr und Revolte, der immer weiter anschwoll. Um 22:30 Uhr war es vorbei, ich rannte auf die Straße (…) und entschied, dass ich keine Suffragette sein konnte – die Welt war zu voll von Heiterkeit. Oh, ich fühle, dass ich die Übel dieser Welt so viel leichter beseitigen könnte.«[236] Die junge Katherine ist zu sehr mit ihrem eigenen Leben beschäftigt, als dass sie sich vorstellen kann, an der Seite dieser mutigen Frauen, die ihr Leben ganz und gar dem Erreichen des Frauenstimmrechts gewidmet haben, zu streiten. Allerdings stellt sie sich solidarisch vor sie, wenn andere sie verurteilen. Dies geht aus einem Briefwechsel zweier ihrer Freunde, der Schriftsteller Edward Marsh und Rupert Brooke, hervor: »Katherine Tiger wurde neulich aus einem Omnibus geworfen, weil sie eine Frau als Hure bezeichnet hat. Sie sollte wirklich daran denken, dass sie eine Lady ist. Die Provokation bestand darin, dass die Frau erklärte, alle Suffragetten sollten von Pferden zu Tode getrampelt werden. Katherine, die ja keine Suffragette ist, protestierte, und die Frau meinte daraufhin: ›Sie mit Ihren angemalten Lippen!‹«[237] Frauenrechte und Gleichberechtigung innerhalb einer organisierten Bewegung zu erreichen, ist zwar weit weg vom Leben Katherine Mansfields, doch dies hält sie nicht von schwesterlicher Solidarität ab.

Seltsamerweise verfolgt sie nun, da sie endlich in London ist, ihren Wunsch, Schriftstellerin zu werden, nur halbherzig. Dabei hatte sie noch vor Kurzem erklärt, ein Leben ohne Arbeit würde sie umbringen – Arbeit sei wichtiger als das Leben selbst. Doch die pulsierende Großstadt drängt die Arbeit in den Hintergrund. Sie schließt so viele neue Bekanntschaften, dass Ida eifersüchtig wird: »Sie war sehr jung und machte Fehler um Fehler. Es war unmöglich für sie, in einer solchen Lage noch ans Schreiben zu denken.«[238] Künstlerisch bleibt sie so auch hier zunächst isoliert.

Gottfroh, der eigenen Familie entkommen zu sein, erneuert sie kurz nach ihrer Ankunft die Bekanntschaft mit Familie Trowell, die sich in Carlton Hill, in der wohlhabenden Gegend St. John's Wood, niedergelassen hat. Für Londoner Verhältnisse ist die Entfernung zwischen Carlton Hill und der Beauchamp Lodge nicht allzu weit, und Katherine wird schnell ein gern gesehener Gast im Hause Trowell. Da die Zwillinge noch in Brüssel weilen, um dort ihr Studium abzuschließen, freundet sich Katherine einstweilen mit der kleinen Dolly Trowell an. Und zwar so sehr, dass Dolly in Katherine bald eine große Schwester sieht. Dann endlich kehren Tom und Garnet nach England zurück. Völlig selbstverständlich steht Katherine zusammen mit der Familie als Empfangskomitee am Bahnhof St. Pancras in London. Der ersten Wiedersehensfreude folgt umgehend die Ernüchterung, als statt des strahlenden Ritters auf dem weißen Pferd ein unscheinbarer 19-jähriger Tom aus dem Zug steigt. Noch bevor der Zug den Bahnhof wieder verlässt, ist die Romanze zwischen Katherine Mansfield und Tom Trowell Geschichte.

Gleichwohl sind ihr die Trowells inzwischen so ans Herz gewachsen, dass der Kontakt nicht abreißt. Katherine findet sich auch weiterhin in Mrs Trowells Küche und dem zauberhaften Garten ein, der zum Haus gehört. Sie macht ihren Frieden mit ihrer Schwärmerei für Tom, und die Augenblicke, in denen sie im Salon Cribbage spielt, während Tom am Klavier sitzt, gehören zu den schönsten Stunden des Tages. Nun, da sie nicht mehr ihre ganze Aufmerksamkeit Tom schenkt, freundet sie sich auch mit seinem verträumten Zwillingsbruder Garnet an. Dieser, weit weniger talentiert, steht zumeist im Schatten des Bruders. Katherine und Garnet gehen viel spazieren, und sie stellt bald fest, welch angenehmer und intelligenter Gesprächspartner Garnet ist. Es gehen nur wenige Wochen ins Land, bis Ida das Herz ihrer Freundin einmal mehr teilen muss: »Es dauerte nicht lange, bis sie sich ineinander verliebten und Heiratspläne schmiedeten. Garnet war kaum neunzehn, Katherine eben zwanzig. Geld hatten sie kaum, aber das spielte keine Rolle. Einzig ihre Liebe war für sie von Bedeutung.«[239] Erneut liebt Katherine mit Haut und Haaren: »Geliebter – ich fühle es so stark. Du musst wissen, dass ich Dich ewig liebe. Wenn ich nur einen Augenblick dran denke, was die Zukunft für uns gemeinsam bereithält, was für Tage, und oh mein Gatte, was für Nächte, dann kommt es mir wirklich vor, als gehörte ich nicht auf diese Welt – sie ist viel zu klein, um so viel zu fassen. (...) Oh, ich könnte Dich in das Gefängnis meiner Arme schließen und Dich darin halten – bis Du mich tötest. Vielleicht wäre ich dann zufrieden. Ich liebe Dich, Garnet, ich liebe Dich«[240], schreibt sie an Garnet. Wie ernst der die Sache nimmt, lässt sich nicht sagen. Seine Briefe blieben nicht erhalten, und auch nach Katherines Tod äußerte er sich niemals öffentlich zu seiner Beziehung mit einer der größten Schriftstellerinnen des 20. Jahrhunderts.

Anders als sein Bruder kann Garnet nicht auf eine Solokarriere hoffen. Um dennoch mit Musik sein Geld zu verdienen, nimmt er im Herbst 1908 ein Engagement bei der populären Operngesellschaft Moody-Manners an. Gegründet von den Opernsängern Charles Manners und Fanny Moody, tourt das Ensemble durchs Vereinigte Königreich, Nordamerika und Afrika. Vielen professionellen Sängern dient die Moody-Manners Opera Company als Sprungbrett für die große Karriere. Katherine bleibt in London zurück und schreibt leidenschaftliche Briefe an den 19-Jährigen, den sie »Herzliebster, Geliebter, Gatte« nennt.[241]

Um nicht zu versauern, nimmt sie im Oktober 1908 die Einladung der Eltern ihrer neuen Freundin Margaret Wishart an, gemeinsam nach Paris zu reisen. Die Geigerin und spätere Frau des Pianisten George Woodhouse lebt ebenfalls in der Beauchamp Lodge und muss mit einer jährlichen Apanage von 60 Pfund auskommen. Mehr ist ihr Vater, ein Flottenadmiral, nicht gewillt zu bezahlen.

Kurz nach ihrer Rückkehr erhält sie von Garnet per Post zu ihrem Geburtstag einen Ring. Eine Verlobung, von deren Existenz die Eltern offenkundig nichts ahnen. Denn als Garnet im Dezember auf Tourneepause ist, wohnt Katherine bereits bei den Trowells, was diese wohl nicht gestattet hätten, hätten sie von der Beziehung der beiden gewusst. Doch als Mrs Trowell einmal klagt, wie wenig Geld die Familie Ende des Monats zur Verfügung hat, packt Katherine die Gelegenheit beim Schopf und zieht als zahlender Gast bei den Trowells ein. Die unbeschwerten Wochen in Carlton Hill werden die glücklichste Zeit ihres Lebens sein. Sie graben sich so tief in ihr Herz, dass sie später alles daransetzt, selbst ein Haus in St. John's Wood zu mieten. Noch in den 20er Jahren schreibt sie an eine Freundin: »Wie schade, dass du kein Haus in St. John's Wood findest. Meiner Meinung nach ist das *der* schönste Teil Londons ... Er hat einen ganz besonderen Charme. Aber vielleicht liegt das daran, dass ich dort (...) lange Zeit gelebt habe, als ich jung und sehr, sehr glücklich war.

Ich spazierte dort nachts umher – zu später Stunde – und unterhielt mich in den Frühlingsnächten mit zwei Brüdern. Unser Haus hatte einen richtigen Garten mit Bäumen, und alle Zimmer waren schön – besonders die oberen Zimmer. Aber es sind vor allem die Musiker, die St. John's Wood so reizvoll machen. Die grunzenden Celli, die fliegenden Fiedeln und die wunderbaren Pianos.«[242] Eine Idylle, die bald erste Risse bekommt. So nett es mit Katherine als Besuch auch war, so anstrengend ist für die Trowells eine Untermieterin, deren Lebensstil sich so sehr von dem ihren unterscheidet. Als die Familie aufgrund weiterer Geldsorgen das Dienstmädchen entlassen muss, weigert sich Katherine entschieden, so wie alle anderen Familienmitglieder mitzuhelfen. Sie ist genervt von einer ihr unbekannten Sparsamkeit, die sie als kleinbürgerlich abtut. Es kommt zu Reibereien und Streitereien, und eines Tages entdecken die Eltern Trowell auch die Wahrheit hinter der Freundschaft zwischen Katherine und Garnet. In Abwesenheit der Eltern haben die Verliebten mehr als einmal miteinander geschlafen. Mrs Towell ist einer Ohnmacht nahe. Der gute Ruf der Familie steht auf dem Spiel. Es kommt zu hitzigen Wortgefechten, an deren Ende die Trowells Katherine vor die Tür setzen. Garnet ist ihr keine Hilfe. Minderjährig und ohne dauerhaftes Einkommen ist er zu sehr von seinen Eltern abhängig, als dass er sich auf Katherines Seite stellen kann und will. Desillusioniert und wütend kehrt Katherine Anfang des Jahres 1909 wieder in die Beauchamp Lodge zurück. Hier muss sie sich mit einem Zimmer im Erdgeschoss begnügen, das zumindest billig ist.

Sie stürzt sich ins Londoner Nachleben. An ihrer Seite taucht nun immer öfter der 32-jährige Cambridge-Absolvent George Charles Bowden auf, der in den meisten biografischen Texten über Katherine Mansfield über eine Randnotiz kaum hinauskommt. Ob als Witzfigur, Lückenfüller oder lästiges Anhängsel – die Sicht auf George Bowden ist meist überheblich, kritisch und unangemessen, während Bowden sich bis ans Ende seines Lebens bemüht, Katherine gerecht zu werden: »Ich hoffe, dass es mir gelungen ist, einen objektiven und sachlichen Bericht über sie und unsere Beziehungen zu geben, so wie sie mir damals erschienen, bis zu jenem Bruch ›mit der Erkenntnis einer Unvereinbarkeit‹, die ein Eheleben zwischen uns unmöglich machte«[243], schreibt er 1947 in einem Brief an die amerikanische Mansfield-Forscherin Lucy O'Brien, die ihn um einen Bericht über seine Zeit mit Katherine Mansfield gebeten hat. Die hatte alle Unterlagen, die Aufschlüsse über die nächsten Monate geben könnten, vorsorglich zerstört. Bowden hingegen, der sich ihr gegenüber auch nach ihrem Tod fair und anständig verhält, schreibt seine Sicht der Dinge auf 14 Schreibmaschinenseiten unter dem Titel »A Biographical Note on Katherine Mansfield« nieder.[244] Diese Ausführungen sowie mehrere Briefe zwischen Bowden und diversen Mansfield-Biografen zeigen, wie wenig haltbar die liebevoll gepflegten Vorurteile gegenüber Bowden sind, der über seine Zeit mit Katherine schreibt: »K. M. und ich hatten eine glückliche, wenn auch kurze intellektuelle Kameradschaft.«[245] Über seine Darstellung in der ersten Mansfield-Biografie von Ruth Elvish Mantz als jemand, den Katherine sich strategisch ausgesucht hatte, um ihrer Einsamkeit und anderen Nöten zu entgehen, war Bowden tief getroffen: »Die Darstellung von K. M.s damaligem Privatleben, wie sie im Mantz-Murry-Buch zu lesen ist, kam für mich völlig überraschend. Die darin enthaltenen Schilderungen unserer Beziehungen waren so grotesk falsch, dass ich sowohl an den Verleger als auch an den Autor schrieb, um gegen die phantasievollen Unterstellungen mir gegenüber zu protestieren.«[246]

Bowden, 1877 geboren, hat das King's College in Cambridge absolviert und arbeitet als Gesangs- und Stimmlehrer. Die beiden sind sich erst vor Kurzem bei einer Party des Arztes und Autors Caleb Saleeby begegnet, der sich für Eugenik, FKK, die

Überlegenheit des weißen Mannes und gesunde Ernährung starkmacht. Bowden findet Gefallen an der jungen Neuseeländerin, die er kurz darauf in einer Art Māori-Tracht auf einer Teeparty wiedertrifft. Diese wiederum schätzt seine Intellektualität und seine künstlerische Ader. Dass er sich aufrichtig für ihre Vortragskunst interessiert und für sie auch den ein oder anderen Tipp parat hat, wie sie ihre Auftritte professionalisieren kann, gefällt ihr. Man trifft sich zum Spazierengehen, bei Rumpelmayer's zum Tee und abends im Konzert. Bowden teilt sich zusammen mit seinem Freund Lamont Shand eine Junggesellenbude samt Butler ganz in der Nähe der Beauchamp Lodge, und Katherine wird rasch ein oft und gern gesehener Gast hier: »Wir plauderten oder musizierten, wie unser Geist es verlangte, aus reinem Vergnügen. (...) Sie aß sehr wenig, hatte den Appetit eines Vögelchens und pickte zaghaft an ihrem Essen herum.«[247] Der ruhige, zuvorkommende Bowden verliebt sich in Katherine und macht ihr schließlich einen Heiratsantrag, den sie annimmt: »Bei der nächsten Dinnerparty von Saleeby gaben wir es bekannt. K. erwies mir pflichtschuldig die Ehre und stellte mich ihren in London lebenden Verwandten vor, darunter ihrem Vormund und der Schriftstellerin Elizabeth (...), ihrer Cousine. Aber sie war unzufrieden mit diesem Teil ihres Lebens. (...) Auch schienen diese ihrerseits nicht allzu vertraut mit Katherines Lebensstil oder dem ihrer Freunde zu sein.«[248]

Katherines Londoner Vormund informiert umgehend die Eltern von Katherines Verlobung. Bowden hingegen, der der Frauenbewegung nahesteht, betrachtet die freie Entscheidung einer Frau, sich zu vermählen, als ihr emanzipatorisches Recht und denkt nicht im Traum daran, Katherines Vater um ihre Hand zu bitten. In Neuseeland hingegen bricht hektische Betriebsamkeit aus. Was zum Teufel ist dort drüben los? Warum kann man dieses Mädchen nicht ein Mal allein lassen? Ausgerechnet jetzt, wo man in Wellington in den Vorbereitungen zu Veras Hochzeit steckt. Niemand hat Zeit, jetzt nach England zu reisen und dort nach dem Rechten zu sehen. Die Eltern übersenden ein Telegramm an Katherine mit der Bitte, von einer überstürzten Heirat abzusehen. Man würde den Bräutigam vor der Hochzeit zumindest gern kennenlernen. Doch Katherine fühlt sich durch diese Sorge bevormundet, fürchtet, erneut ihre Selbstbestimmung einzubüßen, und macht genau das Gegenteil von dem, was man ihr rät.

Am 2. März 1909 heiratet sie George Bowden auf dem Standesamt von Paddington. Dass sie dabei ein schwarzes Kleid trägt, lässt mitnichten auf ihre Stimmung schließen, wie Ida dies gern glauben machen möchte. Ganz abgesehen davon, dass bis weit ins 20. Jahrhundert hinein Bräute oftmals ihr bestes Kleid zur Hochzeit tragen und dies in vielen Fällen schwarz ist, gefällt sich Katherine in ihrem Anti-Establishment-Schick durchaus. Ida, die sie zur Trauung begleitet, schildert die Situation an diesem Morgen: »Sie stand von Kopf bis Fuß schwarz gekleidet da und trug einen fürchterlichen schwarzen Strohhut auf dem Kopf. Dieser Hut habe ihr gefallen und Mut gemacht, sagte sie, obwohl sie wusste, dass er uns den letzten Penny gekostet hat.«[249] George Bowden wird später erklären, dass dieses Kleid tatsächlich das einzig präsentable Kleidungsstück gewesen sei, das Katherine in jenen Wochen besessen habe.[250] Ida, von der Entscheidung der Freundin keineswegs überzeugt, ist Katherines Trauzeugin. George seinerseits bittet einfach einen vorbeieilenden Passanten, diesen Dienst zu übernehmen. Von allzu großer Euphorie ist auf beiden Seiten nur wenig spürbar. Gäste gibt es keine, nicht einmal die englischen Verwandten sind geladen. Nach einem formidablen Dinner verabschiedet das Paar eine traurige Ida, die die Freundin für immer verloren glaubt. Mr und Mrs Bowden beziehen ihr Hotelzimmer für die Hochzeitsnacht. Doch hier macht Katherine dem verblüfften Bowden unmissverständlich klar, dass sie nicht im Traum daran denkt, mit ihm die Ehe zu vollziehen. Obwohl sie ihm bereits vor der Hochzeit in einem Brief dargelegt hat, dass ihre Ehe nicht die übliche Ehe von Mann und Frau sein würde, ist Bowden wie vor den Kopf gestoßen. Dass Katherine weder Jungfrau noch prüde ist, weiß er wohl. Seine Erklärung für ihr Verhalten geht in eine andere Richtung, wie er Jahre später, als er sich erneut zu verheiraten gedenkt, an seinen zukünftigen Schwiegervater schreibt: »Die Dame, die ich heiratete, war, obwohl aus ausgezeichneten und wohlhabenden Verhältnissen stammend und selbst einen gewissen literarischen Ruf genießend, sexuell unausgeglichen und zeitweise nicht zurechnungsfähig, auch wenn sie in anderen Momenten völlig normal schien. Während ihre Familie in Neuseeland sich dessen bewusst war, wusste ihr Vormund in London nicht davon, und da wir nach sehr kurzer Bekanntschaft heirateten, wurden auch mir diese Zusammenhänge erst danach bewusst.«[251]

Er macht Katherines Verhältnis mit Ida für die Ereignisse verantwortlich. Katherines Homosexualität sei der wahre Grund für das Scheitern seiner Ehe. Welche Diskussionen das jung vermählte Paar in jener Nacht führt, wissen wir nicht. Am anderen Morgen aber packt Katherine ihre Koffer und verlässt ihren Mann. Zurück bleibt ein Brief, den sie wahrscheinlich an Ida geschrieben hatte und der Bowden in seinem Verdacht bestärkt: »Hast du jemals etwas über das Leben von Oscar Wilde gelesen? (...) Worin seine außerordentliche Schwäche und sein Versagen lagen? In Neuseeland hat Wilde so stark und erschreckend auf mich eingewirkt, dass ich ständig genau denselben Anfällen von Wahnsinn ausgesetzt war, die seinen Ruin und seinen geistigen Verfall verursachten. (...) Das ist mein Geheimnis vor der Welt und vor dir. Eine andere teilt es mit mir, und diese andere ist [Kitty Mackenzie], denn auch sie wird von jenem Schrecken heimgesucht. Wir sprachen immer davon, dass wir wussten, dass es uns schließlich umbringen würde, uns wahnsinnig oder handlungsunfähig machen würde – alles umsonst. Es ist komisch, dass du und ich uns nie darüber ausgetauscht haben, aber ich weiß, du wirst verstehen, warum. Niemand kann mir helfen – das geht jetzt schon so, seit ich 18 bin, und es war der Grund für Rudolfs Tod. (…) Ich denke, dass mein Geist moralisch aus den Angeln gehoben ist.«[252]

Katherine fährt zu Ida, die von dieser neuerlichen Wendung bass erstaunt ist: »Als wir uns dann sahen, sagte sie erstaunlich ruhig, sie habe ihren Ehemann verlassen, für immer. Sie denke nicht daran, je wieder zu ihm zurückzukehren. Noch am selben Abend kehrte Katherine ins Haus Beauchamp Lodge zurück.«[253]

Doch dort kann sie zu ihrem Entsetzen als verheiratete Frau nicht länger bleiben. Beauchamp Lodge ist ein Wohnheim für ledige Frauen, und auch für Katherine Mansfield macht man hier keine Ausnahme. Sie muss gehen. Zunächst kommt sie bei Ida unter, doch Dr. Baker betrachtet die Freundschaft der beiden Frauen ebenfalls mit Argwohn. Eine passende Wohnung zu finden, erweist sich auch Anfang des Jahrhunderts in London als schwierig. Nach einigen Tagen zieht sie zunächst in ein unmöbliertes Mansardenzimmer über einem Friseursalon. Mit geliehenen Möbeln von Ida ist es rasch möbliert, das Bad teilt sie sich mit ihren Schweizer Vermietern. Hier sitzt sie nun und versucht im Schein einer Petroleumlampe zu schreiben. Während Ida sich beglückt und aufopferungsvoll um die Freundin kümmert, will Katherine nur eins: zurück zu Garnet. Am 10. März packt sie ihre Koffer und reist ihm nach Glasgow hinterher, wo die Moody-Manners augenblicklich gastieren. Hier schließt sie sich der Truppe an. Noch weiß Garnet nichts von ihrer Heirat. Doch am 17. März erscheint eine Heiratsanzeige in der *London Times*. Nichts ahnend schreibt Mrs Trowell Garnet einen Brief und informiert ihn von dieser Entwicklung. Was genau daraufhin geschieht, bleibt im Dunkeln und lässt sich durch Katherines Fiktionalisierung nur erahnen: »Du bist so ein Muttersöhnchen. (...) Was bringt es, sich zu verstellen. Ich bin nicht dazu gemacht, arm zu sein.«[254] Sie fährt mit den Moody-Manners am 21. März noch weiter nach Liverpool, ist aber, wie Ida berichtet, von der gesamten Truppe bereits so angewidert, dass sie endgültig abreist: »Die Truppe war klein und stand finanziell auf wackeligen Füßen, weshalb man gern auf Katherine verzichtete. Davon abgesehen konnte sie in solcher Umgebung nicht schreiben. Schon nach zwei Wochen kehrte sie niedergeschlagen (...) zurück.«[255] Das Leben als Chorsängerin war weniger interessant als gedacht. Später gesteht sie Ida, dass sie schon nach kurzer Zeit davon genervt gewesen sei, zuzusehen, wie Garnet morgens sein Frühstücksei gegessen habe.

Zurück in London kommt sie in einer kleinen möblierten Wohnung in Maida Vale, einem Künstlerviertel Londons, unter. Hier blättert der Putz von den Wänden. Ohne Veronal als Schlafmittel kann sie nicht mehr schlafen, eine lebenslange Angewohnheit nimmt ihren Lauf. Einmal nimmt sie so viel davon ein, dass Ida, die täglich auf ihrem Weg in die Musikhochschule bei ihr vorbeischaut, sie kaum mehr aufwecken kann. George Bowden, der Katherine verzweifelt gesucht hatte, findet sie nun endlich und erfährt mit Bedauern, dass sie nicht mit ihm leben könne. Auch in Maida Vale ist Katherines Bleiben nicht lange. Bereits am 29. März 1909 sitzt sie im Zug nach Belgien: »Aus England wegzukommen – das ist mein großer Wunsch. Ich hasse England.«[256] Unter dem Namen Mrs K. Bendall fährt sie mit dem Nachtzug nach Brüssel: »Ich habe sehr gut geschlafen, habe einen kleinen Brandy und Soda getrunken, bevor ich zu Bett ging, und fühle mich jetzt etwas besser. (...) Ich sitze in der Damenkabine auf meiner Hutschachtel, gewaschen und angezogen, und muss plötzlich lachen über alle. Die Menschen! (...)

Jedermann glaubt, ich sei Französin. Ich muss bei Cooks vorbeigehen und nach allem sehen.«[257] Dass ihre Mutter nach all den Nachrichten aus Großbritannien mittlerweile ein Schiff Richtung Europa bestiegen hat, verdrängt Katherine erfolgreich.

Mehr als einen Monat bleibt sie in Belgien. Ostern 1909 ist ihre Stimmung am Tiefpunkt angelangt: »Es ist Karfreitagabend; sicherlich der bedeutsamste Tag des Jahres. Immer, immer fühle ich die Nagelspuren in meinen Händen, den schrecklichen Durst meiner Kehle, Jesu Agonie. Er ist sicherlich nicht tot, und ohne Zweifel sind alle unsere Lieben, die gestorben sind, uns *nahe*, Großmutter und Jesus und alle. Hilf mir. Auch ich dürste – ich hänge am Kreuz. Lass mich gekreuzigt werden, so dass ich ausrufen kann: ›Es ist vollbracht.‹«[258]

Auf dieser Reise durch Belgien schreibt sie zum ersten Mal von einem kleinen Sohn und gibt damit einen Hinweis auf eine mögliche Schwangerschaft: »Ich mag Belgien, denn ich mag Grün und Mauve. Ich möchte gerne wissen, wie es sein wird, wenn ich meinem kleinen Sohn vorlesen werde.«[259] Ein Hinweis, der darauf schließen lässt, dass diese Schwangerschaft eher aus dem letzten Jahr stammt denn aus der neuerlichen Begegnung mit Garnet im Frühjahr. Schwangerschaftstests aus der Apotheke gibt es in jenen Jahren nicht, eine Schwangerschaft bemerkt eine Frau vor allem durch das Ausbleiben ihrer Menstruation, und dies wäre vier Wochen nach dem Aufenthalt in Glasgow wohl noch zu früh. Sollte sie also bereits Ende November/Anfang Dezember 1909 schwanger geworden sein, wie einige Mansfield-Forscher glauben, so hätte sie George Bowden wohl vor allem geheiratet, um ihrem Kind einen Vater zu geben. Dies würde die überstürzte Heirat so kurz nach der Trennung von Garnet erklären, die ansonsten eher wie ein pubertärer Racheakt wirkt. Ob die Familie Trowell Katherine indes des Hauses verwiesen hat, weil sie von der Schwangerschaft erfahren haben, scheint eher unwahrscheinlich.

Lange hält es die Rastlose nicht in Belgien. Ende April kehrt sie nach London zurück. Ihre Reiseerlebnisse inspirieren sie später zu den Short Storys »Die Reise nach Brügge« und »Ein wahres Abenteuer«. Sie fühlt sich allein und heimatlos: »Krank an Seele, körperlich krank – ohne Heimat, ohne einen Ort, wo ich meinen Hut aufhängen und sagen könnte, hier gehöre ich hin, denn es gibt auf der ganzen Welt keinen solchen Ort für mich.«[260]

Einen Monat später, am 27. Mai 1909, erreicht Annie Beauchamp mit dem Schiff das Vereinigte Königreich. Am Bahnhof in London wartet die gesammelte britische Verwandtschaft auf den Gast aus Neuseeland. Und eine junge Frau in weitem Mantel und mit riesigem schwarzem Strohhut: Katherine. Die empfindet die Anreise der Mutter als Kontrolle, die überlebenden Schwestern sehen darin noch 1962 ein Zeichen mütterlicher Fürsorge, immerhin sei Annie Beauchamp sieben Wochen auf See gewesen, nur um ihre Tochter zu sehen.

Wie so oft ist das erste Zusammentreffen der beiden nicht von großer Euphorie geprägt. Annie Beauchamp findet Katherines schwarzen Hut – ihren Hochzeitshut – scheußlich: »Du liebes Kind! Gib das Ding dem Zimmermädchen!«[261] Sie nimmt die Tochter mit in ihr teures Hotel und stellt sie zur Rede. Sollte Katherine tatsächlich im fünften Monat schwanger sein, ist es überraschend, wäre dies ihrer Mutter verborgen geblieben. Auch hätte eine Bestätigung der Schwangerschaft zweifellos umgehend zu einem Besuch bei Familie Trowell geführt. Katherine ist minderjährig und ihre Mutter ohne Zweifel couragiert genug, die Ehe mit Bowden annullieren zu lassen und Garnet Trowell dazu zu bringen, Katherine zu heiraten. Doch Annie Beauchamp sucht nur Alexander Kay, die Familie ihres Schwagers und schließlich George Bowden selbst auf, der ihr seinen Verdacht offenbart, dass seine Ehe mit Katherine an deren lesbischer Beziehung mit Ida gescheitert ist. Der nächste Besuch Annie Beauchamps gilt darum auch Idas Vater. Dr. Baker, den die Freundschaft der beiden Frauen stets seltsam anmutete, verfrachtet seine Tochter umgehend auf ein Schiff Richtung Kanarische Inseln. Jahrzehnte später wird Ida Baker in einem Interview bekennen, sie habe nicht einmal gewusst, was das Wort »lesbisch« überhaupt bedeutet.

Auch Katherine verlässt London, reist zusammen mit ihrer Mutter über Holland nach Deutschland. Aus dem Luxushotel Marquardt in Stuttgart erreicht Garnet Trowell ein Brief, der die Reise schildert: »Liebster, es gibt so viel zu erzählen, und doch scheinen alle meine Eindrücke in eine Bonbontüte gesteckt und durcheinandergeworfen zu werden – sie kleben sogar zusammen, das Gelb gegen das Grün! Du weißt schon. Möchtest du eins?«[262] Ziel der Reise von Mutter und Tochter ist Wörishofen in Oberbayern. Die Gründe dieser Reise sind spekulativ und unter Mansfield-Kennern höchst umstritten. Wurde der kleine Kurort, an dem Pfarrer Kneipp mit seinen Wasserkuren zahlreiche Zivilisationskrankheiten heilte, ausgesucht, um mit Heilwasser Katherines lesbische Neigungen zu kurieren? Oder geht es um eine heimliche Geburt, die Vermeidung eines Skandals? Wörishofen bietet in jedem Fall genug Anonymität für eine junge Neuseeländerin. Nichts von dem, was hier geschieht, kann in die Heimat dringen – und so ist es bis heute geblieben. Niemand weiß wirklich, was die Gründe dieser Reise waren, alles Niedergeschriebene wurde zerstört. Gleichwohl kann man getrost davon ausgehen, dass Annie Beauchamp von der Homosexualität ihrer Tochter nicht erst seit ihrem Gespräch mit Bowden überzeugt ist, bedenkt man nur, was in Neuseeland alles geschehen war. Und so ist die Welt von Sebastian Kneipp vielleicht doch kein so ungewöhnliches Reiseziel für zwei Frauen vom anderen Ende der Welt.

Bereits seit den 1840er Jahren beschäftigte sich Kneipp mit der heilenden Wirkung von Wasser. Als Gymnasiast in Dillingen war Kneipp, der aus bettelarmen Verhältnissen stammte und nur mithilfe eines ihn fördernden Onkels Theologie studieren konnte, an Tuberkulose erkrankt. Mittels eiskalter Bäder in der Donau und diverser Wasseranwendungen war er genesen. Kalte Bäder gehörten seit dieser Zeit zu seinen Gewohnheiten, und schon während des Studiums behandelte er erstmals heimlich Kommilitonen. 1852 wurde er zum Priester geweiht. Vier Jahre später wurde er zum ersten Mal wegen Kurpfuscherei angezeigt. Der ihn verurteilende Richter ließ sich gleichwohl eine Methode für seine Gicht von Kneipp verschreiben. Ärzte und Apotheker sahen das Wirken des jungen Priesters als geschäftsschädigend an und erwirkten eine Verfügung, wonach Kneipp, der ohnehin nur Menschen behandelte, die von Ärzten aufgegeben worden waren oder zu arm waren, sich einen Arzt zu leisten, nicht mehr tätig werden durfte. 1855 wurde Sebastian Kneipp als Beichtvater der hier ansässigen Dominikanerinnen nach Wörishofen geschickt. Hier machte er sich als Erneuerer der klösterlichen Landwirtschaft einen Namen. Als 1873 die Kurierfreiheit eingeführt wurde, wonach auch Heilkundige Kranke behandeln durften, nahm die Zahl der Hilfesuchenden in Wörishofen ebenso zu wie die Angriffe der Ärzteschaft auf Kneipp. Bereits 1886 hatte dieser sein Hauptwerk *Meine Wasserkur* veröffentlicht, in dem er die Wasserkur Johann Sigmund Hahns, die ihm dereinst das Leben gerettet hatte, mit Phytotherapie verknüpfte. Nachdem 1889 Prinzregent Rupprecht Kneipps Dienste in Anspruch nahm, war der Zulauf so immens, dass noch im selben Jahr der offizielle Kurbetrieb unter Leitung Pfarrer Kneipps beginnen konnte. Während die Gäste in den ersten Jahren noch auf den Bauernhöfen der umliegenden Dörfer untergebracht wurden, entstanden bald Pensionen und Hotels, 1905 sogar ein Casino. Obwohl

Kneipp sich mit Ärzten zusammenschloss und letztlich auch der Internationale Verband der Kneippärzte gegründet wurde, lehnte er selbst im Alter von 76 Jahren eine Tumoroperation ab. Er starb am 17. Juni 1897. Noch heute steht sein Name für alternative Heilmethoden, die durch Kneippvereine auf der ganzen Welt erfolgreich am Leben erhalten werden. Wörishofen selbst wird 1920 zum Bad erhoben.

Als Katherine Mansfield Anfang Juni 1909 hier eintrifft, ist Wörishofen noch weiter als heute davon entfernt, ein mondäner Kurort zu sein. Alles hier ist etwas altmodisch, provinziell und gediegen. Die beiden Frauen beziehen Zimmer im ersten Haus des Ortes, dem Kurhotel Kreuzer in der Bachstraße, dem ältesten Kurhotel Wörishofens, in dem später auch Soraya und Pierre Brice nächtigen werden. Katherine trägt sich unter dem Namen »Käthe Beauchamp-Bowden, Schriftstellerin« ein.[263] Die Erzählung, wonach Katherine Mansfield von ihrer Mutter in ein oberbayerisches Kloster gesteckt worden sei, um dort ihr Kind zu bekommen, gehört ins Reich der Fabel und entstand wahrscheinlich durch die fußläufige Entfernung des Kurhotels Kreuzer zum Kloster der Dominikanerinnen. Gleichwohl wäre sie nicht die Erste in der Familie gewesen, bei der eine solche »Angelegenheit« auf diese Weise gelöst worden wäre. Elizabeth von Arnims Schwester Charlotte befand sich einige Jahre zuvor in einer ähnlichen Situation.

Überraschenderweise befindet sich Annie Beauchamp bereits am 10. Juni 1909 wieder auf dem Weg zurück nach England, um mit dem nächsten Schiff nach Neuseeland zurückzureisen. Veras Hochzeit steht bevor, bis zum 23. September gibt es noch einiges zu erledigen. Vor allem gilt es, etwaige Gerüchte über Katherine, die den zukünftigen Schwiegersohn beunruhigen würden, aus der Welt zu schaffen. In Wellington angekommen, sucht Annie umgehend ihren Anwalt auf und streicht Katherine aus ihrem Testament. 1903 hatte sie all ihre Kinder zu gleichen Teilen als Erben eingesetzt. Zu vererben hat sie ein Vermögen von 250 Pfund im Jahr, dessen Hauptquelle ihr Mann ist, sowie einen Trust, den sie von Seiten der Familie Dyer geerbt hatte. Mit dem Testamentsnachtrag vom 19. August 1909 ändert sie ihre testamentarischen Verfügungen Katherine betreffend mit dem ausdrücklichen Hinweis, dass ihr Mann seinerseits bereits für Katherine Vorsorge getroffen hat.[264]

Nicht nur die frühe Abreise der Mutter aus Wörishofen, die sich niemals hätte sicher sein können, dass Katherine nach Anweisung handeln und ihr Kind zur Adoption freigeben würde, spricht für die Version, wonach der Aufenthalt viel eher der »Heilung von Homosexualität« gegolten hat. Auch Katherines Enterbung halten viele Mansfield-Forscher für einen Beweis dieser These. Katherine ist verheiratet, von einem unehelichen Kind kann also keine Rede sein, und wenn, hätte dies die Familie Beauchamp sicher nicht gesellschaftlich ruiniert. Damit hätte Annie Beauchamp wohl umgehen können, doch die lesbischen Neigungen ihrer Tochter sind auch für eine relativ progressive Neuseeländerin Anfang des 20. Jahrhunderts zu viel. Katherines Verhältnis zur Mutter ist in jenen Wochen überraschenderweise keineswegs getrübt. Zahlreiche Postkarten aus Wörishofen, adressiert an die Mutter, gehen übers Meer.

Nach Abreise ihrer Mutter übersiedelt Katherine am 12. Juni in die deutlich günstigere Villa Pension Müller Ecke Türkheimer/Irsinger Straße. Hier wohnt sie die nächsten sechs Wochen in einem Turmzimmer im rechten Seitengiebel: »Es war dunkel und kühl in meinem Zimmer. Ein Kastanienbaum stieß mit seinen grünen Ästen ans Fenster. Ich sah auf das Rosshaar-Sofa hinunter, das den Gedanken, sich auf ihm zu räkeln, ganz offensichtlich als unmoralisch von sich wies, zog das rote Kissen auf den Boden und legte mich hin.«[265] Besonders wohl scheint sie sich nicht zu fühlen: »Allein zu sein den ganzen Tag, in einem fremden Haus, wo jedes Geräusch dir ungewohnt vorkommt, und in deinem Leib eine schreckliche Verwirrung zu fühlen, die auch auf deinen Geist übergreift, das ruft auf einmal Bilder von abscheulichen Vorfällen hervor, von abstoßenden Menschen, die du abschüttelst, die jedoch immer wieder auftauchen.«[266]

Sie fühlt sich einsam und unglücklich. In einem nicht abgesandten Brief an Garnet Trowell schreibt sie: »Wenn man mich eines Tages fragt: ›Mutter, wo wurde ich geboren?‹, und ich antworte: ›In Bayern, Liebling‹, dann wird mich wieder die Kälte beschleichen, die ich jetzt fühle – Kälte des Herzens, der Hände, der Seele. Liebster, ich bin weniger traurig heute Abend. Nur dass ich ein so schreckliches Bedürfnis habe, sprechen zu können.«[267]

Die wehmütige Erinnerung an die schöne Zeit mit Garnet bleibt ihr ständiger Begleiter: »Noch ein Sonntag. Was hat uns beiden dieser Tag nicht alles gebracht! Für mich ist er voll Süße und Seelenqual. Glasgow – Liverpool – Carlton Hill – *Unser Haus*. Heute regnet es wieder – ein stetiger, beharrlicher Regen, der einen von einer Erinnerung zur anderen treiben lässt.«[268]

Sie ist kränklich, das sehen sogar die anderen Kurgäste: »Als ich den Brief an Dich beendet hatte, ging ich hinunter zum Abendessen«, schreibt sie an Garnet, »aß ein wenig Suppe, und dann sagte der alte Doktor neben mir plötzlich: ›Bitte, gehen Sie jetzt zu Bett‹, und ich ging wie ein Lamm und trank ein wenig warme Milch. Es war eine angstvolle Nacht. Als ich dachte, es sei endlich Morgen geworden, zündete ich eine Kerze an, sah nach der Uhr und stellte fest, dass es gerade ein Viertel vor zwölf war!«[269] Immerhin freundet sie sich mit den Kurmethoden Pfarrer Kneipps an. Vor allem die Waldbäder, bei denen man zur Stärkung des Immunsystems in Allerherrgottsfrühe barfuß durch den noch tauchfeuchten Wald läuft, haben es ihr angetan. Leider holt sie sich davon eine heftige Erkältung: »Ich glaube, ich habe mich gestern auf meinem schönen, jubilierenden Spaziergang erkältet, denn heute bin ich krank. Ich begann zu arbeiten (…) aber ich konnte nicht, mir war so kalt (…) dass ich zwei Paar Strümpfe trage und zwei Mäntel und dass ich eine Wärmflasche brauche – und das im Juni, und dass ich fröstle. (…) Es müssen die Schmerzen sein, die mich frösteln und schwindlig machen.«[270] Die englische Mansfield-Expertin Kathleen Jones glaubt, es seien frühe Wehen, die sich hier ankündigen. Wäre das Kind tatsächlich aus der ersten Zeit mit Garnet, wäre sie nun ungefähr im 7. Monat. Die nun folgende Geschichte gehört zu den bekanntesten Berichten über Katherine Mansfield: Bei dem Versuch, einen Koffer auf den Schrank zu hieven, erleidet sie eine Tot- oder Fehlgeburt. Ida Baker ist die Erste, die dies erwähnt, auch wenn sie gesteht, über nicht viel mehr als vage Andeutungen Katherines zu diesen Ereignissen zu verfügen und sich das meiste selbst zusammengereimt zu haben. Ruth Elvish Mantz, die die erste große Mansfield-Biografie zusammen mit Katherines Mann John Middleton Murry verfasste, schreibt von einem Kind »vorzeitig und tot geboren«.[271] Sollte sie tatsächlich im 7. Monat gewesen sein, hätte sie das Kind unzweifelhaft zur Welt bringen müssen. Damit wäre aber auch eine Registrierung verbunden gewesen. Katherine ist eine verheiratete Frau, die ihr Kind verliert. Warum hätte dies nicht seinen Weg in die Akten finden sollen? Sie hätte mit Sicherheit eines Arztes bedurft, und die Registrierung von Stillgeburten ist auch in Bayern 1909 Pflicht. Es erscheint wesentlich naheliegender, dass Katherine nicht im November/Dezember 1908, sondern erst im Frühjahr 1909 von Garnet Trowell schwanger wurde, ihre Mutter von der Schwangerschaft in diesem frühen Stadium nichts mitbekam und der Verlust des Kindes im ersten Schwangerschaftsdrittel passiert ist. Neben dieser These, der sich auch die Autorin dieses Buches anschließt, gab es immer wieder auch Stimmen, die all dies insgesamt ins Reich der Fantasie verweisen und überhaupt nicht von einer Schwangerschaft ausgehen. Wieder andere sprechen von einer bewussten Entscheidung gegen das Kind, also einer Abtreibung. Immerhin verfasst Katherine noch in Wörishofen zwei Erzählungen über Babys, die getötet werden, eines von der Mutter, eines vom Babysitter.

Was auch immer in Wörishofen passiert ist, es veranlasst sie nicht, diesen Ort fluchtartig zu verlassen und nach London zurückzukehren. Im Gegenteil, bald sieht man sie Wassertreten, Wasser trinken, Spazierengehen und Luftbaden: »Ich glaube, es sind die Schirme, die uns so lächerlich aussehen lassen. Als ich zum ersten Mal hinter die Absperrung gelassen wurde und meine Mitbadenden praktisch splitterfasernackt herumlaufen sah, dachte ich sofort, dass die Schirme etwas vom ›Kleinen schwarzen Sambo‹ hatten. Man *kann* ein grünes Etwas aus Baumwolle mit einem roten Sittich-Griff nicht würdevoll hochhalten, wenn der Stoff, den man am Leib trägt, kaum größer ist als ein Taschentuch.«[272] Sie wird Stammgast in der kleinen Bibliothek am Ort, an die sie sich lebenslang erinnert: »Wie seltsam! Plötzlich fand ich mich vor der Bibliothek in Wörishofen wieder: Frühling – Flieder – *Regen* – Bücher in schwarzen Einbänden.«[273]

Die Pension Müller, aus der später der Allgäuer Hof wird, wird zum Schauplatz der Erzählungen ihres ersten Buches *In einer deutschen Pension*. Ihre durchaus boshaften, schonungslos entlarvenden Beobachtungen der anderen Kurgäste gehören bis heute zu ihren bekanntesten Geschichten: »›Heute Nachmittag kommen zwei neue Gäste‹, sagte der Pensionsdirektor (...) Die Baronin von Gall schickt ihre kleine Tochter zur Kur hierher – das arme Kind ist stumm. Es wird einen Monat bei uns bleiben, und dann kommt die Baronin selbst.‹ ›Die Baronin von Gall!‹, rief die Frau Doktor, die den Raum betrat; sie ließ sich den Namen ganz offensichtlich auf der Zunge zergehen. ›Die kommt hierher? Letzte Woche war ein Bild von ihr in ›Sport und Salon‹. Sie ist eine Freundin bei Hofe: Ich habe gehört, die Kaiserin duzt sie. Das ist ja allerliebst! Ich werde dem Rat meines Arztes folgen und weitere sechs Wochen bleiben. Es geht doch nichts über junge Gesellschaft.‹ ›Aber das Kind ist stumm‹, warf der Direktor entschuldigend ein. ›Bah! Was spielt das für eine Rolle? Leidende Kinder haben so entzückende Manieren. ‹ (…) In meinen Plebejeraugen wirkte das leidende Kind ungewöhnlich reizlos. Es sah aus, als wäre es zu häufig mit Wäscheblau gewaschen worden. (…) Vielleicht war es von einer adeligen Tante zu viel verlangt, sich um so niedere Belange wie die Ohren ihrer Nichte zu kümmern. Aber eine stumme Nichte mit ungewaschenen Ohren hatte für mich etwas sehr Deprimierendes.«[274]

Später empfand Katherine diese Erzählungen allesamt als unreif und verweigerte eine weitere Veröffentlichung. Dabei sind ihre Milieustudien, die sie mit skalpellartiger Schärfe betreibt, in jeder Hinsicht entlarvend. So seziert sie bis in dünnste Schichten das Verhalten der Geschlechter: den Chauvinismus der deutschen Männer, die Künstlichkeit der deutschen Ehefrauen, die ihr ungefragt gute Ratschläge fürs Eheleben erteilen: »›Stimmt es‹, fragte die Witwe, während sie mit einer Haarnadel in ihren Zähnen stocherte, ›dass Sie Vegetarierin sind?‹ ›Aber ja; ich habe seit drei Jahren kein Fleisch mehr gegessen.‹ ›Un…möglich! Haben Sie Familie?‹ ›Nein.‹ ›Da sehen Sie's, das kommt davon! Kinder bekommen und nur Gemüse essen, das geht nun einmal nicht. Aber Sie haben in England ja ohnehin keine großen Familien mehr; ich vermute, Sie sind zu sehr mit Ihrem Frauenwahlrecht beschäftigt. Also, ich habe neun Kinder bekommen, und sie sind alle am Leben.‹«[275]

Ihre Verachtung für »brave Ehefrauen«, die ein Kind nach dem anderen bekommen und sich selbst dabei vergessen, ist unüberhörbar: »Ich halte Kinderkriegen für den unwürdigsten aller

Berufe.«[276] Wie gern möchte sie diese Frauen aufrütteln, ihnen mehr Mut zur Eigenständigkeit wünschen. Gleichwohl sieht sich ihr Alter Ego in »Frau Fischer« genötigt, einen Ehemann zu erfinden, der als Kapitän die Weltmeere bereist: »Dieser Ehemann, den ich eigens für Frau Fischer erfunden hatte, nahm in ihren Händen so reale Gestalt an, dass ich mich nicht länger auf einem Felsen sitzen sah, mit Seegras im Haar, um auf das Geisterschiff zu warten, das alle Frauen so herbeizusehnen beliebte. Ich sah mich nun eher einen Kinderwagen die Landungsbrücke hinaufschieben und die fehlenden Knöpfe an der Uniformjacke meines Gatten zählen. ›Jede Menge Kinder, das ist es, was sie brauchen‹, sann Frau Fischer weiter. ›Denn als Familienvater kann er sie nicht verlassen. Denken Sie an sein Entzücken und seine Erregung, wenn er sie sieht!‹ Der Plan erschien mir etwas gewagt. Plötzlich mit einem Arm voller Kinder aufzutauchen, ist gewiss nicht der beste Weg, um Begeisterungsstürme beim durchschnittlichen britischen Ehemann hervorzurufen. Ich beschloss, meine unbefleckte Schöpfung Schiffbruch erleiden und ihn irgendwo bei Kap Hoorn untergehen zu lassen.«[277]

Hatte sie schon zuvor nicht allzu viel von der Ehe gehalten, sieht sie sich nach ihrem Aufenthalt in Wörishofen mehr als bestätigt: »Wir sind so eine glückliche Familie, seit mein Mann gestorben ist«, lässt sie in einer Kurzgeschichte eine Frau sagen.[278] Die fröhlichsten Figuren ihrer Erzählungen sind stets Witwen.

Was sie schockiert, sind die Avancen, die man ihr trotz ihres Eherings macht. Die Aufdringlichkeit, die sie erlebt, macht ihr Angst. Ein besonders unangenehmes Erlebnis sexualisierter Gewalt, das beinahe zu einer Vergewaltigung führt, beschreibt sie in »Das Schwingen des Pendels«: »Er stürzte sich auf sie – drückte sie gegen die Wand, drängte mit dem ganzen Gewicht seines Körpers gegen sie. Diesmal konnte sie sich nicht befreien. (…) ›Hören Sie auf damit! Pfui! Sie sind wie ein Hund – Sie sollten sich Ihre Liebchen an Straßenlaternen suchen – Sie Tier – Sie Teufel!‹«[279]

Der erste Text für die Sammlung *In einer deutschen Pension* spiegelt allerdings Katherines eigene Seelenpein wieder. In »Das Kind-das-müde-war« schildert sie die Verzweiflung einer kindlichen Dienstmagd, deren eigene Mutter sie als Baby hatte ertränken wollen und die nun nicht nur auf die Kleinkinder der Bauernfamilie aufpassen muss, sondern auch noch viele andere Arbeiten im Haus erledigen soll. Als Lohn erhält sie Schläge und Beschimpfungen. Am Ende erstickt sie das Baby, das sie hüten soll, um endlich schlafen zu können: »›Sofort – er schläft gleich‹, rief sie. Und dann holte sie vorsichtig, lächelnd, auf Zehenspitzen, das rote Kopfkissen vom Bett der Frau, bedeckte das Gesicht des Kleinen damit und drückte, als er sich wehrte, mit aller Kraft zu. ›Wie eine Ente ohne Kopf, die zuckt‹, dachte sie. Sie stieß einen langen Seufzer aus, dann sank sie zu Boden und ging eine kleine weiße Straße entlang, mit hohen schwarzen Bäumen auf beiden Seiten, eine kleine Straße, die nirgendwo hinführte und auf der kein Mensch ging – kein einziger.«[280]

Katherines nun wiedereinsetzende nächtliche Angstzustände alarmieren Ida im fernen London. Um die Freundin auf andere Gedanken zu bringen, überredet Ida Katherine, Charlie Walter, einen achtjährigen Jungen aus einem der Mews in der Welbeck Street in London, zu sich nach Wörishofen zu holen. Der Junge soll sich nach einer Lungenentzündung bei ihr erholen. »Tante Sally«, wie er Katherine nennt, zieht mit ihm in die Villa Brechenmacher in die Kaufbeurer Straße 9. Charlie ist vermutlich Katherines erster Kontakt mit Tuberkulose. Nach drei Monaten kehrt der Junge nach Hause zurück. Katherine wird nie wieder von ihm sprechen, doch findet er Eingang in ihre Literatur. Einige halten ihn für den kleinen Lennie aus »Ma Parker«, andere sehen in ihm den kleinen Karl in »Die fortschrittliche

Dame«: »Karl hüpfte vor uns her, wie glückliche es Kinder tun, und köpfte mit dem Sonnenschirm seiner Mutter so viele Blumen wie möglich.«[281]

Im September 1909 kommt Katherine einem anderen Kurgast näher. Der 28-jährige polnische Autor und Übersetzer Floryan Sobieniowski, attraktiv und intellektuell, fällt ihr auf: »Wäre sie damals, als sie sich zum ersten Mal begegnet waren, glücklicher gewesen, sie hätte ihn wohl überhaupt nicht angesehen – aber sie waren wie zwei Patienten im selben Krankenhaussaal gewesen – jeder hatte Trost in der Krankheit des anderen gesucht –, schöne Grundlage für eine Affäre«[282], wird sie in »Das Schwingen des Pendels« schreiben. »Ich habe ihn nicht geliebt. Ich wollte, dass sich jemand um mich kümmert – und für mich sorgt, bis meine Arbeit Geld bringt – und mich vor den Zudringlichkeiten anderer Männer bewahrt.«[283] Sobieniowski, der später nach London übersiedeln wird und zum polnischen Übersetzer von Bernard Shaw wird, ist eine angenehme Ausnahme unter all den Spießbürgern, denen sie ansonsten hier in Wörishofen begegnet. Noch in Wörishofen widmet sie ihm ihr Gedicht »Floryan Nachdenklich«. Ihr neuer Galan macht sie mit einem ihr noch unbekannten russischen Autor vertraut: Anton Tschechow. Der Meister der modernen Kurzgeschichte mit seinem großartigen Gespür für Menschen wird wegweisend für Katherines Werk. Seine Ansichten über die Kurzgeschichte, die mit wenig Handlung, kurz und knapp ein Stück Leben darstellen soll, teilt auch sie. Auch bei ihr steht nicht die eigentliche Handlung im Mittelpunkt, sondern die Protagonisten und die Erkenntnisse, die diese innerhalb eines sehr engen Erzählrahmens gewinnen.

Katherine und Floryan verstehen sich so gut, dass angedacht wird, zusammen nach Paris oder München zu gehen. Vermutlich reisen beide auch in Floryans Heimatstadt Krakau, wo Katherine durch ein Kirchenfenster des von ihr sehr verehrten Künstlers Stanisław Wyspiański zu ihrem Gedicht »To God the Father« angeregt wird. Ein kurzer Versuch des Zusammenlebens in München scheitert jedoch vor allem am Geld, wie sie in einer Erzählung, in der sie diese Episode ihres Lebens verarbeitet, verrät: »Es ist wahr, ich bin hart und ungerecht, aber ich kann Männer, die nicht erfolgreich sind, weder lieben noch ehren. Am Ende verachte ich sie immer. (…) Vermutlich ist es der primitive Stolz des Weibchens, das den Mann, dem es sich hingegeben hat, gern als großen Häuptling sieht. (…) Ich bin nicht für die Armut gemacht – ich gedeihe nur unter wahrhaft unbeschwerten Menschen, unter Menschen, die niemals Sorgen haben.«[284] Ein Brief, in dem sie sich an Vera French, eine alte Freundin aus der Beauchamp Lodge, wendet, wird mit einer 19-seitigen Warnung beantwortet: auf keinen Fall die Scheidung von Bowden einreichen, um Sobieniowski zu heiraten.[285] Dies würde für immer finanzielle Anhängigkeit von der Familie bedeuten, also genau das, wovor sie flieht. Gleichwohl glaubt Sobieniowski, der nach Warschau gereist ist, weiterhin an eine gemeinsame Zukunft: »Ich möchte, dass es ewig dauert, so dass du in jedem Moment sehen kannst, dass mein ganzes Wesen voller Liebe zu dir ist und da nichts Fremdes ist. Oh wahrhaftig, ein Wunder ist geschehen!«[286] Doch statt einer Reise nach Paris plant Katherine längst ihre Rückkehr ins Vereinigte Königreich. Vermutlich ist sie erneut schwanger – diesmal von Sobieniowski. Ida schickt Geld, die Adresse einer Frau und kryptische, geschockte, ja beinahe hysterische Briefe. Ob die darin so dringlichst empfohlene Miss Hanbury, die ihre »Patienten liebt«, eine Engelmacherin ist, ist durchaus vorstellbar, aber nicht verifizierbar.[287] Das Einzige, was unzweideutig ist, ist Katherines Abschied aus Oberbayern, der sie nicht zu dem in Paris wartenden Sobieniowski bringt, sondern zurück nach England. Kurz nach Weihnachten ist sie wieder in London.

»*Zustimmung brauche ich nicht,*
ich bin nur wirklich gut, wenn ich Vorurteile,
Frömmelei, Ungerechtigkeit und Konservatismus
wie eine Armee vor mir aufgereiht sehe.
Dann fühle ich mich wie Napoleon Bonaparte.«

(Henry James: Die Damen aus Boston)

»*Ich liege auf dem Fußboden und rauche und lausche.*«

V.

Launenhafte Stunden
oder Die veränderliche Währung der Jugend

Floryan Sobieniowski an Katherine Mansfield,
Paris, 9. Januar 1910
»Bist du schon wieder gesund oder immer noch krank? Oh, schreib mir, Liebes, sofort – schreib mir, Kathleen, damit ich Ruhe finde. (…) Morgen treffe ich meinen Bekannten, um mit ihm eine Wohnung für uns zu suchen. Ich kann das nicht allein, meine französische Sprachlosigkeit ist ungleich größer als meine deutsche. (…) Wenn ich eine Wohnung finde, morgen oder übermorgen, dann werde ich sie ab dem 15. Januar mieten. (…) Wie sehr sehne ich mich nach dir – oh meine Gemahlin. (…) Bis zum Frühjahr will ich meine Theaterstücke fertig haben, meine Übersetzungen von Whitman vorantreiben, Rezensionen über eine Reihe von Büchern schreiben. (…) Ich fühle mich

ausreichend vorbereitet und stark – nur dich brauche ich, Kathleen, in jedem Augenblick mehr und mehr, wenn das überhaupt möglich ist. Ich sage dir offen und ehrlich, dass ich ohne dich nicht leben kann, ich kann nicht ohne dich denken und schauen, ich kann nicht – schlicht, weil ich dich liebe. (…) Gute Nacht, Kathleen. Ich küsse deine Hände und deine Augen – immer dein Floryan.«[288]

London, Anfang des Jahres 1910
Nach ihrer Rückkehr wohnt Katherine zunächst im Strand Palace Hotel. Da sie gerade wieder einmal an Geldmangel leidet, wird das Frühstück zu ihrer Hauptmahlzeit. Sobieniowskis Werben, der wartend in Paris sitzt, ignoriert sie gekonnt, schiebt Unwohlsein vor. Er hingegen plant noch immer eine gemeinsame Zukunft in Paris. Er ahnt nicht, dass für Katherine diese Phase ihres Lebens längst passé ist. Sie hat ihn verlassen, auf eine durchaus unfeine Art. Sobieniowski wird zwei Jahre in Paris bleiben und Ende Dezember 1910 eine Übersetzung von Katherines Gedicht »To Stanisław Wyspiański« in der polnischen *Gazeta Poniedzialkowa* veröffentlichen.

Die treue Ida ist wieder an Katherines Seite und dementsprechend enttäuscht, als Katherine im Februar 1910 zu George Bowden nach Gloucester Place 62 zieht. Ida wird später behaupten, Katherines Vater habe ihr mit dem Entzug der Apanage gedroht, sollte sie nicht zu ihrem Ehemann zurückkehren. Daraufhin habe Katherine es noch einmal mit Bowden versuchen wollen. Wesentlich logischer erscheint hier die Annahme von Gerri Kimber, der wohl profiliertesten Mansfield-Forscherin, die angesichts der erneuten Schwangerschaft davon ausgeht, dass Bowden einmal mehr als Vater gebraucht wird – zumindest für kurze Zeit.[289] George Bowden selbst bleibt erneut ahnungslos, wie er später feststellen muss: »Selbst jetzt erscheint es mir unglaublich, dass es all diese Komplikationen im Leben von K. gegeben haben und ich davon nichts mitbekommen haben soll. Ich kann nur sagen, dass es in beiden Perioden, in denen wir zusammen waren, nichts in ihrem Verhalten gab, was darauf hingedeutet hätte.«[290] Während dieses erneuten Eheversuches kommt es offensichtlich auch erstmals zu sexuellen Kontakten zwischen Katherine und Bowden. Ida, die erneut außen vor ist, darf Katherine zwar besuchen, aber nur in Georges Abwesenheit. Den Grund dafür erfährt die Freundin erst viel später: »Ich wusste damals nicht, dass George Bowden glaubte, ich sei lesbisch und der wahre Grund ihrer Trennung. Ich wusste ja nicht einmal, was unter ›lesbisch‹ zu verstehen war. Trotzdem wollte Katherine nicht, dass Bowden künftig etwas von meiner Anwesenheit erfuhr.«[291] Bei ihren Besuchen meldet sie sich beim Portier als »Leslie Moore« an, mit dem Namen, den Katherine ihr einst gab, und »dem Namen, den ich von da an in jeder heiklen Situation annahm«.[292] Die Beziehung der beiden Frauen, die über einen längeren Zeitraum auch immer wieder zusammenleben, ähnelt wohl am ehesten einer »Boston Marriage«. Mit diesem, auf Henry James' Roman *Die Damen aus Boston* zurückgehenden Begriff beschrieb man im 19. Jahrhundert Lebensgemeinschaften unverheirateter, gebildeter Frauen, die sich durch ein starkes emotionales Band, nicht zwangsläufig aber durch eine sexuelle Verbindung auszeichnen. In der Forschung gilt es als zweifelhaft, ob man es hierbei mit intimen Beziehungen zu tun hat oder in erster Linie mit platonischer Liebe. Zumeist stammen diese Frauen aus dem Dunstkreis der Frauenbewegung und personifizieren die Neue Frau. Auch wenn eine »Boston Marriage« eigentlich das Zusammenleben zweier gleichberechtigter Partnerinnen bezeichnet, kommt dieser Begriff der Verbindung zwischen Katherine und Ida wohl am nächsten.

Bowden wird Katherine erneut zum wichtigen Ratgeber und diesmal auch zum Förderer.

Nachdem sie ihm ihre in Wörishofen entstandene Geschichte »Das Kind-das-müde-war« zeigt, macht er sie mit seinem Freund Alfred Richard Orage bekannt, Literaturkritiker und Herausgeber der einflussreichen Literaturzeitschrift *The New Age*. In *The New Age* werden drängende Themen der Zeit kontrovers und modern diskutiert. Hier gibt es Artikel zu Psychoanalyse, dem Recht auf Abtreibung, der Todesstrafe und Lohngerechtigkeit. Die Debatten, die hier geführt werden, haben enormen Einfluss auf die gesellschaftliche Meinungsbildung. Zu den Autoren, die Orage an die Zeitschrift binden kann, gehören unter anderem Bernard Shaw, T. S. Eliot oder W. B. Yeats. Dass Orage seine Autoren nicht bezahlen kann, bringt der Zeitschrift liebevoll den Namen »The No Wage« ein. Orage ist genau wie Bowden tief beeindruckt von Katherines Erzählung. Am 24. Februar 1910 wird »Das Kind-das-müde-war« in *The New Age* veröffentlicht. Noch ahnt niemand, dass es ausgerechnet diese erste in England veröffentlichte Kurzgeschichte Katherine Mansfields ist, die ihr lange Zeit einen eher zweifelhaften Ruf beschert. 1951 entdecken britische Leser eine frappierende Ähnlichkeit zwischen Katherines Erzählung »Das Kind-das-müde-war« und der 1888 erschienenen Kurzgeschichte von Anton Tschechow »Schlafen«, die 1903 in englischer Übersetzung erschienen war. In Tschechows Geschichte muss das 13-jährige Kindermädchen Warka tagsüber die Hausarbeit für die Schusterfamilie verrichten und nachts das schreiende Kind der Familie in der Wiege schaukeln. Sie fürchtet sich vor den Schlägen der Schusterfrau und versucht, nicht einzuschlafen. Im Halbschlaf versetzt sie sich zurück in ihre eigene Vergangenheit, denkt an den tragischen Tod des Vaters und die Mutter, die sie zum Arbeiten in die Stadt geschickt hat. Am Ende erstickt sie völlig übermüdet und voller Zorn das Kind mit einem Kissen, um schlafen zu können. In beiden Erzählungen geht es vordergründig um ein übermüdetes Mädchen, das aus Überforderung mit Hausarbeit und Kinderhüten ein Kind mit einem Kissen erstickt, um endlich Ruhe zu haben. Beide Kurzgeschichten sind zweifellos Meisterwerke, doch Katherines wird von da an von einigen Kritikern als Plagiat gehandelt. Andere Stimmen wie die von Clare Hanson und Andrew Gurr sehen zwar eine große inhaltliche Übereinstimmung, verweisen aber auf die Unterschiede. Demnach ist Tschechows Geschichte eine pathologische Studie, deren Handlung sich auf einen ganz bestimmten sozialen und psychologischen Kontext bezieht, während Katherine mithilfe von Übertreibungen und Wiederholungen gleichsam eine symbolische Fabel verfasst hat, die eine allgemeingültige Wahrheit zeigen soll: das harte Los eines Frauenlebens.[293]

Orage, der in den 20er Jahren ebenso wie Katherine ein überzeugter Anhänger des armenischen Esoterikers Georges I. Gurdjieff wird, eröffnet Katherine eine neue Welt. Er wird zu ihrem Förderer und veröffentlicht im März drei weitere Wörishofen-Geschichten, »Deutsche beim Fleisch«, »Der Baron« und »Das Luftbad«. Jahre später schreibt Katherine an ihren einstigen Mentor voller Dankbarkeit: »Ich möchte dir sagen, wie dankbar ich für deine wunderbare, unerschütterliche Fürsorge bin, die du mir in den ›alten Tagen‹ entgegengebracht hast. Ich danke dir für alles, was ich von dir lernen durfte. (…) Du hast mich schreiben gelehrt, du hast mich denken gelehrt; du hast mir gezeigt, was man tun soll und was nicht. Mein lieber Orage, ich kann dir nicht sagen, wie oft ich mich an unsere Gespräche erinnere oder wie oft ich beim Schreiben meines Meisters gedenke. (…) Ich danke dir für alles.«[294]

Orage macht sie mit seiner Lebensgefährtin, der feministischen Autorin Beatrice Hastings, bekannt, die ebenfalls regelmäßig in *The New Age* publiziert und sich zudem aktiv für Frauenrechte einsetzt. Hastings, geboren in London, aufgewachsen in Südafrika und ausgebildet am Queen's College in Oxford, geht vor dem Ersten Weltkrieg als Kolumnistin des *New Age* nach Paris. Hier wird sie die Geliebte des italienischen Malers Amedeo Clemente Modigliani, dem sie mehrmals Modell sitzt. Eines der Gemälde, die während der äußerst turbulenten zweijährigen Beziehung entstehen, wird 2015 bei Christie's für 16 Millionen US-Dollar versteigert. Die unkonventionelle Beatrice, deren literarisches Genre ebenfalls die Short Story ist, und Katherine werden rasch Freundinnen. Dazu trägt wie oft bei Katherine die gemeinsame Erfahrung vom Aufwachsen in den Kolonien bei. Auch Beatrice Hastings spürt ihre Außenseiterrolle deutlich. Literarischer Ruhm bleibt ihr zu Lebzeiten versagt, heute jedoch gilt sie genau wie Katherine als stilprägend für die Gattung der Short Story.

Im März 1910 muss sich Katherine urplötzlich einer Operation unterziehen, bei der ihr linker Eileiter entfernt wird. Ob dies im Zusammenhang mit einer Abtreibung oder einer Fehlgeburt steht, ist schwer zu sagen. Ihr späterer Mann John Middleton Murry betrachtet diese Operation später jedoch als Hauptursache ihrer Kinderlosigkeit. Entgegen dem Rat der Ärzte verlässt Katherine trotz einer Bauchfellentzündung die Klinik frühzeitig auf eigene Verantwortung. Ida gegenüber behauptet sie, der Chirurg habe sie sexuell belästigt. Die Freundin nimmt sie bei sich auf, was durch eine Veränderung ihrer Wohnsituation plötzlich möglich ist. Dr. Baker und Idas Bruder sind unterwegs in Richtung Rhodesien, um sich dort dauerhaft niederzulassen. Um seine beiden Töchter gut zu versorgen, hat Dr. Baker eine kleine Wohnung im Luxborough House, Marylebone, gemietet, wo nun auch Katherine untergebracht wird: »Ich ließ sofort eine Droschke kommen und bat den Kutscher, langsam über die unebene Straße zu fahren, weil Katherines Wunde noch nicht verheilt war. (…) Miss Good, unsere Freundin, kam täglich vorbei, um die Wunde zu verbinden. Wir pflegten Katherine gemeinsam, bis sie wieder in der Lage war, aufzustehen und sich zu bewegen. Leider zu früh, wie sich später herausstellen sollte.«[295] George Bowden, der sie nach ihrem Aufenthalt in Bayern ohne Fragen zu stellen wieder aufgenommen hat, ist einmal mehr der Verlassene. Gerri Kimber stellt in ihrem ausführlichen Aufsatz über Bowden darum auch die durchaus berechtigte Frage: »Man kann nur darüber spekulieren, ob sie sich später irgendwann einmal für die Art und Weise schämte, wie sie den freundlichen und sehr anständigen George Bowden behandelt hatte.«[296]

Die Zeit mit George Bowden ist die letzte Zeit in Katherines Leben, in der sie sich gesund fühlt. Von nun an ist sie leidend, immer wieder, immer öfter, unterschiedlich stark und mit unterschiedlichen Symptomen. Mal ist es das Herz, mal leidet sie an Arthritis. Als Erklärung gilt eine Geschlechtskrankheit, die sie sich womöglich bei Floryan Sobieniowski geholt hat: Gonorrhö. Da man Damen der gehobenen Gesellschaft, zu denen die Tochter eines neuseeländischen Bankdirektors zweifellos gehört, nicht auf eine derartige »Prostituierten-Krankheit« untersucht, bleibt sie bei Frauen meist unentdeckt. So gelangt die Infektion in die Blutbahn und kann zu einer Reihe weiterer sehr schmerzhafter Erkrankungen führen. Dies alles schwächt das Immunsystem, das schweren Krankheiten letztlich nichts mehr entgegensetzen kann. Katherines fortwährende Gelenk- und Unterleibsschmerzen sowie eine offensichtliche Unfruchtbarkeit würden für diese These ebenso sprechen wie die in späteren Jahren erfolgte Diagnose ihres Gynäkologen. In jüngster Zeit mehren sich aber auch Stimmen, die Katherines Symptome, mit denen sie sich in den nächsten Jahren plagen muss, bereits als Vorboten einer anderen Krankheit deuten: Tuberkulose.

Weil Katherines Genesung kaum Fortschritte macht, organisiert Ida eine Luftveränderung an die Küste. Im April 1910 mietet sie eine kleine Wohnung über einem Gemüseladen in Rottingdean an der Küste von Sussex. Doch trotz der frischen Meeresluft stabilisiert sich Katherine nicht, sie hat unsägliche Gelenkschmerzen. Der herbeigerufene Arzt ist ratlos. Alles, was er zurücklässt, ist eine überhöhte Rechnung: »Die Rechnung des Arztes war so hoch, dass Katherine nicht wusste, woher sie dafür das Geld nehmen sollte. Endlich brachte sie den Mut auf, Mr. Kay, den Direktor der Bank von Neuseeland in London, zu benachrichtigen. (…) Mr. Kay kam, sprach mit dem Arzt und übernahm schließlich alle Kosten – für Katherine eine riesige Entlastung.«[297] Langsam, langsam geht es bergauf. Die frische Luft tut der Kranken gut, und Ida mietet schließlich ein kleines Cottage in der Nähe an, glücklich, die Freundin Tag und Nacht zu umsorgen: »Es begann eine ruhige, glückliche Zeit (…) Die Wiese neben dem Haus begann zu blühen und wuchs zu einem Teppich großer weißer Gänseblümchen. Ich ging ab und zu nach Brighton und holte für Katherine Bücher aus der Bibliothek. Leider waren es nicht immer die richtigen, weshalb ich auf die Idee kam, ihr öfters einen hübschen Seidenschal mitzubringen, um sie nicht zu enttäuschen. Einen schwarzsilbernen, ägyptischen Schal, mit dem ich sie einmal in diesem Haus fotografiert habe, mochte sie besonders gern. Meist schien die Sonne. Vom Meer wehte eine leichte Brise zu uns herüber. Endlich konnte Katherine wieder herumlaufen, am Strand sitzen und dem Rauschen des Wassers zuhören. Das hatte sie seit (…) jenem Aufenthalt in Day's Bay nicht mehr tun können.«[298] Endlich, endlich kann sie sich in aller Ruhe und Hingabe um ihre geliebte Katherine kümmern. Niemand braucht Katherines Aufmerksamkeit, außer einem kleinen streunenden Hund, den die beiden aufnehmen. So soll es für immer bleiben. Dass George Bowden Katherine ein paarmal hier besucht, wird von Ida nicht goutiert. Sie schildert Bowden als Störenfried, den Katherine am liebsten so schnell wie möglich loswerden will. Beatrice Hastings und Orage, die ebenfalls vorbeikommen, überreden die beiden Frauen zu einem gemeinsamen Spaziergang auf den Klippen. Dass die drei dabei voller Abenteuerlust in einem verfallenen Haus herumklettern, gefällt Ida ganz und gar nicht: »Nie habe ich die unheimliche Stimmung darin vergessen. Das Haus schien seinen Verfall zu ahnen und erzitterte, wenn eine große Welle an die Klippen schlug. Ich fand meine Ruhe erst wieder, als Katherine draußen auf dem Uferweg wieder in Sicherheit war. Was mit den anderen geschah, war mir gleichgültig. Dumm waren sie auf jeden Fall, sonst hätten sie nicht mit dem Tod gespielt. Ich konnte mich nicht auch noch um sie kümmern, Hauptsache, dass Katherine und ich der Gefahr entronnen waren.«[299] Doch Katherine lässt sich die Freundschaft zu Beatrice und Orage ebenso wenig nehmen wie manch anderen Besuch, was letztlich zur Folge hat, dass Ida, sobald Besuch auftaucht, die Flucht ergreift und zu ihrer Schwester nach London fährt. Katherine schreibt hier einige Gedichte: »The Sea Child«, »The Opal Dream Cave« und »Sea«. Dazwischen leidet sie immer wieder unter undefinierbaren Schmerzen, die sie niederstrecken. Im Mai 1910 erscheint in *The New Age* das Gedicht »Einsamkeit«:

»Jetzt ist's die Einsamkeit, die kommt bei Nacht
Anstatt des Schlafs und an mein Bett sich setzt,
Ich, wie ein müdes Kind, lieg lauschend jetzt,
Und schau ihr zu, die leis das Licht ausmacht.«[300]

Im Juli 1910 kehren die Frauen nach London zurück. Katherine kommt bei Orage und Beatrice Hastings in Kensington unter und bittet Ida, Garnet Trowell den Ring zurückzuschicken, den er ihr einst als Verlobungsring schenkte. Im Juli erscheinen in *The New Age* die Wörishofen-Erzählungen »Bei Lehmann« und »Frau Brechenmacher geht auf eine Hochzeit«, worin sie die sexuelle Gewalt innerhalb einer Ehe thematisiert: »Die kleine

Frau nahm die Kerze und ging ins Zimmer nebenan. Die Kinder schliefen fest. Sie strich über die Matratze der Wiege, fühlte, ob sie noch trocken war, dann fing sie an, Bluse und Rock zu öffnen. ›Immer das Gleiche‹, sagte sie – ›auf der ganzen Welt immer das Gleiche, und o Gott, wie *dumm*.‹ Dann verblasste sogar die Erinnerung an die Hochzeit. Sie legte sich ins Bett und verschränkte die Arme über dem Gesicht wie ein Kind, das erwartet, geschlagen zu werden, und dann torkelte Herr Brechenmacher herein.«[301]

Im Sommer zieht sie als Untermieterin in die Wohnung des Malers Henry Bishop, der in Marokko weilt. Hier in Cheyne Walk 131, Chelsea, wohnt sie die nächsten fünf Monate. In ihrem neuen Zuhause, von dem aus sie die Themse überblicken kann, fühlt sie sich rundum wohl. Am 4. August erscheint mit der Hochstaplerinnen-Story »Die Schwester der Baronin« eine weitere Wörishofen-Erzählung in *The New Age,* am 18. August folgt »Frau Fischer«. Ida, die zwischenzeitlich ihr Musikstudium beendet hat, hat nun alle Zeit der Welt, sich um ihre geliebte Katherine zu kümmern und Menschen respektive Männer, die Katherine zu nahe kommen wollen, in die Schranken zu weisen: »Es ist nicht verwunderlich, dass ein paar unerwünschte Herren den Weg zu Katherine sogar bis hierher gefunden hatten. Zum Glück war damit nur wenig Ärger verbunden.«[302] Katherine, die dank Orage und Hastings Teil der Londoner Literatenszene geworden ist, verändert sich nun auch optisch. Sie trennt sich endgültig von ihren langen Haaren und legt sich einen hochmodischen Bubikopf zu. Von einer Schneiderin lässt sie sich nach eigenen Entwürfen neue Garderobe schneidern: Samtjäckchen, weit fallende Röcke, Kleider mit engem Mieder und weit schwingenden Faltenröcken. Und mit der Verbesserung ihrer physischen und psychischen Konstitution kehrt auch der Drang zum Schreiben zurück: »Ich habe einen fast wahnsinnig zu nennenden Wunsch, etwas wirklich Gutes zu schreiben – und eine Unfähigkeit dazu, die unendlich qualvoll ist. (…) Ich will es jedoch trotzdem versuchen, selbst wenn überhaupt nichts Großes dabei herauskommen sollte.«[303]

Auf einer der vielen Partys, die sie jetzt besucht, lernt Katherine den Lehrer und Schriftsteller William Orton kennen. Es ist der Beginn einer leidenschaftlichen Liaison, während der Katherine Orton ihren schwarzen Opalring schenkt. Viele Jahre später wird Orton seine Autobiografie veröffentlichen, die in diesen Monaten in Form eines Tagebuchs entsteht, an dem auch Katherine mitschreibt: »Als die Turmuhren fünf Uhr schlugen, machte mir der Mann einen Besuch. Er nahm mich in seine Arme und trug mich zum schwarzen Bett. Sehr braun und sehr stark war er. Es dunkelte. Ich schmiegte mich an ihn wie eine Wildkatze. (…) Wir liebten uns wie zwei wilde Tiere.«[304] Katherine wirft sich mit Verve in diese Affäre: »Er riss mir die Kleider von den Schultern. Ich lachte – lehnte mich nach vorn –, graziös und geschmeidig, blies die Kerze aus und stand nackt bis zur Taille im mondbeglänzten Zimmer. ›Meine Schönheit, mein Wunder!‹ Er kniete vor mir nieder, seine Arme umschlangen mich. Ich presste ihn an mich – warf die Haare nach hinten und lachte den Mond an. Ich war toll vor Leidenschaft – ich wollte töten.«[305] Nach kurzer Zeit wird aus dieser Beziehung dank Ortons Freundin Edna Smith eine Ménage-à-trois. Im Tagebuch geben sich die drei die Namen Michael, Catherine und Lais: »Lais ist eben hier gewesen. Sie ist so schön, dass ich keine andere Schönheit sehe und mich mit der süßen Lais begnüge. Ihr schlanker Körper in dem grauen Kleid – ihre Hände halten ihr helles Haar, so lag sie auf dem gelben Kissen. Wenn sie lachend spricht und ihre Augen strahlen, wenn rosige Farbe ihre Wangen überflutet und ihr Mund so rot ist wie Hagebutten, dann verstehe ich all die Millionen Gründe, warum Gott die Sonne in den Himmel gesetzt hat – damit sie eines Tages durch die geschlossenen Vorhänge scheinen und die Schönheit von Lais erleuchten möge.«[306] Es ist stürmisch und vertraut, aber auch unverbindlich und ohne Verpflichtungen. Manchmal trifft man sich häufig, manchmal selten und manchmal auch mit anderen, gleichwohl zeugen ihre Briefe von tiefer Zuneigung. Am 6. September schreibt Katherine in ihr Tagebuch: »Wir sind die drei Ewigkeiten – Michael, Lais und ich. Denn Michael ist Dunkel und Licht, Lais ist Flamme und Schnee, und ich bin Meer und Himmel.«[307] Edna Smiths Beschreibung dieser Monate fällt 1928 deutlich zurückhaltender aus: »Als ich neunzehn war, endete meine Liebesaffäre aus verschiedenen Gründen, einer davon war Katherine Mansfield, die Gefallen an mir und meinem Liebhaber fand. Eine kleine Weile spielte sie mit uns beiden und ging dann wieder ihrer Wege. Sie war ein schönes, wunderbares Wesen, und ich habe ihr nie etwas nachgetragen.«[308]

Katherine schwärmt schon in jenen Jahren auch abseits von Tschechow für Russland. Damit ist sie nicht allein. Die russische Kultur ist in jenen Jahren unheimlich en vogue. So sind Serge Diaghilev Ballets Russes seit der Premiere von Strawinskys *Der Feuervogel* in Paris in aller Munde. Der Auftritt der Truppe, geplant für Juni 1911, wird sehnsüchtig erwartet. Ende des Jahres 1910 lernt Katherine einen jungen Mann kennen, der genau wie sie begeistert ist von der russischen Kultur: Francis Heinemann, Neffe des Londoner Verlegers William Heinemann. In dessen Verlag war 1897 Joseph Conrads *Der Niemand von der ›Narcissus‹. Eine Geschichte vom Meer* erschienen, und neben Robert Louis Stevenson und Rudyard Kipling zählen auch John Galsworthy und Somerset Maugham zu seinen Autoren. Ida Baker beschreibt Francis Heinemann als knabenhaften, schönen jungen Mann – unbedarft und träumerisch. Katherine beginnt eine Affäre mit ihm, und zusammen fantasieren sie von einer Reise durchs weite

Russland. Jahre später verarbeitet sie diesen Gedanken in ihrer Erzählung »Eine Dillgurke«. Darin trifft sich ein Paar nach sechs Jahren zum ersten Mal wieder, und der Mann berichtet großspurig davon, dass er die gemeinsamen Träume allein verwirklicht hat: »Ist es nicht merkwürdig. Ich habe tatsächlich all die Reisen unternommen, die wir geplant haben. Ja, ich war an all den Orten, von denen wir immer gesprochen haben, und bin lange genug geblieben, um mich dort ›auszulüften‹, wie du es so gern genannt hast. (...) ›Es war wunderbar‹, sagte er, ›besonders Russland. Russland ist genau so schön, wie wir uns es vorgestellt hatten und noch viel schöner.‹«[309] Für einen Moment verfällt die Frau seinem Charme erneut, nur um dann festzustellen, dass er derselbe Egomane ist wie damals.

Im Oktober 1910 wird Katherine 22 Jahre alt. Zwei Monate später erscheint ihre neuste Erzählung »A Fairy Story«. Diesmal allerdings nicht in *The New Age,* sondern in *The Open Window.* Das Verhältnis mit Orage und Hastings hat sich in den letzten Monaten, in denen Katherine mehr und mehr eigene Wege beschritten hat, etwas abgekühlt. Etwa zeitgleich veröffentlicht die *Gazeta Poniedzialkowa* in Krakau eine Übersetzung Floryan Sobieniowskis von Katherines Gedicht »To Stanisław Wyspiański«.

An Weihnachten schleppt Francis Heinemann ein wunderbar geschmücktes Tannenbäumchen in Katherines Wohnung. Darunter liegt als Weihnachtsgeschenk an sie ein russisches Miniaturdorf aus Holz. Die beiden sind ein Herz und eine Seele, es ist von Heirat die Rede. Dabei ist Katherine noch verheiratet, und genau das ist, wie Ida berichtet, das Problem: »Die Eltern des Mannes waren dagegen. Ihrer Ansicht nach war Katherine als verheiratete, alleinlebende Frau eine Gefahr für ihren Sohn. Sie müssen ihm die Verbindung zu ihr verboten haben, denn er zeigte sich nie wieder.«[310]

Als Henry Bishop von seiner Marokkoreise zurückkehrt, muss

Katherine seine Wohnung räumen. Sie tut es ungern und zieht nach Clovelly Mansions 69 in eine Dachgeschosswohnung, in der sie immerhin bis September 1912 bleibt. Ihr Krähennest ist nur über eine Außentreppe zu erreichen. Doch da es die Häuser der Nachbarschaft weit überragt, bietet es einen atemberaubenden Blick über London. Ida und Katherine richten das neue Zuhause avantgardistisch reduziert ein, was auch dem immerwährenden Geldmangel der beiden geschuldet ist. Statt mit Teppichen und Sitzmöbeln werden die vier Zimmer mit Bambusmatten und großen Bodenkissen ausgestattet. Dazu kommen noch Katherines Schreibpult sowie ein Lehnstuhl und ein großer Korbsessel, den sie vor den offenen Kamin stellen. Überall stehen Bücher herum, und es gibt sogar einen Flügel, den die beiden Frauen schon vor Längerem der Nachbarin von Henry Bishop, einer Opernsängerin, abgekauft haben. Die gemütliche kleine Küche dekorieren Ida und Katherine mit Reiseplakaten aus aller Welt. In den zahlreichen Vasen, die in allen Zimmern verteilt werden, stehen wie schon in Neuseeland stets frische Blumen – darauf legt Katherine großen Wert. Sie fühlt sich wohl in dieser modernen Umgebung, doch wenn Ida nicht bei ihr übernachtet, blockiert Katherine mit Bodenkissen die Eingangstüre, sicher ist sicher. Dass es nun endlich eine Aufwartefrau gibt, erleichtert ihr das Leben ungemein: Mrs Bates wird später zum Vorbild ihrer Figur »Ma Paker«. Katherine braucht es gemütlich, sie geht davon aus, wieder schwanger zu sein. Ida vermutet, dass Francis Heinemann, den sie auf Katherines Wunsch hin aufsucht, der Vater ist. Andere denken an William Orton, Katherine selbst macht dazu keine Angaben. Die Vernichtung von Briefen und Aufzeichnungen sorgt dafür, dass ein weiteres Rätsel um Katherine Mansfield ungeklärt bleibt.

Ida schildert die Zeit in Clovelly Mansions als Wochen vollkommener Harmonie. Katherine, die bis vor Kurzem noch nicht einmal wusste, wie man Kartoffeln schält, habe mit einem Lächeln auf den Lippen in der Küche gestanden und mit Begeisterung gekocht und von ihrer glücklichen Kindheit berichtet. Dann habe sie geschrieben, und später seien die Freundinnen gemeinsam vor dem prasselnden Kaminfeuer gesessen und hätten sich Geschichten erzählt: »An einem dieser Abende war ich von tiefem Glück und großem Frieden erfüllt, und mir wurde bewusst, dass ich mich in meinem Leben nie wieder so vollkommen glücklich fühlen würde. Ein unvergessliches Erlebnis. Ein Höhepunkt unserer Freundschaft.«[311] Auch Katherine fühlt sich geborgen, wie sie William Orton verrät: »Aber jetzt bin ich ausgesprochen glücklich. Hier bin ich zu Hause – meine Zimmer geben mir ihre Geheimnisse preis und ihre entlegensten Schatten. Ich wandere in ihnen herum, lächelnd, in einen silbernen Schal gehüllt und mit Sandalen an den Füßen. Ich liege auf dem Fußboden und rauche und lausche. Manchmal schaue ich bei Sonnenuntergang aus dem Fenster und betrachte den Himmel. Alles ist wie ein Wunder.«[312] Doch es ist ausgerechnet Ida, die diese Idylle zerstört. Dem Wunsch ihres Vaters folgend reist sie zu ihm nach Rhodesien, um ihm für eine gewisse Zeit den Haushalt zu führen. Eine Entscheidung, die sie bald bitter bereut: »Ich kann es mir noch heute nicht erklären, wie ich es damals fertiggebracht habe, sie in dieser Zeit allein zu lassen. Ich muss verrückt gewesen sein. Aber ich fuhr, und Katherine drückte mir einen Nelkenstrauß in die Hand, bevor ich sie im Taxi verließ.«[313] Sie lässt Katherine mit einer Verfügungsvollmacht über ihr gut gefülltes Bankkonto zurück: »Ich blieb ungefähr fünf Monate fort. Als ich im Herbst zurückkam, war kein Kind da und die Summe auf dem Bankkonto aufgebraucht.«[314] Was genau geschehen ist, erfährt Ida nie. In ihrer Autobiografie äußert sie den Verdacht, dass die weltgewandte Beatrice Hastings Katherine zu einer Abtreibung verholfen hat. Ida beobachtet die wiederauferstandene Freundschaft zwischen Beatrice und Katherine mit Sorge: »Sie fand es reizvoll, unter dem Einfluss von Beatrice Hastings unbekümmert dahinzuleben, sich mit Witz und Ironie zu wappnen und oft hart und angriffslustig zu reagieren. Sie sagte selbst einmal, Beatrice habe das Böse in ihr geweckt. Oder sollte das Böse von Beatrice auf sie abgefärbt haben?«[315]

Sollte Katherine tatsächlich schwanger gewesen sein, so gäbe es einen aus ihrer Sicht durchaus nachvollziehbaren Grund, weshalb sie sich für eine Abtreibung entschieden hat. Für den Mai 1911 hat sich ihre Mutter mit den Geschwistern aus Neuseeland angesagt, um am 22. Juni 1911 an den Krönungsfeierlichkeiten für George V. teilzunehmen. Harold Beauchamp muss geschäftlich in Neuseeland bleiben. Einen neuerlichen Eklat scheint Katherine, die mit ihren Geschwistern, aber auch ihren Eltern in regem Briefkontakt steht, unbedingt vermeiden zu wollen. Die Wiedersehensfreude ist groß, vor allem zwischen Katherine und ihrem Bruder Leslie. Der wird Dauergast in Katherines Krähennest, würde am liebsten für immer bei seiner Schwester in London bleiben. Laut Ida nähern sich Mutter und Tochter in diesen Wochen stark an. Katherine habe zum ersten Mal erkannt, welch große Ähnlichkeit zwischen ihnen beiden doch bestünde. Noch während die Familie in London ist, erkrankt Katherine zum ersten Mal schwer an einer Lungenentzündung. Die Familie kümmert sich rührend und verfrachtet die Patientin nach ihrer Genesung zur Erholung zusätzlich noch in die Schweiz. Dies ruft allerdings einmal mehr Ida auf den Plan, die Katherine, in der festen Annahme, man habe die Freundin mit viel zu wenig Geld ausgestattet, an den Genfer See folgt. Während sie in der Schweiz ist, erscheinen fünf neue Kurzgeschichten und ein Gedicht – nun wieder in *The New Age*: »Ein Geburtstag«, »Die moderne Seele«, »The Festival of the Coronation«, »Die Reise nach Brügge«, »Ein wahres Abenteuer« und das Gedicht »Love Cycle«. Die Familie zeigt sich beeindruckt von Katherines Schaffenskraft und den guten Kritiken. Im September 1911 kehrt Katherine nach London zurück, verbringt jetzt viel Zeit mit ihrer Familie. Doch trotz des Erfolgs, der vielen Freunde und Familienmitglieder durchlebt sie eine düstere Phase: »Heute bin ich sehr einsam und krank. Die Häuser vor meinem Fenster sind in Nebel gehüllt. Ein Geräusch wie von Klopfen und Schlagen und Geschrei von Stimmen dringt vom Zimmerplatz herüber – wie von Ertrunkenen, die sich unter Wasser ein Floß zimmern. Ich liege mit dem Gesicht nach unten im grünen Wasser, schwanke lässig hin und her, aber sie sehen mich nicht, nur mein Schatten berührt sie.«[316]

Sie fühlt sich verloren, stolpert durch den Alltag, einzig Schreiben ist für sie Leben: »Après tout lebe ich bloß in den Tag hinein – und gehe in allem, meiner Arbeit ausgenommen, den Weg des geringsten Widerstandes. Ob es andere Künstler fühlen wie ich – die drängende Notwendigkeit – die schreiende Not – die jagende Begierde – die nie gestillte – friedlose? (…) Wie also ist dein höchstes Verlangen, Catherine – wonach strebst du so leidenschaftlich? Bücher und Geschichten zu schreiben und Skizzen und Gedichte.«[317]

Im Dezember 1911 erscheinen 13 ihrer Kurzgeschichten bei Stephen Swift Ltd. als Sammelband. *In einer deutschen Pension* ist der Titel ihres ersten Buches, wird vielfach rezensiert und erlebt schon nach kurzer Zeit drei Auflagen. Dennoch ist sie weiterhin darum bemüht, ihre Texte in Zeitschriften unterzubringen, besonders gern würde sie in der neu gegründeten Literaturzeitschrift *Rhythm* publizieren. Herausgeber des Avantgarde-Magazins ist ein junger Oxfordstudent aus einfachen Verhältnissen: der 22-jährige John Middleton Murry. Katherine schickt ihm ihre Erzählung »Die Frau im Laden«. Murry findet Gefallen daran und plant die Veröffentlichung für Februar 1912 ein.

Außerdem würde er die Autorin gern kennenlernen. Im Dezember 1911 ergibt sich diese Gelegenheit. Bei einer Dinnerparty des Schriftstellers W. L. George in St. John's Wood trifft John Middleton Murry zum ersten Mal auf Katherine Mansfield. Noch Jahre später ist ihm dieser Moment präsent: »Katherine Mansfield kam spät in einem Taxi vorgefahren. Sie trug ein einfaches taubengraues Abendkleid mit einer einzelnen roten Blume und eine dünne Stola im gleichen Taubengrau. Sie war bemerkenswert, wenn auch auf andere Weise, als ich befürchtet hatte. Sie war distanziert und zurückhaltend, und ich fühlte mich in ihrer Nähe ziemlich unbeholfen.«[318] Ja, Katherine hat in der Literaturszene Londons bereits einen gewissen Namen. Zu Ehren ihres ersten Buches gibt es als Vorspeise gar deutsche Rote-Beete-Suppe. W. L. George ist ein guter Freund und perfekter Gastgeber und wird in ihrer Erzählung »Glückseligkeit« Pate für den gefühlsarmen Harry Young stehen. Sein Haus wird sogar zum Schauplatz ihrer Geschichte um die »glückselige« Bertha Young: »Wahrhaftig – wahrhaftig – sie hatte alles. Sie war jung. Harry und sie waren noch genauso verliebt wie am ersten Tag, und sie kamen großartig miteinander aus und waren wirklich gute Kameraden. Sie hatten ein entzückendes Töchterchen. Sie hatten keinerlei Geldsorgen. Sie besaßen ein in jeder Hinsicht zufriedenstellendes Haus mit Garten. Und Freunde – moderne, anregende Freunde, Schriftsteller und Maler und Dichter oder Leute, die sich für soziale Fragen interessierten –, genau die Art Freunde, die ihnen zusagte. Und da waren die Bücher und die Musik, und sie hatte eine wundervolle kleine Schneiderin gefunden, und im Sommer wollten sie ins Ausland reisen, und ihre neue Köchin machte die köstlichsten Omeletts.«[319] In Katherines Erzählung erwacht bei dieser häuslichen Dinnerparty Berthas Leidenschaft für ihre neue Freundin Miss Fulton, wodurch auch ein nie gekanntes Begehren für ihren Ehemann in ihr entflammt. Leider muss sie am Ende des Abends feststellen, dass Miss Fulton die Geliebte ihres Mannes ist. Bertha und auch die Leser bleiben mit der Frage zurück: »Was soll nun geschehen?« Auf der realen Dinnerparty bei W. L. George ereignet sich nichts Derartiges, außer dass Katherine Mansfield und John Middleton Murry ins Gespräch kommen.

Im Februar 1912 hält sich Katherine erneut eine Weile in Genf auf, wo sie einen Brief an Murry verfasst, in dem sie ihn zum Tee bittet. Ende des Monats kehrt sie nach London zurück, gerade rechtzeitig, um ihre Familie zu verabschieden, die am 8. März 1912 wieder in Richtung Neuseeland aufbricht. Sie ahnt nicht, dass sie ihre Mutter zum letzten Mal gesehen hat. Murry, der zwischenzeitlich zum Studium nach Oxford zurückgekehrt war, trifft an einem regnerischen Nachmittag bei Katherine in London zum Tee ein: »Ich weiß nicht, was ich erwartet hatte, aber ich war überrascht, sie in einem Zimmer mit braunen Tapeten an den Wänden, Schilfmatten auf dem Boden und kaum Möbeln vorzufinden. Mir fiel auf, dass es keinen Esstisch gab. Es gab nur einen Sekretär mit einem Stuhl, einen einfachen Diwan, der aus einem Feldbett ohne Beine zusammengebaut war, und einen kleinen Schaukelstuhl, in den ich mich setzen durfte. Sie servierte den Tee in Schälchen auf dem Fußboden.«[320]

Obwohl im März mit »A Marriage of Passion« und »At the Club« noch zwei weitere Short Storys in *The New Age* erscheinen, kommt es jetzt zum Bruch zwischen Katherine und den Herausgebern. Am 28. März veröffentlicht *The New Age* eine harsche Kritik an *Rhythm*, die man auch an Katherines Erzählung »Die Frau im Laden« festmacht, einer noch linear erzählten Geschichte über Sehnsucht, Einsamkeit, Vernachlässigung und roher Gewalt. Aufgrund ihrer eher konventionellen Erzählstruktur wird sie später auf Katherines ausdrücklichen Wunsch hin nicht mehr publiziert. Auch die beiden Gedichte, die Katherine für die Februar-Ausgabe von *Rhythm* beigesteuert hat, stoßen auf Kritik.[321] Murry, dem Katherines Beiträge ausnehmend gut gefallen, verfasst eine bissige Erwiderung auf *The New Age*. Die Auseinandersetzung gipfelt letztlich darin, dass Orage Katherine vor die Wahl stellt: *The New Age* oder *Rhythm*. Damit ist Katherines Mitarbeit für *The New Age* erst einmal Geschichte.

Die Begegnung zwischen Katherine und Murry mündet rasch in eine tiefe Zuneigung, die jedoch zu Katherines Leidwesen lange auf der intellektuellen Ebene hängenbleibt. Jahre später rekapituliert sie diese Phase der vorsichtigen Annäherung in ihrer Erzählung »Psychologie«: »Und das Beste an der Sache war, dass sie beide alt genug waren, um ihr Abenteuer auszukosten, ohne dumme Gefühlskomplikationen. Leidenschaft hätte alles zerstört; das war ihnen klar.«[322] Doch sie will bald mehr, und Katherine wäre nicht Katherine, würde sie sein Zaudern nicht reizen. Sie ist es, die schließlich die Weichen für eine dauerhafte Lebensgemeinschaft stellt. Mit moralischer Unterstützung Katherines bricht Murry sein ungeliebtes Studium in Oxford ab: »Sie sagte: ›Bleiben Sie nicht in Oxford, was immer sie auch vorhaben. Es ist falsch.‹«[323]

Die Eltern, die auf vieles verzichtet haben, um ihrem Sohn das Studium zu ermöglichen, sind alles andere als begeistert. Zurück im Elternhaus in Wandsworth Common gibt es heftige Diskussionen. Murry ist seinen Eltern zwar dankbar und in Liebe verbunden, doch er sehnt sich nach einer künstlerischen Existenz, einem Leben jenseits seiner einfachen Arbeiterfamilie. Wie gerufen kommt ihm da Katherines Angebot, zu ihr zu ziehen. Am 11. April 1912 zieht John Middleton Murry als Untermieter in Katherine Mansfields Wohnung. Am ersten Morgen findet er einen wunderbar gedeckten Frühstückstisch vor. In einem Eierbecher steckt ein rohes Ei samt Zettel: »Dies ist Ihr Ei. Sie müssen es kochen. K. M.«[324] »So wurde ich Katherine

Mansfields Untermieter. Wochenlang gingen wir unserer eigenen Wege und trafen uns nur nach getaner Arbeit. Gegen Mitternacht saßen wir dann mit einem Schälchen Tee und Brot und Butter auf dem Boden vor Katherines Kamin und diskutierten bis zwei Uhr morgens. Bevor wir zu Bett gingen, reichten wir uns jedes Mal die Hand.«[325] Ida ist verständlicherweise wenig begeistert von Katherines neuem Mitbewohner: »Welch eine Enttäuschung! Als ich kam, musste ich ihr helfen, seinen Schrank mit feinen Lebensmitteln vollzustopfen und eine 5-Pfund-Note darin zu verstecken, weil er angeblich mittellos war. Verzweifelt ging ich zu mir nach Hause zurück.«[326]

Doch gegen Murry kommt sie nicht an. Katherine und Murry verbindet nicht nur die Liebe zur Literatur, beide sprechen auch gut Deutsch, interessieren sich für Land und Kultur. Stundenlang sitzen sie auf dem Fußboden und reden. Er vertraut ihr bald so sehr, dass er von seiner unglücklichen Liebe zu Marguerite in Paris erzählt. Auf Katherines Frage »Warum machen Sie mich nicht zu Ihrer Geliebten?« reagiert der in sexueller Hinsicht weit weniger erfahrene Murry eher konsterniert. Noch enden ihre Abende mit den legendären Worten: »Gute Nacht, Mansfield!« »Gute Nacht, Murry.«[327] »Das waren die besten Zeiten«, wird Murry später schreiben.[328] Dass aller selbst auferlegten Zurückhaltung zum Trotz aus Freundschaft Liebe wird, ist dennoch nicht zu übersehen, auch für Ida nicht, die Murry nicht mag: »Murry war ein unsicherer, ganz in sich gekehrter Mensch, immer auf der Suche, immer mit Fragen beschäftigt, immer darauf aus, sich auf Kosten anderer helfen zu lassen oder sich in verschiedenen Rollen Halt zu verschaffen, gleichgültig, ob als Teufel oder als Heiliger. Er kämpfte mit dunklen, ungelösten Problemen.«[329] Eine Abneigung, die auf Gegenseitigkeit beruht und erst nach Katherines Tod langsam abebben wird: »Warum ich so grob zu Leslie Moore [Ida] bin? Ich weiß es nicht; ich weiß nur, ich kann nicht anders.«[330] Gleichwohl wehrt Murry sich lange, seine Gefühle für Katherine zuzulassen. Zu tief noch sitzt die Wunde, die ihm in Paris geschlagen wurde: »Ich lag mit dem Rücken auf dem Boden und grübelte. Dann endlich hob ich beide Beine in die Luft, fuchtelte mit ihnen herum und sagte: ›Ich glaube, das würde alles kaputt machen.‹«[331] Dabei liebt und verehrt er Katherine aus tiefster Seele: »Von der ersten bis zur letzten Sekunde hielt ich Katherine für ein absolut außergewöhnliches Geschöpf. Alles, was sie tat oder sagte, hatte seine eigene, ganz konkrete Gültigkeit. Ich glaube nicht, dass es mir jemals in den Sinn kam, sie in irgendeiner Weise zu kritisieren. Und lange Zeit war ich insgeheim mehr als erstaunt, dass sie ausgerechnet mich erwählt hatte.«[332] Doch genau das wird sie tun. Sie erwählt John Middleton Murry, der noch Jahrzehnte nach ihrem Tod in seinen Memoiren schreiben wird: »Ich war nur mit ihr echt und mit niemandem sonst. (...) Mein wahres Leben, von dieser Zeit an bis zu Katherine Mansfields Tod, war mein Leben mit ihr. Der Rest war nur ein Traum.«[333]

Von dem Tag an, an dem sie sich ihre Liebe gestehen, sind sie unzertrennlich – Seelenverwandte. »Wäre Katherine frei gewesen, hätten wir noch am nächsten Tag geheiratet«, schreibt Murry glückselig nach ihrer ersten gemeinsamen Nacht.«[334] Eine glatte Übertreibung, wie sich Jahrzehnte später herausstellt. Zwar bitten sie tatsächlich George Bowden in den nächsten Monaten einmal zu sich in die Wohnung, um über die Scheidung zu sprechen, aber diese scheitert keineswegs am Ehemann, wie Katherine und Murry ihren Freunden gern weismachen. George Bowden, der für 1912 den Umzug in die USA plant, legt seiner Noch-Ehefrau, die ihn für eine schuldunabhängige Scheidung in den USA gewinnen will, keine Steine in den Weg. Bei seinem Besuch wird er sogar von seinem Anwalt begleitet. Doch nachdem Katherine und Murry erfahren, dass eine derartige Scheidung in

England wohl nicht anerkannt werden wird, hört Bowden nichts mehr von den beiden: »Was nun die Scheidung anbelangt, so schien es ihr, obwohl ich sie fragte, ob sie diese wünsche, und die notwendigen Vorkehrungen getroffen wurden, bevor ich nach Amerika ging, egal zu sein. Ich vermute, dass diese unkonventionelle Lebensweise einfach ihren damaligen Ansichten entsprach. Dass die Scheidung mehrere Jahre lang nicht vollzogen wurde, lag einzig und allein an dieser scheinbaren Gleichgültigkeit, meiner Konzentration auf das Leben in den USA und dem Krieg von 14–18.«[335] Dem widerspricht Murry in seinen Erinnerungen energisch: »Wir empfanden keinerlei Vergnügen dabei, moralische Rebellen zu sein, wir wollten unbedingt miteinander verheiratet sein. Wir waren keineswegs so fortschrittlich, dass wir glaubten, so eine Zeremonie habe nichts zu bedeuten.«[336] George Bowden hingegen schreibt an den berühmten Mansfield-Biografen Antony Alpers noch in den 60er Jahren: »Erst als ich selbst wieder heiraten wollte, wurde das Verfahren, das vor meiner Abreise aus London noch eingeleitet worden war, abgeschlossen. Weder von K. M. selbst noch von Mr Murry gab es zu irgendeinem Zeitpunkt die Aufforderung, das Scheidungsverfahren fortzusetzen oder abzuschließen.«[337]

Katherine und Murry reisen derweil in ihren, wie sie selbst sagen, Flitterwochen nach Paris, wo sie sich als Mr und Mrs Murry vorstellen. Murry macht sie mit seiner guten Freundin, der amerikanischen Malerin Anne Estelle Rice, bekannt, die Katherine auf Anhieb sympathisch ist: »Sie ist eine ganz außergewöhnliche Frau – so heiter, so lebendig, gerade jetzt in voller Blüte und wirklich schön anzusehen. Sie ist so fit, und wenn sie glücklich ist und arbeitet, hat sie eine enorme persönliche Ausstrahlung – eine physische Ausstrahlung –, ich liebe es, ihr zuzusehen.«[338] Rice ist die Hauptillustratorin von *Rhythm* und hatte bereits Ausstellungen in London und Paris. 1912 widmet

Katherine ihr ihre in Neuseeland angesiedelte Kurzgeschichte »Ole Underwood«, in der ein geisteskranker ehemaliger Strafgefangener durch Wellington läuft und der Erinnerung an seine untreue Frau nachhängt, die er vor 20 Jahren ermordet hat. 1918 malt Anne Estelle Rice das berühmte rote Porträt von Katherine Mansfield.

Katherine stellt Murry auch ihre Freunde vor. Darunter den irischen Rechtsanwalt Charles Henry Gordon Campbell, späterer Lord Glenavy und Direktor der Bank of Irland. Der bringt bald auch seine Verlobte, die irische Malerin und Bildhauerin Beatrice Elvery, mit nach Clovelly Mansions. Die kann sich noch Jahre später lebhaft an ihr erstes Zusammentreffen mit Katherine erinnern: »Als wir ankamen, saß Katherine auf einem Wäschekorb am oberen Ende der Treppe und unterhielt sich mit hoher Stimme fröhlich mit dem Mann von der Wäscherei. Sie und Murry trugen marineblaue Fischerpullover, und ihr Haar war mit einem Pony quer über die Stirn gekämmt. (...) An jenem Abend, als wir uns zum ersten Mal trafen, saßen wir alle auf dem Boden in ihrer Wohnung, denn es gab nur sehr wenig Möbel. Wir unterhielten uns über Menschen, die miteinander schlafen, und über andere Dinge, die ich noch nie in der Öffentlichkeit gehört hatte. Ich hatte das Gefühl, dass Katherine versuchte, mich zu schockieren und zu vergraulen. Sie war schroff, intelligent und feindselig. Ich habe kein einziges Wort gesagt.«[339]

Murry, obwohl voller Enthusiasmus, steckt bis über beide Ohren in Geldnot. *Rhythm* ist ein ehrgeiziges Projekt, wirft aber nichts ab. Katherine versucht zu helfen, so gut sie kann, und überredet letztlich ihren Verleger Charles Granville von Stephen Swift Ltd., die Zeitung zu übernehmen. Dieser engagiert Katherine und Murry für ein Monatsgehalt von 10 Pfund als Herausgeber. Katherine schreibt nun Rezensionen und Essays für *Rhythm,* oftmals unter Pseudonym. Auch an neuen Erzählungen sitzt sie, die in *Rhythm* erscheinen sollen. Sie und Murry sind ein gutes Team, und nachdem in ihrer Zeitschrift eine Karikatur von George Banks erscheint, die die beiden als Tiger zeigt, nennt man sie im Kollegenkreis bald nur »die Tiger«. Katherine, von jeher begeistert von Spitznamen aller Art, bezeichnet Murry von nun an als »Wig« und sich selbst als »Tig«.

Ihr regelmäßiges Einkommen gestattet den beiden, im September 1912 ein Cottage in Runcton, in der Nähe von Chichester, anzumieten: »Ein ›Cottage‹ in der Tat, aber ein ›Cottage‹ im Jane Austen'schen Sinne des Wortes: ein sehr kleines Haus, das wir für 40 Pfund im Jahr haben konnten. (…) Als wir in dem langen, niedrigen Esszimmer standen und auf den ummauerten Garten hinausblickten, legte Katherine ihren Kopf an meine Schulter: ›Es ist so schön; es ist *unser* Haus.‹«[340] Der Umzug nach Runcton ist allerdings auch der Tatsache geschuldet, dass man sie im August 1912 aufgefordert hatte, Clovelly Mansions umgehend zu verlassen, weil sie nicht verheiratet sind.

Bevor sie nach Runcton ziehen, begleitet Katherine Murry noch nach Oxford, wo der seine letzten Prüfungen ablegt und diese wider Erwarten, trotz seines langen Fernbleibens von der Universität, auch irgendwie besteht. Bei dieser Gelegenheit reisen die beiden auch zu Murrys Eltern. Das Treffen ist kein Erfolg, sondern führt zu einem bitteren Zerwürfnis zwischen Sohn und Eltern. Die zeigen nur wenig Verständnis dafür, dass aus ihrem glanzvollen Oxford-Studenten ein Mann mit schlechtem Abschluss geworden ist, der mit einer verheirateten Frau zusammenlebt. Es kommt zu tumultartigen Szenen, die Murry, der seine Eltern liebt, sehr belasten.

Und dann geht es ab nach Runcton. Hier wollen sie in nächster Zeit leben, allerdings nicht allein. Enge Freunde, der französische Bildhauer Henri Gaudier-Brzeska und seine Lebensgefährtin, die polnische Schriftstellerin Sophie Brzeska, wollen zu ihnen ziehen. Gaudier-Brzeska ist Illustrator für *Rhythm* und gilt als einer der Urväter des Vortizismus, Englands Beitrag zur Moderne. Seine Beziehung mit der mehr als doppelt so alten Sophie stellt viele vor ein Rätsel. Obwohl er ihren Nachnamen trägt, sind die beiden nicht verheiratet. Die meisten seiner Freunde gehen von einer rein platonischen Beziehung der beiden aus, die Henri aber, für alle deutlich sichtbar, gern in eine leidenschaftliche verwandeln würde. Doch Sophie scheint lieber Prostituierte zu dulden, als selbst mit ihm zu schlafen. Beide Künstler gelten als hochneurotisch und haben diverse Spleens. So kocht Sophie nur montags und dann mit allem, was sie auftreiben kann. Den Rest der Woche wird kalt gegessen. Beide sind oft krank, Armut, Kälte und Hunger nagen an ihnen. Wenn ihr alles zu viel wird, stopft sich Sophie Baumwollfetzen in die Ohren, lehnt sich an die Wand und fängt lautstark an zu singen. Gaudier-Brzeska ist Workaholic. In manchen Nächten fertigt er 150 Zeichnungen und mehr an. Die Arbeit für *Rhythm* hat etwas Struktur und ein regelmäßiges Einkommen in ihr Leben gebracht. Dass sich nun ausgerechnet diese beiden in den Kopf gesetzt haben, mit nach Runcton zu kommen, behagt Katherine und Murry keineswegs. Da sie aber vor allem Gaudier-Brzeska sehr verbunden sind, richten sie den beiden in ihrem Cottage ein Zimmer ein. Doch noch ehe die beiden hier einziehen, kommt es zum Bruch. Gaudier-Brzeska, der den Fortschritt der Bauarbeiten besichtigen will, kommt eines Tages überraschend zum Cottage und muss am Küchenfenster Katherines Lästereien über Sophie mitanhören. Wütend stürmt er davon. Aus der tiefen Freundschaft wird abgrundtiefer Hass, den kein Versöhnungsversuch aus der Welt schaffen kann. Gaudier-Brzeska, der kurz darauf als Freiwilliger in den Ersten Weltkrieg zieht, stirbt 1915 als erbitterter Feind von Mansfield und Murry. Sophie Brzeska erleidet nach seinem Tod einen psychischen Zusammenbruch und stirbt 1925 in einer Anstalt. Heute finden sich Gaudier-Brzeskas Werke in der Tate Gallery ebenso wie im Musée National d'Art Modern im Centre Pompidou.

Katherine und Murry fühlen sich auch ohne Mitbewohner wohl auf dem Land: »Es kommt so häufig vor, dass Menschen, selbst wenn sie sich lieben, sich nicht – sich nicht – es ist schwer auszudrücken – sich gar nicht richtig kennen. Sie scheinen es auch gar nicht zu wollen. Und das finde ich schrecklich. Sie missverstehen einander in den wichtigsten Angelegenheiten. (…) Uns kann das nicht passieren, nicht wahr?«[341] Sie erhalten viel Besuch, unter anderem von Edward Marsh und Rupert Brooke, zwei Studenten der Universität Cambridge, die Murry seit Jahren kennt. Brooke kann die Landflucht der beiden absolut nachvollziehen, lebt er doch seit 1909 immer wieder in The Orchard, einem Tearoom in Grantchester, einem kleinen Weiler, zwei Meilen flussaufwärts von Cambridge entfernt: »Ich bin auf dem Land in Arkadien. (…) Hier arbeite ich an Shakespeare und sehe nur sehr wenige Menschen. (…) Ich wandere barfuß und fast nackt umher und betrachte die Natur mit einem wachen Auge. Ich gebe nicht vor, die Natur zu verstehen, aber ich komme sehr gut mit ihr zurecht. Ich beschäftige mich mit meinen Büchern, und sie beschäftigt sich mit ihren Hühnern und Gewittern und so weiter, und wir sind beide sehr tolerant. Gelegentlich trinken wir zusammen Tee. (…) Ich lebe von Honig, Eiern und Milch und sitze den ganzen Tag in einem Rosengarten, um zu arbeiten.«[342] Später übersiedelt er ins Pfarrhaus von Grantchester, dem er 1912 mit »The Old Vicarage« eines der beliebtesten englischen Gedichte widmet. Auch heute lebt im Pfarrhaus noch ein Schriftsteller: der Bestsellerautor, Ex-Häftling und konservative Politiker Jeffery Archer. Oft und gern schwimmt Rupert Brooke mit seinen Freunden nackt im nahe gelegenen Teich Byron's Pond. Man sagt, hier habe der legendäre Dichter

Lord Byron zu Studienzeiten gebadet. Brookes Bad mit der ebenfalls nackten Virginia Woolf gehört zu den Mythen dieses Ortes. Noch heute hält das Orchard, das mit Stolz verkündet, dass wohl nirgendwo auf der Welt so viele Berühmtheiten ihren Tee eingenommen hätten wie in den Segeltuchstühlen unter den alten Apfelbäumen in dem verwunschenen Garten, die Erinnerung an den Dichter wach. Als Reminiszenz an die letzten Zeilen seines Gedichts über Grantchester »Stands the Church clock at ten to three?/And is there honey still for tea?«[343] stand die Kirchturmuhr von Grantchester lange Zeit auf zehn vor drei. Während der »britische Apoll« Rupert Brooke, den W. B. Yeats als »den bestaussehenden Mann Europas«[344] bezeichnet, zum kultisch verehrten Dichter einer ganzen Generation wird, erlangt der begeisterte Kunstsammler und Herausgeber Edward Marsh vor allem als langjähriger Privatsekretär Winston Churchills Bekanntheit. Murry liebt ihn sehr: »Immer wenn ich an Eddie Marsh denke, denke ich an diesen Moment, als er, der stets Elegante und Makellose, mich auf seine Schultern klettern ließ, als wäre es das Natürlichste der Welt, und fest stand, während ich die leuchtend braunen Früchte pflückte, während der Rauch eines Feuers aus Blättern sich träge um uns wand.«[345]

Rupert Brooke, der 1915 als Soldat auf der griechischen Insel Skyros an einer Sepsis stirbt, wird aufgrund eines patriotischen Gedichts, das die *London Times* anlässlich seines Todes veröffentlicht, lange vor allem als patriotischer Engländer verherrlicht. Es dauert Jahre, bis dem bisexuellen Brooke, der zur Crème de la Crème britischer Dichter gehört, Gerechtigkeit widerfährt. Heute hat er erneut Kultstatus erlangt. Als Student ist Brooke ein großer Fan von Katherine Mansfield: »Die *kann* schreiben, verdammt.«[346] Mehrmals wird er Katherine und Murry in Runcton besuchen, auch wenn er sich nie ganz sicher ist, wie willkommen er tatsächlich ist: »Ich fahre morgen übers Wochenende nach ›Runcton Cottage‹ (...) Ich nehme an, die Tiger werden mich nicht länger als bis zum Montag ertragen.«[347]

Einer, der ebenfalls hierherkommt, ist Floryan Sobieniowski, ihr Liebhaber aus Wörishofen, der sich in England niederlassen will: »Da er mittellos war, kam er zu uns, mit zwei großen schwarzen Koffern voller Bücher und Manuskripte, er war ja Schriftsteller. Wir hießen ihn willkommen, obwohl er sowohl für unseren Geldbeutel als auch für unsere Nerven eine Belastung war.«[348] Schon seit Juli 1912 wird Sobieniowski als Polen-Korrespondent im Impressum von *Rhythm* aufgelistet. Mag sein, Katherine hat ihm aus schlechtem Gewissen diesen Job verschafft. Dennoch ist sie überrascht, als er plötzlich vor ihrer Tür steht. Sie bittet ihn, über ihr Verhältnis Stillschweigen zu bewahren, sie lebe jetzt mit Murry zusammen, der nichts von dem intimen Verhältnis der beiden ahnt. Floryan stimmt zu, bleibt aber dennoch hier und stört, wie Murry zeigt, mit seiner Melancholie das ungetrübte Glück der beiden: »An den einsamen Abenden hallte das Haus von seinen traurigen slawischen Liedern wider, und wieder einmal wurden wir von dem Gefühl der Vergänglichkeit aller menschlichen und schönen Dinge in den Bann gezogen.«[349]

Floryan bleibt Polen-Korrespondent von *Rhythm*, bis die Zeitschrift eingestellt wird. In den nächsten Monaten wird Katherine ihn beruflich fördern, so gut es ihr möglich ist. Es wird sogar eine Sonderausgabe von *Rhythm* über Stanisław Wyspiański angedacht. Inwieweit Sobieniowski dies alles von ihr für sein Schweigen einfordert oder Katherine von sich aus tut, ist unklar. Tatsache ist, er hat sie in der Hand, kann auf eindeutige Briefe verweisen, von denen Katherine, die später alles, was an jene Tage in Bayern erinnert, vernichtet, nicht möchte, dass sie publik werden. Sollte Murry sich über ihr Verhalten wundern, so unternimmt er dennoch nichts – dazu sind sein Phlegma und seine

Indifferenz anderen Personen gegenüber viel zu groß. Außerdem hat er bald ganz andere Sorgen.

Ein riesiger Skandal erschüttert England, der die beiden umgehend nach London zurückbeordert. Katherines Verleger Charles Granville, der neue Eigentümer von *Rhythm,* wird als Bigamist enttarnt. Unter Hinterlassung eines riesigen Schuldenbergs flieht er nach Algerien, nicht jedoch ohne vorher alle Konten abzuräumen, auch das von *Rhythm.* Dort wird er verhaftet, nach England ausgeliefert und trotz der Aussage seiner zwei Ehefrauen, dass er stets ein vorbildlicher Ehemann gewesen sei, zu sechs Jahren Haft verurteilt. In London erfährt Murry, dass die Kredite für *Rhythm* alle auf seinen Namen laufen. Um die Zeitung und ihren Lebensgefährten zu retten, verpfändet Katherine auf Jahre hinaus ihre väterliche Apanage an eine Druckerei. Das Cottage allerdings können sie nicht halten, im November 1912 kehren sie nach London zurück.

Hier müssen sie sich aufgrund ihrer angespannten finanziellen Lage zunächst mit einer Einzimmerwohnung in der Chancery Lane in Holborn begnügen. Ein begehbarer Kleiderschrank dient Murry als Büro. Ida ist zeitlebens überzeugt davon, dass Katherines Lungenleiden in dieser zugigen Bude seinen Anfang nimmt. Die Lage ist verzweifelt, doch dann wendet sich das Blatt. Die *Pall Mall Gazette* startet einen Aufruf zur Rettung von *Rhythm*: »Es waren einmal ein junger Mann und eine junge Frau, die liebten sich und die Poesie so sehr, dass sie beschlossen, ihr Leben der Förderung und Ermutigung der englischen Poesie zu weihen – insbesondere der Poesie von jungen und unbekannten Schriftstellern wie sie selbst … Doch dann brach die Brücke ihres Regenbogens (in diesem Fall der Verleger) unter ihnen zusammen, und außer der veränderlichen Währung ihrer Jugend blieb ihnen nichts.«[350] Mit Martin Secker, dessen Verlag den Grundstein für die 1936 gegründete britische Verlagsanstalt

Secker & Warburg bildet, findet sich ein junger Verleger, der die Zeitschrift übernimmt und Katherine und Murry als Herausgeber belässt. Umgehend ziehen die beiden ein paar Häuser weiter in eine etwas bessere Wohnung nach Chancery Lane 57. Unter dieser Adresse firmieren nun auch offiziell die Büroräume von *Rhythm*. Bald gehen hier Hugh Walpole, Frank Swinnerton, Rupert Brooke und J. D. Beresford ein und aus.

Es geht wieder aufwärts. Weihnachten 1912 verbringen Katherine und Murry mit Gordon Campbell und Beatrice Elvery sowie Gilbert Cannan und Mary Ansell in Paris. Beatrice erinnert sich in ihren Memoiren an die Katherine dieser Tage: »Während dieser Zeit in Paris schien Katherine sehr glücklich zu sein. Ich erinnere mich an ihre Ausgelassenheit, wie sie in ein Restaurant hineinwirbelte, ihren breiten schwarzen Hut von ihrem Bubikopf nahm und zwischen die Männerhüte an die Garderobe hängte. Ich erinnere mich an eine Gruppe Männer an einem Tisch, die sich mit der Zunge über die Lippen leckten und ›Oh, là là‹ sagten und wie sie leise in sich hineinlachte und sehr zufrieden mit sich war.«[351] Die Freunde sind häufig im Atelier von Anne Estelle Rice zu Gast, wo Beatrice Elvery einen von Katherines berühmten Auftritten erlebt, die sie immer dann hinlegt, wenn der Fokus ihrer Ansicht nach zu lange nicht mehr auf ihr gelegen hat. An diesem Tag stehen Anne Estelle Rice und ihre Bilder im Mittelpunkt. Zunächst zeigt sich Katherine, für die Rice eigens einen besonders bequemen Sessel aufgestellt hat, von den Bildern begeistert, fast schon zu begeistert. Dann plötzlich bricht sie in herzzerreißendes Schluchzen aus: »Die Farbe, die Form, das Licht – es ist alles genau so, wie ich es selbst empfinde.«[352] Den Freunden bleibt nichts anderes übrig, als die laut Weinende hinauszuführen und der sichtlich konsternierten Malerin Rice noch rasch ein paar Bilder als Kompensation abzukaufen. Zurück im Hotel kann Katherine über die ganze Aufregung nur herzlich lachen. Da derartige Auftritte häufig sind, bringen sie außer Beatrice, die derlei noch nicht oft miterlebt hat, niemanden mehr in Wallung: »Eines Abends (...) schluchzte sie und wand sich heulend: ›Ich bin eine verfluchte Frau.‹ Niemand außer mir schien von ihrer Darbietung beeindruckt zu sein. Ich wusste zu diesem Zeitpunkt noch nicht, wie sehr sie sich immer aufspielte, und ahnte nicht, dass sie sich in Wirklichkeit köstlich amüsierte.«[353] Obwohl Katherine Beatrice auch weiterhin das Gefühl gibt, ihr intellektuell unterlegen zu sein, bemüht sich Beatrice, der großen Schriftstellerin in ihren Erinnerungen dennoch gerecht zu werden: »Katherine war ein sehr schwieriger Mensch. Hinter ihrer ausdruckslosen Mimik schien ein endloser Aufruhr von Gefühlen und Gedanken im Gange zu sein. Sie war sehr vielschichtig, auch selbstkritisch und rang darum, sich zu verändern und das, was sie für die schlechten Seiten an sich hielt, loszuwerden. Sie war sehr verschlossen und manchmal schwer zu greifen; sie konnte so falsch und affektiert sein, dass man vor ihr zurückschreckte. Wahrscheinlich war dies eine Art Panzer, etwas, das ihre ausgeprägte Hypersensibilität schützen sollte. Zu anderen Zeiten konnte sie warm, heiter und sympathisch sein. In diesen Momenten war es ein großes Glück, mit ihr zusammen zu sein. Ihr Mut war enorm, ebenso wie ihre Fähigkeit, sich über ihre Leiden, ihre Krankheiten und ihre Armut lustig zu machen.«[354]

Nach ihrer Rückkehr aus Paris nimmt Katherine in ihrer Funktion als Mitherausgeberin von *Rhythm* über Edward Garnett Kontakt mit D. H. Lawrence auf. Garnett, der als Schriftsteller und Lektor zahlreichen später weltberühmten englischen Autoren zu ihrer ersten Veröffentlichung verhalf, ist mit D. H. Lawrence befreundet, den Katherine und Murry gern für ihre Zeitschrift gewinnen würden. Ein Anliegen, das von Weitsicht zeugt, ist der ehemalige Lehrer, der schwer an Tuberkulose erkrankt ist, doch erst am Anfang seiner Weltkarriere. Bisher sind nur die Romane *Der weiße Pfau* und *Todgeweihtes Herz* erschienen, und nur sehr wenigen ist bewusst, dass sich mit dem 1885 geborenen Engländer, wie sein Kollege E. M. Forster später sagen wird, der »größte, einfallsreichste Romancier unserer Generation«[355] in Position bringt. Allerdings ist D. H. Lawrence nicht nur genial, sondern auch einer der umstrittensten Künstler seiner Zeit. Privat und künstlerisch ist er skandalumwittert. Missbilligung rufen bis heute nicht nur sein Frauenbild, sondern auch seine kritischen Äußerungen gegenüber demokratischen Institutionen hervor, die ihn dem Verdacht aussetzten, mit dem Faschismus zu liebäugeln. Seine Bücher, mit ihren überwiegend sexuellen Motiven, gelten zu ihrer Zeit als obszön und sind wie sein berühmtestes Werk *Lady Chatterleys Liebhaber* zum Teil lange Jahre verboten. Seine eigene Sexualität bereitet ihm zeitlebens Schwierigkeiten. Heute gilt als gesichert, dass D. H. Lawrence homosexuell war. Als Katherine ihn anschreibt, lebt der Schriftsteller mit Frieda Weekley zusammen. Er hatte die 32-jährige Ehefrau seines ehemaligen Französischprofessors Ernest Weekley und Mutter dreier Kinder im April 1912 kennengelernt und war ihr im Mai nach Metz nachgereist. Nachdem klar war, dass die beiden von nun an ein Paar sind, reisten sie weiter nach Italien an den Gardasee, wo sie sich jetzt aufhalten. Frieda ist verarmter Adel und eine der berühmten von-Richthofen-Schwestern. Ihre Schwester Else von Richthofen ist eine der ersten Sozialwissenschaftlerinnen Deutschlands. Die kluge und rebellische Frau des Nationalökonomen Edgar Jaffes kann nicht nur die Sozialökonomen Max und Alfred Weber, sondern auch den Psychoanalytiker Otto Gross zu ihren Lebensgefährten zählen. Berühmt wird auch ihre Freundschaft mit Max Webers Ehefrau Marianne, die zusammen mit Else, der Geliebten ihres Mannes, ihren schwerkranken Mann bis zu seinem Tode pflegt.

Nach Max Webers Tod bleiben die beiden Frauen einander in tiefer Freundschaft verbunden. Die von-Richthofen-Schwestern, die einst erbitterte Rivalinnen um die Liebe des rauschgiftsüchtigen Otto Gross waren, sind ein wichtiger Bestandteil der berühmten Schwabinger Boheme, die sich vor dem Ersten Weltkrieg in München tummelt und ein für damalige Moralvorstellungen absolut »ungebührliches« Leben führen – frei, rebellisch und selbstbestimmt.

Nun lebt Frieda mit D. H. Lawrence zusammen, der gern für *Rhythm* schreiben würde, doch Garnett rät ihm ab, seinen Text, wie von Katherine gewünscht, ohne Bezahlung zur Verfügung zu stellen. Und so schickt er einen Text samt Honorarforderung. Tage später erhält Garnett folgenden Brief aus Katherines Feder: »Anbei zurück. Ich bedaure. Ich hatte Mr Lawrence erklärt, dass wir nichts bezahlen. Ich habe es ganz deutlich gemacht – Freundlichst K. M.«[356]

Im März 1913 ziehen Katherine und Murry in ein Cottage namens »The Gables« nach Cholesbury/Buckinghamshire. In unmittelbarer Nähe zum Haus liegt die Hawridge Windmill. Hier wohnen bereits Freunde: der Schriftsteller Gilbert Cannan und seine frisch angetraute Ehefrau, die 20 Jahre ältere Schauspielerin Mary Ansell. Ansell war zuvor die Ehefrau des Schriftstellers J. M. Barrie gewesen, Erfinder der literarischen Figur »Peter Pan« und ein guter Freund Cannans. Obgleich er die Scheidung lange zu verhindern suchte, unterstützt Barrie Mary finanziell bis ans Ende ihres Lebens. Jedes Jahr an ihrem Hochzeitstag nehmen Mary und Barrie ein gemeinsames Dinner ein, an dem er ihr seinen mehr als großzügigen Scheck überreicht, mit dem sie ein weiteres Jahr über die Runden kommt. Die alte Windmühle, in der das glückliche Paar Cannan/Ansell lebt, ist außergewöhnlich. Sie hat runde Wände, die Mary mit Blumenmustern tapeziert hat. Dafür hat sie Blüten, Blätter und Zweige ausgeschnitten, die sie nach eigenem ästhetischen Empfinden aufgeklebt hat. Die Außenwände der Mühle werden mithilfe von Katherine und Murry blau gestrichen.

Während Katherine die meiste Zeit nun hier auf dem Lande lebt, verbringt Murry weiterhin viel Zeit in der Stadt. *Rhythm* ist erneut in finanzielle Schieflage geraten. Als Herausgeber sieht er es als seine Pflicht an, vor Ort zu sein. Trotz der netten Gesellschaft fühlt sich Katherine unter der Woche, wenn Murry im Büro ist, einsam: »Jedes Mal, wenn du das Haus verlässt, fällt es in einen tiefen Schlaf und weigert sich beharrlich, vor nächsten Freitag aufzuwachen oder auch nur so viel wie das Lächeln in einem schönen Traum zu zeigen. Ich habe das Gefühl, ich bin schon sehr lange hier – es ist eine Art Neuseeland für mich. Ich bin sehr glücklich, Liebster. Aber wenn meine Gedanken zu dir abschweifen, dann halte ich sie rasch, rasch zurück. Es dauert jedes Mal sehr lange, bevor ich es ertragen kann, an dich zu denken. Weißt du, wenn ich nicht mit dir zusammen bin, wird jedes noch so winzige Teilchen von dir zu einem glühenden Schwert.«[357]

Murry unternimmt alles, um seine Zeitschrift zu retten. Unermüdlich versucht er, Geld aufzutreiben, alles, was er selbst verdient, fließt ohnehin umgehend in sein Lebenswerk. Zum Leben bleibt ihm kaum etwas. Umso willkommener erscheint ihm das Abschiedsdinner mit Rupert Brooke, der sich nach Amerika verabschiedet: »Ich werde heute Abend mit Rupert dinieren, weil er morgen früh nach Amerika abreist; es ist alles etwas albern, aber eine kostenlose Mahlzeit ist faszinierend.«[358] Er vermisst Katherine schrecklich: »Es hat den ganzen Tag geregnet, und ich fühle mich durchnässt und seelisch angeschlagen, aber nicht wirklich trübsinnig. Das Bett fühlte sich letzte Nacht furchtbar leer und groß an – wir sollten winzig kleine Betten haben, wenn wir voneinander getrennt sind, meinst du nicht auch?«[359]

Katherine fühlt sich in ihrem kleinen Cottage mehr und mehr verlassen. Alte, nie wirklich überwundene Ängste kehren wieder: »Ich bin den ganzen Tag wie eine Löwin, mein Liebling, aber mit dem letzten Tageslicht verwandle ich mich in ein Lamm und um Mitternacht – mon dieu! Um Mitternacht hat sich die ganze Welt in eine Schlachterei verwandelt!«[360] Murry schreibt sehnsüchtig an seine Tig: »Ich finde diese Trennung scheußlich – du bist so weit weg, dass ich nicht mit dir reden kann. Du weißt, dass ich dich letztes Wochenende noch schöner und liebenswerter fand als sonst. O Tig, du warst so süß und so niedlich, dass mir die Tränen kommen, während ich dies schreibe. Ich bete dich an, mein Liebling.«[361] In diesen Tagen erhält Katherine offensichtlich auch Post von George Bowden: »Ich habe einen Brief von G[eorge Bowden] bekommen. Darin steht, dass mir die Scheidungspapiere in ein oder zwei Tagen zugestellt werden. Kein Ärger und keine Kosten für uns.«[362] Es ist ein Brief ohne Folgen, noch wird geraume Zeit vergehen, ehe die beiden sich wirklich scheiden lassen. Und auch ein anderer Geist aus der Vergangenheit meldet sich erneut: Floryan Sobieniowski. Er hatte Katherine und Murry seine Koffer zur Aufbewahrung übergeben, nun will er sie in London abholen. Außerdem ist er pleite und bittet Murry um ein Darlehen. Obwohl völlig abgebrannt, zahlt ihm Murry in London eine nicht unerhebliche Summe aus, die er in Beträgen von 1 oder 2 Pfund zurückzahlen will. Die Causa Sobieniowski entwickelt sich zu einem Dauerbrenner: »Seit der Auflösung unseres Hausstands in Runcton hatten wir ihn unterstützt. Er war nominell unser Untermieter für 15 Schilling die Woche, aber da seine Methode, diese Summe zu bezahlen, darin bestand, sich von uns 25 Schilling pro Woche zu leihen, profitierten wir nicht besonders von diesem Arrangement. Am Ende schuldete er uns mehr als 40 Pfund, und als wir endlich den Mut aufbrachten, ihm zu erklären, dass wir ihn nicht länger unterstützen würden, mussten wir nicht nur erneut umziehen, um ihn loszuwerden, sondern ihm weitere 15 Pfund ›borgen‹, damit er ging.«[363] Am 19. Mai 1913 schreibt Murry an Katherine: »Ich schicke dir einen Brief, den du unbedingt aufbewahren musst. Er ist ein eindeutiger Beweis dafür, was für ein Lügner und Halunke Floryan ist und wie er uns überall in Schwierigkeiten bringen wird.«[364] Einen Tag später schreibt Katherine: »Floryan ist ein wirklich gefährlicher Betrüger.«[365] Immerhin sind sie ihn für die nächsten paar Jahre los. Im August unterzeichnet er einen Vertrag mit Bernard Shaw und übersetzt in der Folgezeit 40 seiner Stücke ins Polnische. Zweimal noch werden sie sich kurz begegnen. Doch erst im September 1920 wird Katherine von Sobieniowski erneut unsanft an die gemeinsame Zeit in Wörishofen erinnert werden.

Sie fühlte sich, nicht nur, was Sobieniowski anbelangt, im Moment zur Untätigkeit verdammt, sondern auch von Murry zur Hausfrau degradiert: »Gut, einer muss ja abwaschen & Essen besorgen. Sonst – gibt's nichts im Haus zu essen, außer Eier. Ja, ich hasse, hasse, HASSE das alles, was Du genauso annimmst, wie es alle Männer von ihrer Frau annehmen. Und ich kann das Hausmädchen leider nur sehr widerwillig spielen. Das ist ja in Ordnung bei Frauen, die sonst nichts zu tun haben. (…) Ich verachte diese Frau, die Dich ›überwacht‹ und losrennt, Türen knallt & Wasser verschüttet – völlig verlottert, die Bluse raus & die Nägel verdreckt. Mich ekelt und widert die Kreatur an, die Dich anschreit ›Du könntest wenigstens den Eimer leeren & die Teeblätter auswaschen!‹«[366] Doch bei Murry findet sie mit ihrer Klage kein Gehör. Er ist viel zu sehr mit der Rettung seiner Zeitschrift beschäftigt. Um einen Neuanfang zu gewährleisten, ändert er sogar den Namen in *The Blue Review* und druckt nach einem persönlichen Besuch von D. H. Lawrence und Frieda in London doch noch dessen Erzählung »The Spoiled Rose« ab.

Aber nicht einmal die Bekanntschaft mit der Bloomsbury Group in Person von Virginia und Leonard Woolf, die ihm Katherines Cousin Sydney Waterlow vermittelt, kann den Untergang seiner Zeitschrift abwehren. Zwar schickt Leonard Woolf tatsächlich einen Text, doch als der bei Murry ankommt, ist *The Blue Review* bereits Geschichte. Murry kann weder Virginia noch Leonard Woolf beeindrucken. Während Virginia ihn als einen »Jungen, der wie ein Mondkalb aussieht«[367] beschreibt, offenbart Leonard Woolf in seinen Memoiren: »Ich konnte Murry nie leiden. (…) Er war immer bereit, laut und ausgiebig über das Elend dieser Welt zu weinen, aber seine Augen erinnerten mich nur an die eines Krokodils.«[368] Was die beiden wohl gesagt hätten, wüssten sie, wie Murry nach der ersten Begegnung über sie urteilt: »Ich bin gestern mit Waterlow zum Tee gegangen, um diese Woolffs [sic] zu treffen. Ich halte nicht viel von ihnen. Sie gehören zu einem völlig unfähigen Cambridge-Kreis.«[369]

Nach nur drei Ausgaben stellt *The Blue Review* im Juli 1913 ihr Erscheinen ein. Murry kehrt zu Katherine aufs Land zurück. Hier vertieft sich nun die Bekanntschaft mit Frieda und D. H. Lawrence, dessen neustes Werk *Söhne und Liebhaber* soeben erschienen ist. Ein Roman, zu dem Frieda Essentielles beigesteuert hat und dessen Entstehung zu diversen Streitigkeiten, ja sogar zur vorübergehenden Trennung der beiden geführt hat. Jetzt liegt er vor und macht aus dem Bergarbeitersohn den neuen Star der britischen Literaturszene. Der *Manchester Guardian* bezeichnet ihn gar als »den bemerkenswertesten zeitgenössischen Dichter«.[370]

Leider wird gerade jetzt deutlich, dass die Tuberkulose das Leben des Dichters, der die Krankheit bis zum Schluss leugnet, bereits fest im Griff hat. Bunny Garnett, der Sohn Edward Garnetts, entdeckt eines Tages einen großen roten Fleck im Taschentuch des Schriftstellers. Dennoch weigert sich D. H. Lawrence kategorisch, einen Arzt aufzusuchen. Immerhin kann ihn Frieda von einem Kuraufenthalt im Seebad Kingsgate, Broadstairs, überzeugen. Die beiden mieten »Riley House«, ein Sommerhaus am Meer, zu dem auch ein Badezelt gehört, das unterhalb der Kalkfelsen steht.

Etwa zur selben Zeit verlassen Katherine und Murry ihr Cottage und mieten eine kleine Wohnung mit Wohnküche in Barons Court in den Chaucer Mansions/West Kensington, London. Im Hinterhof gibt es gar einen Tennisplatz für die Mieter. Dies darf nicht darüber hinwegtäuschen, wie pleite die beiden wieder einmal sind. Die Begleichung der Schulden von *Rhythm*, für die nahezu Katherines gesamte väterliche Apanage verwandt wird, ist problematischer als gedacht. Momentan sind sie so abgebrannt, dass sie kein Geld haben, der Einladung von Frieda und D. H. Lawrence nach Kingsgate nachzukommen. Als diese den wahren Grund für die Absage ihrer Einladung erfahren, schickt D. H. Lawrence umgehend Reisegeld: »Oh, warum sind Sie nicht gekommen und haben sich nicht ein Pfund von uns geliehen. Ich meine, wenn Sie eine so schwere Zeit hinter sich haben, dann dürften Sie keinen Verdruss über sich bringen, bloß des Geldes wegen. Das scheint mir unrecht zu sein. Ebenso gut, wie wir fünf Pfund auf der Bank haben, können wir sie auch Ihnen leihen – wenn Sie dies wollen. (…) Kommen Sie am Sonnabend, und bleiben Sie bis Montagmorgen. Wir bringen Sie unter. Auf keinen Fall sollen Sie Hühnchen oder ähnlichen Plunder mitbringen. Kommen Sie am Wochenende, und baden Sie. (…) Es wird dann gegen 5 Uhr Flut sein. Sie baden Sonntag und baden Montagmorgen. Dann wird Ihnen viel fröhlicher zumute sein.«[371] Es werden schöne Tage. Murry beschreibt in seinen Erinnerungen, wie man gemeinsam nackt im Meer schwimmt und anschließend vor dem Feuer zusammensitzt. Für Katherine wird Lawrence' *Söhne und Liebhaber* zum Anstoß, endlich mit ihrem Roman »Maata« zu beginnen. 35 Kapitel skizziert sie, nur zwei wird sie ausarbeiten. Mit Frieda knüpft sie freundschaftliche Bande, von denen Frieda in ihrer Autobiografie berichtet: »Wir verlebten herrliche Stunden zusammen. (...) Hätte ich sie in einem einzigen Wort zu beschreiben, würde ich das Wort *exquisit* wählen. Sie war exquisit in ihrer Person, liebenswürdig, fein, mit schimmerndem braunem Haar, nicht groß und nicht klein, nicht dünn oder dick – gerade recht. Wenn wir zusammen baden gingen, schien sie mir lieblich wie eine Statuette. Immer war sie makellos gepflegt. Auf der Straße trug sie sehr gut geschnittene Mäntel oder Röcke und Blusen und einen einfachen Hut mit leicht männlichem Anstrich. Zu Hause oder abends trug sie faszinierende kleine Jacken aus Samt oder einem ungewöhnlichen Material. (...) Wäre sie noch am Leben und ich träfe unvermutet auf ihr Haus, so wüsste ich sofort: Hier wohnt Katherine. Es wäre etwas an den Vorhängen oder am Türklopfer oder an den Pflanzen oder Fischen in einer Schale, was nur zu ihr gehören könnte.«[372]

Katherine ist Frieda in den nächsten Monaten eine wichtige Stütze. Durch die Trennung von Ernest Weekley hat Frieda völlig im Einklang mit der geltenden Rechtsprechung das Sorgerecht für ihre drei Kinder verloren, deren alleiniger gesetzlicher Vertreter der Vater ist. Professor Weekley hat, tief gekränkt, seiner Ex-Frau den Umgang mit den Kindern untersagt. Für Frieda eine Tragödie, der sie sich nicht beugen will. Am 30. Juni 1913 sucht sie ihren Sohn heimlich an seiner Schule auf und steckt ihm einen Brief zu. Einen Tag später gelingt es ihr, auf der Straße ein paar Worte mit ihren Töchtern zu wechseln, ehe diese von einer aufgebrachten Gouvernante weggezerrt werden. Ergebnis dieser Aktionen ist ein richterlicher Beschluss, der Frieda jeglichen Kontakt mit ihren Kindern verbietet.

Im Oktober 1913 erscheint in der *Westminster Gazette* Katherines Neuseelandgeschichte »Old Tar«. Sie ist sehr aufgeregt, plötzlich macht sie sich Gedanken, was wohl ihre Familie dazu sagen wird. An ihre kleine Schwester Jeanne schreibt sie: »Meine Liebe, ich habe eine Geschichte über Makra Hill geschrieben, die ›Old Tar‹ heißt, und hab sie an die *Westminster* geschickt, die sie akzeptiert hat. (…) Sobald sie erschienen ist, was hoffentlich nächsten Samstag der Fall sein wird, schicke ich dir eine Ausgabe. Aber lass sie bloß nicht in der Karori Road herumliegen, sonst handle ich mir noch eine Verleumdungsklage ein.«[373]

Ende November 1913 reisen Katherine und Murry nach Paris. Diesmal wollen sie länger bleiben, planen gar einen Umzug in die französische Hauptstadt. Murry will sich als Frankreich-Korrespondent der *London Times* etablieren. Das Reisegeld leihen sie sich von Katherines Schwester Vera, die gerade ihr zweites Kind erwartet und seit Längerem ebenfalls in London lebt. Die Möbel für die neue Wohnung in der Rue de Tournon spendiert Ida. Katherine beginnt mit ihrer Erzählung »Etwas Kindisches, aber sehr Natürliches«. Wie aus einem Brief an ihre Schwester Chaddie hervorgeht, ist sie froh, wieder in der französischen Hauptstadt zu sein: »Ich weiß, ich werde das Leben in Paris genießen. Es ist so menschlich, und die Stadt hat so etwas Erhabenes – der Fluss ist hier viel mehr Teil der Stadt als die Themse. Es ist eine richtige Stadt, alt und schön, und das Leben spielt sich in aller Öffentlichkeit ab.«[374] Ihre Begeisterung für Paris ist nicht zuletzt ihrer Faszination für Murrys alten Freund Francis Carco geschuldet, dem ehemaligen Paris-Korrespondenten von *Rhythm*. Geboren in Neukaledonien im Südpazifik, finden Katherine und Carco als Schriftsteller mit Kolonialerfahrung umgehend einen gemeinsamen Nenner: »Kate verbeugte sich und sagte dann zu mir: ›Entschuldigen Sie, *je ne parle pas français!*‹ Noch immer sehe ich sie vor mir. (…) Eine Franse dunkelbrauner Haare bedeckte ihre Stirne. Sie trug einen langen dunklen Mantel, der mit

Nickelknöpfen garniert war. Es hatte geregnet, der Wind blies, die Laternen der Fiaker, der Taxis, der Tramwagen, der Omnibusse verschwammen im Nebel. (...) Katherine ging an Jacks Seite die geschlossenen Schaufenster entlang; sie gab ihm nicht den Arm. Sie sah aus, als wäre sie etwas entrückt. Trotzdem erriet man, dass sie fähig wäre, allein in der Nacht in irgendeiner Stadt ihren Weg zu finden.«[375] Carco, dessen auflagenstarke Romane fast alle im Rotlichtmilieu von Paris spielen, wird bald ihr Liebhaber werden und als »Raoul Duquette«, französischer Schriftsteller und skrupelloser Lebemann, in ihrer Erzählung »Je ne parle pas francais« (1920) in die Literaturgeschichte eingehen: »Noch nie habe ich einer Frau gegenüber Avancen machen müssen. Und das nicht, weil ich nur eine Sorte Frauen kennen würde – gewiss nicht. Kleine Prostituierte und ausgehaltene Frauen, nicht mehr junge Witwen und Ladenmädchen, Gattinnen ehrbarer Männer und sogar fortschrittliche, literarisch gebildete Damen bei den exklusivsten Diners und Soireen (an denen ich teilnahm), sie alle traten mir nicht nur unterschiedslos willig, sondern unmissverständlich auffordernd entgegen. (...) Erstaunlich, nicht wahr? Wie kommt es, dass ausgerechnet ich jede Frau haben kann, die ich haben will?«[376]

Murry kann Katherines Begeisterung für Paris nicht teilen. Seine Hoffnung, als Korrespondent hier Fuß zu fassen, erfüllt sich nicht, seine finanzielle Lage ist und bleibt katastrophal. Anfang des Jahres 1914 ruft ihn das neueröffnete Konkursverfahren gegen *Rhythm* nach London zurück. Katherine bleibt in Paris: »Mach dir keine Sorgen, ich bin sehr vorsichtig mit meinem Geld gewesen & alles ist pünktlich bezahlt worden – die Wäsche der letzten zwei Wochen & die Aufwartefrau, und ich habe immer noch 60 Franc.«[377] Sie entdeckt die Schriftstellerin Colette für sich und schreibt in ihr Tagebuch: »Ich ging in J.s Zimmer und schaute durch das Fenster. Es war Abend, mit wenig Licht, und das bisschen Licht, das da war, war sehr mild – die launenhafte Stunde, in der die Menschen nie ganz im Brennpunkt zu sein scheinen. (...) Der Wind ist schrecklich heute Abend. Ich bin sehr müde – aber ich mag nicht zu Bett gehen. Ich kann weder *schlafen* noch essen. Zu müde.«[378] Mit »Etwas Kindliches, doch sehr Natürliches« beendet sie ihre bis dato längste Geschichte und auch die erste, in der sie eine episodische Erzählstruktur benutzt, um sich verändernde Emotionen darzustellen. In einzigartiger Manier deckt sie dabei die Naivität auf, die hinter Träumen und romantischer Idealisierung oft verborgen ist. Etwas, wovon sie selbst nicht ganz frei ist. Mit der Sehnsucht nach Murry erwachen auch andere Sehnsüchte: »Ich dachte: Wenn ich ein Kind hätte, würde ich jetzt mit ihm spielen und mich darin verlieren und es küssen und zum Lachen bringen. Und ich würde mich von dem Kind gegen meine tiefsten Gefühle beschützen lassen. Wenn ich das Gefühl hätte: ›Nein, ich will nicht länger daran denken, es ist unerträglich‹, dann würde ich das Baby schaukeln. Ich glaube, dass dies für alle Frauen zutrifft. Und es erklärt den merkwürdigen Ausdruck der Sicherheit bei jungen Müttern: Sie sind gefeit gegen jeden äußersten Gefühlszustand durch das Kind in ihren Armen.«[379]

Nachdem Murry im Februar 1914 seinen Konkurs endgültig abgewickelt hat, bietet ihm die *Westminster Gazette* die Position eines Kunstkritikers an. Dies würde allerdings bedeuten, dass er nicht mehr nach Paris zurückkehren kann. Katherine trägt es, trotz ihrer Begeisterung für Paris, mit Fassung: »Wenn wir hier mit 10 Pfund im Monat nicht auskommen können (und das können wir nicht), dann ist hier vorläufig Schluss. Du solltest tun, was du für richtig hältst – ich würde sagen, nimm den Job bei Westminster für mindestens ein Jahr an, dann hast du in dieser Zeit ein regelmäßiges Einkommen von 5 Pfund pro Woche. Deine Arbeit erfordert Freiheit von all diesen zermürbenden Ängsten. Was den Umzug anbelangt, so denke ich, dass es nicht schwierig sein wird, die Wohnung weiterzuvermieten.«[380] Damit ist der Entschluss gefasst, sie kehren nach London zurück. Mithilfe von Francis Carco werden Idas Möbel verkauft, den opulenten Diwan, der am Ende übrig bleibt, veräußern sie an ein Bordell. Gleichwohl ergeht an Ida die Bitte um Reisegeld zurück nach Hause. Die zerreißt einen 5-Pfund-Schein und sendet die Hälften in zwei Kuverts über den Ärmelkanal. Ihre Bedenken gegenüber der französischen Post sind enorm. Katherine findet dieses Verhalten reichlich verrückt, ist aber dennoch dankbar: »Liebe Ida, all unsere Sachen sind gepackt – der Bücherpacker ist gerade da gewesen, und wir warten auf den Mann, der die letzten Möbel wegtragen soll. Es ist schmierig und zugig hier und riecht nach Staub, Teeblättern und Zigarettenstummeln. Du kannst Dir keinen wüsteren, öderen Ort vorstellen. Die Wanduhr (verkauft) tickt verzweifelt und glaubt noch nicht dran, dass sie gehen muss. In einem Augenblick der Verzweiflung hat Jack sogar das Bettzeug verkauft. Ja, ich *bin* müde, Liebes, ein wenig, aber die Müdigkeit ist vor allem innerlich. Ich bin es leid, hartgekochte Eier aus der Hand zu essen und Milch aus der Flasche zu trinken.«[381]

Als Katherine und Murry London erreichen, sitzt Ida selbst auf gepackten Koffern. Sie übersiedelt zu ihrem Vater nach Rhodesien. Keiner ihrer Träume hatte sich erfüllt. Weder die Musik noch ihr Privatleben hatte sich nach ihren Wünschen entwickelt. Die Wohnung ist aufgelöst, schon vor Monaten war ihre Schwester dem Vater nach Rhodesien gefolgt. In den letzten Wochen hatte Ida in einem erbärmlichen Zimmer mit einer Matratze auf dem Fußboden gehaust. Nachdem Katherine geplant hatte, in Frankreich zu bleiben, hatte sich Ida letztlich entschlossen, der Familie nach Rhodesien zu folgen. Wie hätte sie ahnen sollen, dass Katherines Rückkehr unmittelbar bevorstand: »Wir saßen im Schein des Kaminfeuers beisammen, schwiegen und dachten an die bevorstehende Zeit unserer langen Trennung. Jede Nervosität fiel auf einmal von mir ab. Dann verabschiedete ich mich von ihr und rannte über die regennasse Straße, erwischte den Bus und packte zu Hause meine Koffer fertig.« So schildert Ida ihren letzten Abend in London.[382] Jetzt gibt es kein Zurück mehr. Am nächsten Morgen steigt Ida in den Zug, der sie zum Schiff bringt: »Evelyn Payne, die Cousine von Katherine (unsere gemeinsame Freundin vom Queen's College) war am Bahnhof, was mich sehr rührte. Sie war um mich besorgt und glaubte, mir helfen zu müssen, stieß mich den Bahnsteig entlang und schubste mich in mein Abteil. Noch andere Freundinnen und Bekannte waren dort, aber in meiner Aufregung übersah ich alle. Nur Katherine fehlte. Wahrscheinlich war sie dabei, eine billige Unterkunft in Chelsea zu suchen.«[383]

> »*Sie waren nicht genug in einander verliebt,
> um sich vorstellen zu können, dass 350 Pfund
> im Jahr ihnen alle Annehmlichkeiten
> des Lebens bieten würden.*«
>
> (Jane Austen: Verstand und Gefühl)

»*Morgens, so um zehn Uhr dreißig, fange ich an,
mich zu erneuern*«

VI.

Die Katze im Burberry-Mantel
oder Die ominöse Sexualität der Bäume

Katherine Mansfield, Tagebuch, ein Sonntag im März 1914
»Habe ich ihr glückliches Leben zerstört? Bin ich schuld daran? Wenn ich sehe, wie blass sie ist und wie sie mit den Füßen schlurft, wenn sie zu mir kommt – tränennass; wenn ich sehe, wie die Knöpfe lose an ihren Kleidern hängen und wie ihr Rock zerrissen ist – warum mache ich mir dann Vorwürfe und fühle mich für sie verantwortlich? Sie macht mir das Geschenk ihrer selbst. ›Nimm mich, Katie, ich bin dein. Ich will dir dienen und deine Wege gehen, immer, Katie.‹ Ich hätte einen glücklichen Menschen aus ihr machen sollen. (...) Manchmal finde ich Entschuldigungen für mich. ›Wir waren zu gleichaltrig. Ich experimentierte und war verletzt, wenn sie sich an mich lehnte. Ich hätte das Opfer nicht verhindern können, auch wenn ich es gewollt hätte.‹«[384]

London, Anfang 1914
Wieder in London, ist Katherine froh über Idas Abreise, zu sehr engt sie deren aufopfernde Demut ein: »Niemand weiß oder kann wissen, welche Last L. M. für mich ist. Sie zieht mich einfach hinab und sitzt dann auf mir, ruhig und blass. Die tiefste Ursache meines Glücks in Paris war der Umstand, dass ich vor ihr sicher war.«[385] Gleichwohl kann sie sich eines schlechten Gewissens nicht erwehren, fühlt eine gewisse Mitschuld daran, was aus der einst so kreativen und selbstständigen Ida geworden ist. Die wird sich aus ihrer tiefen Abhängigkeit von Katherine niemals befreien. Sie legt Katherine all ihre Liebe zu Füßen, auch wenn sie ahnt, dass von der Freundin nichts zu erwarten ist: weder bedingungslose Liebe noch Solidarität, Loyalität oder dauerhaft aufrichtige Freundschaft. Zu all dem ist Katherine nur phasenweise in der Lage: Kurz vor ihrer Abreise nach Rhodesien war Ida in einem so desaströsen Zustand bei Katherine aufgetaucht, dass diese nicht umhinkonnte, sie auf die Ottomane vor dem Kamin zu betten: »Als ich sie zudeckte, war sie so rührend – ihr langes blondes Haar – das mir so vertraut ist, das ich schon so lange kenne – aus dem Gesicht gezogen, so dass es leicht war, mich zu bücken und sie zu küssen, nicht so, wie ich es gewöhnlich tue, mit einem kleinen halbherzigen Kuss, sondern mit schnellen, liebevollen Küssen, wie man sie freudig einem müden Kinde gibt. ›Oh!‹, seufzte sie, ›davon habe ich geträumt.‹ (Die ganze Zeit über empfand ich einen leichten Widerwillen.) ›Oh!‹, hauchte sie, als ich sie fragte, ob es ihr jetzt bequem sei, ›das ist das Paradies, Liebste.‹ Guter Gott! Ich muss normalerweise ja ein gefühlloser Unmensch sein. Es war das erste Mal in all diesen Jahren, dass ich mich zu ihr niederbeugte und sie so küsste. Ich weiß nicht, warum mir ihre Berührung immer ein wenig zuwider ist. Ich könnte sie nicht auf die Lippen küssen.«[386] Arme, unglückliche Ida.

Mit von Gordon Campbell geliehenen 2 Pfund und 2 Shilling ziehen Katherine und Murry nach Beaufort Mansions 119, Chelsea. Doch so schön die Wohnung auch ist, sie ist viel zu teuer. Kaum eingezogen, macht Katherine sich deshalb auf die Suche nach einer bezahlbaren Unterkunft in der Nähe. Nachts wird sie einmal mehr von Albträumen heimgesucht, aus denen sie nur schwer erwachen kann. Ihre Träume offenbaren jetzt immer öfter die ungestillte Sehnsucht nach einem eigenen Kind. Ihre Arbeit geht nur schleppend voran. Alles, was sie schreibt, landet umgehend im Papierkorb. Katherine ist genauso unzufrieden wie Murry. Der ist nun als Kunstkritiker tätig, anstatt wie geplant einen Roman zu schreiben. Er fühlt sich missverstanden und missachtet, daran ändern auch D. H. Lawrence' aufmunternde Briefe nichts: »Geben Sie nicht das Gefühl auf, dass die Menschen hören *wollen*, was Sie zu sagen haben. (…) Seien Sie nicht so unglücklich! (…) Ich bin überzeugt, dass Sie der beste Kritiker Englands sind; ich bin überzeugt, dass Sie ganz gewaltig zu einem neuen, reineren Standpunkt beitragen können. Aber Sie können nichts tun, wenn Sie so in Ihrem Unglück wühlen. Willigen Sie ein, arm und abhängig zu sein – was macht das schon.«[387]

Während Murry darüber grübelt, wer er ist, wer er sein möchte und wohin er will, knüpft Katherine zum ersten Mal seit ihrem Weggang emotionale Bande nach Neuseeland. Ihre Gedanken drehen sich jetzt verstärkt um die Familie. Am 24. März, dem Geburtstag ihrer Mutter, schreibt sie sehnsuchtsvoll in ihr Tagebuch: »Ich wachte um zwei Uhr auf, erhob mich und setzte mich an den Fenstersims und dachte über sie nach. Ich würde sie so gern wiedersehen und die kleine Falte zwischen ihren Augenbrauen, und ihre Stimme hören. Aber ich glaube nicht, dass ich sie wiedersehen werde. Meine Erinnerung an sie ist so vollkommen, dass ich nicht glaube, dass sie gestört werden wird.«[388] Tatsächlich wird sie ihre Mutter nie mehr wiedersehen. Mit ihren

Erzählungen wird sie jedoch dafür sorgen, dass die Nachwelt einen durchaus zwiespältigen Eindruck von Annie Beauchamp erhält, einer Frau, der Katherine als erwachsene Frau unzweifelhaft sehr nahesteht.

Aktuell fühlt sie sich nicht gut, hadert mit ihrer Situation. Dass sie schreiben muss, um Geld zu verdienen, ist ihr zuwider. Murry hingegen ist viel zu sehr auf der Suche nach sich selbst, um ihre Frustration zu bemerken: »Ich spüre in mir den unaufhörlichen Wunsch, ein Kind zu sein. Ich möchte mich in einem anderen verlieren, meine Persönlichkeit aufgeben, beschützt und fast körperlich bemuttert werden wie ein Kind.«[389] Es scheint, als habe Katherine bereits ein Kind, wenn auch ein ziemlich großes.

In dieser Phase ihres Zusammenlebens zeigen sich erste wesentliche Gegensätze zwischen den beiden. Während Murry liebend gern unter Menschen ist und keine Einladung ausschlägt, durchlebt Katherine eine Phase der inneren und äußeren Zurückgezogenheit, meidet Menschen, wo immer sie kann: »Das Leben ist hassenswert, kein Zweifel. (...) Ich bin sicher, dass J. in angenehmer Gesellschaft viel Vergnügen finden könnte. Ich nicht. Ich bin fertig damit, und jetzt kann ich damit überhaupt nichts anfangen. Ich würde so viel lieber müßig über dem Brückengeländer lehnen und den Booten zuschauen und den freien, ungewöhnlichen Menschen, und spüren, wie der Wind bläst. Nein, ich hasse die Gesellschaft.«[390] Ihr Blick auf ihre Mitmenschen wird zunehmend negativer, die meisten Menschen verachtet sie, eine Abneigung, die mit der Urkatastrophe des Ersten Weltkriegs in Hass umschlagen wird.

Zu den wenigen Ausnahmen, die sie gern um sich hat, gehört Samuel Koteliansky, kurz Kot genannt, ein ukrainischer Anwalt und Übersetzer, der Katherine ein treuer Freund wird: »Sie konnte Dinge tun, die mir zutiefst zuwider waren, sie konnte übertreiben und lügen, aber die Art und Weise, wie sie es tat, war so bewundernswert, so einzigartig, dass ich mich überhaupt nicht darum kümmerte, was sie sagte, es war einfach nur schön. (...) Ich bin kein Richter ... Ich liebe sie zu sehr, um sie zu beurteilen.«[391] Kot bringt Zigaretten vorbei oder leistet moralische Unterstützung, je nachdem, was gerade dringender gebraucht wird. Dank seines zuvorkommenden Wesens und seiner außerordentlichen Kenntnis der russischen Literatur, die bei britischen Intellektuellen gerade sehr angesagt ist, ist Kot allseits beliebt. Auch Katherine beschäftigt sich eingehend mit russischer Literatur und kommt dabei zu Schlussfolgerungen, die wohl nicht jeder teilt: »Wenn ich etwas lese, zum Beispiel Gorki, bin ich mir bewusst, wie überlegen ich ihnen allen bin. (...) Ich kann einfach nicht verstehen, dass es eine Zeit gab, da ich mir etwas aus Turgenjew machte. So ein Poseur! So ein Heuchler!«[392]

Anfang April 1914 ziehen Katherine und Murry in ein schäbiges Apartment nach Edith Grove 102 um. Mehr ist nicht drin. Immerhin liegt die Wohnung in Chelsea. Es ist dort so zugig und feucht, dass beide schwer an Rippenfellentzündung erkranken. Katherine ist sehr deprimiert: »Ein wahres Grauen vor Menschen überkommt mich. (...) Ich wäre froh, wenn ich auf einem Hausboot leben könnte, mit Jack als meinem Ehemann und einem kleinen Jungen als Sohn.«[393] Zum ersten Mal lebt sie nun mit einem geliebten Menschen längere Zeit zusammen. Das reine Vergnügen ist es nicht. Murrys Mangel an Empathie macht ihr zu schaffen: »Nichts hilft oder könnte mir helfen, außer einem Menschen, der erraten könnte, was in mir vorgeht. Und J. ist viel zu sehr von seinen eigenen Angelegenheiten in Anspruch genommen, der liebe Arme, als dass er es jemals könnte. Auch spielen Menschen in seiner Nähe psychologisch gesehen für ihn keine Rolle. Solange man sich nicht direkt mit ihm beschäftigt oder sich gegen ihn richtet, bleibt er völlig unbeteiligt.«[394]

Katherine liebt Murry, doch das Zusammenleben mit ihm,

die Armut und Unbequemlichkeit setzen ihr zu. Schreibblockaden und die Unzufriedenheit mit dem Verfassten setzen ihr zu: »Ich habe mich entschlossen, alles, was ich geschrieben habe, zu zerreißen und neu anzufangen.«[395] Als Murry aus St. Petersburg das Angebot erhält, für die Kaiserliche Bibliothek tätig zu werden, ist die Versuchung groß, London den Rücken zu kehren. Letztlich aber lehnt er ab.

Im Juli kommen D. H. Lawrence und Frieda nach London. Sie sind entsetzt, unter welch erbärmlichen Bedingungen Katherine und Murry hausen. Dass Katherine während des gemeinsamen Dinners gesteht, wie sehr ihr das Leben hier zuwider ist, führt zu einem erbitterten Streit mit Murry, der ihre Offenheit als Verrat betrachtet. Gleichwohl macht er sich auf die Suche nach einer neuen Bleibe. Dass sie gleich in der Nähe eine wunderschöne Wohnung in der Arthur Street 111 finden, die zudem auch bezahlbar ist, grenzt an ein Wunder. Allerdings erfahren sie schon in der ersten Nacht, warum die Wohnung so günstig ist – es wimmelt vor Ungeziefer: »Wir schliefen auf dem Dachboden, und die Biester griffen uns an. (…) Wir konnten überhaupt nicht schlafen. Mitten in der Nacht gingen wir darum in düsterer Stimmung in unsere Küche, um uns Tee zu machen. (…) ›Stellen wir uns doch vor, wir wären Russen‹, sagte Katherine. ›Oder in der Trainingsphase für Russland‹, erwiderte ich (…). Und dann fingen wir an zu lachen, reumütig zwar, aber unüberhörbar. Es war die urkomische Zuspitzung all unserer bisherigen Erfahrungen.«

Am 13. Juli heiraten Frieda und D. H. Lawrence auf dem Standesamt in Kensington. John Middleton Murry und Gordon Campbell fungieren als Trauzeugen, Katherine ist der einzige Gast. Auf der Taxifahrt zum Standesamt kauft D. H. Lawrence noch rasch einen Ehering. Ihren alten Ehering schenkt Frieda Katherine, die ihn zu ihrem Lieblingsring kürt, mit dem sie später sogar beerdigt wird. Die Hochzeitsfeier in kleinem Rahmen findet bei den Campbells statt. Die Fotografie, die dabei im Hof von Selwood Terrace entsteht, ist heute in allen D. H. Lawrence Biografien enthalten, meist aber ohne die ebenfalls abgelichtete Wäsche an der Leine.

In den folgenden Monaten ist Katherine Frieda sehr nahe, ist sie doch anscheinend die Einzige, die deren Agonie ihrer Kinder wegen versteht. Noch immer ist es ihr bei Strafe verboten, sich den Kindern zu nähern. Der betrogene Ex-Mann verfolgt Frieda mit unversöhnlichem Hass, wie D. H. Lawrence schreibt: »Frieda ist weiterhin hartnäckig dahinter her, die Kinder zu erwischen. Sie hat sie gesehen – die kleinen Mädchen wurden von einer dicklichen, blässlichen, kränklichen, jüngferlichen Tante eskortiert, die, als sie ihre Mutter sah, den Kindern zukreischte – ›Lauft, Kinder, lauft‹ –, worauf die armen Dinger in Panik gerieten und liefen. Frieda hat ihrer Mutter geschrieben, dass sie kommen soll. Ich hoffe, dass die alte Baronin hier voll Entrüstung aufkreuzen wird. Dann werden die Fetzen fliegen in dem madigen Weekley-Haushalt – verdammt soll das ganze etiolierte Pack sein, Maden!«[396] Während D. H. Lawrence auf Friedas Passion für ihre Kinder zunehmend mit Eifersucht reagiert, findet Murry Friedas Verhalten einfach nur peinlich. Einzig Katherine ist eine unerschrockene Komplizin, wenn es darum geht, den Kindern Botschaften zuzustecken oder Treffen zu arrangieren.

Mitte August ereilt das Paar die Nachricht vom Ausbruch des Ersten Weltkriegs. Murry, angesteckt von einer um sich greifenden Kriegseuphorie, meldet sich umgehend freiwillig zu einer Fahrradeinheit. Doch schon auf dem Nachhauseweg wird ihm klar, dass dies ein Fehler war. Ein ärztliches Attest erklärt ihn schließlich für untauglich. Murry und Katherine halten nichts vom neuen Hurrapatriotismus, der sich der Hauptstadt bemächtigt. Nur schnell weg aus London. In aller Eile planen sie einen längerfristigen Umzug an die Küste Cornwalls. Es ist ihnen so bitterernst mit diesem Vorhaben, dass sie dafür sogar einen Vertrag aufsetzen: »Es ist entschieden, dass wir, sobald wir uns von unseren gegenwärtigen Verpflichtungen in London befreien können, ein Cottage am Meer in Cornwall oder Devonshire mieten und dort von dem Geld leben wollen, das wir verdienen können, ohne uns zu irgendetwas zu zwingen, das uns nicht gefällt; dies soll von nun an unsere erste und einzige Sorge sein.«[397] Ob Murry wohl ahnt, dass Katherine trotz ihrer gemeinsamen Pläne Zweifel an ihm hat? Am 30. August 1914 schreibt sie in ihr Tagebuch. »Ich traue Jack nicht. Ich bin alt, heute Abend. Ach, ich wünschte, ich hätte einen Liebhaber, der mich lieben, festhalten, trösten und mich am Denken hindern würde.«[398] Dennoch reisen sie einen Tag später Richtung Cornwall ab. Zumindest in einem sind sie sich einig: Im Gegensatz zu vielen ihrer Künstlerfreunde glauben sie nicht an die reinigende Katharsis durch den großen Krieg. Für Murry steht fest: »Der Krieg, so beschloss ich in Cornwall, war nichts für mich – er hatte keinerlei Bedeutung für mich. (...) Der einzige Grund für diesen Krieg, den ich erkennen konnte, war, dass es aus irgendeinem mir unbekannten Grund einen Krieg geben musste; er war so sinnlos und so notwendig wie der Ausbruch der Pest.«[399]

Nach einem Kurzurlaub in Cornwall, bei dem sie das passende Haus leider nicht finden, ziehen sie Mitte September zunächst nach Udimore bei Rye in ein wunderbar möbliertes kleines Cottage. Ihre Suche nach einer geeigneten Unterkunft bringt Katherine und Murry auch zu Frieda und D. H. Lawrence nach Chesham, Buckinghamshire, vierzig Meilen entfernt von London. Hier leben die beiden im Cottage »The Triangle«, umgeben von Apfelbäumen inmitten paradiesischer Natur. Wochenende für Wochenende kommen Freunde und Bewunderer am Bahnhof an, um dem Schriftsteller ihre Aufwartung zu machen. Nun auch Katherine und Murry. Bei einem ihrer Fahrradausflüge entdecken die beiden nur drei Meilen entfernt ein kleines renovierungsbedürftiges Cottage in Lee, das sie bezaubert. Sie mieten es umgehend und renovieren es mithilfe der Freunde. Zwei Wochen nach Katherines 26. Geburtstag ziehen die beiden im »Rose Tree Cottage« ein. Zwar fehlt es in englischen Cottages wie dem »Rose Tree Cottage« oft an jeglichem Komfort, sprich: Telefon, Warmwasser und Elektrizität – aber immerhin gibt es ein Mädchen, das den Haushalt führt. Katherine liest ganze Tage hindurch Colette und ist glücklich: »Ich fühl mich in meinem alten Selbst erwachen und strecke mich, strecke mich, bis ich auf den Fußspitzen stehe, voll glücklicher Freude.«[400] Endlich, endlich Ruhe: »Wir lebten von Sahne, Brombeermarmelade und Eiern und fragten uns, wie lange unser Geld wohl reichen würde.«[401] Frieda und Katherine geben sich ganz den Zerstreuungen des Landlebens hin, stellen Potpourris aus Rosenblättern, Kräutern und Gewürzen her, wandern über die Felder, widmen sich der Schönheitspflege und kochen für Gäste. Eines ihrer Rezepte benennt Frieda sogar nach der Freundin den Katherine-Mansfield-Pudding.[402] Sie erleben das, was George Orwell über das britische Landleben dereinst schreiben wird: »Südengland (...) wahrscheinlich die einlullendste Landschaft der Welt. Wenn man diese Reise macht, ist es schwer zu glauben, dass überhaupt irgendwo etwas geschieht. (...) Erdbeben in Japan, Hungersnöte in China, Revolution in Mexiko? Mach dir keine Sorgen, morgen früh wird die Milch auf der Türschwelle stehen, und am Freitag wird der *New Statesman* herauskommen. (...) Wilde Blumen (...) weitläufige Weiden, auf denen große, glänzende Pferde grasen und meditieren, die langsam fließenden Bäche, die von Weiden gesäumt sind, die üppigen grünen Kronen der Ulmen, der Rittersporn in den Gärten (...) Sie alle schliefen den tiefen, tiefen Schlaf Englands. Ich fürchte, wir werden daraus nie erwachen, ehe uns nicht das Krachen von Bomben daraus erweckt.«[403]

Abends, wenn sich die Herren zu den Damen gesellen, dreht sich das Gespräch meist um D. H. Lawrence' Lieblingsthema: Sex. Dabei wirft der Schriftsteller Katherine und Murry ein unausgefülltes, fantasieloses Sexualleben vor, was Murry absolut nicht verstehen kann: »Weder Katherine noch ich konnten Lawrence' Standpunkt in dieser Angelegenheit wirklich nachvollziehen. Er schien zu denken, dass wir, nur weil wir nichts mit seinen intensiven und quälenden sexuellen Erfahrungen am Hut hatten, leichtfertig mit Sex umgingen. Und das nahmen wir ihm ziemlich übel. Wenn wir abnormal waren, dann lag unsere Abnormalität in der Tatsache, dass wir als Liebende ungewöhnlich glücklich waren. Wir waren überzeugt davon, dass wir in dieser Hinsicht um einiges glücklicher waren als Lawrence und Frieda. Dass man uns dies nun indirekt als Verbrechen anlastete, erschien uns reichlich überzogen.«[404]

Gleichwohl findet er in D. H. Lawrence einen Ansprechpartner für seine Selbstzweifel und die Frage nach dem »Wer bin ich?«. Zusammen mit Gordon Campbell, der häufig zu Gast ist, wandern die beiden Männer durch die Natur. In ihren Überlegungen, die letztlich in dem Traum vom Leben auf einer einsamen Insel – ohne Frauen – münden, haben Frieda und Katherine bald keinen Platz mehr. Der bleibt die homoerotische Spannung zwischen den Männern nicht verborgen. Bald fühlt sie sich überflüssig und einsam, drängt auf Rückkehr in die Stadt. Doch vorläufig treffen sie dort nur zu Partys ein, meist zusammen mit den Ehepaaren Lawrence und Campbell. Nicht immer verlaufen diese Abende dann zu Katherines Zufriedenheit: »Ein alberner, irrwitziger Abend. Schicke Zimmer und coole Leute, guter Kaffee und Zigaretten aus einem Silberkrug. Ich war unglücklich. Ich habe diesen ›charmanten‹ Damen nichts zu sagen, ich fühle mich wie eine Katze unter Tigern.«[405] Dass auch ihr eigenes Benehmen manchmal Befremden hervorruft, ist ihr nicht klar. Beatrice

Campbell, mit der sie in London auf Shoppingtour geht, obwohl sie nahezu pleite ist, erlebt dabei ihr blaues Wunder: »Eines Tages probierte Katherine in einem großen Geschäft etwa ein Dutzend Blusen an; es dauerte so lange, dass sie völlig erschöpft war, genau wie die Verkäuferin ... Plötzlich hörte ich, wie sie eine Entscheidung traf und einen fiktiven Namen und eine Adresse angab, an die die Sachen geschickt werden sollten, mit dem Hinweis, dass sie bei Lieferung bezahlt würden ... Sie sagte: ›Ich wusste nicht, wie ich aus diesem Geschäft herauskommen sollte. Wir hätten sonst für immer dortbleiben müssen.‹«[406]

Zurück auf dem Land bereitet ihr die zunehmend gewalttätige Beziehung zwischen Frieda und D. H. Lawrence, die sie nun hautnah erleben darf, großes Unbehagen. Oftmals dauern deren Streitereien die ganze Nacht hindurch, die Auseinandersetzungen zerren an den Nerven aller und sorgen auch zwischen Katherine und Murry vermehrt für Missstimmung: »Dann begann eine dreimonatige, recht enge Gemeinschaft mit den Lawrences, an die ich zwar viele Erinnerungen habe, die aber alle eher traurig sind. Keiner von uns war glücklich, und obwohl das Unglück der Lawrences viel spektakulärer war als unseres, war auch unseres real«[407], schreibt Murry in sein Tagebuch. Katherines Sympathien liegen anfangs bei Frieda, sieht sie die Ehe der beiden doch auch durch die zahlreichen D.-H.-Lawrence-Verehrerinnen gestört. Bei einem Picknick erlebt Katherine zwei Damen, die mit fliegenden Röcken auf das Objekt ihrer Begierde zueilen. Den murrenden Murry im Schlepptau macht sie auf dem Absatz kehrt: »Das ertrage ich nicht.«[408] Dass der Schriftsteller die Gabe hat, auf jeder Party umgehend die Frau ausfindig zu machen, die gerade in einer unglücklichen Beziehung feststeckt, mehrt seinen Ruf als Womanizer. Frieda hingegen ist unter den durchaus intellektuellen Bewunderinnen D. H. Lawrence' nicht wohlgelitten: »Frieda ist teuflisch, sie ist wirklich ein wildes Biest, ganz unkontrolliert, grausam zu Lawrence und irrsinnig eifersüchtig, wenn sie denkt, dass irgendjemand Lawrence mehr schätzt als sie.«[409] Ihr Mann hingegen hat trotz seiner Unbeherrschtheit und Launenhaftigkeit viele Freunde. Der junge Aldous Huxley schreibt über ihn: »Mit Lawrence zusammen zu sein, war eine Art von Abenteuer. Was seiner Gesellschaft den größten Reiz verlieh, war, dass er Langeweile nicht kannte und daher auch nie langweilig wurde. Er verstand sich auf die Küche, aufs Nähen, Strümpfestopfen, Kühemelken. Er war ein tüchtiger Holzhacker, sogar mit der Stricknadel wusste er umzugehen. Nie ging ein Feuer aus, das er angefacht hatte, und wenn er einen Parkettboden wachste, dann glänzte er fleckenlos. Dazu besaß er noch eine Eigenschaft, die für einen geistig so hochstehenden Mann besonders bemerkenswert ist: Er verstand sich auf die Kunst, nichts zu tun ...«[410]

Auch Murrys Sympathien gehören D. H. Lawrence, dem Genie, das seine Frau nicht versteht. Katherine distanziert sich erst mit der Zeit von Frieda, die von ihrem Mann immer wieder heftig verprügelt wird. Den gut gemeinten Ratschlag, sich doch zu trennen, weisen beide empört von sich. Möglichst öffentlichkeitswirksam drehen sich die Streitigkeiten der beiden oft um Geld. Der Erste Weltkrieg hat den bis dato zuverlässigen Geldstrom von Friedas Verwandten aus Deutschland jäh unterbrochen. D. H. Lawrence wird von Existenzängsten geplagt. Dass er seine Frau als geistig unterlegen erachtet und sie öffentlich bloßstellt, hindert ihn nicht daran, größte Genugtuung darin zu empfinden, dass sie von Adel ist. Frieda hingegen lässt ihn seine prekäre Herkunft ebenso spüren wie ihre adelige Überlegenheit. Wenn er es allzu bunt treibt, pflegt sie zu sagen: »Vergiss nicht, Lorenzo, ich bin eine Baronesse.«[411] Für seine Freunde ist die Sache klar: »Sie hat sich darüber geärgert, dass wir alle Lawrence so mochten und bewunderten und dass wir sie nicht für eine so wichtige Person hielten wie ihn. (...) Sie scheint die Art von Frau zu sein, die Strindberg geheiratet und gehasst haben könnte, und ist das, was man einen ›klugen Narren‹ nennt.«[412] D. H. Lawrence überhäuft seine Frau mal mit Schimpftiraden, mal mit teuren Geschenken. Katherine und Murry bedauern ihren Umzug aufs Land bald zutiefst: »Sie waren widerwärtig, geistlos und langweilig.«[413]

Zudem ist der Krieg auch hier nicht aus dem Kopf zu kriegen. Katherine schreibt unzählige Briefe an die besorgte Familie in Neuseeland, berichtet über den Krieg und was sie während ihrer Aufenthalte in London erlebt. Am 6. November 1914 veröffentlicht die *Evening Post* in Wellington, ohne Katherines Wissen, einen Ausschnitt aus einem sehr patriotisch klingenden Brief an Laura Kate Bright vom 21. September 1914: »Obwohl es in vielerlei Hinsicht dunkle und deprimierende Tage sind, werden sie doch durch die Demonstration von echtem und großartigem Mut auf Seiten des ganzen Volkes erhellt. Die Tatsache, dass England für etwas kämpft, das über bloßen Gewinn und Macht hinausgeht, scheint eine echte moralische Wirkung auf die Menschen zu haben. Sie sind mutiger und großherziger geworden, als man es in den Tagen des Friedens hätte glauben können.«[414] Einer, bei dem dies auf offene Ohren stößt, ist ihr kleiner Bruder Leslie, der den Vater seit Langem bestürmt, ihn Soldat werden zu lassen: »Pa, ich muss in den Krieg ziehen. Alle meine Schulkameraden melden sich freiwillig.«[415] Ein bisschen muss er sich noch gedulden, dann gibt der Vater klein bei und lässt ihn gehen. Gemeinsam mit seinen Studienfreunden vom Wellington College, Thomas Cecil Higginson und Tiggy Johnston, bricht Leslie am Heiligabend 1914 auf. Keiner der drei wird zurückkehren.

Am 9. November 1914 erklärt Murry Katherine in seinem Testament zur Alleinerbin. Dabei ist die gerade auf dem Absprung, erhält innige Liebesbriefe von Francis Carco aus Frankreich, einem von Murrys engsten Freunden. Bei einem langen Spaziergang loten Katherine und Frieda die Möglichkeit aus, Francis Carco auch ganz praktisch zu Katherines neuem Liebhaber zu machen.

In Neuseeland macht man sich angesichts der Situation in Europa große Sorgen um Katherine, auch wenn man in engem brieflichem Kontakt steht. Überhaupt scheint Katherines Verhältnis zu den Eltern besser denn je zu sein, wie aus einem Brief an Annie Beauchamp vom 15. Dezember hervorgeht: »Meine liebste kleine Mutter, wie schrecklich, dass Du schon wieder krank gewesen bist, und auch noch so schwer. Weißt Du, ich hatte so eine Ahnung, dass Dir irgendwas zugestoßen ist. Jeden Abend, wenn meine Arbeit getan war und ich am Feuer saß, spürte ich Deine Nähe und Deine Liebe für mich und in meinem Herzen solche Liebe für Dich und solches Verlangen, Dich in meinen Armen zu halten, dass ich am liebsten geweint hätte wie ein Baby. Meine Traurigkeit konnte ich nur dadurch überwinden, dass ich Jack von Dir erzählte, damit er Dich auch sah. Ich glaube wirklich, dass Du und ich einander seltsam nahe sind. (…) Oh meine kleine kostbare, tapfere Mutter, wenn meine Liebe Dir helfen kann gesund zu werden, dann muss es Dir jetzt besser gehen. Mein Herz sehnt sich nach Dir.«[416] Da niemand weiß, wie lange finanzielle Transaktionen noch möglich sind, schickt Harold Beauchamp in seiner Weihnachtspost fünf Goldmünzen mit, für die sich Katherine überschwänglich bedankt.[417]

Am 23. Dezember 1914 laden Frieda und D. H. Lawrence zu einer Weihnachtsfeier. Neben Katherine und Murry sind die Cannans, Kot, Gordon Campbell und der Maler Mark Gertler zu Gast. Der Abend ist ein solcher Erfolg, dass man in gleicher Runde am Weihnachtstag bei den Cannans in Mill House wieder zusammenkommt. Zu später Stunde spielt man Scharade, wobei es zwischen Katherine, die sich selbst darstellt, und

Mark Gertler, der Francis Carco gibt, zu wilden Zärtlichkeiten kommt. Einen Tag später schreibt Mark Gertler an den Schriftsteller Lytton Strachey: »Welch ein Spaß war das. Beide Male waren wir alle betrunken! Auf der zweiten Party wurde ich so betrunken, dass ich Katherine Mansfield mit heftigen Zärtlichkeiten bedachte! Sie war ebenfalls betrunken und erwiderte sie. Schließlich weinte ich bitterlich, weil ich die Frau eines anderen geküsst hatte, und alle versuchten mich zu trösten.«[418] Der Abend endet in einem erbitterten Streit zwischen Katherine und Murry. Die schreibt ein paar Tage später in ihr Tagebuch: »Jack, Jack, wir werden nicht beieinanderbleiben. Ich weiß das so gut wie du. Habe keine Angst, mich zu verletzen. Was wir beide ausmerzen müssen – ist mein *du* und dein *ich*. Das ist alles. Wir wollen es in aller Freundschaft tun, und wir wollen im gleichen Wagen zum Begräbnis fahren und uns über dem neuen Grab fest die Hände reichen und lächeln und einander Glück wünschen. (…) Ja, ich habe jetzt schon Abschied von dir genommen. Liebster, es ist schön gewesen. Wir werden niemals vergessen – nein niemals. Lebe wohl!«[419] Murry sieht sehr wohl, dass Katherine ihm entgleitet, an ein Ende ihrer Beziehung glaubt er, Carco hin oder her, nicht: »Ich wusste immer, dass es zwei Katherines gab: eine zynische, aber wunderbar mutige, die bereit war, für eine ›Erfahrung‹ alles zu riskieren und auch dann noch zu lächeln, wenn sie scheiterte. Ich hatte Katherine in einem solchen Moment kennengelernt, und da ich weder zynisch noch mutig war, sondern eher ein einfacher, sensibler und selbstbewusster junger Mann, hatte sie eine Art Frieden mit mir gefunden, in dem die andere Katherine, die kindlich und sensibel wie ein Kind war, Zeit zum Atmen gehabt hatte. (…) Ich war letztendlich nicht schockiert, als ich begriff, dass sie zu dem Schluss gekommen war, dass ihr dreijähriges Leben mit mir eine charmante, aber belanglose Idylle gewesen war.«[420]

Mit großen Vorsätzen startet Katherine ins Jahr 1915. Sie will endlich wieder etwas Gutes zu Papier bringen. Seit Monaten hat sie nichts geschrieben, was ihr gefallen hat. Alles ist umgehend in den Papierkorb gewandert. Nun aber schreibt sie in ihr Tagebuch: »Ich habe zwei Wünsche für dieses Jahr: zu schreiben und Geld zu verdienen. Überlege einmal. Wenn wir Geld hätten, könnten wir nach Belieben kommen und gehen, könnten ein Zimmer in London haben, könnten frei und unabhängig sein und auf Menschen, die nichts sind, herabsehen.«[421] Immer öfter ergreift sie jetzt die Flucht in die Großstadt. Wenn ein Liebesbrief Carcos sie erreicht, springt sie in den nächsten Zug nach London, um allein zu sein: »Ich habe den ganzen Tag alles für ihn und mit ihm gesehen. Als ich abends oben in einem Bus zum Piccadilly fuhr, wäre ich beinahe aufgestanden und hätte seinen Namen gerufen. Ich sehnte mich derart nach ihm, aber ich wage nicht, meine Gedanken so weit voranzutreiben, wie sie gehen möchten. Habe mir die Haare waschen und die Hände maniküren lassen. (...) Ließ mich für ihn fotografieren.«[422] Zurück im »Rose Tree Cottage« schreibt sie ihm einen Liebesbrief, dem sie eine Haarlocke beilegt. Ihre Gedanken kreisen um nichts anderes mehr, selbst wenn sie mit Murry schläft, sehnt sie sich nach Carco. Jeden Morgen eilt sie dem Briefträger entgegen, in der Hoffnung auf eine neue Nachricht: »Ja, eine solche Liebe ist eine Krankheit, ein Fieber, ein Sturm. Sie gleicht dem Hass, es wird einem heiß dabei – und ich bin nie, niemals, auch nur für einen Augenblick ruhig. (...) Liebster. Liebster!«[423] Schließlich erreicht sie eine Einladung ins französische Gray, wo Carcos Einheit stationiert ist. Sie zögert kurz, dann eröffnet sie Murry, dass sie sich trennen wird. Der zeigt, wie stets im Leben, nur wenig Gegenwehr, kennt er doch Katherine und Carco gut genug, um zu ahnen, dass diese Leidenschaft von kurzer Dauer sein wird: »Das ›traurige kleine Haus‹ erdrückte sie, und sie träumte davon, ihrer Unterdrückung zu entkommen und ein lebendigeres Leben zu führen. (...) Mit einem Wort, Katherine war in Aufruhr.«[424]

Die Zeit bis zur Abreise verbringt sie in London, wo ihr Anfang Februar zufällig ihr kleiner Bruder Leslie in der Bank of New Zealand in die Arme läuft: »Wir gingen gemeinsam zum Lunch. Stellt euch nur vor, wie glücklich sie war, jemanden aus der Familie zu sehen. Sie hatte ja nicht die leiseste Ahnung, dass ich in Europa bin. Sie ist mehr denn je in Mr Murry verliebt. (...) Ich denke nicht, dass ich K. so bald wiedersehen werde«[425], schreibt Leslie anschließend nach Hause. Von seiner Entscheidung, in den Krieg zu ziehen, hält die große Schwester gar nichts: »Ich habe meinen Kimono mit schwarzen Blumen bestickt. Bah! Was für ein Quatsch! Ich gebe nichts auf solchen Unsinn! Francis! Francis! Ich kann den Krieg nicht länger ertragen.«[426] Obwohl Leslie seinen Eltern schreibt, wie glücklich Katherine mit Murry ist, borgt er ihr das Reisegeld nach Frankreich. Am 16. Februar 1915 betritt Katherine französischen Boden. Die Weiterreise nach Gray, das zwar nicht an der Front, aber im Kriegsgebiet liegt und von Zivilisten nicht so ohne Weiteres besucht werden darf, wird ein solches Abenteuer, dass es später Eingang in ihre Erzählung »Eine unbesonnene Reise« wird – samt der dazu passenden Reisekleidung: »Die perfekte und angemessene Verkleidung – ein alter Burberry. In Burberrys hatte man schon gegen Löwen gekämpft. Frauen waren aus offenen Booten, in meterhohen Wellen treibend, gerettet worden, mit nichts am Leib als einem Burberry. Ein alter Burberry war das untrügliche Zeichen und der würdige Ausdruck des wahren Reisenden.«[427]

Dank Carcos Kontakten und der faustdicken Lüge von einer kranken Verwandten gelangt Katherine an einen Passierschein und sinkt am Ende ihres Abenteuers ermattet in Carcos Arme: »Der Liebesakt schien irgendwie ganz beiläufig zu sein, da wir so viel plauderten. Es war so warm und köstlich, in die Arme des anderen geschmiegt zu liegen, beim Licht der winzigen Lampe, während nur das Ticken der Wanduhr und das Knistern des Kaminfeuers zu hören waren. (…) Und F. ganz nackt, wie er mit einem winzigen Haken das Feuer schürt – so natürlich und schön.«[428] Während Katherine sich ihrem Liebesabenteuer hingibt, verlässt der alleingelassene Murry »Rose Tree Cottage«, um bei D. H. Lawrence und Frieda unterzuschlüpfen. Die Nähe zwischen den beiden Männern verstärkt sich, während zugleich die Spannungen zwischen Frieda und Murry zunehmen: »Ehrlich gestanden glaube ich nicht, dass sie ihn überhaupt liebt. Sie ist verliebt in die Idee von ihm als einem berühmten und hervorragenden Schriftsteller – das ist alles. Und der Gedanke, dass es ihr möglich war, ihn mit ihrer verdammten geheuchelten ›Liebe‹ zu ihren Kindern zu tyrannisieren, widert mich an.«[429]

Bereits am 25. Februar 1915 kehrt Katherine überraschend nach London zurück. Murry hat recht behalten, die große Liebe zu Carco war nichts weiter als ein Strohfeuer. Dessen Einschätzung der Ereignisse wird sie später mit nicht geringer Empörung in seinem Roman *Les Innocents* nachlesen, in dem er sie in der Figur der Winnie porträtiert. Murry holt Katherine vom Bahnhof Victoria Station ab: »Sie war sonderbar, ihr Haar war kurz geschnitten, und sie war aggressiv und abweisend. Ich sollte mir nur ja nicht einbilden, dass sie zu mir zurückgekehrt sei. Sie war einfach gekommen, weil sie nirgendwo anders hingehen konnte. (…) Wir waren Millionen Meilen voneinander entfernt.«[430] Sie kehren nach »Rose Tree Cottage« zurück, wo Katherine einmal mehr mit undefinierbaren Schmerzen das Bett hüten muss. Murry pflegt sie zwar, doch das Zusammenleben gestaltet sich schwierig, beiden sind sowohl das Cottage als auch das Landleben mittlerweile verhasst. Wieder gesund, reist sie erneut nach Paris. Sie giert nach neuen Eindrücken. London kann ihr in dieser Hinsicht augenblicklich nichts bieten, zudem ist ihr die englische Kriegsbegeisterung ein Gräuel. Carco, der noch immer an der Front ist, stellt ihr seine Wohnung nahe Notre-Dame zur Verfügung. Befreit von allem schlendert sie durch die Gassen, liest Henry James und träumt von Rupert Brooke: »Abgesehen von allen attributiven Beiwörtern weiß ich von mir, dass ich geistreich bin, und auch eine gute Kameradin – wirkliche Kurzweil habe ich nur mit mir selbst. (…) Das Leben (…) ist ungeheuer wertvoll und wunderbar, wenn ich allein bin.«[431] Neuerlichen Einladungen Carcos nach Gray widersteht sie, erneuert stattdessen die Beziehung mit Beatrice Hastings, die, von Orage getrennt, jetzt die Pariser Kunstwelt durcheinanderwirbelt: »Sie hat Dado [Modigliani] verstoßen & ihr jungfräuliches Herz auf Picasso übertragen. (…) Wenngleich sie noch immer seltsam ist und wirklich schön mit ihrem Feenwesen & ihrem hübschen kleinen Kopf, der immer noch so herrlich ist – ist sie doch ruiniert. Kein Zweifel – ich liebe sie, doch nehme ich mit einem intensiven, kalten Interesse die Zeichen wahr. Sie sagt: ›Es ist nicht gut für mich, Menschenmassen um mich zu haben. Wenn es mehr als vier sind, gehe ich zum Schrank & nippe Cognacs, bis alles für mich vorüber ist, meine Liebe.‹«[432] Katherine und Beatrice sind einander in diesen Tagen in Paris so nahe, dass es bei einer Party von Beatrice zu einer handgreiflichen Auseinandersetzung zwischen den beiden kommt, weil Katherine mit einer hübschen jungen Frau tanzt. Kurz darauf erlebt sie in Carcos Wohnung einen Luftangriff auf Paris. Während die übrigen Hausbewohner in den Luftschutzkeller eilen, bleibt sie in der Wohnung und schreibt im Schein einer Kerze an Murry: »Vor einer Stunde erschallten wieder die Trompeten. Alle Lichter sind aus. (…) Ich stand am offenen Fenster. Schweinwerfer tasteten den Himmel ab. (…) Auf einmal bekam ich es mit der Angst zu tun. (…) Diese Angriffe sind wirklich nicht lustig. Sie sind sogar extrem furchteinflößend, und man bekommt einen solchen Horror vor der ganzen Sache. Es erscheint so grausam und sinnlos – so über den Himmel zu gleiten und eine Bombe abzuwerfen, ist einfach nur teuflisch.«[433] Die unzähligen Briefe, die in der Folgezeit zwischen Frankreich und England hin- und hergehen, weisen auf eine erneute Annäherung zwischen Katherine und Murry hin. Sie wollen es noch einmal ernsthaft miteinander versuchen – in London. Murry verlässt »Rose Tree Cottage« und mietet eine Wohnung in Notting Hill: Elgin Crescent 95. Voller Eifer macht er sich daran, diese zu verschönern, streicht die Wände, renoviert alte Möbel. Bei Katherines Rückkehr soll alles perfekt sein: »Ich habe das alles finanziert, indem ich mich hauptsächlich von Brei und Brot und Butter ernährte.«[434] Ende März soll das neue Leben für Katherine und Murry beginnen. Ein anderes hingegen endet drei Wochen später. Ihr enger Freund Rupert Brooke, der sich wie so viele seiner Generation freiwillig gemeldet hatte, stirbt an Bord eines Kriegsschiffes auf dem Weg nach Gallipoli an einer Sepsis. Er wird in einem Olivenhain auf der Insel Skyros beigesetzt. Die Literatenszene Englands ist schockiert, auch Katherine und Murry trauern um den jungen Cambridge-Professor und Dichter, über dessen Bisexualität rasch der Mantel des Schweigens gebreitet wird.

Dass die neue Wohnung trotz Murrys Bemühungen so ärmlich ist, veranlasst Katherine schon nach wenigen Wochen, in Carcos Wohnung nach Paris zurückzukehren: »Ich *kann* mein Buch *nicht* schreiben, solange ich in diesen zwei Räumen lebe. Es ist unmöglich – und wenn ich das Buch nicht schreibe, werde ich sterben.«[435] Sie arbeitet an ihrer bisher längsten Erzählung »Die Aloe«, die später unter dem Titel »Prelude« in der Hogarth Press von Virginia und Leonard Woolf veröffentlicht wird. Zeitgleich schreibt sie »Frühlingsbilder« und »Eine unbesonnene Reise«. Erneut überfallen sie unerklärliche Schmerzensschübe, in denen Murry ihr wieder sehr nahe ist: »Mein Rheumatismus ist einfach schrecklich. Ich habe es so satt – bin todmüde und krank, aber zumindest meine Arbeit geht gut voran. (...) Ach, ich liebe dich einfach – du drolliger Kerl.«[436] Ende Mai ist sie wieder da, und das Paar zieht weiter in die Acadia Road 5, nach St. John's Wood, Katherines erklärtem Lieblingsviertel. Hier erhalten sie die Nachricht vom Tod Henri Gaudier-Brzeskas, der in der Schlacht von Neuville-Saint-Vaast gefallen ist. Die schlechten Nachrichten häufen sich. Die allermeisten von Katherines und Murrys Freunden, die freiwillig in diesen Krieg gezogen sind, werden nicht zurückkehren. Den Zuhausegebliebenen bleibt nur, zu bangen, zu hoffen und sich irgendwie abzulenken. Dies gelingt ganz gut in dem Gesprächskreis, den D. H. Lawrence ins Leben ruft, nachdem er sich mit Frieda in London Hampstead niedergelassen hat. Immer donnerstags kommen hier Gleichgesinnte zusammen, um die menschliche Psyche zu ergründen. D. H. Lawrence' langfristiges Ziel ist es, mit Freunden auf einer Insel autonom und selbstverwaltet zu leben. Eine Idee, die er viel später in New Mexico in modifizierter Form in die Tat umsetzt. Aus dem Donnerstagskreis heraus entsteht die Idee eines neuen Journals, *The Signature*. 14-tägig sollen hier auch von Katherine verfasste satirische Skizzen erscheinen.

Die Zeit in St. John's Wood gehört, trotz der weltpolitischen Lage zu Katherines glücklichsten. Murry und sie leben in Harmonie in einem wunderbaren Haus mit einem kleinen Garten, in dem ein Birnbaum steht, der in ihre Erzählung »Glückseligkeit« eingehen wird: »Die Fenster des Salons gingen auf einen Balkon hinaus, der den Garten überblickte. Ganz am Ende, an der Mauer, stand ein hoher, schlanker Birnbaum in vollster, üppigster Blüte; er war vollkommen.«[437]

Beinahe so vollkommen wie ihr eigenes Leben, in dem es einen regen geistigen Austausch gibt und in dem ihr geliebter kleiner Bruder Leslie, der gerade einen Bombenentschärfungskurs absolviert, oft bei ihr übernachtet: »Ich hatte einen sehr angenehmen Schlafplatz in Kathleens kleinem Haus in der Acadia Road in St. John's Wood – Jack Murry ist eine freundliche, ruhige Seele, und er und Kass sind sehr liebevoll miteinander.«[438] Die Begegnungen mit Leslie bringen Katherine die alte Heimat wieder näher: »Eines Tages werden wir zurückkehren – wenn alles vorbei ist (...) und alles wiederfinden. Alles. (...) Weißt Du, ich werde hier immer eine Fremde bleiben.«[439] Es sind intensive Momente, wenn auch nicht so exklusiv, wie sie später vermittelt. Denn Leslie hat auch Kontakt mit seiner Schwester Vera, die im Gegensatz zu Katherine sehr wohl von seiner Ankunft in Europa wusste und bei der er ganz am Anfang auch wohnt. Leslie findet durchaus Zeit, Freunde zu besuchen, und er interessiert sich zudem für die ein oder andere junge Frau. Die geliebte Schwester ist wichtig, aber beileibe nicht der Mittelpunkt seines jungen Daseins.

Nachdem Leslie Ende September nach Frankreich abreist, macht sich Katherine voller Elan daran, unter dem Pseudonym Matilda Berry die Erzählung »Der Wind weht« zu verfassen, eine Neuseelandgeschichte über die Wirrungen des Erwachsenwerdens der jungen Matilda. Zusammen mit »The Apple Tree« soll sie in *The Signature* erscheinen. Doch wie auch in ihren Kurzgeschichten sind Glück und Zufriedenheit nur von kurzer Dauer. Am 7. Oktober 1915 erlebt sie den größten Schmerz ihres bisherigen Lebens: Leslie kommt in Belgien bei einer Übung, bei der er den Umgang mit einer Handgranate demonstriert, ums Leben: »Mit großem Bedauern teilen wir mit, dass 2. Lt. H. Beauchamp 8th South Lancs. Reg. durch einen Unfall ums Leben gekommen ist. Lord Kitchener bekundet sein Beileid.«[440] Murry ist bei ihr, als sie die Nachricht erhält: »Vor drei Minuten hat Tig ein Telegramm bekommen, in dem stand, dass ihr Bru-

Katherine Mansfield und ihre Familie 1898
Vera, Charlotte, Jeanne, Granny Dyer, Katherine, Leslie, und Mutter Annie Beauchamp

Annie Beauchamp 1898

3 Harold Beauchamp 1909

4   Katherine Mansfield am Cello ca. 1903-1905

5   Maata Mahupuku 1901

6   Die Geschwister Trowell: Garnet, Dolly und Tom

Katherine Mansfield am Queens College   8   Ida Baker

Katherine Mansfield Rottingdean, Sussex 1910

10 Katherines erster Ehemann George Bowden

11 Katherine Mansfield 1914

12 Katherine Mansfield & J‹ Middleton Murry 1913

3   Hochzeit der Lawrences 1914
D. H. Lawrence, Katherine Mansfield, Frieda Lawrence und John Middleton Murry

4   Katherine Mansfield, Garsington Manor 1916

15   Katherine und John, Villa Isola Bella 1920

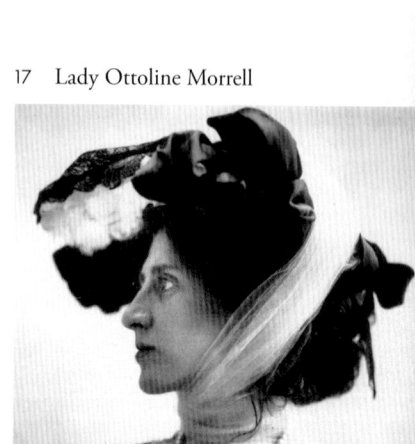

17 Lady Ottoline Morrell

16 Virginia Woolf und Clive Bell am Strand 1910

18 Die Bloomsbury Group: Vanessa Bell schneidet Stracheys Haare, Roger Fry, Clive Bell, Duncan Grant und ein Unbekannter sehen zu ca. 1920

Connie Beauchamp, Mrs Dunare, Jinnie Fullerton und Katherine Mansfield, lla Flora, Menton 1920

Katherine Mansfield und John Middleton Murry, Hotels Chateau Belle Vue, rre Juli 1922

21 Ida Baker, Katherine Mansfield und Dorothy Brett, Sierre 1921

22 Elizabeth von Arnim

der tot ist ... Ich kann es noch nicht fassen und sie auch nicht. Das ist das Schlimmste von allem. Sie hat nicht mal geweint. Sie war kreidebleich und sagte: ›Ich kann es nicht glauben; er war nicht der Typ, der stirbt.‹ Jetzt ist sie zu [Alexander] Kay gegangen, um Näheres zu erfahren. Im Gehen trank sie noch ein wenig Wein, um sich zu beruhigen: (...) Ich weiß nicht, was jetzt kommen wird. Ich habe Angst vor der Zukunft: er war ihr doch so wichtig.«[441] Die für den Abend geplante Dinner-Einladung in ihrer Wohnung findet statt, doch Anne Estelle Rice erinnert sich: »Sie saß in einem Schaukelstuhl und summte tonlos vor sich hin. Der verborgene Kummer war unermesslich.«[442]

Am 9. Oktober 1915 wird Leslie Beauchamp nach einem militärischen Abschied auf dem Soldatenfriedhof Ploegsteert Wood in Flandern beigesetzt – ohne seine Familie. Auch die vor Kummer und Leid erstarrte Katherine reist nicht an: »Wir waren fast wie *ein* Kind. Ich sehe uns immer vereint umhergehen, vereint die Dinge betrachten, mit den gleichen Augen, diskutieren.«[443] Sie verfällt in eine tiefe Depression, am 29. Oktober vertraut sie ihrem Tagebuch an, wie sehr sie sich den Tod herbeisehnt: »Ich will die Tatsache festhalten, dass ich nicht nur keine Angst habe vor dem Tod – nein, ich heiße den Gedanken an den Tod willkommen. Ich glaube an die Unsterblichkeit, weil er nicht hier ist, und ich sehne mich danach, bei ihm zu sein.«[444] Sie ist 27 Jahre alt.

In *The Signature* erscheint inzwischen als Fortsetzung in zwei Teilen ihre in München angesiedelte Kurzgeschichte »Die kleine Gouvernante«, in der sich am Ende durch einen typisch Mansfield'schen Perspektivenwechsel das Mitleid mit der naiven jungen Gouvernante, die auf ihrer Reise immer wieder von Männern bedrängt und gedemütigt wird, dann doch in Grenzen hält. Dann wird die Zeitschrift eingestellt.

Da weder Freunde noch Vergnügungen Katherine aus ihrem

Kummer reißen können, fährt das Paar Mitte November nach Südfrankreich. Zum siebten Mal überquert Katherine damit in diesem Jahr den Ärmelkanal. Sie erhält einen Brief von James E. Hibbert, einem Kameraden Leslies, der ihr dessen letzten Worte mitteilt: »Heb mir den Kopf, Katy, ich bekomme keine Luft.«[445] So berichtet sie es zumindest ihren Freunden. Dass Leslies letzte Worte ihr galten, fügt sich nahtlos in ihr Gefühl einer ewigen Verbindung zwischen den Geschwistern ein. Leider ist es eine Selbsttäuschung und Selbstüberhöhung, die jeglicher Grundlage entbehrt. Jahrzehnte später wird Hibberts Brief in Murrys Nachlass gefunden. Darin stehen zwar die Worte: »Heb mir den Kopf, ich bekomme keine Luft«, allerdings ohne den Zusatz »Katy«.[446] Hibbert war damals sogar so freundlich, ihr ein wenig Moos zu schicken, das neben dem Grab ihres Bruders wächst: »Nach dem Krieg werden Sie zweifellos herausfinden können, wo der Ort liegt, und ihn dann besuchen kommen.«[447] Ein naheliegender Gedanke bei einer solch tiefen Trauer. Doch obwohl Katherine in den nächsten Jahren viel Zeit in Europa verbringen wird, hat sie das Grab ihres Bruders nie besucht.

Die trauernden Eltern tun in Neuseeland das ihre, um die Erinnerung an den viel zu früh verstorbenen Sohn wachzuhalten. Annie kopiert einzelne Briefe und lässt sie in der örtlichen Tageszeitung veröffentlichen. Harold stiftet einen nach Leslie benannten Preis für die Waitaki Boys High School, und 1932 finanziert er eine der Glocken im Glockenspiel des *National War Memorial* in Wellington: »*In Ever Loving Remembrance of/*LESLIE HERON,/ *Only Son of Harold and Annie Burnell/Beauchamp.*«[448]

Über Stationen in Marseille und Cassis landen Katherine und Murry derweil im Hotel Beau Rivage im Küstenstädtchen Bandol an der Côte d'Azur. Katherines Leid ist noch immer schier grenzenlos, ihr Zustand bedenklich: »Zehn Minuten nach vier. Dieser Sonntag ist ohne Zweifel der schlimmste meines Lebens.

(…) Selbst mein Herz schlägt nicht mehr. Nur eine Art Summen des Blutes in meinen Adern hält mich am Leben. Jetzt kommt die Dunkelheit wieder zurück. (…) Meine Uhr tickt laut und stark auf dem Nachttisch, als sei sie voll eines winzigen Lebens, während ich dahinschwinde – ich sterbe.«[449] Erneut überfallen sie rheumatische Schübe, längst hat eine Infektion auch ihr Herz geschwächt. Manchmal kann sie vor Schmerzen kaum laufen. An guten Tagen geht sie spazieren, das Meer und der Wind geben ihr Trost. Und ihr wird klar, dass sie noch eine Aufgabe zu erledigen hat: »Ich glaube, dass ich schon lange gewusst habe, dass das Leben für mich vorbei ist, aber ich habe es nie klar erkannt oder zugegeben, bis mein Bruder starb. Ja, obwohl er in einem Wäldchen in Frankreich begraben liegt, und obwohl ich noch immer aufrecht umhergehe, die Sonne fühle und den Wind, der vom Meer kommt, bin ich doch so tot wie er. Gegenwart und Zukunft bedeuten mir nichts mehr. Ich bin nicht mehr ›neugierig‹ auf Menschen. (…) Nehmen wir an, ich würde sterben, wie ich hier sitze und mit meinem indischen Papiermesser spiele, welchen Unterschied würde es machen? Warum begehe ich dann nicht Selbstmord? Weil ich glaube, dass ich noch eine Pflicht zu erfüllen habe, der schönen Zeit gegenüber, als wir beide noch am Leben waren. Ich möchte darüber schreiben, und er wollte das auch. Wir sprachen davon in meinem kleinen Dachzimmer in London. Ich sagte: ›Auf die erste Seite werde ich schreiben: Für meinen Bruder Leslie Heron Beauchamp‹.«[450] Der Tod bringt ihr den Bruder näher, als es das Leben je vermochte. 1920 wird sie sich und ihren Bruder in einer Erzählung als »Sonne und Mond« verewigen. Eine Veröffentlichung allerdings wird sie ihm, allen Ankündigungen zum Trotz, niemals widmen.

Auch wenn ihr fester Vorsatz ist, mehr zu schreiben, schafft sie es in ihrer Trauer kaum aus dem Bett. Sie weint und weint, entfernt sich mehr und mehr von Murry. Der erträgt ihre Traurigkeit kaum. Heimlich liest er ihr Tagebuch und erkennt, dass der einzige Mensch, der in ihrem Leben und ihrem Herzen aktuell einen Platz hat, der tote Bruder ist. Ende des Jahres 1915 hält er es nicht länger aus und kehrt unter einem Vorwand nach London zurück. Geplagt vom schlechten Gewissen schreibt er in sein Tagebuch: »Obwohl ich bei ihr war, war ich von ihr isoliert, und das konnte ich nicht ertragen, denn dann war meine Einsamkeit vollkommen. Aus dieser Einsamkeit bin ich überstürzt geflohen. Es war pure Feigheit, daran gibt es keinen Zweifel.«[451] Es sind nicht nur Überforderung und Hilflosigkeit, die ihn quälen, es ist auch eine unerträgliche Eifersucht auf den Toten, der Katherines gesamte Aufmerksamkeit absorbiert: »Ich konnte mir nicht eingestehen, wie sehr es mich verletzte, dass mein Platz in ihrem Herzen von einem anderen eingenommen worden war – auch wenn der tot war und ihr Bruder.«[452] Katherine bleibt krank an Körper und Seele in Südfrankreich zurück. D. H. Lawrence versucht, ihr in einem Brief Mut zu machen: »Sei nicht traurig. *Ein Leben ist's*, das uns verlässt, ein ›Ich‹, das stirbt – aber ein anderes wird geboren, und das ist Dein glückliches, schöpferisches Ich. Ich wusste, dass Du mit Deinem Bruder sterben musstest: Auch Du gehst in den Tod und wirst ausgelöscht. Doch für uns gibt es ein Auferstehen aus dem Grabe, eine Auferstehung: um ein frisches Leben zu beginnen, von Anfang an, neu und glücklich. Fürchte Dich nicht, zweifle nicht, es ist so.«[453]

Mithilfe des britischen Arztes und Zahnarztes Frederick Newland-Pedley, der als Truppenzahnarzt in Rouen dient, kämpft sich Katherine schließlich zurück ins Leben: »Nach Mittag klopfte dieser Engländer bei mir an die Tür. Anscheinend hat er ein höchst wunderbares Heilmittel für meine Art von Rheuma. Ob ich es probieren wolle? All dies erklärt er in dem unsinnigsten Geschwafel in dem Versuch, locker und – kläglich – ungezwungen zu sein. Nie habe ich einen Mann so schüchtern erlebt.«[454]

Frederick Newland-Pedley, einer der ersten Armeezahnärzte weltweit, auf den letztlich die reguläre zahnmedizinische Versorgung der britischen Armee zurückgeht, bleibt an ihrer Seite, bis es ihr wieder besser geht: »Mein Engländer ist mit seinem Topf Salbe gekommen & weigert sich, auch nur eine Nadel oder eine Glasperle als Bezahlung anzunehmen. Wie nett er ist. Man sieht sofort, er hat keine 3 Jahre mit mir zusammengelebt.«[455] Als es ihr wieder gut geht, schreibt Katherine, zu deren herausragenden Eigenschaften sicher gehört, dass sie nicht nachtragend ist, an Murry, mit der Bitte, zurückzukommen. Doch der vergeht fast vor schlechtem Gewissen und kann sich nicht vorstellen, nach Frankreich zurückzureisen: »Deine furchtbare Einsamkeit hat mich zutiefst erschüttert. Ich habe das alte Vertrauen in uns verloren.«[456] Doch wie immer, wenn etwas unerreichbar ist, wächst bei Katherine das Verlangen – zunächst nach seinen Briefen: »Oh Jack, ich appelliere sogar an Deine Phantasie als Schriftsteller – lass mich nicht ohne Nachricht. Das ist so grausam – grausam. Ich weine bitterlich, während ich schreibe.«[457] Dann aber auch nach Murry selbst: »Ich liebe Dich, Du schlechter böser herrlicher trefflicher und hinreißender Bogey.«[458] Erneut träumt sie von einem Baby mit Murry: »Wir waren sehr arm; wir wohnten in einer Mietskaserne & Du hattest für das Baby eine Bananenkiste über zwei Stühle gelegt.«[459]

Immerhin kann sie im milden Klima Südfrankreichs wieder arbeiten. Um Murry nach Südfrankreich zurückzulocken, macht sie sich auf die Suche nach einem passenden Haus. Sie findet es in der Villa Pauline in Bandol und kann ihn schließlich überzeugen zurückzukehren.

Ehe er am 1. Januar 1916 aber nach Bandol reist, verbringt Murry auf Empfehlung D. H. Lawrence' Weihnachten auf Garsington Manor, bei einer der berühmtesten Gastgeberinnen Englands: Lady Ottoline Morrell: »Murry hat im Grunde etwas

Echtes in seinem Wesen, ebenfalls Mrs Murry. Misstrauen Sie ihnen nicht, ich weiß, dass sie wertvoll sind.«[460]

Lady Ottoline und ihr Mann Philip gelten als die wichtigsten Mäzene der Insel und zählen zu ihrem Freundeskreis alles, was Rang und Namen hat, auch D. H. Lawrence. Ihre Verwandten gehören dem Hochadel an, Ottoline ist sogar mit Elizabeth Bowes-Lyon, der späteren Queen Mum, verwandt. Leonard Woolf schreibt über sie: »Sie waren führende Mitglieder jener Bühnenarmee von britischen Progressiven, bei denen man sich darauf verlassen konnte, dass sie einen Brief an die *Times* unterschrieben, wenn es darum geht, sich für eine unpopuläre Sache einzusetzen oder gegen ein Pogrom oder einen Justizmord zu protestieren.«[461] Die Tochter eines britischen Dukes hat in Oxford studiert und führt mit ihrem Mann Philip, einem Politiker der Liberalen, eine höchst harmonische offene Ehe, die ihnen verschiedene Liebschaften erlaubt. Beide haben Beziehungen mit beiderlei Geschlechtern, wobei Ottoline eine langjährige Affäre mit Bertrand Russell hat. Zunächst in ihrem Haus in London Bloomsbury am Bedford Square, wo sie 1907 den sogenannten Donnerstagsclub ins Leben gerufen hatten, haben die beiden mit dem Kauf von Garsington Manor bei Oxford 1915 eine Art Club eröffnet, in dem sich während des Krieges die Crème de la Crème der britischen Kulturszene trifft: »Ich möchte diesen Ort zu einem Hafen machen, zu einem Zufluchtsort in diesem Sturm, wo diejenigen, die nicht weggefegt wurden, kommen und sich erneuern und gestärkt weiterziehen können.«[462] Ottoline Morrell gilt als eine der aufregendsten Frauen ihrer Zeit. Groß, schlank, mit einem schönen Kopf, ist sie stets in bunte, meist orientalische Gewänder gehüllt. Wo immer sie auftaucht, erregt sie Aufsehen.

Leonard Woolf beschreibt Lady Morrell wenig schmeichelhaft: »Ottoline selbst war ihren Pfauen nicht ganz unähnlich, wenn sie in seltsam farbenfrohen Tüchern und fließenden Gewändern durch Haus und Garten wehte, mit ihrem ungeschickt gefärbten roten Haar, den Kopf wie die Vögel leicht himmelwärts gerichtet, und ihrer eigenartig nasalen Stimme, deren wieherndes Gelächter nahelegte, sie könnte jederzeit in einen dieser ohrenzerfetzenden Pfauenschreie ausbrechen, die mich morgens, wie früher in den Dschungeln Ceylons, aus dem Schlaf holten. Wie ihre ganze buntscheckige Gesellschaft, die den Frühstückstisch bevölkerte oder durch den Garten schwebte, war sie ein phantastischer Mischmasch.«[463] Lady Ottoline, die eine großartige Gastgeberin und Networkerin ist und viele ihrer Freunde auch finanziell unterstützt, findet zu ihrem Leidwesen Eingang in diverse britische Romane, unter anderem von Aldous Huxley, D. H. Lawrence und Graham Green. Dass ihre Darstellung dort nicht immer schmeichelhaft ist, verletzt sie tief: »Mehrere Leute haben mir berichtet, dass man mich in London für eine gefährliche und verführerische Frau hält, unmoralisch und unanständig, und dass mich niemand um meiner selbst willen liebt, sondern nur, weil sie sich in Garsington amüsieren können, und dass man sich gern über mich lustig macht.«[464] Besonders über Aldous Huxleys Roman *Eine Gesellschaft auf dem Lande*, in dem er ungeniert seine Wochenenden in Garsington, wo er längere Zeit auch lebt, ausschlachtet, empört sie sich. Sie hat ihn wie einen Sohn aufgenommen, und zum Dank porträtiert Huxley für alle deutlich erkennbar nicht nur sie und ihren Mann als Priscilla und Henry Wimbush, sondern karikiert ungeniert auch ihre Gäste: »Die Charaktere in dem Buch wurden alle direkt nach Leuten gestaltet, die er in Garsington getroffen hatte. Niemand, der etwas über unser Leben dort wusste, von dem Aldous so lange ein Teil war, konnte übersehen, dass das Buch eine grausame Karikatur der Art von Leben war, das wir dort führten«, schreibt Ottoline in ihr Tagebuch.[465] In das Exemplar, das er ihr von seinem Roman zukommen lässt, schreibt Huxley sehr freundlich: »Ottoline Morrell – mit der Entschuldigung, einige ihrer Architekturen und Bäume entliehen zu haben.«[466] Ottoline Morrell schreibt ihm zurück: »Es handelt sich schlicht und ergreifend um Fotografie, und zwar um schlechte, stümperhafte Fotografie.«[467] Katherine dürfte das alles bekannt vorkommen, fiktionalisiert doch auch sie persönliche Erfahrungen und Begegnungen. Ob die Schwestern oder die Eltern, Francis Carco oder die Trowell-Brüder, Ida oder Murry – wer Katherine Mansfield kennt, muss hart im Nehmen sein.

Allerdings vermeidet sie es, Menschen derart zu brüskieren, wie D. H. Lawrence dies gegenüber Ottoline Morrell tut, als er sie als Blaupause für die dominierende und dümmliche Hermione Roddice in seinem Roman *Liebende Frauen* benutzt. Sogar als Vorbild für Lady Chatterley gilt sie manchen. Wie sehr ihre Freunde sie trotz mancher spöttischen Bemerkung lieben, zeigt sich jedoch, als Virginia Woolf und T. S. Eliot sich bei ihrem Tod Gedanken über Ottolines Grabinschrift machen: »Ein tapferer, ungebrochener Geist, der sich am Schönem und Guten erfreut. Und die Liebe ihrer Freunde.« [468]

Katherine und Murry haben Lady Morrell nur einmal kurz in London getroffen, eine Begegnung, die bei Ottoline nicht besonders nachhallt. An diesem Weihnachtfest aber ist sie gerührt von Murrys Traurigkeit und der Hingabe an seine Frau: »Als er nach Garsington kam, hatte er sie gerade in Bandol zurückgelassen. Aber dann kam ein Telegramm von ihr, in dem sie ihn bat zurückzukehren. Er war unschlüssig, was er tun sollte, und kam in mein kleines Wohnzimmer, um sich mit mir zu beraten. Ich ließ ihn von ihr erzählen, von den wunderbaren Zeiten, die sie zusammen verbracht hatten, von ihrer transzendentalen Vereinigung von Seele und Körper und davon, wie sie ›immer zusammen geflüstert‹ hatten, wie er es nannte – womit er wohl Gedankenflüge und Gespräche meinte. Es rührte mich sehr, als ich von dieser wunderbaren Verschmelzung zweier Wesen zu einem einzigen hörte und wie ihr Geist und ihre Vorstellungskraft gemeinsam durch die Luft schwebten. Ich spürte, dass er ohne sie verloren und unglücklich war, und riet ihm, sofort zu ihr zurückzukehren. (Ich gab ihm 5 Pfund für die Fahrt.) Innerhalb von ein oder zwei Stunden winkte ich ihm an der Pforte hinterher.«[469]

Einige Zeit später erreicht sie der schmeichelnde Brief einer dankbaren Katherine: »Seit nunmehr fast drei Wochen will ich Ihnen schreiben. Ich wollte schreiben seit dem Tag, an dem Murry kam und sagte: ›Es gibt eine absolut großartige Frau in England‹, und mir von Ihnen berichtete. (…) Alles, was Murry mir erzählte, klang ziemlich wunderbar und perfekt, aber es ist seltsam – ich habe das Gefühl, dass ich das alles schon wusste, (obwohl ich das Wissen wieder und wieder leugne) seit der Zeit, da ich zum ersten Mal von Ihnen gehört habe. Ich sehne mich danach, Sie zu treffen. Würden Sie uns wieder schreiben?«[470]

Das Jahr 1916 beginnen Katherine und Murry zusammen. Endlich scheint Ruhe einzukehren, auch in Katherines aufgewühlter Seele: »Als ich heute Morgen aufwachte und die Fensterläden öffnete und das grüblerische Meer sah, wusste ich, dass ich anfing, diesen Ort zu lieben – diesen Süden Frankreichs. Gestern bin ich spazieren gegangen. Die Palmen nach dem Regen waren prächtig, so fest und so grün.«[471]

Auch Murry ist von der Villa Pauline angetan. Katherine fühlt sich so gut, dass sie neben verschiedenen Gedichten auch eine Elegie an ihren Bruder verfasst »To L. H. B. (1894–1915)«.

Ihre Idealisierung des Bruders ist grenzenlos. In einem Gedicht vergleicht sie ihn gar mit Jesus:

»*Where is the path of my dream for my eager feet?*
By the remembered stream my brother stands
Waiting for me with berries in his hands
›These are my body. Sister, take and eat.‹«[472]

Im Garten der Villa Pauline steht ein Mandelbaum, dessen prächtige Äste bis an ihr Fenster reichen. England ist weit weg, auch wenn sie gemeinsam mit Murry Shakespeare liest und besonders beeindruckende Zeilen herausschreibt. Einmal mehr wird ihr bewusst, wie sehr sie dort immer eine Fremde geblieben ist. Ihre koloniale Vergangenheit hat sie nie losgelassen, war für sie und auch für andere immer präsent. Die emotionale und räumliche Distanz zu England rückt die alte Heimat einmal mehr ins Zentrum ihres Denkens. Am 22. Januar 1916 notiert sie in ihrem Tagebuch: »Die Menschen, die in meinen Geschichten gelebt haben oder die ich in meine Geschichten hineinbringen wollte, interessieren mich nicht mehr (...) Jetzt – jetzt möchte ich Erinnerungen an mein eigenes Land schreiben. Ja, ich will über mein Heimatland schreiben, bis mein Vorrat erschöpft ist. Nicht nur, weil es eine ›heilige Verpflichtung‹ gegenüber der Heimat ist, weil mein Bruder und ich dort geboren sind, sondern auch, weil ich in Gedanken all die vertrauten Orte mit ihm durchstreife. Ich bin nie sehr fern von ihnen. Ich sehne mich danach, sie im Schreiben wieder zum Leben zu erwecken. Ach, die Menschen – die Menschen, die wir dort liebhatten –, auch von ihnen will ich schreiben. Noch eine ›Liebesschuld‹. (...) Ich will alles sagen, sogar, wie in Haus Nr. 75 der Wäschekorb quietschte.«[473]

Zu den Menschen, an denen sie eine Liebesschuld abtragen will, gehört auch Ida, die nun nach langer Zeit ebenfalls wieder Einzug in ihre Gedanken hält. Noch ist die Freundin in Rhodesien, lange haben sie einander nicht gesehen. Dennoch schließt ihre Hoffnung auf eine sorgenfreie Zukunft auch Ida mit ein: »Ich will genug Geld verdienen, um auch L. M. [Ida] etwas davon geben zu können. Ja, ich will für sie sorgen. Das ist mein Plan, und ich will auch genug verdienen, um unsere Schulden bezahlen und anständig leben zu können. Ich möchte gern ein Buch veröffentlichen und eine ganze *Anzahl* von Erzählungen fertig haben. Ach, während ich schreibe, steigt der Rauch meiner Zigarette nachdenklich empor, und ich fühle mich näher jenem schweigenden kristallenen Wesen, das ich früher fast gewesen bin.«[474]

Trotz der realen Bedrohung durch den immer näher heranrückenden Krieg leben Katherine und Murry zum ersten Mal seit Langem in völliger Harmonie. Unter der Sonne Südfrankreichs quälen sie weder Armut noch Störungen von außen. Ein Zustand, der selbstredend nicht von Dauer ist. Im Februar erreicht sie der erste von zahlreichen Briefen D. H. Lawrence', der das Paar vom Zusammenleben in einer Art Landkommune überzeugen will: »Meine liebe Katherine, ich habe aufgehört, mich mit der Welt und den Leuten abzugeben – ich bin damit fertig. Jetzt bleibt nur noch, ein hübsches Plätzchen zu finden, wo man glücklich sein kann. Und Du und Jack, Ihr kommt mit, wenn Ihr wollt – wenn Euch danach zumute ist. Dann werden wir alle zusammen glücklich sein.«[475] Weder Katherine noch Murry sind nach den Erlebnissen mit dem Paar sonderlich begeistert von dieser Idee. Ihre Antwort klingt verhalten: Vor März werde man auf keinen Fall nach England zurückkehren, und auch dann sei man allenfalls gewillt, ein Haus in der Nähe zu mieten. Doch D. H. Lawrence lässt nicht locker: »Lasst uns einander von jetzt an vertrauen, ich bin überzeugt, dass wir's können. Wir sind nur so wenige, und die Welt ist übervoll, es ist widersinnig, dass wir auseinandergerissen wurden. Lasst uns wirklich zusammen glücklich und fleißig sein.«[476] Er ahnt nicht, dass, wie immer bei Katherine, mit der Entfernung auch die Liebe wächst – diesmal die Liebe zu England: »Ich werde jetzt ganz sentimental, wenn ich an England denke, an das englische Essen, *anständige englische Verschwendung!* Wie viel besser ist das als diese sparsamen Franzosen, deren Blumengärten nichts als potentielle Salatschüsseln sind. (…) Bei Gott, ich möchte mir ein Pfund bester

Butter kaufen, sie auf den Fenstersims stellen und zusehen, wie sie schmilzt, nur um sie zu ärgern. Sie sind eine knickrige, unangenehme Bande, ihrem munteren Getue zum Trotz ... Zum Beispiel ihre Wohnungen – was für entsetzliche Möbel – und nie auch nur ein bequemer Sessel. Wenn man ein Gespräch führen möchte, geht man am besten gleich ins Bett. (...) Ich verstehe jetzt den tieferen Grund für das, was man französische moralische Laxheit nennt. Man wird einfach ins Bett gezwungen – egal mit wem.«[477] Da blitzt sie wieder auf, die humorvolle, sarkastische Katherine, an der sich die Moralapostel ihrer Zeit die Zähne ausbeißen.

Am 21. Februar 1916 beginnt mit der Schlacht von Verdun die längste und verlustreichste Schlacht des Ersten Weltkriegs. Angesichts des grauenvollen Sterbens gehen Katherines Gedanken einmal mehr zu Leslie: »Mein Bruder, mein kleiner Bruder! Deine nachdenklichen Augen! Ich sehe dich immer so vor mir, wie du mich verlassen hast.«[478] Alarmiert durch die Situation in Europa erhöht Harold Beauchamp die monatliche Apanage seiner Tochter von 10 auf 13 Pfund. Mit dem Tod des Bruders scheinen die alten Streitigkeiten endgültig passé, stattdessen werden liebevolle Briefe zuhauf gewechselt: »Ich wünschte, ich könnte Dir sagen, Vater, wie sehr ich mich danach sehne, Dich zu sehen. Unser Liebling, wenn er bei mir war, schien mich Dir so nahe zu bringen, und wenn ich mit ihm über Dich sprach, wurde mir jedes Mal aufs Neue bewusst, wie sehr ich Dich liebe und bewundere und wie viel Du mir bedeutest. Verzeih mir meine kindlichen Fehler, mein großzügiger, lieber Papa, und behalte mich in Deinem Herzen. Ich spüre, dass wir viel zu besprechen haben, wenn wir uns wiedersehen.«[479] Am 21. März 1916 reist Katherine nach Marseille, um nach Jahren ihre Schwester Chaddie wiederzusehen, die soeben aus Bombay [Mumbai] zurückgekehrt ist: »Ich denke nur noch an Chaddie – an unsere Begegnung am

Montag, daran, was wir sagen und wie wir aussehen werden. Ich frage mich immer wieder, was ich tun soll, wenn das Schiff mitten in der Nacht ankommt, oder was ich tun soll, wenn mich jemand ausraubt, solange ich dort bin. Tausend verschiedene Gedanken. Und was sie sagen wird, und ob sie mich erwartet. (…) Und dann ist da auch immer der Gedanke, dass ich sie eines schrecklichen Irrtums wegen verfehlen könnte.«[480]

Sie beginnt damit, ihre Erzählung »Die Aloe« zu überarbeiten. Sie schreibt jetzt über ihre Kindheit, in einem völlig neuen Stil. Die Charaktere der Familie Burnell, als deren Vorbild unzweifelhaft ihre eigene Familie dient, werden zu Katherines wahrem Forschungsgebiet, während die Handlung zweitrangig wird. Es geht um die Gedanken und Gefühle einer Familie, die von der Stadt hinaus aufs Land zieht. Bestehend aus zwölf Szenen folgt ein Perspektivenwechsel nach dem anderen und stellt vieles infrage, was auf den ersten Blick so einleuchtend ist. Die Leser erhalten nur kurze Einblicke ins Seelenleben der Protagonisten, dann schwenkt der Schweinwerfer weiter. Am Ende fügen sich all diese kleinen Ausschnitte zu einem Gesamtkunstwerk zusammen. Die literarische Hinwendung zu Neuseeland ist eine Folge ihrer emotionalen Hinwendung zu Neuseeland. In ihrem Herzen ist sie, spätestens seit Leslies Tod, überzeugte Neuseeländerin, wie Murry bestätigt: »Ihre Heimat war Neuseeland, und mehr denn je war es ihre Heimat in einem Augenblick, in dem sie ihren alten Groll gegen dieses Land überwunden und es in ihrer Phantasie neu in ihr Herz geschlossen hatte.«[481]

Alles könnte so schön sein, würden nicht D. H. Lawrence' Briefe aus England immer drängender werden. Er hat in Cornwall ein Anwesen entdeckt, das ganz seinen Bedürfnissen entspricht: »Ich glaube, wir haben eins gefunden, das gut ist. Es liegt etwa 7 Meilen von St. Ives entfernt, in Richtung Land's End, sehr einsam, zwischen den Felsen am Meer, das nächste Dorf ist

Zennor: hohe, blasse Hügel, alles wie ein Moor und wunderschön, dahinter sehr wild. 7 Meilen quer über Land nach Penzance: 25 Shilling die Woche, acht Zimmer, eine Frau ist da, die für uns putzen will. (...) Ich glaube, wir nehmen das Haus für vier Monate (...) mit der Option, länger zu bleiben.«[482]

Frieda und er mieten das Haus tatsächlich an und versuchen sodann, Murry und Katherine das Nachbarhaus schmackhaft zu machen: »Wirklich, Ihr müsst das andere Haus nehmen. Ich sehe es ständig an. Ich nenne es bereits Katherines Haus und Katherines Turm. Es hat etwas sehr Reizvolles an sich. Es ist sehr alt, bodenständig wie Felsgestein, doch trocken und ganz und gar im Licht der Hügel und der See. Es sind nur zwölf Schritte von unserm Haus zu dem Eurigen: wir können uns von Fenster zu Fenster unterhalten, und außer uns nur der Stechginster und das Weideland, wo die Lämmer närrisch herumhüpfen und springen und die Möwen mit den Raben kämpfen und manchmal ist ein Fuchs zu sehen, und ein Schiff draußen auf dem Meer. Ihr müsst kommen, und wir wollen lange, lange dort wohnen. (...) Ich bin überzeugt, dass wir in Tregerthen glücklich sein werden: Tregerthen, Zennor, St. Ives.«[483]

Warum auch immer, am 27. März 1916 sagen Murry und Katherine der Villa Pauline Lebewohl und reisen zurück nach England. Im Nachhinein wird Murry schreiben: »Es war ohne Zweifel die glücklichste Zeit unseres gemeinsamen Lebens – eine, auf die wir in den folgenden Jahren mit Liebe und einer gewissen Ungläubigkeit zurückblickten. Wir hätten so schreiben können, wie R. L. Stevenson: ›Glücklich? Ich war einmal glücklich – das war in Bandol.‹ Es kostete uns überhaupt keine Willensanstrengung, den Krieg zu ignorieren, der damals in einer seiner schwärzesten Phasen war – dem Gemetzel von Verdun. Wir taten es, ohne lange darüber nachzudenken. Ob wir unser Glück verdient hatten, müssen Sterbliche nicht entscheiden.«[484]

An der klippenreichen Küste von Cornwall, heute die britische Ferienregion schlechthin, werden sie von Frieda und D. H. Lawrence in Higher Tregerthen schon sehnsüchtig erwartet. Zwei rechtwinklig zueinander angeordnete Granithäuser, eines davon mit einem Turm für Katherine und Murry, stehen da: »Ich sehe noch, wie Katherine Mansfield und Murry ankamen«, schreibt Frieda in ihren Erinnerungen: »Hoch oben auf einem Wagen sitzend, der mit ihrem Hab und Gut beladen war. Katherine sah aus wie eine Auswanderin.«[485] Die Häuser gehören zum ehemaligen Minenarbeiterdörfchen Zennor, westlich von St. Ives, das seit Beginn des 19. Jahrhunderts bei Künstlern wie William Turner hoch im Kurs steht: das Licht, die Farben, die Atmosphäre, einfach wunderbar. Gleichwohl ist es in jener Zeit durchaus ein Abenteuer, sich hier an diesen Ort mit wenig Infrastruktur, fast eine Tagesreise von London entfernt, niederzulassen. Gemeinsam machen sich die vier daran, die Häuser zu renovieren. Bei D. H. Lawrence und Frieda gibt es blaue Wohnzimmerschränke und gelbe Vorhänge mit grünen Klecksen. Das Schlafzimmer wird blassrosa gestrichen, dazu gibt es grüne Kleiderschränke, Kokosmatten auf den Böden und gestrickte Tagesdecken. Katherines und Murrys Esszimmer erhält einen roten Anstrich, das Wohnzimmer erstrahlt in einem hellen Creme-Ton, das Schlafzimmer ebenfalls blassrosa. Frieda erinnert sich an wunderbare Tage: »Es war ein großer Spaß, in St. Ives zusammen mit den Murrys für ein paar Shillings sehr schön gearbeitete Möbel zu erstehen. Unsere Waren wurden mit Seilen auf einen wackeligen Karren gebunden, der dann über die unebene Straße rumpelte. Sodann brach sowohl im Haus der Murrys als auch in unserem eine regelrechte Euphorie aus, als es darum ging, Stühle zu streichen, Messing zu polieren, alte Uhren zu reparieren, Kleidung zu verschönern oder all die gekauften Schätze zu ordnen.«[486] Alles sehr künstlerisch, alles sehr idyllisch, sogar eine Aufwartefrau gibt es. Es könnte schöner nicht sein. Doch unmittelbar nach dem Einzug erleben Katherine und Murry, was sie bereits kennen: D. H. Lawrence droht Frieda damit, sie zu töten, es fliegen Stühle, Gläser, Teller. Einmal kann Murry gerade noch eine Lampe retten: »Katherine saß still in einer Ecke, teilnahmslos, unaussprechlich müde. Ich war entsetzt. Ich zweifelte nicht daran, dass er sie umbringen würde, und doch hatte ich aus irgendeinem seltsamen Grund keinen Drang einzugreifen. Die Dinge hatten sich so zugespitzt, dass es keinen Sinn mehr machte einzugreifen. Das Leben selbst ist wahnsinnig geworden, lass es einfach laufen!«[487] Nach einem wüsten Streit reißt D. H. Lawrence Frieda ganze Haarbüschel aus, schlägt wie von Sinnen auf seine Frau ein. Die flieht schreiend in Katherines Küche, wo D. H. Lawrence weiter auf seine Frau einprügelt. Am Ende lässt er sich erschöpft in einen Sessel fallen und trinkt noch einen Kaffee mit Frieda, ehe sich die beiden auf den Heimweg machen. Dass Murry sich auf D. H. Lawrence' Seite schlägt und die beiden Männer wieder in inniger Zweisamkeit stundenlang durch die Moore wandern, macht die Sache nicht besser. Katherine schreibt angewidert an ihren Freund Kot: »Lass Dir erzählen, was Freitag geschah. Ich ging hinüber zu ihnen zum Tee. Frieda sagte, Shelleys ›Ode an eine Lerche‹ sei falsch. Lawrence sagte: ›Du gibst an; davon verstehst du überhaupt nichts.‹ Dann fing sie an: ›Jetzt hab ich aber genug. Hinaus aus meinem Haus, du kleiner Gottallmächtiger du. Ich habe genug von dir. Willst du wohl jetzt den Mund halten.‹ Lawrence sagte: ›Ich geb dir gleich eins auf die Backe, damit du still bist, du dreckige Göre.‹ Usw. usw. Darauf verließ ich das Haus.«[488]

Was würde sie wohl sagen, wüsste sie, dass D. H. Lawrence die Charaktere von Gudrun und Gerald in seinem Roman *Liebende Frauen*, an dem er gerade schreibt, nach ihr und Murry formt? Er selbst porträtiert sich als Rupert, der Gerald seine Liebe offeriert. Dieser aber entscheidet sich für Gudrun. Die homoerotische Freundschaft der beiden Schriftsteller bleibt Literatur: »Lawrence glaubte oder versuchte zu glauben, dass die Beziehung zwischen Katherine und mir falsch und tödlich war und dass die Beziehung zwischen Frieda und ihm richtig und lebensspendend war; aber auch, dass seine Beziehung zu Frieda durch eine neue Beziehung zwischen ihm und mir vervollständigt werden musste, der ich mich entzog.«[489] Einmal mehr ist Sex das beherrschende Thema der Abendunterhaltung. Katherine findet die Obsession des Dichters sehr ermüdend: »Ich werde *nie* Sex in Bäumen sehen, Sex in plätschernden Bächen, Sex in Steinen & Sex in allem. Die Anzahl der Dinge, die wirklich phallisch sind, reicht vom Füllfederhalter aufwärts! Irgendwann werde ich mich dafür revanchieren – ich habe Lawrence vorgeschlagen, er solle sein Cottage doch ›Der Phallus‹ nennen, und Frieda hielt das für eine ausgezeichnete Idee.«[490]

D. H. Lawrence' unbändige Wut, die Auseinandersetzungen und die ständigen Analysen ihres Innenlebens zerren an Katherines und Murrys Nerven. Es war ein Fehler, nochmals in die Nähe dieses komplizierten Paares zu ziehen. Vor allem Katherine drängt schon nach wenigen Wochen darauf, diesen Fehler zu korrigieren: »Sie sind beide zu grob für mich, als dass es mir gefiele, mit ihnen zu spielen. Ich hasse Spiele, in denen die Leute ihren Charakter auf diese Weise einbüßen. Es ist absolut witzlos. Genaugenommen passen sie überhaupt nicht zu mir. Ich kann zum Beispiel nicht über Blutsbrüderschaft mit Rohlingen diskutieren, während ich in Deckung gehen muss, um nicht von Bügeleisen und Kochtöpfen getroffen zu werden.«[491]

Als Frieda schließlich während eines Streits einen Porzellanteller auf dem Kopf ihres Mannes zertrümmert, sind Katherine und Murry längst fort. Murry hat eingesehen, dass er sich zwischen dem Freund und der Frau entscheiden muss, und zwar schleunigst. Einem zutiefst gekränkten D. H. Lawrence erklärt das Paar, dass die Feuchtigkeit des Hauses und das Klima Gift für Katherines Rheumatismus sind. Lawrence schäumt, doch Frieda wird Katherine vermissen: »Ich habe sie gern; selbst, wenn sie Lügen verbreitet, weiß sie doch mehr über das, was wahr ist, als andere Leute ... lass uns was hässlich ist übersehen.«[492]

In Mylor, 30 Meilen von Zennor entfernt, finden Katherine und Murry im »Sunnyside Cottage« vorübergehend ein neues Zuhause. Hier wollen sie nach den stürmischen Wochen endlich zur Ruhe kommen. Higher Tregerthen aber wird in ihren Erinnerungen trotz der Umstände ein schöner Ort bleiben, und als Virginia Woolf das Haus zwei Jahre später anmietet, schreibt Katherine an sie: »Kaum ist man da – ist man frei, frei wie die Luft. Man hängt seinen Hut an einen Nagel & das Haus ist eingerichtet. Es ist ein Haus, wo man auf der Treppe sitzt & das schöne Licht betrachtet, das den Raum darunter erfüllt. Nach Einbruch der Nacht hat das Haus drei Stimmen ... ich darf nicht davon reden – es hat mich behext.«[493]

> »Vor die Wahl gestellt,
> mein Land zu verraten oder
> meinen Freund zu verraten, hoffe ich,
> ich hätte den Mut, mein Land zu verraten.«
>
> (E. M. Forster)

»*Alle paaren sich, von den Möpsen und Pfauen
bis hin zu Ott und dem Premierminister.*«

VII.

Verpatzte Teestunde mit E. M. Forster
oder Die Verschwörung der Außenseiter

D. H. Lawrence an S. S. Kotelianski, 7. Juli 1916
»Ich denke – nun sie und Jack sind nicht sehr glücklich –, sie haben so eine Art Vertrag, nach dem jeder der beiden frei ist. (…) Wirklich, ich glaube, sie und Jack haben alles zerrieben, was zwischen ihnen war – ich mag sie lieber als ihn. Er war ziemlich unausstehlich (…) Katherine braucht Ruhe, muss lernen, allein zu leben und ohne ein äußerliches Stimulans.«[494]

Mylor, Mai 1916
Katherine wird auch in Mylor nicht glücklich. Sie muss den Strapazen der vergangenen Monate Tribut zollen, fühlt sich schwach und ausgelaugt. Währenddessen verlegt D. H. Lawrence seine Schreibstube in Katherines verlassenen Turm. Trotz der Enttäu-

schung über Katherines und Murrys Flucht wollen er und Frieda den Kontakt aufrechterhalten und reisen noch in diesem Sommer nach Mylor. Murry erinnert sich an die erste Begegnung nach Wochen: »Lawrence mit seinem weißen Sonnenhut aus Leinen und seinem Rucksack, schien eine heilige Verachtung für unseren sanften Süden und uns zu hegen.«[495] Die wenigen gemeinsam verbrachten Tage zeigen die Distanz, die sich vor allem zwischen die beiden Männern eingeschlichen hat. Eine Situation, die sich durch D. H. Lawrence' Roman *Liebende Frauen*, in dem Murry sich falsch dargestellt sieht, noch verschärfen wird. Katherine findet das Leben auf dem Land bald unerträglich. Sie bittet Murry inständig, in London nach einer geeigneten Wohnung für sie beide zu suchen. Der kommt ihrem Wunsch nach, auch wenn er sich in Mylor wohlfühlt. Katherine bleibt in der Obhut eines fürsorglichen Dienstmädchens namens May zurück. Mit der Entfernung wächst erneut die Liebe. Zahlreiche sehnsuchtsvolle Briefe gehen zwischen dem Paar hin und her.

Während Murry in der Hauptstadt auf Wohnungssuche ist, vertieft Katherine ihre flüchtige Bekanntschaft mit Lady Ottoline Morrell und lädt sich kurzerhand selbst nach Garsington Manor ein: »Darf ich am 13. Juli zu Ihnen kommen und ein paar Tage bleiben? Ich muss am 8. Juli in London sein und würde so gern zu Ihnen kommen. Allerdings weiß ich nicht, ob Sie mich dahaben wollen, denn ich werde allein kommen. Murry kann mich nicht begleiten. Ich spüre, dass ich Ihnen so viel sagen muss und so viel mit Ihnen zu besprechen habe.«[496] Ihr Plan geht auf: Ottoline Morrell lädt sie nach Garsington Manor ein, ein Arkadien, wo man tagsüber Tennis spielt und schwimmen geht und nachts verschiedenste amouröse Begegnungen stattfinden. Kunstkritiker Roger Fry schreibt nach einem dieser Wochenenden an eine Freundin, er selber habe zwar »leider keine Gelegenheit zum Beischlaf gehabt«, habe aber »die ganze Nacht kein

Auge zugetan, weil auf dem langen Flur ständig Türen geknallt« worden seien: »Vielleicht hätte ich zumindest der Form halber ein paarmal zur Toilette gehen sollen.«[497] Vanessa Bell, oft und gern in Garsington zu Gast, bringt es auf den Punkt: »Alle paaren sich, von den Möpsen und Pfauen bis hin zu Ott und dem Premierminister.«[498] In Garsington trifft Katherine neben vielen anderen illustren Gästen auch die Mitglieder der Bloomsbury Group, jener legendären literarischen Gruppierung, die den Geschmack einer ganzen Nation prägt. Vereint auch durch ihre Herkunft aus der viktorianischen Oberschicht, sind die Bloomsburys bestens vernetzt und verfügen über ausgezeichnete Kontakte hinein in Kultur und Politik. Sie sind, wie Virginia Woolf über sie schreibt, »hineingeboren in eine sehr kommunikative, belesene, Briefe schreibende, Besuche abstattende, redegewandte Welt des ausgehenden neunzehnten Jahrhunderts«.[499]

Wer tatsächlich zur Bloomsbury Group gehört, ist bis heute Geschmackssache. Da es kein offizielles Mitgliederverzeichnis gibt, wird die Gruppe mal eng, mal weit gefasst. Allerdings gibt es ein paar Namen, auf die sich alle Literaturbegeisterten einigen können: die Schriftsteller Virginia und Leonard Woolf, die Maler Vanessa Bell und Duncan Grant, die Kunstkritiker Clive Bell und Roger Fry, der Ökonom John Maynard Keynes, der Schriftsteller Lytton Strachey und in erweitertem Sinne auch seine Lebensgefährtin, die Malerin Dora Carrington. Zu den eher unbekannteren Bloomsburys gehört Saxon Sidney-Turner, ein äußerst intellektueller Beamter des Britischen Finanzministeriums, der, wie die allermeisten Bloomsburys Trinity College, Cambridge, absolviert hat. Er ist klug, belesen und ein britischer Exzentriker wie aus dem Bilderbuch. Ein Spieler, der sein Erbe beim Pferderennen durchbringt und im Gegensatz zu den meisten seiner Freunde gänzlich unambitioniert ist. Die lieben ihn ihrerseits zwar innig, halten ihn aber für den größten Langweiler auf Gottes Erden. Ebenso vom Trinity College in Cambridge kommt der Journalist Desmond MacCarthy, dessen Ehefrau, die Schriftstellerin Molly MacCarthy, gleichfalls lose mit der Gruppe verbunden ist. Dazu gesellt sich der in München geborene Maler Walter Sickert, ein Schüler von James McNeill Whistler und Edgar Degas, dessen Name bis heute immer wieder genannt wird, wenn es um die wahre Identität des Serienmörders Jack the Ripper geht. 2002 kaufte die amerikanische Kriminalautorin Patricia Cornwell für über 3 Millionen Pfund Werke und Möbel aus Sickerts Nachlass auf, um daraus seine DNA zu rekonstruieren. Da Sickerts Œuvre in Großbritannien irgendwo zwischen William Turner und Francis Bacon eingeordnet wird, machte sie sich mit ihrer Aktion in der Kunstszene, wo man sie als Vandalin beschimpfte, keine Freunde. Gleichwohl wurde auch in der Sickert-Ausstellung der Tate Britain in London 2022, in der Sickert als einer der einflussreichsten Maler des 20. Jahrhunderts gefeiert wurde, dieser Mythos noch einmal beschworen.[500] Und dann ist da noch E. M. Forster, der sich selbst zwar nicht zu den Bloomsburys zählt, nach Ansicht seiner Freunde und der meisten Literaturkritiker aber sehr wohl dazugehört. Er ist heute vor allem durch seine gesellschaftskritischen Romane *Zimmer mit Aussicht* oder *Wiedersehen in Howards End* bekannt. Die Oscar-prämierte Verfilmung aus dem Jahre 1992 mit Emma Thompson, Anthony Hopkins und Vanessa Redgrave hat seinem Roman, der auf der BBC-Liste der besten britischen Romane aller Zeiten steht, zu neuer Popularität verholfen. In den 20er Jahren ist Forster heißer Anwärter auf den Literaturnobelpreis. 1905 hingegen verdingt er sich als Hauslehrer der Kinder von Katherines Cousine Elizabeth von Arnim auf deren Rittergut in Pommern. Forster lebt seine Homosexualität für seine Freunde offen, für die Öffentlichkeit verborgen aus. Sein Liebesroman *Maurice*, der die Homosexualität zum Thema macht, wird erst lange nach seinem Tod veröffentlicht. Der überzeugte Humanist seziert in seinen Romanen mit Vorliebe die britische Klassengesellschaft. Wie all seine Freunde ist er ein überzeugter Cambridge-Absolvent und würde glatt unterschreiben, was Virginia Woolf in ihrem Roman *Jacobs Zimmer* schreibt: »Sie sagen, der Himmel ist überall derselbe. Reisende, Schiffbrüchige, Verbannte und Sterbende schöpfen Erleichterung aus dem Gedanken. (...) Aber über Cambridge – jedenfalls über dem Dach der King's College Chapel – ist es anders. Draußen auf dem Meer verbreitet eine große Stadt immer Helligkeit in der Nacht. Ist es Phantasterei, den in die Ritzen der King's College Chapel gespülten Himmel für heller, dünner, flirrender zu halten als den Himmel anderswo? Leuchtet Cambridge nicht nur in die Nacht, sondern auch in den Tag?«[501]

Als durchaus exklusiver Zirkel gelten die Mitglieder der Bloomsbury Group Außenstehenden gern als dünkelhaft und arrogant, egozentrisch und sich selbst genügend. Eine Clique, für die Katherine und Murry Emporkömmlinge sind, was die beiden mit ihrem ungebührlichen Betragen nur zu bestätigen scheinen. Ottoline Morrell erinnert sich: »Sie genossen ihr gemeinsames Leben und führten ein abenteuerliches und skrupelloses Dasein, indem sie z. B. ein großes Haus auf dem Lande erwarben, einige Monate darin wohnten, jeden Sonntag zur Kirche gingen, wo Murry die Lesung übernahm und die Dorfbewohner ihren Hut vor ihnen zogen, während sie es genossen, Hausherr und Hausherrin zu spielen. Dann zogen sie wieder weiter, ohne Miete, Handwerker und Gärtner zu bezahlen. Ein anderes Mal kauften sie ein Klavier auf Raten für drei Jahre, bezahlten es zum Teil, wurden es schließlich leid, verkauften es und verschwanden. Sie schienen derlei Taten nicht als Schande zu empfinden, sondern genossen es, eine große Geschichte daraus zu machen.«[502]

Mit ihren unerbittlichen Urteilen, die durchaus einen Hang

zur Grausamkeit haben, halten manche ihrer Kritiker die Bloomsburys eher für eine Art Mafia-Clan, dessen Einfluss viel zu weit geht. Die Gruppe selbst hat kein Manifest. Was sie verbindet, sind ihre Suche nach der Wahrheit, der Bruch mit der viktorianischen Ordnung sowie ein völlig neues Kunstverständnis, der Wunsch nach einem vernunftbasierten Leben und der Glaube daran, dass Kunst die Welt verändern kann. Allen gemeinsam ist ihr akademischer Hintergrund, mit engen Kontakten vor allem zur Universität Cambridge. Ihr familiärer Background ermöglicht ihnen finanzielle Unabhängigkeit von Erwerbsarbeit, eine rege Reisetätigkeit auf den Kontinent und den Erwerb von Sommerhäusern und Stadtwohnungen in bester Lage. Diese privilegierte Stellung bietet ein von existenziellen Nöten zumeist freies Denken und Handeln, das Leonard Woolf, der als Sohn des früh verstorbenen jüdisch-britischen Kronanwalts Sydney Woolf nach dem Tod des Vaters in bescheidenen Verhältnissen aufgewachsen ist, nur bestaunen kann: »Gesellschaftlich maßten sie sich selbstverständlich manches an, was ich mir niemals, weder unbewusst noch bewusst, anmaßen konnte. Sie lebten in einer besonderen Atmosphäre, in der Einfluss, Umgangsformen und Ansehen keine unwesentliche Rolle spielten.«[503] Die Bloomsburys sind, obwohl vorwiegend *upper middle class*, die intellektuelle Aristokratie der Insel. Berühmt werden sie neben ihrem bahnbrechenden Aufbruch in die Moderne vor allem für ihren ausgeprägten Hang zu reden – über alles und jeden bis ins kleinste intimste Detail. D. H. Lawrence ist der intellektuelle Narzissmus der Gruppe ein Dorn im Auge. »Diese jungen Leute reden zu hören, macht mich wirklich wütend: Sie reden ohne Ende, einfach ohne Ende – und nie, nie wird etwas Gutes gesagt. Sie sind in eine harte kleine Schale gehüllt, und aus dieser heraus sprechen sie ihre Worte.«[504] D. H. Lawrence bleibt ein Außenseiter – war er doch niemals Student in Cambridge. E. M. Forster hingegen beschreibt seine

Freunde so: »Bloomsbury besteht aus Leuten, die ähnliche Meinungen haben und gern zusammen sind ... im Grunde anständige Leute. Sie können schon einmal die Briefe anderer öffnen, würden aber nie stehlen, brutal sein, nie jemanden verleumden oder erpressen oder Großzügigkeit missdeuten. Und sie haben sich eine Kultur angeeignet, die mit ihrer gesellschaftlichen Stellung harmoniert. Daher ihre Standfestigkeit.«[505]

Der Gründung der Bloomsbury Group geht der Auszug der Geschwister Stephen aus ihrem hochherrschaftlichen viktorianischen Elternhaus am Hyde Park Gate 22 voraus. Nach dem Tod ihres Vaters, des Publizisten Sir Leslie Stephen, ziehen seine Kinder Vanessa, Virginia, Thoby und Adrian 1904 nach Gordon Square 46 in den Londoner Stadtteil Bloomsbury. Das etwas heruntergekommene Quartier nahe des British Museum ist durch McNeill Whistler zum Künstlerviertel geworden und wohl der einzige Ort in London, an dem gemischtgeschlechtliche Wohngemeinschaften überhaupt möglich sind. Dennoch wird es in den Kreisen, aus denen die Geschwister stammen, durchaus mit hochgezogenen Augenbrauen kommentiert, dass die beiden Frauen hier ohne elterliche Aufsicht leben. Statt der die Fantasie beschleunigenden Orgien finden in dem offenen Haus aber zumeist durchredete Nächte auf dem Fußboden statt, zu denen sich vor allem die Studienfreunde von Thoby Stephen, der am Trinity College in Cambridge studiert, einfinden.

Die meisten Studenten, die an den Gordon Square kommen, gehören wie Thoby selbst zur exklusiven Bruderschaft *Cambridge Conversazione Society*, den sogenannten *Cambridge Apostles*, die sich seit 1820 die Suche nach der Wahrheit auf die Fahnen geschrieben haben. Jeden Donnerstag lädt Thoby seine Studienfreunde ein, und wohl auch aufgrund der schönen, klugen Schwestern Vanessa und Virginia sieht man Woche für Woche junge, exzentrisch gekleidete Männer im Haus Nr. 46 verschwinden. Virginia Woolf wird diese Abende später folgendermaßen beschreiben: »Es war also nur natürlich, dass Vanessa und ich in heller Aufregung waren, wenn es läutete und diese bemerkenswerten Burschen hereinkamen. Es war spätabends; das Zimmer war voller Rauch; süße Semmeln, Kaffee und Whiskey standen überall herum; wir trugen weder weißen Satin noch Saatperlen; wir hatten uns überhaupt nicht umgezogen. Thoby ging und öffnete die Tür, herein kam Sydney-Turner; herein kam Bell, herein kam Strachey. Sie kamen zögerlich herein, unsicher und falteten sich schweigend in Sofaecken zusammen. (...) Die Unterhaltung siechte auf eine Weise dahin, die im Salon von Hyde Park Gate unmöglich gewesen wäre.«[506]

Virginia Woolf selbst misst diesen Abenden höchste Bedeutung bei: »Diese Donnerstagabendgesellschaften waren, soweit es mich betrifft, der Keim, dem alles entsprang, was seitdem – in Zeitungen, in Romanen, in Deutschland, in Frankreich – sogar, wage ich zu behaupten, in der Türkei und in Timbuktu – mit dem Namen Bloomsbury bezeichnet wird.«[507]

Beeinflusst sind die jungen Männer vor allem von den Ideen des analytischen Philosophen George Edward Moore und dessen neustem Werk *Principia Ethica*, in dem es vor allem um die Undefinierbarkeit von »gut« und den naturalistischen Fehlschluss geht, »gut« reduktiv zu erklären. Die Religion als Erklärungsansatz hat ohnehin ausgedient. Moore verwahrt sich auch gegen den herrschenden Utilitarismus des Philosophen und Sozialreformers Jeremy Bentham, der moralisches Handeln vom Nutzen für die Allgemeinheit abhängig macht, also, wie er es formuliert, das größte Glück der größten Zahl als Grundlage von Falsch und Richtig betrachtet.[508] Moore hingegen geht davon aus, dass das, was für den einen gut ist, noch lange nicht gut für den anderen ist. Da man nicht weiß, was bei einem bestimmten Verhalten herauskommt, sei es gut, sich an Verhaltensweisen zu halten, die sich bereits als gut herausgestellt haben. Dass er damit eigentlich Neuerungen verwirft, dringt, wie John Maynard Keynes später gesteht, nicht bis zu den Aposteln durch: »Wir schoben nicht nur jenen Teil von Moores fünftem Kapitel über ›Ethik in Bezug auf Handlung‹ beiseite, der sich auf die Notwendigkeit bezog, so zu handeln, dass kausal das wahrscheinliche Maximum eines durch alle zukünftigen Zeitalters hindurch schlussendlich Guten entstand – wir ignorierten auch jenen Teil, der von der Pflicht des Individuums handelte, allgemeinen Regeln zu gehorchen. (…) Wir lehnten die gewohnte Moral, die Konventionen und die traditionelle Weisheit völlig ab. (…) Wir hatten keinen Respekt.«[509] Moore, der selbst am Trinity College studiert hat, lebt nun als Fellow an seiner Alma Mater und zieht die Studenten vor allem mit seiner Methode der »Offenen Frage« reihenweise in seinen Bann. Ab 1925 hat er in Cambridge den Lehrstuhl für Philosophie des Geistes und Logik inne, auf den ihm 1939 Ludwig Wittgenstein folgt. Moores Ideen helfen den jungen Männern dabei, sich von ihren viktorianischen Moralvorstellungen zu befreien. Ein nicht ganz leichtes Unterfangen, sind sie doch alle in den Ausläufern des viktorianischen Zeitalters aufgewachsen. Über Moores Theorien redet man sich an Donnerstagabenden ebenso die Köpfe heiß wie über Kunst und Literatur. Politik ist in diesen jungen Jahren der Gruppe kein Thema. Ein erfülltes, gutes Leben steht im Zentrum aller Überlegungen, die Lytton Strachey für sich kurz gefasst auf den Punkt bringt: »Wenn es nach mir ginge, würde ich jeden Abend auswärts essen, im Anschluss eine Gesellschaft oder die Oper besuchen, danach ein Champagner-Souper einnehmen, und schließlich würde ich ins Bett gehen und in den Armen eines wunderbaren Wesens einschlafen.«[510] Virginia Woolf hingegen hat andere Pläne: »Ich werde ein solches Englisch schreiben, dass eines Tages die Seiten in Flammen stehen werden.«[511] Bald streitet und beleidigt man, liebt und hasst einander in vollkommener Liberalität und Toleranz. Stets aber bleibt man einander zugetan: Das eigentliche Band der Bloomsbury Group ist eine lebenslange innige Freundschaft.

Zum Mittelpunkt der Gruppe werden rasch die Schwestern Vanessa und Virginia Stephen. Vanessa, die ältere, ist die Praktischere – mutig und kühn. Sie spricht offen aus, was ihr in den Sinn kommt, und handelt ganz nach Belieben. Virginia ist scheuer, oft schweigsam, von ätherischer Schönheit. Wenn sie jedoch das Wort ergreift, dann brennt sie und ist ungleich wortgewaltiger als ihre Schwester. Unter den Cambridge-Freunden des Bruders sind auch die zukünftigen Ehemänner der Schwestern: Leonard Woolf und Clive Bell. Kunstkritiker Bell verliebt sich bald unsterblich in Vanessa, die lehnt seinen Heiratsantrag aber rundweg ab. Sie bleiben Freunde, und als solcher begleitet er die Geschwister 1906 auf einer Griechenlandreise, bei der sich Thoby Stephen mit Typhus infiziert. Zurück in London stirbt er wenig später mit nur 26 Jahren. Zwei Tage später nimmt Vanessa Clives Heiratsantrag an. Das Paar bleibt in der Wohnung am Gordon Square 46, zusammen mit vier Bediensteten, in Paris erstandenem Mobiliar und sündhaft teuren Hochzeitsgeschenken. Virginia und Adrian ziehen nach Fitzroy Square 29, wo Virginia die Donnerstagabende ihres Bruders fortsetzt, während Vanessa den Friday Club einführt, bei dem vor allem über Malerei gesprochen wird. Vanessas Ehe mit Clive ist glücklich und vor allem in sexueller Hinsicht sehr erfüllend. Für Vanessa ist ihre Ehe das Ende aller Prüderie und Schamhaftigkeit. Sie lebt und erlebt ihre Sexualität sehr bewusst und spricht nun auch Dinge an, die Frauen in jenen Jahren kaum zu äußern wagen. Verwegen und frivol im besten Sinne nimmt sie sich das Recht auf Gleichberechtigung. Und so ist es kein Wunder, dass die tatsächliche Befreiung der Gruppierung aus anerzogener Zurückhaltung unmittelbar mit ihr zusammenhängt. Virginia Woolf hat diesen denkwürdigen Augenblick literarisch festgehalten: »Es war ein Frühlingsabend. Vanessa und ich saßen im Salon. Der Salon hatte seinen Charakter seit 1904 sehr verändert. (...) Die Watts-Porträts meines Vaters und meiner Mutter hingen unten, falls sie überhaupt irgendwo hingen. Clive hatte alle Streichholzschachteln versteckt, weil ihr Blau und Gelb nicht zum vorherrschenden Farbschema passte. (...) Ich redete, egoistisch, aufgeregt, zweifellos über meine eigenen Probleme. Plötzlich ging die Tür auf, und die lange, finstere Gestalt von Mr Lytton Strachey stand auf der Schwelle. Er deutete mit dem Finger auf einen Fleck auf Vanessas weißem Kleid. ›Sperma?‹, rief er. ›Kann man das wirklich sagen?‹, dachte ich, und wir brachen in Gelächter aus. Mit diesem einen Wort fielen alle Schranken der Zurückhaltung und Reserviertheit. Ein Schwall der geheiligten Flüssigkeit schien über uns hinwegzuschwappen. Sex ergoss sich über unsere Gespräche. Das Wort Sodomie war nie weit von unseren Lippen entfernt. Wir diskutierten mit derselben Aufgeregtheit und Offenheit über Kopulation, mit der wir über das Wesen des Guten diskutiert hatten.«[512]

1908 kommt Vanessas und Clives erster gemeinsamer Sohn Julian auf die Welt. Irritiert durch die Hingabe Vanessas an ihr Kind beginnen Clive und Virginia einen Flirt, der zwar ohne Folgen bleibt, dennoch aber das Ende der Zweisamkeit von Clive und Vanessa einleitet. Obwohl sie mit Clive noch Sohn Quentin bekommt und die beiden einander stets freundschaftlich verbunden bleiben, gehen sie von da an getrennte Wege. Geschieden werden sie nie. Nach diversen Affären lebt Clive schließlich mit der Schriftstellerin Mary Hutchinson, der Frau eines angesehenen Rechtsanwalts, zusammen, während Vanessa sich 1911 in den Kunstkritiker Roger Fry verliebt, der im November 1910 mit seiner bahnbrechenden Ausstellung »Manet und die Postimpressionisten« in den Grafton Galleries in London den Postimpressionismus nach England bringt. Dutzende Bilder von Cézanne, Van Gogh, Gauguin und Picasso, die heute zum Weltkulturerbe gehören, werden damals zum ersten Mal auf der Insel gezeigt – mit teils verheerendem Echo. So kann man in der erzkonservativen *Morning Post*, dem Leib-und-Magen-Blatt des britischen Adels, lesen: »Die Emotionen dieser Maler (von denen van Gogh ein Irrer war) sind vielleicht für Studenten der Pathologie oder Spezialisten für das Abnormale von Interesse.«[513] Und der Dichter Wilfrid Blunt, weitgereister Nahost-Diplomat und bekennender Antiimperialist schreibt voll Entsetzen in sein Tagebuch: »Die Malerei ist auf dem Niveau eines unwissenden, sieben oder acht Jahre alten Kindes, der Farbsinn ist der eines Teetablett-Malers, die Methode die eines Schuljungen, der auf einer Tafel herumwischt, auf die er vorher gespuckt hat ... Von den Rahmen abgesehen, ist die ganze Sammlung keine 5 Pfund wert, und dann auch nur als Brennholz für ein schönes Feuer ... Dies sind ganz und gar keine Kunstwerke, es sei denn, man nennt es Kunst, wenn jemand eine Handvoll Dreck an die Wand wirft. Diese Werke zeugen von Faulheit und unfähiger Dummheit.«[514] Katherine Mansfield, die die Ausstellung ebenfalls besucht, ist hingegen völlig gefangen, vor allem van Goghs Sonnenblumen faszinieren sie: »Das Bild schien mir etwas zu enthüllen, das ich nicht wahrgenommen hatte, bevor ich es sah. Danach lebte es in mir. Noch immer – das & ein anderes von einem Seekapitän mit einer flachen Mütze. Sie lehrten mich etwas über das Schreiben, was seltsam war – eine Art Freiheit – oder besser, ein Sich-Freischütteln.«[515]

Frys Ausstellung verändert das Kunstverständnis der Briten quasi über Nacht. Nur ein Jahr später werden Fry, von dem Virginia Woolf sagt: »Er hatte mehr Wissen und Erfahrung als wir alle zusammen«[516], und Vanessa ein Paar. Zwar ist Fry Vater zweier Kinder und an seine Frau Helen gebunden, die wegen psychischer Krankheit in einer Anstalt lebt, doch das sind Kleinigkeiten, die in Bloomsbury-Kreisen niemanden stören. Fry, der auch als Begründer der Omega-Werkstätten gilt, die handbemalte Möbel und jene farbenfrohe Inneneinrichtung herstellen, die den Geschmack der Briten entscheidend prägen, passt wunderbar zu Vanessa, der Malerin, Gestalterin und Dekorateurin. Virginia Woolfs Urteil über den Freund ist eindeutig: »Roger ist der einzige zivilisierte Mann, den ich je kennengelernt habe, und ich halte ihn nach wie vor für unseren größten Gewinn, die Rechtfertigung, die Bestätigung für uns – und alles andere. Hätte Bloomsbury nur Roger hervorgebracht, wäre das vergleichbar mit Athen zu seiner Blütezeit.«[517]

Eine andere zentrale Figur der Gruppe ist der Schriftsteller Lytton Strachey, adeliger Sohn aus allerbestem Hause, unorthodox, exzentrisch, respektlos und mit einer schier unglaublichen Hypochondrie gesegnet. Seine Zeit in Cambridge ist ihm ebenso heilig wie die dort geschlossenen Freundschaften. Am Ende seines Studiums schreibt er an John Maynard Keynes: »Wann wird mein Paradies wahr? Mein Luftschloss. Zimmer für Dich, Duncan und Swithin auf alle Fälle – Woolf natürlich auch, wenn wir ihn aus Ceylon locken können; und diverse Gästesuiten. Kannst Du Dir was Grandioseres vorstellen? Ich werde Tragödien schreiben, Du revolutionierst die Nationalökonomie, Swithin schreibt französische Gedichte, Duncan malt unser aller Porträts in allen erdenklichen Posen & Metamorphosen, und Woolf kritisiert uns & unsere Werke erbarmungslos.«[518] Bis 1909 führt Lytton Strachey eine kräfteraubende Ménage-à-trois mit seinem Cousin Duncan Grant und John Maynard Keynes: »Heute Nachmittag habe ich wieder mit Duncan geschlafen, und momentan ist er in Cambridge und schläft mit Keynes. Ich weiß nicht, ob ich glücklich oder unglücklich bin.«[519] Seine Liebe zu Duncan Grant lässt ihn himmelhoch jauchzend und zu Tode betrübt zugleich zurück, wie aus einem Brief an Keynes hervorgeht: »Seit ich dich das letzte Mal gesehen habe, ist es mir geglückt, einen Blick in den Himmel zu erhaschen. Wahrhaft unglaublich – aber so ist es. Ich möchte in die Wüste gehen und endlos viele Predigten über einen einzigen Text halten: Nehmet einander an. Das scheint mir die einzige Lösung zu sein. Oje, oje, oje, wie wild, wie gewalttätig und wie erhaben sind die Geschehnisse auf dieser Erde! – Ich bin benebelt, ich fürchte, fast sentimental. Aber ich muss es wieder schreiben. Oh ja, es ist Duncan ...«[520]

In seinem emotionalen Durcheinander schließt er sich Virginia an, die ihm wesensmäßig sehr ähnlich ist. In einem Moment der Verzweiflung bittet er sie im Februar 1909 um ihre Hand, und sie sagt zu seinem Entsetzen unmittelbar »Ja«. Nun ist guter Rat teuer. Lytton schreibt schließlich an Leonard Woolf, der für sechs Jahre in den Kolonialdienst nach Ceylon gegangen ist: »Wenn Du kämst und um ihre Hand anhieltest, würde sie Ja sagen. Bestimmt. Momentan ist sie fast mit Sicherheit in mich verliebt (...). Ich habe mich ziemlich danebenbenommen. (...) Der Horror des gegenwärtigen Wirrwarrs hat mich dazu verleitet und die Vorstellung vom paradiesischen Ehefrieden. Nur was faktisch in Aussicht stand, konnte mir zeigen, dass es einfach keine Alternative zu diesem Horror gibt, und dass ich mich damit abfinden und es durchstehen muss oder sterben.«[521] Leonard ist von der Idee, als Ersatzmann einzuspringen, durchaus angetan: »Virginia zu heiraten wäre absolut wunderbar. Ich stelle sie mir göttlich vor ... Meinst Du, sie würde mich nehmen? Schick mir ein Telegramm, wenn sie ihr Jawort gibt. Ich werde das nächste Schiff nach Hause nehmen.«[522] Tatsächlich hat sich Leonard Woolf schon bei seinem ersten Besuch im Hause seines Studienfreundes Thoby Stephen in dessen schöne Schwester Virginia verliebt: »Als Mann konnte man gar nicht anders, als sich in sie zu verlieben, und ich glaube, ich tat es sofort.«[523] Doch da er im Gegensatz zu seinen Freunden nicht auf ein umfangreiches Erbe oder eine väterliche Apanage zurückgreifen kann, schifft er sich im Oktober 1904 mit den Shakespeare-Miniaturausgaben der Oxford Press und Milton in vier Bänden sowie einer neunzigbändigen Voltaire-Ausgabe samt Drahthaar-Foxterrier in Richtung Ceylon ein. Erst im Mai 1911 kehrt er zurück.

Dann aber wird aus Virginia Stephen am 10. August 1912 Virginia Woolf, die Frau eines mittellosen ehemaligen Kolonialbeamten, den sie zwar auf ihre Weise liebt, für den sie jedoch keinerlei körperliche Anziehung verspürt. Der Eheschließung voraus geht ein psychischer Zusammenbruch Virginias, dem bald auch der erste Selbstmordversuch folgt. Die weitaus zurückhaltendere der Schwestern leidet unter psychischen Schwierigkeiten, die man heute als bipolare Störung einordnen würde. Die meisten Biografen sind der Ansicht, dass diese auf den wahrscheinlichen Missbrauch Virginias durch ihre Stiefbrüder George und Gerald Duckworth zurückzuführen ist, einige halten aber auch eine genetische Disposition für denkbar. Nach dem frühen Tod ihrer Mutter hat Virginia zum ersten Mal einen Nervenzusammenbruch erlitten, im Laufe ihres Lebens wird ihre psychische Konstitution ihr immer wieder Auszeiten aufzwingen. Gleichwohl wird sie eine der herausragendsten Schriftstellerinnen des 20. Jahrhunderts werden.

Im Kreis der Bloomsburys ist sie für jeden Spaß zu haben. Der legendäre Dreadnought-Schwindel ist dabei nur einer unter vielen. Am 10. Februar 1910 verschaffen sich Virginia, Duncan Grant, Adrian Stephen und drei ihrer Freunde in orientalischer Verkleidung mit schwarz geschminkten Gesichtern und angeklebten Bärten als vermeintliche Diplomaten aus Abessinien Zugang zu dem streng geheimen Kriegsschiff *HMS Dreadnought* im Hafen von Weymouth. Begleitet von einem »Dolmetscher« sowie einem angeblichen Abgesandten des britischen Außenministeriums, führt der Oberbefehlshaber die bunte Truppe durch sein Schiff, alle Flaggen werden gehisst, und das Musikkorps spielt die Hymne von Sansibar, weil die Noten der Hymne von Abessinien nicht aufzutreiben sind. Was der Dolmetscher mit den Besuchern spricht, klingt zwar stark nach Versen von Vergil, doch das stört niemanden. Ein Foto von diesem Besuch schickt die Truppe anschließend an den *Daily Mirror*. Damit ist das britische Militär vollends der Lächerlichkeit preisgegeben. Empört verlangt die Royal Navy die Inhaftierung von Anstifter William Horace de Vere Cole, ein für seine Streiche im ganzen Land berühmter Ire. Der bietet an, sechs Stockschläge über sich ergehen zu lassen, wenn er dann zurückschlagen darf. Duncan Grant hingegen wird von drei Männern in Pantoffeln und Morgenrock aus seiner Wohnung entführt, erhält zwei Hiebe und fährt anschließend mit der U-Bahn zurück nach Hause.[524]

Im März 1915 ziehen Virginia und Leonard Woolf nach Hogarth House in Richmond, wo sie den legendären *The-Hogarth-Press*-Verlag gründen, in dem herausragende Werke neuer moderner Autoren erscheinen, die heute zum Kanon der Weltliteratur zählen. Darunter T. S. Eliots bahnbrechende Versdichtung *Das öde Land*. Einzig James Joyce' *Ulysses* lehnen sie ab. Zum einen, weil sie den umfangreichen Roman nicht mit ihrer Handpresse drucken können, zum anderen ist Virginia nicht wirklich von dessen Qualität überzeugt. 1919 ziehen sie nach Monk's House in Rodmell, East Sussex. Hier erlebt Virginia mit Vita Sackville-West, Ehefrau des britischen Diplomaten Sir Harold Nicolson, eine große Liebe, die später in eine lebenslange Freundschaft mündet. Leonard Woolf seinerseits gehört zu den wenigen politischen Bloomsburys, ist Mitglied der *Fabian Society* und der Labour Party und verfasst Artikel für den *New Statesman*. Bereits 1916 schlägt der liberale Internationalist in seinem Buch *International Government* die Einrichtung einer Organisation vor, die den Weltfrieden erhalten soll und Woodrow Wilsons Idee vom Völkerbund sehr nahekommt.

Die meisten Bloomsburys werden erst mit Beginn des Ersten Weltkriegs politisch. Quasi über Nacht dringen Politik und raue Wirklichkeit in die Salons der Gruppe ein. Fast alle Mitglieder erklären sich zu Pazifisten und verweigern sich der 1916 in England eingeführten Wehrpflicht. Lytton Strachey wird aufgrund seiner schwächlichen Konstitution, die ihn zeitlebens stört, unmittelbar ausgemustert. Die Situation, der er sich beim Musterungstribunal stellen muss, bleibt ihm auf ewig in Erinnerung: »Es war schon eigenartig, sich mit vier Männern der Unterschicht – zwei davon schlichte Straßen-Rowdys, dreckig, schmutzig – in einer Zimmerecke hinter einem Wandschirm auszuziehen. Einen Augenblick lang begriff ich, was es heißt, aus der Unterschicht zu *sein* – eine schreckliche Schmach! Als ich wieder herauskam, nachdem alles vorbei war, und mich Polizisten und Schaffner ›Sir‹ nannten, empfand ich das als eine Genugtuung.«[525] Eine Aussage, die Gerald Brenan recht gibt, der nach dessen Tod über Strachey schreibt: »Ihm fehlte es geradezu unanständig an Gewöhnlichkeit.«[526] Von 1917 an lebt Lytton Strachey mit der Malerin Dora Carrington und deren späterem Ehemann Ralph Partridge, der in Dora verliebt ist, während Strachey ihn liebt, in einer Dreierbeziehung, die allen viel abverlangt, wie Carrington kurz vor ihrer Heirat in einem wunderschönen Liebesbrief an Lytton Strachey bemerkt: »In all den Jahren habe ich immer gewusst, dass mein Leben mit dir befristet ist. Ich konnte niemals hoffen, dass es von Dauer sein würde. Letztendlich bist du, Lytton, der einzige Mensch, für den ich jemals eine alles absorbierende Leidenschaft empfunden habe. Ich werde nie einen anderen so lieben. (…) Du kannst mich mit ein paar Worten in Glücksgefühle versetzen oder mich in Tränenfluten und Verzweiflung stürzen. (…) Ich kann mich zusammenreißen, wenn ich will, und ich weiß besser, als du denkst, wann ich dir auf die Nerven gehe und wann ich unerwünscht bin. Ich habe die Erleichterung gesehen, die du empfunden hast, als Ralph mich dir sozusagen aus den Händen genommen hat. Ich glaube, er wird mich glücklicher machen, als ich es allein sein werde. Und wie Ralph gestern Abend bemerkte, wirst du uns nie verlassen. Denn trotz unserer Langweiligkeit liebt dich niemand auch nur annähernd so sehr wie wir.«[527] Dora Carrington, von allen nur Carrington gerufen, bleibt ihr Leben lang unsterblich in den homosexuellen Strachey verliebt, der ihre Gefühle auf seine Art durchaus erwidert. Sie hat zusammen mit Mark Gertler, mit dem sie eine kurze Affäre hat, an der renommierten Slade School of Fine Art in London studiert und ist eines dieser Wunderwesen, in das sich alle verlieben. Zunächst leben Carrington, Strachey und Partridge in Tidmarsh, später in Ham Spray House, einem weiteren wichtigen Treffpunkt der Bloomsburys, zusammen. Später stößt noch Ralphs künftige Ehefrau Frances Partridge dazu. In dem wunderschönen, höchst komfortablen Landsitz, in den Strachey Zentralheizung, Heißwasserboiler und elektrisches Licht einbauen lässt, trifft man sich an Sonntagen zum Federballturnier auf dem alten Tennisplatz, zum Baden im Fluss, zu einer Runde Boule oder zum Krocket. Allabendlich werden von Strachey verfasste Einakter aufgeführt, bei denen die Gäste eigens für sie kreierte Rollen übernehmen. Unter der Woche leben und arbeiten die Bewohner gemeinsam, gehen viel spazieren und treffen sich abends im großen Wohnzimmer zum Kartenspielen, während ein Grammofon klassische Musik spielt. Auch hier wird die meiste Zeit des Tages geredet und geredet und geredet. Carrington gestaltet das Haus im typischen Bloomsbury-Stil mit Patchwork-Decken, bemaltem Glas, dekoriertem Geschirr, unzähligen Bildern und Mosaiken sowie Tapeten mit Kartoffeldruck. Die Dame des Hauses liebt ihren großen Garten,

Lytton Strachey und ihre Bisexualität, die sie sich nun endlich auszuleben und auszusprechen traut. Als Lytton 1932 an Krebs stirbt, begeht Carrington zwei Monate später Selbstmord.

Am Beginn des Krieges verliebt sich Vanessa Bell in den wesentlich jüngeren homosexuellen Maler Duncan Grant, einen Vetter Lytton Stracheys. Grant gilt als einer der wichtigsten Maler seiner Generation. Aufgrund seiner bisexuellen Neigung ist Vanessa klar, dass sie Duncan immer mit anderen Männern wird teilen müssen, aktuell mit seinem Freund David »Bunny« Garnett, einem Schriftsteller, in den Duncan sehr verliebt ist. Beide Männer verweigern den Wehrdienst, genau wie Clive Bell, der nach Garsington Manor flüchtet, um bei den Morrells als Landarbeiter unterzukommen. Arbeit von nationaler Bedeutung ist der einzige Ausweg, der vielen bleibt, um dem Wehrdienst zu entkommen. Während die Morrells auf ihrem Anwesen ganze Heerscharen von Pazifisten als Landarbeiter unterbringen, mietet Vanessa 1916 von Lord Gage das Sommerhaus Charleston in East Sussex, das zum berühmtesten Bloomsbury-Haus wird. Heute unterstehen die Gärten von Charleston sowie das dazugehörige Haus, das Vanessa unnachahmlich mit Farben, Mosaiken, Möbeln und Bildern gestaltet, dem *National Trust* und sind ein Museum. Bauer Heck, ein Nachbar, erklärt sich bereit, Duncan und Bunny als Landarbeiter anzustellen. Duncan Grant mutet Vanessa, wie ihr Sohn Quentin Bell berichtet, in den nächsten Jahren neben seiner Leidenschaft für Bunny einiges zu: Affären mit den Bloomsbury-Männern sowie einer angeblich unüberschaubaren Zahl homosexueller Polizisten, Sträflinge, Künstlermodelle, Dichter und Maler. Sie einigen sich schließlich darauf, eine gemeinsame Tochter, Angelica, zu bekommen, die in dem Glauben aufwächst, Vanessas Ehemann Clive Bell, der sie abgöttisch liebt, sei ihr Vater. Beim Anblick des schlafenden Babys in seiner Wiege wird Bunny Garnett ausrufen: »Die werde ich einmal heiraten.« Dass er dies zum Missfallen von Vanessa und Duncan Grant tatsächlich tut, glaubt 1918 noch niemand. Duncan Grant und Vanessa Bell werden dieser Hochzeit 1942 fernbleiben.

Einer, der in Charleston ein eigenes Zimmer hat, ist Duncans ehemaliger Geliebter und Bloomsbury-Mitglied der ersten Stunde, der Wirtschaftswissenschaftler John Maynard Keynes. Als hoher Staatsbeamter verkehrt er mit den britischen Premierministern Herbert Henry Asquith, Lloyd George und Neville Chamberlain. Der homosexuelle Keynes gehört zu Vanessas Familie und ist ein fester Bestandteil der Wohngemeinschaft in Charleston, die, wie Lytton Strachey bei einem Besuch feststellen muss, ihrem ganz eigenen Rhythmus folgt: »Duncan malt den ganzen Tag in Vanessas Zimmer und umgekehrt, Pozzo [Keynes] schreibt über Wahrscheinlichkeit und die Geschichte der Währung, kontrolliert die Geschäfte vom King's College und redigiert das *Economic Journal*. Clive tut, als läse er Stendhal, Mary Hutchinson schreibt Briefe auf blauem Briefpapier, die Kinder schreien und fallen in den Teich.«[528] Dass Keynes sich einen Spaß daraus macht, alle Uhren im Haus um eine Stunde zurückzustellen, woraufhin die Dienstboten keine Lust mehr haben, die Küchenuhr aufzuziehen, führt dazu, dass bald niemand mehr weiß, wie spät es wirklich ist. Gleichwohl besteht Clive Bell unverdrossen darauf, seine Mahlzeiten zur gewohnten Stunde einzunehmen. Strachey schreibt an Carrington: »Wie verrückt sie alle sind. Das Ergebnis ist absolut tschechowesk. Aber glücklicherweise ist die Atmosphäre restlos komisch. Jeder lacht und schreit und schiebt alles auf den anderen.«[529]

Dazu passt eine der berühmtesten Anekdoten rund um die Bloomsbury Group. Während der Bombardierung von Paris durch die Deutschen ist Keynes in der französischen Hauptstadt. Er soll im Auftrag des National Museum Bilder aus der Auflösung der Kunstsammlung von Edgar Degas ankaufen. Endlich sehen die Bloomsburys in seiner Karriere im Finanzministerium einen Sinn: »Wir haben große Hoffnung in Dich und betrachten Deinen Verbleib im Finanzministerium als gerechtfertigt«[530], schreibt ihm Vanessa. Für 20 000 Pfund erwirbt er einen Delacroix, einen Corot, vier Ingres und zwei Manets. Für einen weiteren Cézanne will die Direktion keine Mittel mehr bereitstellen, weshalb Keynes das Gemälde »Stillleben mit Äpfeln« kurzerhand selbst erwirbt. Zurück in England fährt er mit Neville Chamberlain im Wagen nach Charleston. Dessen Chauffeur setzt Keynes am Feldweg nach Charleston ab. Da Keynes das viele Gepäck nicht tragen kann, versteckt er den Cézanne kurzerhand in einer Hecke. Vanessa schreibt anschließend entgeistert an Roger Fry: »Maynard kam letzte Nacht ganz plötzlich und unerwartet zurück: Er war am Weg unten abgesetzt worden ... und sagte, er habe einen Cézanne am Straßenrand zurückgelassen. Duncan machte sich sofort auf, um ihn zu holen ... es ist überaus inspirierend, ihn hierzuhaben.«[531]

Als Ökonom vertritt Keynes schon zu Beginn des Jahrhunderts eine Finanzpolitik, die Europa als Ganzes im Blick hat. Nach dem Krieg ist er Delegierter des britischen Finanzministeriums auf der Pariser Friedenskonferenz. Sein Thema ist die Frage der deutschen Reparationszahlungen. Schon im Oktober 1918 hat er in einem Memorandum dargelegt, dass die Zahlungsfähigkeit Deutschlands in jedem Fall gewahrt bleiben müsse, um dessen Produktionsfähigkeit nicht zu gefährden. Anders sei es dem Land nicht möglich, die hohen Reparationsforderungen zu begleichen. Doch auf der Konferenz ist man nicht bereit, seinem immer wieder eingeworfenen Hinweis zur Sicherstellung der Zahlungsfähigkeit Deutschlands zu folgen. Auch dass der Vertrag von Versailles auf dem besten Wege sei, die Zusammenarbeit in Europa, die für ein friedliches Miteinander unbedingt nötig ist, auf Jahre hinweg zu blockieren, interessiert niemanden. Im Juni 1919 wirft Keynes seinen Posten enerviert hin: »Er ist desillusioniert und glaubt nicht mehr an die Stabilität der Dinge, die ihm wertvoll sind, Eton und die regierenden Schichten sind nicht mehr das, was sie einmal waren, das entwürdigende Schauspiel dieser Friedenskonferenz zeigte, dass es den Politikern nicht um Europa oder England ging, sondern nur um die Rückkehr ins Parlament«, schreibt Virginia Woolf nach seiner Rückkehr nach England.[532] Für Keynes birgt der Versailler Vertrag die unmittelbare Gefahr eines neuerlichen Krieges. Zurück in Charleston schreibt er in nur zwei Monaten sein politisch bedeutendstes Werk *Die wirtschaftlichen Folgen des Friedensvertrags*, in dem er eine Revision des Vertrags fordert. Statt des gerechten Friedens, wie ihn Woodrow Wilson seiner Ansicht nach in seinem 14-Punkte-Plan dargelegt hatte, hat sich Europa auf Jahre in Sieger und Besiegte gepalten, mit unvorhersehbaren Folgen: »Welcher anderen Zukunft hätte Europa entgegensehen können, wenn entweder Mr Lloyd George oder Mr. Wilson entdeckt hätte, dass das ernsthafteste der Probleme, die ihre Aufmerksamkeit in Anspruch nahmen, nicht politischer oder territorialer, sondern finanzieller und wirtschaftlicher Natur war, und dass die Gefahren der Zukunft nicht in Grenz- und Gebiets-, sondern in Lebensmittel-, Kohlen- und Verkehrsfragen lagen (...) die Finanzprobleme, die vor Europa lagen, waren mit Habgier nicht zu lösen.«[533]

Seine Schrift macht ihn weltberühmt, eine Bekanntheit, die, wie er feststellen muss, nicht mit seinem Gesicht einhergeht. Als er kurz nach Veröffentlichung des Buches mit Duncan und Vanessa auf Reisen geht, kommt es in Florenz auf einer Dinnerparty zu einer peinlichen Verwechslung. Man hält Duncan für Keynes und Keynes für Duncan. Den Rest des Abends doziert Duncan ungeniert über den Versailler Vertrag, während Keynes die

Cézannes der Gastgeber beurteilt. Als die Sache auffliegt, zeigen sich Gastgeber und Gäste völlig humorlos. Anfang 1920 verliebt sich Keynes zum ersten Mal in eine Frau: die russische Startänzerin Lydia Lopokova, die mit Serge Diaghilevs Balletts Russes in den Westen gekommen ist. So unsterblich sich Keynes verliebt, so wenig können die Bloomsburys »Loppy«, die Keynes zu heiraten gedenkt, leiden. Virginia schreibt an Vanessa: »Im Ernst, Du solltest Maynard davon abbringen, ehe es zu spät ist. Ich kann nicht glauben, dass er sich darüber klar ist, wohin das führt. Ich kann mir Lydia nur zu gut vorstellen, kräftig, reizend, anspruchsvoll; Maynard im Kabinett; Gordon Square 46, eine Zuflucht für Herzöge und Premierminister. Maynard, der ja ein einfacher Mann ist, kein analytischer Mensch wie wir, wäre unwiderruflich verloren, lange bevor er merkte, was ihm geschähe. Dann würde er aufwachen, mit drei Kindern am Hals und einem total und auf ewig geregelten Leben.«[534] Dass dieser »einfache Mann« durch sein 1936 veröffentlichtes Buch *Allgemeine Theorie der Beschäftigung, des Zinses und des Geldes* nicht nur zum Begründer des Keynesianismus und damit zu einem der einflussreichsten Ökonomen des 20. Jahrhunderts wird, sondern darüber hinaus um die Jahrtausendwende vom *Time Magazine* zu den wichtigsten Menschen des 20. Jahrhunderts gezählt wird, hätte Virginia und ihre Freunde ziemlich überrascht. Nun gut.

Doch Keynes lässt sich nicht abbringen und heiratet Lopokova, wodurch es die beiden mit einem ganzseitigen Foto in die *Vogue* schaffen: »Die Verbindung des brillantesten englischen Ökonomen mit der populärsten russischen Tänzerin ist ein entzückendes Beispiel für die gegenseitige Abhängigkeit von Kunst und Wissenschaft.«[535]

Vanessa lässt sich davon nicht beeindrucken: »Clive sagt, er finde es für jeden von uns unmöglich ... eine neue Ehefrau oder einen Ehemann länger als eine Woche in den bestehenden Kreis mitzubringen ... Duncan und ich meinen, dass man sich mit der ganzen Sache auseinandersetzen muss ... Wir meinen, dass keiner in eine so intime Gesellschaft wie unsere kommen kann, ohne sie zu verändern ... Ich habe keine Lösung zum Sommerproblem zu bieten. Wir hätten Dich natürlich gern hier in Charleston. Aber ich fürchte, Du musst Dich zwischen uns und Lydia entscheiden.«[536] Irgendwann besteht Vanessa darauf, dass es getrennte Mahlzeiten für sie und ihre Familie einerseits und Keynes und Loppy auf der anderen Seite gibt. Am Ende zerbricht die harmonische Wohngemeinschaft, und Keynes und Lydia ziehen nach Tilton in die unmittelbare Nachbarschaft. Dabei könnte man meinen, Lydia Lopokova würde mit ihrer exzentrischen Art perfekt in diesen Kreis passen. Ist ihr kalt, zieht sie zig Kleidungsstücke übereinander an, bis sie sich kaum mehr bewegen kann. Ist ihr heiß, zieht sie alles aus – wirklich alles. Als Sir Roger Stevens einmal unangekündigt bei Keynes auftaucht, findet er Lydia während einer Hitzewelle splitternackt vor dem Kühlschrank sitzend vor. Die Nachbarn gewöhnen sich bald daran, dass die Tänzerin barbusig über die Wiesen spaziert und dabei T. S. Eliot rezitiert. Als ihr dabei einmal Lord Gage begegnet, verhüllt sie rasch ihre Brüste, indem sie ihre Röcke hochzieht – dass sie keine Unterwäsche trägt, hat sie vergessen. Von Freunden einmal darauf angesprochen, was denn sein Wildhüter sagen wird, wenn er die nackte Lydia zwischen den Himbeeren entdeckt, antwortet Keynes völlig gelassen: »Das macht nichts; er würde nämlich seinen Augen nicht trauen.«[537] Während Charleston durch die von Vanessa und Duncan gestaltete Inneneinrichtung zum Gesamtkunstwerk wird, punktet Tilton nicht nur mit Elektrizität und einer Telefonleitung, sondern mit einer wahren Fülle an Meisterwerken von Sickert, Picasso, Braque und Renoir. Auf der Toilette hängt ein Degas und in Maynards Schlafzimmer ein Cézanne. All dies ändert jedoch nichts daran, dass man mit Lydia nach Ansicht der Bloomsburys einfach keine gepflegte »Cambridge-Konversation« führen kann und Clive Bell darauf beharrt, dass Loppys geistige Heimat das Billig-Kaufhaus Woolworth sei.[538] Die russische Tänzerin bleibt eine Fremde in diesem verschworenen Kreis.

Wenngleich Lydia Lopokova von den Bloomsburys nie akzeptiert wird, hat sie selbst einen durchaus illustren Freundeskreis zu bieten, zu dem unter anderen der russische Tänzer Vaslav Nijinsky, der Dichter T. S. Eliot, der Komponist Igor Strawinsky, die russische Primaballerina Anna Pavlova, der Schriftsteller H. G. Wells und nicht zuletzt Pablo Picasso gehören, der »Loppy« mehrmals zeichnet. Zudem sind Maynard und sie eng mit Beatrice Webb, Bernard Shaw und anderen Mitgliedern der *Fabian Society* befreundet. Doch nicht einmal das kann die Bloomsburys umstimmen: »Sozialismus dient ihnen nur als moralische Entschuldigung für ihre Gewöhnlichkeit.«[539]

Lady Ottoline Morrell ist, obwohl kein Teil der Gruppe, eine zentrale Figur für die Bloomsbury Group, lädt sie doch zu Sommerfesten und Wochenenden ein, bei denen man mit anderen Künstlern zusammenkommt. Spätestens durch ihr großzügiges Verhalten während des Ersten Weltkriegs gilt sie als unentbehrlich. Die Gruppe machte sich dennoch bei verschiedenster Gelegenheit über sie lustig. »Ich war immer schon ein Magnet für Egoisten«, schreibt Ottoline in ihren Erinnerungen.[540] Die meisten Bloomsburys halten sie für ziemlich beschränkt. Virginia Woolf schreibt nach ihrer ersten Begegnung: »Wir haben gerade eine wunderbare Lady Ottoline Morrell kennengelernt, die den Kopf einer Medusa hat; aber sie ist trotzdem sehr einfach und unschuldig und verehrt die Kunst.«[541]

Zu dem illustren, aber boshaften Kreis der Bloomsburys stößt an diesem Wochenende nun erstmals auch Katherine Mansfield. Sie hinterlässt einen durchaus zwiespältigen Eindruck, wie Lytton Strachey an Virginia Woolf schreibt: »Unter den Gästen war ›Katherine Mansfield‹ – falls das ihr richtiger Name ist, das konnte ich nicht herauskriegen. Hast du je von ihr gehört? Oder etwas von ihr gelesen? Sie schrieb ein paar, wie ich finde, unterschiedlich gescheite Geschichten unter dem Namen Matilda Berry, in einem miserablen kleinen Blatt, das sich *Signature* nannte. Vielleicht hast du das gesehen. Sie ist zweifellos eine interessante Person, sehr amüsant und hinlänglich geheimnisvoll. Sie sprach voller Begeisterung über ›Die Fahrt hinaus‹ und sagte, dass sie dich wahnsinnig gern kennenlernen würde.«[542] Katherine ist und bleibt widersprüchlich und kaum fassbar. Den Bloomsburys allerdings erscheint sie weniger geheimnisvoll als vielmehr undurchsichtig. Kaum einer sieht in ihr einen aufrechten Charakter, eher gilt sie hier als gerissene, wenn auch schlaue und charmante Hochstaplerin, eine Einschätzung, die sie mit ihren Lügengeschichten aufs Heftigste befeuert. Selbst Ottoline Morrell hegt für Katherine nach diesem Wochenende ambivalente Gefühle: »Ich hätte diese schöne, geheimnisvolle, aber impulsive und emotionale Frau gern kennengelernt, bevor sie vom Leben verletzt und zerschunden wurde und bevor der Ehrgeiz, eine Künstlerin und eine große Schriftstellerin zu sein und Menschen zu diesem Zweck zu benutzen, zu einem fesselnden Spiel für sie ausartete. (…) Ich frage mich, ob sie [die Maske] abnimmt, wenn sie mit Murry allein ist? Ja, ich glaube, sie sind vollkommen vertraut miteinander und verstehen sich blind. Sie sagt, dass sie mich mag, aber ich habe das seltsame Gefühl, dass ihre Verbindung von Misstrauen und Neid auf meine ›komfortablen‹ Umstände durchdrungen ist.«[543] Eine Einschätzung, die Leonard Woolf, der Katherine und Murry bei anderer Gelegenheit in Garsington Manor trifft, zu 100 Prozent teilt: »In Garsington begegneten wir auch Katherine Mansfield und Middleton Murry zum ersten Mal. Als wir sie kennenlernten, lebten sie zusammen, und kurz danach heirateten sie wohl. Sie hatten damals etwas an sich, was ich nur als literarische Unterwelt bezeichnen kann. (...) Ein seltsamer Hauch von Verschwörung umgab sie, es war, als erwischte man sie manchmal dabei, wie sie ein verstohlenes Blinzeln oder Flüstern tauschten: ›Da, hast du gesehen? Hab ich dir nicht gesagt, die Welt ist uns feindlich gesinnt?‹«[544] Immerhin zählt Leonard Woolf Katherine neben seiner Frau und Margot Asquith, der höchst umtriebigen Gattin des britischen Premierministers, zu den einzig bemerkenswerten Frauen, die sich in Garsington aufhalten. Sie sei »fröhlich, zynisch, amoralisch, ordinär und geistreich. Als wir sie das erste Mal trafen, war sie außerordentlich amüsant.«[545] Dabei sei ihr Gesicht stets eine unbewegliche Maske, einerlei, wie amüsant das, was sie erzähle, auch sei.

Die Annäherung an die Bloomsburys gleicht in künstlerisch intellektuellen Kreisen einem Ritterschlag. Auch Katherine ist bewusst, dass diese Menschen zu den talentiertesten ihres Faches gehören. Dennoch fühlt sie sich inmitten dieser Oxbridge-Elite unwohl: »Ich bin nun mal keine *highbrow*. Sonntagsfrühstücke und ausgeklügelte Konversationen über Sex und jene ›Ermüdung‹, die so lebenswichtig ist, und jene entsetzliche ›Gescheitheit‹, die sogar noch lebenswichtiger ist – vor diesen Dingen fliehe ich.«[546] Doch sie weiß auch, dass ihre Aufnahme in den Kreis der Bloomsbury Group ihr endgültiges Ankommen in England bedeuten würde. Wie sehr hatte sie sich immer gewünscht, die Provinzialität Neuseelands abzustreifen und Teil der englischen Literaturszene zu werden. Doch jetzt sieht sie vieles mit anderen Augen: »Nein, ich mag England nicht. England hilft mir nicht. Was ich damit meine? Ich meine, dass ich keine Beziehung dazu habe, niemals gehabt habe – *niemals* haben werde. (...) Es wäre mir einerlei, wenn ich das ganze englische Land nie wiedersehen würde. Selbst wenn das ganze Land blüht, ist es mir widerwärtig, und das wird sich nie ändern. (...) Sie gehörten zu einer Nation, ich zu einer anderen.«[547] Im Zusammensein mit den versnobten Bloomsburys und deren ureigenen Codes englischer Eliteuniversitäten wird sie ihrer eigenen Fremdheit gewahr, einer Fremdheit, die sie in all den Jahren nie überwinden konnte. Dass die Bloomsburys sie als nicht ebenbürtig betrachten und sie dies auch spüren lassen, weckt ihren Zorn: »Ich habe die Nase voll von diesen Schwätzern. Warum sollte man sich mit ihnen abgeben? Was haben sie getan, dass sie es wagen, sich so aufzublasen? Es ist lächerlich. (...) diese Absurdität – die völlige Absurdität. Was, in Gottes Namen, haben sie jemals hervorgebracht. (...) Ich gestehe, im Grunde meines Herzens hasse ich sie, weil ich sie als Feinde der Kunst empfinde – der echten, wahren Kunst. Spott ist eine furchtbare Sache, wenn man jung ist, Spott kann beinahe töten. Sie geben vor, nach ihrem Gefühl zu leben – aber warum geben sie dann nie einen Ton davon von sich – und warum tun sie ihr Bestes, um die Gefühle anderer zu verhöhnen? Es ist so armselig.«[548] Ihre Abscheu gipfelt in dem Ausruf: »Zur Hölle mit den Bloomsberries.«[549] Gleichwohl will sie sich Lady Ottoline Morrell gewogen machen und schreibt unermüdlich einschmeichelnde Briefe nach Garsington Manor. Sie trägt so dick auf, dass Lady Morrell bald zu der Einsicht gelangt, Katherines Bewunderung sei nicht ehrlich gemeint. Tatsächlich treiben Katherine und Murry ein hinterhältiges Spiel. Während sie Ottoline ihrer Liebe und Freundschaft versichern, lästern sie hinter ihrem Rücken ganz ungeniert über »H. L.«: »Her Ladyship«. Doch Ottoline Morrell zu unterschätzen, wäre ein Fehler, denn die durchschaut das Paar sehr genau und notiert in ihr Tagebuch: »Sie ist sehr stolz darauf, eine ›Künstlerin‹ zu sein, und sie spricht, als gehörten sie und Murry zu einem respekteinflößenden Orden von Künstlern, der sich von gewöhnlichen Menschen wie mir abhebt. Ich habe schon viele Künstler gekannt, aber die haben sich nie als überlegen betrachtet, so wie sie es tut. Ich fühle mich dadurch verunsichert. Sie ist brillant und witzig in der Beschreibung von Menschen, aber ganz sicher nicht freundlich oder mitfühlend.«[550] Und so ist Ottoline froh, dass die Murrys nicht immer in Garsington weilen, sondern nach den Wochenenden wieder nach Mylor zurückkehren.

Bald gibt es gute Nachrichten aus London. Murry, der am Krieg, der ihm so viele seiner Freunde raubt, fast verzweifelt, findet einen Job als Übersetzer beim MI7 und beruhigt sich nun damit, seinen Teil zu einem raschen Frieden beizutragen. Katherine hält es jetzt nicht länger in Mylor, sie reist ebenfalls zurück nach London, wo sich ihnen die Möglichkeit einer ganz besonderen Wohngemeinschaft bietet, wie Dora Carrington an Lytton Strachey schreibt: »Eine ausgezeichnete Übereinkunft ist getroffen worden. Maynard und Sheppard werden in Clives Haus wohnen, und wir übernehmen für neun Monate die Gower Street 3. Katherine und Murry werden in der unteren Etage wohnen, Brett in der zweiten und ich in der Mansarde. Aber meine Miete wird nur neun Pfund im Jahr betragen!!! (…) Ich glaube, ich werde es lieben, mit Katherine zusammenzuleben.«[551] Lytton Strachey, der seine Carrington oft hier besucht, gewöhnt sich rasch an Katherine, die durchaus seine Hochachtung gewinnt. Bald gehen die Bloomsburys hier ein und aus, ein Umstand, der die Malerin Dorothy Brett ziemlich verunsichert: »Die Bloomsburys haben mich völlig eingeschüchtert. Ich stand Lawrence, Murry, Katherine und Gertler, die ja keine Bloomsburys waren, viel näher. Virginia Woolf war die Einzige, die überhaupt nett zu mir war.«[552] Die Malerin, die seit ihrem Kunststudium an der Slade School of Fine Art in London ebenso wie Dora Carrington nur mehr ihren Nachnamen Brett benutzt, wird eine enge Freundin Katherines. Sie tauft das Haus, in dem sich die Wohngemeinschaft niederlässt, »die Arche«. Brett leidet unter einer angeborenen Hörschwäche, die es ihr schwer macht, den schnellen Konversationen zu folgen. Eine stattliche väterliche Apanage ermöglicht der Tochter aus strengem Elternhause nach langen Kämpfen ein unabhängiges Leben. Eng befreundet mit D. H. Lawrence und Frieda, wird sie den beiden 1924 in eine Künstlerkolonie bei Taos nach New Mexico folgen, wo sie bis zu ihrem Tode lebt. Ihre Bilder hängen heute in der Tate Gallery ebenso wie in der National Portrait Gallery in London.

Dora Carrington ist anfänglich sehr angetan von Katherine, mit der man offenkundig viel Spaß haben kann. Sie verkleidet sich, spielt Theater und singt. Carrington kommt sie bald wie eine echte Bloomsbury vor: »Sie hat mich überrascht. Ich hätte nie gedacht, dass sie die Dinge, die ich so gern mache, auch lieben würde. Sich für andere Leute ausgeben und Spiele spielen.«[553] Ein gemeinsamer Abend in Garsington Manor bleibt ihr unvergesslich: »Ich ging mit ihr in den Garten. (...) Katherine und ich trugen Hosen. Es war wunderbar, im Garten allein zu sein. Wir hörten von drinnen die Musik & sahen die erleuchteten Fenster, und wir fühlten uns wie zwei Knaben – voller Tatendrang. Der Mond, der auf den Teich schien; fermentierend und mit warmem Schaum bedeckt. Wie ich es hasse, eine Frau zu sein.«[554] Doch die Euphorie findet ein rasches Ende, als Katherine die Angewohnheit entwickelt, alle Besucher der Arche abzufangen und in ihre Räumlichkeiten im ersten Stock zu bugsieren. Bis in den zweiten oder dritten Stock schafft es kaum jemand: »Zu unserem Schutz kommt niemand weiter als bis zu Katherine!«, schreibt Brett an Ottoline: »Bertie, Lytton usw., alle sind wie von Zauberhand verschwunden.«[555] Am 4. November gibt Brett eine Party, zu der sämtliche Mitglieder der Bloomsbury Group auftauchen, auch die, die Katherine bisher noch nicht kennengelernt hat. Die Hausgemeinschaft kann das Fest nicht mehr retten. Anfang Dezember bittet Brett Ottoline in einem Brief,

Katherine zum Auszug zu bewegen: »Könntest du (…) vielleicht eine Andeutung machen, dass ihre Flucht ins Unbekannte, weg von der Arche, mich nicht beleidigen würde? Eine Überlegung, von der ich bezweifle, dass sie sie jemals selbst anstellen wird.«[556]

In diesem Herbst wird Katherine 28 Jahre alt, und Ida kehrt aus Rhodesien zurück. In diese Zeit fällt auch Katherines erste kurze Begegnung mit Virginia Woolf, die sich zu einer der bedeutendsten Schriftstellerinnen der Moderne entwickeln wird. Ein Jahr, bevor die beiden Frauen sich treffen, hat Virginia Woolf mit *Die Fahrt hinaus* ihren ersten Roman veröffentlicht. Obwohl auch bei ihr keineswegs klar ist, ob sie jemals von ihrer Arbeit als Schriftstellerin wird leben können, ist sie der unumstrittene Star der Bloomsbury Group.

Einer, mit dem sich Katherine enger befreundet, ist das Universalgenie und der spätere Literaturnobelpreisträger Bertrand Russell, Ottolines langjähriger Liebhaber. Dies ist durchaus verblüffend, denn noch vor Kurzem hatte Russell wenig charmant über sie geurteilt: »Ihr Reden war wunderbar, viel besser als ihr Schreiben, besonders wenn sie von Dingen erzählte, über die sie schreiben wollte. Aber wenn sie über Menschen sprach, war sie neidisch, düster und von erschreckender Penetranz, wenn sie aufdeckte, was die Leute am wenigsten wissen wollten und was schlecht an ihrem Charakter war.«[557] Russells Hauptwerk, die *Principia Mathematica*, ist eines der Grundlagenwerke der Mathematik. In seinen späteren Lebensjahren wird er einer der weltweit bekanntesten Atomkraftgegner und ein engagierter Kämpfer gegen den Vietnamkrieg. Die nach ihm benannten Russell-Tribunale, an denen unter anderem Jean-Paul Sartre und Simone de Beauvoir teilnehmen, untersuchen ab den späten 60er Jahren die Kriegsverbrechen der Amerikaner in Vietnam. Russell ist ein beeindruckender Mann, dessen ist sich auch Katherine bewusst, die sich auf einen Flirt mit ihm einlässt: »Soeben habe ich Ihren Brief wieder gelesen, und nun schmerzt mir der Kopf von einer Art süßer Erregung. Wissen Sie, was ich meine? So fühlt sich ein kleines Mädchen, wenn man es am Ende eines langen sonnigen Tages ins Bett gesteckt hat und es auf den geschlossenen Augenlidern noch immer das Bild tanzender Zweige und Blumenbüsche sieht. Arbeiten – arbeiten! Es ist eine so unendliche Freude zu wissen, dass wir immer noch die besten Dinge zu tun haben und dass wir darin Genossen sein werden. (...) In der kurzen Zeit haben Sie mir schon so viel gegeben – mehr, als ich Ihnen gegeben habe, und das befriedigt mich nicht. Doch gegenwärtig entspringt meine Arbeit aus der wunderbaren Tatsache, dass Sie doch für das Leben stehen.«[558] Der Cambridge-Professor ist während des Ersten Weltkriegs einer der führenden Köpfe der Antikriegsbewegung in England und hat maßgeblichen Anteil daran, dass auf Garsington Manor Kriegsdienstverweigerer aufgenommen werden. Er kämpft für das Frauenwahlrecht und steht dem Sozialismus nahe. Obwohl alle Zeichen darauf hinweisen, dass sich eine Affäre zwischen ihm und Katherine anbahnt, bleibt es letztlich bei einer geistigen Freundschaft. Jahre später wird Russel, nachdem er ihre Briefe wieder gelesen hat, erstaunt sagen: »Meine Gefühle für sie waren durchaus zwiespältig; ich bewunderte sie leidenschaftlich, wurde aber von ihrem dunklen Hass abgestoßen.«[559] Tatsächlich warnt er Ottoline Morrell sogar vor Katherine: »Bertie Russell warnt mich, dass sie eine äußerst eifersüchtige Frau sei und mich gegen andere Menschen aufhetzen will, um mich diesen zu entfremden.«[560]

Weihnachten verbringen Katherine und Murry gemeinsam auf Garsington Manor. Das Anwesen ist auffällig dekoriert mit Papiergirlanden und Tausenden von chinesischen Laternen. Es ist ein Treffen der britischen Kulturelite: Lytton Strachey, Dorothy Brett, Dora Carrington, Bertrand Russell, Aldous Huxley und Maria Nys, belgische Industriellentochter, Cambridge-

Absolventin und Huxleys spätere Ehefrau. Katherine und Huxley schließen hier eine literarische Freundschaft, die viele Jahre halten wird, aber auch der Tatsache geschuldet ist, dass das literarische London durchaus überschaubar ist. Huxley studiert Katherine so gründlich, dass er die Figur der »Anne« in seinem 1921 erscheinenden Roman *Eine Gesellschaft auf dem Lande* physisch nach der Freundin gestaltet: »In ihrem niedrigen Liegestuhl lag Anne mehr, als dass sie saß. Ihr langer, schlanker Körper ruhte in einer Pose von schlaffer, lässiger Anmut. Das von hellbraunem Haar gerahmte Gesicht war von einer angenehmen Regelmäßigkeit, die fast etwas Puppenhaftes hatte. In manchen Augenblicken schien sie wirklich nichts weiter als eine Puppe zu sein: wenn ihr ovales Gesicht mit den langwimprigen hellblauen Augen nichts ausdrückte und es nur eine träge wächserne Maske war.«[561]

Für den zweiten Weihnachtstag schreibt Katherine in aller Eile ein Theaterstück für die illustre Gästeschar mit dem Titel »The Laurels«. Zusammen mit Murry, Strachey, Carrington, Huxley und Nys führt sie das Stück auf. Die Weihnachtstage enden leider mit einer weiteren Verstimmung zwischen Katherine und Ottoline. Katherine nutzt einen ausgiebigen Plauderabend mit Lord Philipp Morrell, um, wie der anschließend seiner Frau berichtet, bitterböse über die Gastgeberin zu lästern. Murry hingegen beginnt seinen jahrelangen Flirt mit Brett, die auf ihrem Kopfkissen eine Nachricht von ihm entdeckt, mit dem Wunsch, von nun an jedes Weihnachtsfest zusammen zu verbringen – inklusive Weihnachtskuss.[562]

Das Jahr 1917 beginnt für Katherine mit der Arbeit an »Geneva«, das fragmentarisch bleiben wird und später zusammen mit anderen Fragmenten von Murry unter dem Namen »The Lost Battle« veröffentlicht wird. Während Murry und sie wieder einmal auf Wohnungssuche sind, dringen immer mehr

Gerüchte über D. H. Lawrence' neuen Roman *Liebende Frauen* an die Öffentlichkeit. Es wird immer deutlicher, an wem sich die literarischen Figuren orientieren. Katherine ist aufgeschreckt und bittet Ottoline Morrell, auf D. H. Lawrence einzuwirken, seinen Roman nicht zu veröffentlichen. Doch Bitten ihrerseits sind gar nicht nötig. Nachdem Ottoline das Manuskript gelesen hat, ist sie über ihre Darstellung als Hermione Roddice so entsetzt, dass sie selbst alles daransetzt, die Veröffentlichung zu stoppen: »Ich las es und wurde blass vor Entsetzen. Nichts hätte gemeiner und offensichtlich boshafter und verächtlicher sein können als die Darstellung von mir, die ich darin fand. Es war ein großer Schock, denn seine Briefe waren die ganze Zeit über recht freundlich gewesen, und ich hatte keine Ahnung, dass er mich nicht mochte oder irgendwelche Vorbehalte gegen mich hegte. Ich wurde mit allen möglichen Namen beschimpft, von der ›alten Hexe‹, die sexbesessen war, bis zur korrupten Sapphistin. Er zeichnete mich als seine eigene ausrangierte Geliebte, die ihm in meinem Wohnzimmer, das detailliert beschrieben wurde, mit dem Briefbeschwerer eins über den Kopf ziehen wollte, woraufhin er ausrief: ›Nein, das tust du nicht, Hermione.‹ In einer anderen Szene machte ich der Heldin, die eine glorifizierte Frieda war, unanständige Avancen. Meine Kleider waren schmutzig, ich war unhöflich und unverschämt zu meinen Gästen. All das war für mich persönlich schon beleidigend genug, aber noch schlimmer war, dass jedem, der das Buch las, klar war, dass dies ein Porträt von mir sein sollte.«[563] Sie wird D. H. Lawrence diesen Verrat niemals verzeihen. Die nächsten zwölf Jahre werden sie kein Wort mehr miteinander wechseln. Erst von 1928 an werden sie sich wieder annähern. Von Angesicht zu Angesicht werden sie sich allerdings nie wieder begegnen. Nicht nur zu Ottolines Erleichterung findet D. H. Lawrence bis 1920 keinen Verlag, der seinen neusten Roman drucken will. Mitursächlich dafür ist wohl auch eine Unterredung Lord Morrells mit D. H. Lawrence' Agenten und die Androhung von rechtlichen Schritten gegen jeden, der diesen Roman verlegen sollte. Nachdem bereits *Der Regenbogen* 1915 der Zensur zum Opfer gefallen und die gesamte Auflage vernichtet worden war, ein weiterer herber Schlag für den Dichter.

Am 12. Januar 1916 diniert Katherine zum ersten Mal im Hause Woolf. Ihr Cousin Sydney Waterlow, Diplomat und späterer Botschafter in Griechenland, hat den Kontakt vermittelt. Er ist mit Virginia Woolf befreundet, obwohl diese 1911 seinen Heiratsantrag abgelehnt hatte. »Wir würden uns beide wünschen, dass der erste Eindruck von K. M. nicht wäre, dass sie stinkt wie eine – nun, Zibetkatze, die sich zu einer Straßenstreunerin entwickelt hat«, schreibt Virginia Woolf nach dem Treffen. »Wirklich, ich bin etwas geschockt von ihrem – auf den ersten Blick – gewöhnlichen Aussehen; solche harten & vulgären Züge. Aber wenn dieser Eindruck verblasst, ist sie so intelligent & unergründlich, dass Freundschaft reich erwidert wird.«[564] Tatsächlich freunden sich die beiden Frauen an, doch es wird eine Freundschaft, die wie Leonard Woolf bestätigt, nicht nur von Tiefe, sondern auch von Misstrauen und Eifersucht geprägt sein wird: »Wenn sie nicht zusammen waren, betrachtete Katherine Virginia mit Argwohn und Feindseligkeit, was Virginia irritierte und verärgerte und herablassend gegenüber Katherines billigem Parfüm und ihrer billigen Sentimentalität reagieren ließ. Aber sobald sie sich sahen, fiel das in der Regel weg, und es herrschte eine tiefe Übereinstimmung und Gemeinsamkeit zwischen ihnen.«[565] Gleichwohl lässt Virginia Woolf Katherine stets ihre Klassenzugehörigkeit spüren. Dies zeigt nicht zuletzt ein Eintrag in ihrem Tagebuch, verfasst nach einem Besuch von Katherine: »Eine Munitionsarbeiterin namens Leslie Moore kam sie abholen – noch eines jener weiblichen Wesen im Randbereich des Schicklichen & eine natürliche Bewohnerin der Unterwelt –, ziemlich lebhaft, blässlich, ohne irgendein Zugehörigkeitsgefühl zu einem Ort.«[566] Eine Überheblichkeit, die Ida nicht gerecht wird.

In der Arche ist es für Katherine inzwischen so ungemütlich, dass sie tatsächlich ausziehen will. Carrington spioniert ihr nach, spaziert ungefragt in ihre Räume und belästigt sie auf eine so impertinente Wese, dass Katherine schließlich im Februar 1917 das Weite sucht. Murry bleibt zunächst zurück. Offenkundig ist es unmöglich, eine für beide passende Wohnung zu finden. Zum ersten Mal, seit sie sich kennen, beziehen sie getrennte Wohnungen. Katherine zieht nach Old Church Street 141A in Chelsea, und Murry nimmt sich eine Wohnung in der Redcliff Road 47, ganz in ihrer Nähe: »Natürlich ging sofort das Gerücht, dass wir uns getrennt hätten. Daran war nichts Wahres.«[567] Doch wenn Murry ehrlich ist, dann kommt ihm diese räumliche Trennung durchaus entgegen. Während Katherines Gesundheitszustand immer schlechter wird, leidet er immer mehr an seiner unbefriedigenden Situation als Kulturschaffender und an diesem Krieg, der ein nie enden wollendes Desaster ist: »Was für ein Mensch ich damals war, weiß ich heute nicht mehr. Dass Katherine sich von mir trennte, erschien mir nur natürlich. (…) Ich besuchte sie jeden Tag, aber das Leben mit ihr war nicht mehr Teil der Struktur meines Lebens. Es war nur ein seltsames Intermezzo.«[568]

Tatsächlich gestaltet sich ihr momentanes Verhältnis schwierig, und Katherine schreibt ernüchtert in ihr Tagebuch: »Wenn man nur die wahre von der falschen Liebe unterscheiden könnte, so wie man essbare von giftigen Pilzen unterscheidet! Mit Pilzen ist es so einfach – man salzt sie gut ein, legt sie zur Seite und wartet geduldig. Aber bei der Liebe – sobald man auf etwas gestoßen ist, das auch nur die entfernteste Ähnlichkeit damit aufweist, ist man vollkommen sicher, dass es nicht nur ein echtes Exemplar ist, sondern vielleicht der einzige noch nicht gepflückte echte Pilz. Es braucht eine schreckliche Menge giftiger Pilze, bis man einsieht, dass das Leben nicht ein großer, essbarer Pilz ist.«[569]

März 1917 ist für die britische Literatur ein wichtiges Datum – in diesem Monat gründen Leonard und Virginia Woolf in ihrem Haus in London Richmond die Hogarth Press, jenen Verlag, der die beiden auch als Verlegerduo unsterblich macht. In ihrem Esszimmer setzen sie ihre Bücher per Hand. Da sie nicht genug Lettern haben, drucken sie immer nur zwei Seiten mit ihrer gebrauchten Minerva-Handpresse, dann setzen sie aus den vorhandenen Lettern die nächsten Seiten zusammen. Im Juli 1917 veröffentlichen sie eine 34-seitige Broschüre bestehend aus »The Mark on the Wall« von Virginia und »Three Jews« von Leonard. In der Folgezeit werden hier vor allem Bücher der Bloomsbury Group verlegt. Katherine gehört zu den ersten Kollegen außerhalb des engsten Kreises, die die Woolfs um einen Text bitten werden.

Die gewinnt in ihrer neuen Wohnung ein wenig alte Stärke zurück. Sie schreibt an einem Theaterstück, *A Ship in the Harbour*, das erst 1971 unter dem Namen *Toots* fragmentarisch veröffentlicht wird. Zugleich entstehen verschiedene »Fragmente«, fünf davon werden in *The New Age* veröffentlicht, nachdem sie sich mit Orage ausgesprochen hat: »Alors, je pars«, »Living Alone«, »Beware of the Rain!«, »L.M's Way« und »Cephalus«. Nebenbei verfasst sie Rezensionen, die allerdings nicht immer lobend ausfallen. Vor allem E. M. Forsters heutiger Klassiker *Howards End* missfällt ihr: »E. M. gelangt nie über den Punkt hinaus, eine Teekanne zu wärmen. Darin ist er ein wahrer Meister. Berühre diese Kanne. Ist sie nicht wunderbar warm? Ja, aber es wird nie Tee darin geben. Und ich kann mir nie ganz sicher sein, ob das Kind, das Helen erwartet, von Leonard Bast ist oder von seinem fatalerweise vergessenen Regenschirm. In Anbetracht sämtlicher Umstände gehe ich davon aus, dass es der Regenschirm gewesen sein muss.«[570] Nun, da Katherine wieder allein lebt, ist Ida erneut ein häufiger Gast. Die Freundin arbeitet seit ihrer Rückkehr aus Rhodesien in einer Flugzeugfabrik in Chiswick als Vorarbeiterin. Sie hat eine kleine Wohnung bezogen, die von Katherines Wohnung allerdings so weit entfernt liegt, dass sie nach einem Besuch bei der Freundin einmal eine Nacht in der Krypta der Kirche St Martin-in-the-Fields verbringt, weil sie den Heimweg scheut. Selbst Katherine erkennt, dass dies der Freundin auf Dauer kaum zumutbar ist, und bietet ihr schließlich an, bei ihr einzuziehen. Allerdings besteht sie darauf, dass Ida unsichtbar bleibt, wenn Katherine Besuch bekommt. Die beiden vereinbaren, dass Ida nicht vor 9 Uhr abends nach Hause kommen soll. Trotz dieser strikten Auflagen ist Ida selig, ihrer geliebten Katherine nahe zu sein. Wie kompliziert diese Wohngemeinschaft tatsächlich ist, verdeutlicht ein Eintrag in Murrys Tagebuch: »L. M. badete in K.s Badezimmer, K. hatte der Tür den Rücken zugewandt. Plötzlich hörte sie, wie die Tür aufging, und sie ahnte, dass L. M. nackt dastand und sich wünschte, K. möge sich umdrehen, sie ansehen und sagen: ›Du siehst doch gar nicht so schlecht aus.‹ Aber K. wollte sich nicht umdrehen. Sie fühlte die Demütigung und die bittere Enttäuschung von L. M. – und war darüber froh.«[571]

Katherine ist so beschäftigt, dass sie diesmal die Einladung Ottolines nach Garsington ausschlägt. Stattdessen verfasst sie eine um die andere Geschichte für *The New Age*. Murry reist am 19. Mai allein nach Garsington Manor. Katherine nutzt seine Abwesenheit, um in seiner Wohnung zu übernachten, wo sie ihm einen langen Brief schreibt: »Ich sehne mich danach, dir heute Abend einen Liebesbrief zu schreiben. Du bist überall um mich herum – ich scheine dich zu atmen – dich zu hören – dich in mir zu spüren (…). Gestern Abend gab es einen Moment, ehe du ins Bett kamst. Du standest da, ganz nackt, beugtest dich ein wenig vor – und hast gesprochen. Es war nur ein Moment. Ich sah dich, und ich liebte dich so – liebte deinen Körper mit solcher Zärtlichkeit – Ach, mein Liebster – Und ich meine jetzt nicht ›Leidenschaft‹. Nein, ich meine diese andere Sache, die mir das Gefühl gibt, dass jeder Zentimeter an dir so wertvoll für mich ist. Deine weichen Schultern – deine warme Haut, deine Ohren, (…) deine langen Beine & deine Füße, die ich so gern mit meinen Füßen umklammere. (…) Wir zwei, weißt du, haben noch alles vor uns, und wir werden noch sehr große Dinge tun – ich habe vollkommenes ›Vertrauen‹ in uns. Ich will niemanden als dich zu meinem Geliebten und Freund, und niemandem als dir will ich treu sein.«[572] Beim nächsten Mal reisen die beiden wieder zusammen nach Garsington Manor.

Anfang Juni 1917 lernt Katherine durch Murry Siegfried Sassoon kennen. Der junge Dichter aus bestem Elternhaus hatte sich 1914 freiwillig für den Ersten Weltkrieg gemeldet und war an der Front in Frankreich durch besondere Tollkühnheit aufgefallen. Für seine Tapferkeit wurde er sogar mit dem Military Cross ausgezeichnet. 1916 kehrte er verwundet nach London zurück und weigerte sich, wohl auch mit Unterstützung von Bertrand Russell und Ottoline Morrell, nach seiner Genesung strikt, seinen Dienst wieder anzutreten. Stattdessen schickte er seinem Kommandanten einen öffentlichen Brief »Finished with the War: A Soldier's Declaration« und warf seinen Orden in den Fluss. Katherine und Murry, die sich wie alle Garsington-Gäste gegen den Krieg aussprechen, unterstützen Sassoon bei seinem Protest, der ihm letztlich eine Einweisung in ein Lazarett für traumatisierte Offiziere beschert. In jenen Monaten drehen sich die Diskussionen bei Tisch, egal, wo und mit wem, unweigerlich immer um den Krieg.

Nachdem Virginia Woolf als Lektorin der Hogarth Press Katherine in Aussicht stellt, »Die Aloe« zu veröffentlichen, bietet Ottoline Morrell Katherine und Murry ein Cottage auf dem Gelände von Garsington an, damit sie in Ruhe arbeiten kann. Doch Katherine lehnt dankend ab, vielleicht ahnt sie, was Murry ihr bei nächster Gelegenheit offenbaren wird: Ottoline habe sich in ihn verliebt. Ein Geständnis, das diese entschieden ins Reich der Fantasie verweist, eher schon hätte Murry ihr Avancen gemacht. Da Katherine auf keinen Fall auf Ottoline und Garsington verzichten will, versucht sie, mit der Situation diplomatisch umzugehen, doch Ottoline stellt fest, dass die Freundin durchaus neue Vorbehalte gegen sie hegt: »Katherine kam übers Wochenende, während Murry hier war. Ich war ihr gegenüber sehr misstrauisch, und sie ließ mich mit einem Gefühl des Argwohns zurück. Ihr seltsam unbewegtes Gesicht war wie eine japanische Maske. Ich fürchte, sie mag mich wirklich nicht und beneidet mich um die Bequemlichkeit und den komfortablen Luxus unseres Hauses. Sie belächelt uns alle und hält uns für unbedeutend, oder besser gesagt, sie wünscht sich, dass wir unbedeutend wären. Ihr fehlt es zu sehr an menschlicher Güte, um mir jemals sympathisch zu sein, und obwohl ich weiß, dass sie eine aufregende und geistreiche und manchmal bezaubernd poetische Gefährtin sein kann, habe ich nicht das Gefühl, dass ich ihr jemals volles Vertrauen schenken könnte, und das verhindert jede glückliche Nähe. Sie macht sich gern lustig, und ich schrecke vor ihr zurück. Ich war erleichtert, als sie abreisten.«[573]

Doch Katherine hat momentan ganz andere Probleme als Ottoline und Murry. Ihr Rheumatismus ist zurück, stärker denn je. Sie leidet unter starken Depressionen und Wutanfällen. Und mit den Bloomsburys liegt sie ebenfalls im Clinch. Vor allem Clive Bell, der als Pazifist nominell als Landarbeiter in Garsington lebt, kann sie nicht ausstehen. Er und John Maynard Keynes lästern ungeniert hinter ihrem Rücken. Es kommt zu einem großen Streit, den Virginia Woolf in ihrem Tagebuch spöttisch als die »Mansfield-Intrige« bezeichnet.[574]

Wieder zurück in London, bricht Murry plötzlich zusammen. Er ist völlig überarbeitet und leidet an einer psychischen Erschöpfung, verstärkt durch seine Verzweiflung am Krieg, an der Kunst und den Menschen. Der Arzt verordnet ihm eine Auszeit auf dem Land. Ohne lange zu überlegen, bittet Katherine Ottoline, Murry das Cottage auf Garsington Manor doch zur Verfügung zu stellen. Die lädt beide umgehend ein: »NATÜRLICH HOCHERFREUT EUCH BEIDE HIERZUHABEN LIEBSTE KATHERINE KOMM BALD WARUM NICHT HEUTE OTTOLINE.«[575] Doch Katherine lässt Murry allein reisen, bittet Brett, die gerade in Garsington weilt, sich um ihn zu kümmern. Nun ist es an ihr, Angst vor seinem Zustand zu haben. Ein kranker Murry passt nicht in ihr Konzept. Erst Anfang Dezember kommt sie ihn in Garsington besuchen. Bei der Anreise erkältet sie sich so stark, dass sie eine Brustfellentzündung bekommt und umgehend nach London zurückkehren muss. Hier erlebt sie am 6. Dezember den deutschen Luftangriff, der eine neuerliche Reise nach Garsington fürs Erste unmöglich macht.

Ihr neuer Arzt, Doktor Aigner aus Neuseeland, rät ihr ohnehin von weiteren Reisen ab. Den Aufenthalt in einem Sanatorium hält er allerdings auch nicht für angezeigt. Das hört Katherine gern, obwohl es ihr schlecht geht. Ihre Briefe an Murry sind wahre Leidensberichte. Nicht einmal der Besuch ihrer Schwester Chaddie und Tante Belles am 13. Dezember 1917 können sie aufmuntern. Auf Anraten ihres Arztes unterlässt sie es, an Weihnachten nach Garsington zu reisen. Stattdessen kehrt Murry nach London zurück, wo die beiden davon reden, weiteren Bombennächten zu entkommen und Richtung Südfrankreich abzureisen. Zuvor aber lässt Katherine sich genau untersuchen. Der seit längerem gehegte Verdacht, sie habe Tuberkulose, erhärtet sich. Auf beiden Lungenflügeln zeigen sich erste Flecken, vor allem der linke Lungenflügel ist in schlechtem Zustand. Gleichwohl will sie es – noch – nicht wahrhaben. Dabei ist Tuberkulose in jenen Jahren eine weitverbreitete, in den meisten Fällen tödliche Krankheit und sehr ansteckend. Seit 1912 gibt es auf der Insel ein Melderegister für die Krankheit, die auch viele junge Menschen dahinrafft. Entdeckt man sie allerdings in einem frühen Stadium, stehen die Heilungschancen damals selbst ohne das noch nicht zur Verfügung stehende Antibiotikum nicht schlecht.

Nötig sind oftmals eine Luftveränderung, ein Aufenthalt in einer Kureinrichtung, Ruhe und Schonkost. Derlei wird auch in England angeboten – angesichts der Vielzahl an Tuberkulosefällen hat man nationale Einrichtungen geschaffen, um auch denjenigen eine Heilungschance zu eröffnen, für die ein Aufenthalt in einem Schweizer Sanatorium in unerreichbarer Ferne liegt. Katherine könnte sich hier auskurieren. Doch ähnlich wie D. H. Lawrence verweigert sie sich dem Aufenthalt in einem Sanatorium. Sie will nicht unter Kranken leben.

Gleichwohl macht man ihr klar, dass sie die Winter von nun an außerhalb Englands verbringen muss. Am besten wäre eine sofortige Abreise, zumindest nach Südfrankreich. Idas Drängen, besser in ein Sanatorium in die Schweiz zu gehen, weist sie empört zurück. Es kommt zu einem bösen Streit. Dass Katherine kriegsbedingt lange auf eine Reisegenehmigung in Richtung Frankreich warten muss, verbessert ihre Laune nicht. Gleichwohl beantragt auch Ida eine Reisegenehmigung, um die Freundin zu begleiten. Murry hingegen kehrt nach Garsington zurück, er sieht sich in seinem jetzigen Zustand außerstande zu reisen.

»*Wir müssen leben –*
Einerlei wie viele Himmel eingestürzt sind.«

(D. H. Lawrence: Lady Chatterleys Liebhaber)

»*Am besten ist es, im Bett zu bleiben*
und von da aus widerwärtig zu sein.«

VIII.

Wie eine Fliege in der Milch *oder*
Die Liebe Montagnacht um Viertel vor zwölf

Katherine Mansfield, Tagebuch, 15. Dezember 1919,
Casetta Deerholm, Ospedaletti, Italien
»Am Ende ist die *Wahrheit* das Einzige, das wert ist, dass man es besitzt; sie ist aufwühlender als Liebe, freudvoller und leidenschaftlicher. Sie *kann* einfach nicht versagen. Alles andere versagt. Ich jedenfalls weihe den Rest meines Lebens der Wahrheit, und ihr allein. Ich möchte darüber eine lange, lange Geschichte schreiben, mit dem Titel: ›Letzte Worte an das Leben‹. Man *müsste* sie schreiben. Und eine andere über den HASS.«[576]

Bandol, Südfrankreich, Januar 1918
Am 7. Januar reist Katherine allein in Richtung Frankreich ab. Ida hat keine Reisegenehmigung erhalten. Schon während der drei Tage dauernden Anfahrt wünscht Katherine sich sehnlichst, die Freundin wäre bei ihr. Das Reisen inmitten der Kriegswirren

erweist sich als äußerst strapaziös. Der Zug ist völlig überfüllt. Mit viel Glück ergattert sie einen Fensterplatz, doch durch die zerborstene Fensterscheibe strömt eiskalte Luft ins Abteil. Nachdem es auch noch anfängt zu schneien, sitzt Katherine in Wintermantel, Hut und Muff eingeschneit und frierend auf ihrem Platz. Nach einer gefühlten Ewigkeit erreicht sie endlich Bandol. Schon die Ankunft im vertrauten Hotel Beau Rivage wird zur herben Enttäuschung: »Mir war sofort klar, dass das Hotel den Besitzer gewechselt hatte. (…) Niemand erinnerte sich mehr an mich. (…) Ich bin deprimiert. (…) Ich fühle mich wie eine Fliege, die man in die Milchkanne geworfen und wieder herausgefischt hat.«[577] Der Krieg ist auf seinem Höhepunkt und Frankreich nach all den Jahren der Entbehrungen wirtschaftlich am Boden. Der charmante Küstenort hat sich in eine heruntergekommene Kleinstadt verwandelt. Nirgendwo gibt es Zigaretten zu kaufen, neben Katherine beherbergt das Beau Rivage aktuell nur vier weitere Gäste. Es fehlt an allem, hauptsächlich aber an Lebensmitteln und Heizmaterial. Meist ist es scheußlich kalt: »Ich sitze auf dem Boden, eingemummelt in all meine Kleider & meine Wolldecke, deine Pelzjacke & den Kaschmirschal darüber & Ottolines rosa Schal um meine Beine & die zusammengefaltete Bettdecke. (…) Bitte, Bogey, schreibe mir wärmende Briefe.«[578]

Die Sehnsucht dies- und jenseits des Ärmelkanals ist groß, wie Murrys zahlreiche Briefe zeigen: »Ich schrieb gerade an einem politischen Artikel für die *Nation*. Als ich von meinem Stuhl aufstand, sah ich Deinen Brief auf dem runden Tischchen vor mir liegen. Ich musste ihn küssen: Dann stellte ich mich ans Feuer und sah auf die Uhr. Ich liebte Dich so sehr, dass ich dachte, mein Herz müsste zerspringen. Und ich fragte mich, ob ich Dir nicht sagen sollte, dass ich so voller Liebe zu Dir war, und Dich wissen lassen sollte, wie sehr ich Dich liebte, Montagnacht um Viertel vor zwölf.«[579] In den nächsten Wochen schreibt Katherine sage und schreibe 89 Briefe an Murry. Auch nach Neuseeland gehen Dutzende von Briefen ab. Beim Frühstück wird Katherine stets von Briefen ihrer Familie begrüßt. Das Verhältnis ist innig, vor allem zur Mutter: »Meine geliebte kleine Ma. (…) Ich glaube, Du verstehst einen jeden von uns auf eine Weise, wie es sonst niemand tut. (…) Ich möchte mich Dir immer anvertrauen und spüren, dass Du mich durch und durch kennst.«[580] Ein Thema, über das sie mit Vorliebe schreibt, ist ihre bevorstehende Hochzeit mit Murry. Die Scheidung von George Bowden ist durch: »Du kannst Dir sicher vorstellen, wie gespannt wir auf Deine und Vaters Antwort auf unseren Brief bezüglich unserer Heirat warten! Ich weiß, dass Ihr beide an das Glück glaubt und dass Ihr es für eine Pflicht haltet, glücklich zu sein. Wenn ich Euch nur sagen könnte, wie glücklich ich bin, meinen geliebten Jack endlich zum Ehemann zu nehmen. (…) Euch gilt meine aufrichtige Liebe. Ich kann Dir gar nicht genug danken für all den Reichtum, den Deine Briefe in mein Herz gebracht haben, aber Du weißt, wie warm es immer für Dich schlug, nicht wahr, meine Liebe? Immer Dein ergebenes Töchterchen Kass.«[581] Harold Beauchamp erhöht Katherines Apanage nun auf 208 Pfund im Jahr.

Trotz des milden Klimas an der französischen Riviera kommt Katherine nur langsam wieder zu Kräften. Sie fühlt sich schwach, was auch an erneuten Albträumen und Schlaflosigkeit liegt: »Für meine Verhältnisse bin ich früh auf, doch ich hatte so ein Verlangen nach einer Zigarette, und wie ich hier so im Pyjama sitze und eine sehr gute rauche, fange ich Deinen Brief an«, schreibt sie schon frühmorgens an Murry.[582] Als ihre Periode ausbleibt, hofft sie, schwanger zu sein, doch alles ist nur ihrer Krankheit und dem damit verbundenen rapiden Gewichtsverlust geschuldet. Das Leben erweist sich einmal mehr als grausam und erbarmungslos. Gleichwohl setzt sie sich wieder an den Schreibtisch und verfasst die Erzählung »Je ne parle pas français«, in der sie mit Francis Carco abrechnet. Sie sendet sie umgehend an Murry: »Oh Gott – ist sie gut? Ich bin so nervös. Denn ich stehe und falle damit. (…) Sag's mir – verschone mich nicht. Ist es der große Wurf, den ich in meiner Seele fühle – oder ist es falscher Alarm?«[583] Doch ihre Befürchtungen sind grundlos, Murry reagiert durchweg positiv auf das, was er da zu lesen bekommt.

Am 12. Februar 1918 trifft eine höchst besorgte Ida in Bandol ein. Murry hatte Katherine bereits davon in Kenntnis gesetzt, dass es ihm nicht gelungen war, Ida von ihren Reiseplänen, die er für höchst übergriffig hält, abzubringen: »Ich bin völlig aus dem Häuschen. (…) Ich finde, sie hat absolut kein Recht, einfach zu fahren, ohne Dich vorher zu fragen.«[584] Tatsächlich ist Katherine wenig begeistert, wie Ida schmerzlich erfahren muss: »Ich begegnete Katherine auf der Treppe in der Hotelhalle. Das Erste, was sie sagte, war: ›Was hast du denn hier zu suchen?‹ (…) Ich war hier nicht willkommen, war in Katherines Reich eingedrungen, das scheinbar ihr allein gehörte. Aber ich war nun einmal da.«[585] Wahrlich, Katherine ist außer sich über Idas Ankunft: »Ich bat sie, nicht zu kommen, sagte, ich wolle sie nicht hierhaben, und dann telegrafierte sie mir, sie würde jetzt abreisen – das war's. Sie ist ein abscheulicher, hysterischer Dämon. Sie ist niemals zufrieden, außer wenn sie mich verschlingen kann. Mein Gott!!! (…) Sie möchte am liebsten, dass ich gelähmt bin, oder blind, am liebsten blind.«[586] Mit Ida an ihrer Seite fühlt Katherine sich erst richtig elend. Die Rücksichtnahme der Freundin treibt die Kranke zur Weißglut. Obwohl sie vor Schmerzen kaum laufen kann, zeigt sie sich ihr gegenüber betont munter.

Am 19. Februar spuckt sie zum ersten Mal Blut: »O ja, natürlich habe ich Angst. Aber bloß aus zwei Gründen. Ich möchte nicht krank sein, ich meine ernstlich krank, so weit entfernt von Jack. Jack ist mein erster Gedanke. Zweitens möchte ich nicht feststellen müssen, dass es wirklich Schwindsucht ist, vielleicht geht es ganz schnell – wer weiß? –, und dann bleibt mein Werk ungeschrieben. *Darauf kommt es an.* Wie unerträglich wäre es, zu sterben – und nur ›Bruchstücke‹, ›Fetzen‹ zu hinterlassen.«[587] Der Gedanke an einen nahen Tod treibt sie an, noch mehr zu arbeiten, und so ist es weit nach Mitternacht, als sie mit ihrer Geschichte »Glückseligkeit« fertig ist: »Es ist drei Uhr morgens; ich habe gerade diese neue Erzählung ›Glückseligkeit‹ beendet und schicke sie Dir jetzt«, schreibt sie noch in der Nacht an Murry: »Aber trotzdem, du lieber Gott. Ich habe es genossen, sie zu schreiben. Auch wenn ich für den Rest des Tages ein absolutes Wrack bin.«[588]

Wie immer ist Murry ihr erster Leser, gibt Hinweise und macht Vorschläge, die Katherine zumindest in Betracht zieht. Sie weiß, wie sehr Murry, der als Englands bester Literaturkritiker gilt, sie als Schriftstellerin schätzt: »Katherine, wenn sie Katherine ist, schreibt wie der Südwestwind. Die Welt wird frisch, ruhig und lebendig unter ihrer Berührung. Alle Kulissen erwachen zu neuem Leben.«[589]

Ihr durchaus alarmierender Gesundheitszustand bringt Katherine schon früh dazu, wieder über eine Rückkehr nach London nachzudenken. Hierbei kann die nervtötende Ida nun doch hilfreich sein, man denke nur an die Strapazen der Reise. Fürs Erste brauchen beide Frauen jedoch eine Reisegenehmigung, und die wird Personen, die nach Ansicht der Behörden »aus touristischen Gründen während des Krieges reisen«, höchst widerwillig erteilt. Murry berichtet den Woolfs, wie problematisch sich das Vorhaben einer Rückreise gestaltet. Auf Virginia macht der besorgte Murry dabei einen so positiven Eindruck, dass sie ihr einstiges Urteil über ihn revidiert: »Ich fand, dass er eine sehr viel stärkere Persönlichkeit & ein besserer Kopf ist, als ich früher meinte.«[590]

Ida fährt mit dem Taxi zum britischen Konsulat nach Marseille, doch hier verweist man die beiden Frauen auf die zuständigen Behörden in Paris. Ohne eine Bewilligung der dortigen Militärbehörden können die Frauen nicht abreisen. Immerhin schafft Katherine es mit List und Tücke, ein ärztliches Attest zu erschleichen, das ihre Reise als unbedingt notwendig einstuft: »Ich jagte L. M. aus dem Zimmer, zog mein Abendkleid an, schminkte mich, stellte Stühle vor den Kamin und wartete auf die kleine Kröte. Seit Jahren bin ich nicht so zynisch gewesen. Ich kannte meinen Mann und war entschlossen, ihn mit der einzigen Waffe, die ich hatte und die er verstehen konnte, zu überlisten. Er kam, mehr als dreiviertel betrunken. (…) Ich war entschlossen, ihn für meine Zwecke einzuspannen und dazu jedes Mittel zu benützen, das nicht eine körperliche Berührung bedeutete. Er konnte sagen, was er wollte: Ich lachte und buchstabierte und war so süß und liebenswürdig und so gefällig … Hier sitze ich nun in diesem Café, trinke und betrachte die Spiegel und rauche und denke darüber nach, wie doch das Leben so verdorben ist – wie abscheulich die Menschen sein können.«[591]

Mit diesem Schreiben in der Tasche reisen die beiden Frauen nach Paris. Dort angekommen verweigern ihnen die französischen Behörden jegliche Weiterreise: »Hattest Du schon einmal mit der französischen Polizei zu tun? Sie ist voller Hass, so wie die russische Polizei in Dostojewskis Romanen. Ich will hier gar nicht weiter über sie schreiben – gestern war ich wieder auf dem Amt, aber man lachte mir ins Gesicht bei dem Gedanken, dass ich früher eine Genehmigung bekommen könnte.«[592] Zu allem Unglück beginnt kurz nach ihrer Ankunft die Bombardierung der französischen Hauptstadt durch die Deutschen. Der Zugverkehr zwischen London und Paris wird eingestellt: »Vermutlich hat die Blockade begonnen, denn weder hier noch bei Cooks ist Post eingetroffen. Das Bombardement ist – offen gesagt äußerst schwer. Soweit ich sehen kann, findet das Feuer alle 18 Minuten statt. Es ist ein sehr lautes, bedrohliches Geräusch – diese Super*kanon* – ich habe keine Angst davor, obwohl ich ganz dicht an der Stelle war, wo die Explosionen stattgefunden haben, aber ich habe doch den Eindruck, dass das Risiko, davon getötet zu werden, ziemlich groß ist. Es gibt nämlich keine Vorwarnung, wo die nächste Granate einschlägt – auch ist es nicht häufig genug, dass man in den eisigen Kellern bleiben will. Außerdem muss man aufs Konsulat gehen & versuchen wegzukommen.«[593] Für die nächsten zwei Wochen sitzen die beiden Frauen in Paris fest: »Ich glaube nicht, dass ich noch einmal in den Keller gehen kann. Die Kälte, die Qualen der staubigen Steintreppen und die schmutzigen Menschen, die da unten rauchten – es war zu viel für mich«, schreibt sie am 2. April an Murry. »Ich schleppte mich zurück ins Bett. Der betäubende Donner der Kanonen weckte mich aus unruhigem Schlaf. Ich hörte das Geräusch von Schritten vieler Menschen, die die Straße hinunterrannten. Ich erhob mich und sah nach. Es war entsetzlich, fürchterlich, der ganze First eines Hauses war herausgebissen, alle Fenster zerbrochen und die Straße von Schutt bedeckt. Die Bäume auf beiden Seiten hatten gerade zu grünen begonnen. Viele ihrer Äste waren zersplittert, an anderen hingen seltsame Fetzen von Kleidungsstücken und Papier. Ein Nachthemd, eine Krawatte – es sah kläglich aus. Zwei Arbeiter kamen, um den Schutt wegzuräumen. Einer von ihnen fand einen im Staub begrabenen seidenen Unterrock. Er zog ihn an und machte ein paar Tanzschritte zum Vergnügen der lachenden Menge. Ich werde seine tanzenden Füße, die zerschmetterten Bäume und das geborstene Haus nie mehr vergessen können.«[594] Erst am 3. April erhalten sie die ersehnte Reisegenehmigung. Allerdings geht nun kein Schiff. Um das nächste Schiff ja nicht zu verpassen, beziehen sie ein Hotelzimmer am Pariser Bahnhof Saint-Lazare. Am 10. April gelangen sie in Le Havre endlich an Bord. Einen Tag später erhält Murry ein Telegramm: »Ankunft Waterloo gegen 11:30 Uhr heute Morgen.«[595]

Er eilt zum Bahnhof, doch die Frau, die aus dem Zug steigt, ist so dünn, dass er sie kaum erkennt. Sie stützt sich auf einen Stock. Murry überkommt Panik beim Gedanken an die Zukunft mit einer so schwerkranken Frau. Katherine zieht zunächst in seine Erdgeschosswohnung in die Redcliff Road 47. Hier ist es dunkel und feucht, aber Katherine ist einfach nur froh, wieder in London zu sein: »Wenn es nach mir ginge, würde ich bis nach dem Krieg in der Redcliff Road bleiben. Es gefällt mir hier. Mit all ihren Mängeln ist sie gar nicht bourgeois. Die Leute, die hier leben, sind alle etwas ›sonderbar‹, sie sind alle mehr oder weniger ›übergeschnappt‹. Sie gehen hutlos, sie holen und tragen ihre Nahrungsmittel selbst, sogar die Kohlen.«[596] Letztendlich muss sie sich jedoch eingestehen, dass dies nicht die passende Wohnung für eine Kranke ist. Murry macht sich auf die Suche nach einer Wohnung für sie, was ihm umgehend den Vorwurf einbringt, sie loswerden zu wollen: »Ich war ein zerrissener Mann. Katherine verlangte, dass ich ihre Krankheit völlig ignorieren sollte. Das war unmöglich. Ich lag nachts neben ihr, so sehr auf sie fixiert, dass ihr Husten an meiner eigenen Wirbelsäule zu rütteln schien. Wenn ich sie anblickte, ein hagerer und blasser Schatten dessen, was sie noch vor vier Monaten gewesen war, wurde mir schlecht vor Angst. (…) Es gab Momente, in denen ich völlig verzweifelt war und das Gefühl hatte, in einer Falle gelandet zu sein.« Ein Besuch bei Dr. Aigner bringt schließlich die endgültige Klarheit: Katherine hat Tuberkulose. Dennoch rät Aigner ihr von einem Sanatoriumsaufenthalt ab, setzt auf andere Behandlungsmethoden: »Er sah ein, dass ein Sanatorium mich viel schneller umbringen als heilen würde (für mich ist das ein 2. Irrenhaus). Ich soll zu Hause eine ›Kur‹ versuchen. (…) Essen & Milch trinken und mich nicht aufregen oder rennen oder springen oder mir über etwas Sorgen machen. (…) In Wahrheit heißt das – da capo fortissimo mit starkem Akzent auf der zweiten Note:

›Sie muss das Leben eines achtjährigen Kindes führen.‹«[597] Aufgrund der hohen Ansteckungsgefahr, die nun von ihr ausgeht, fühlt sich Katherine verpflichtet, zumindest Ida von der Diagnose zu unterrichten: »Ich darf mir kein Taschentuch leihen oder aus Liebesbechern trinken oder den Porridge des kleinen Bären mit seinem Löffel essen. Und so weiter. Aber Du siehst ja, wie fröhlich ich bin – lange Strahlen kommen aus meinen Fingern & Funken sprühen von meinen Zehen beim Gehen.«[598] Alexander Kay übernimmt es, die Eltern in Neuseeland zu informieren. Noch unter Schock schreibt Katherines Mutter an eine Freundin: »Letzte Woche erhielten wir ein Telegramm, in dem man uns mitteilte, dass sie sehr schwer an einem fortgeschrittenen Lungenleiden erkrankt sei und unverzüglich im Sanatorium oder zu Hause behandelt werden müsse. Wie Du Dir vorstellen kannst, war dies ein großer Kummer und ein Schock für uns. Ich musste das Telegramm an den armen Harold weiterleiten, der sich geschäftlich auf einem Kurzbesuch in Sydney befindet. Selbstverständlich habe ich umgehend eine Vollmacht für alle zusätzlichen Ausgaben für das liebe Kind erteilt, und ich weiß, dass alles für sie getan werden wird, was möglich ist. (...) Wenn es ginge, würde ich selbst mit dem nächsten Dampfer zu ihr reisen.«[599] Doch Annie Beauchamp ist selbst todkrank und wird die nächsten Wochen im Krankenhaus verbringen.

Ungeachtet dieser neusten Entwicklung treten Katherine und Murry am 3. Mai 1918 in Kensington vor den Standesbeamten. Als Trauzeugen fungieren Dorothy Brett und der Maler John Duncan Fergusson, einer von Katherines liebsten Freunden. Frieda und D. H. Lawrence, die einstmals engsten Freunde, sind nicht einmal eingeladen. Der so lange herbeigesehnte Tag wird für Katherine zur bitteren Enttäuschung. Wochen später gesteht sie Murry: »Unsere Heirat – Du kannst Dir nicht vorstellen, was mir das bedeutet hätte. Es ist – vermutlich – grotesk. Sie hätte erstrahlen sollen – abgehoben von allem anderen in meinem Leben –, und dann war sie doch nur ein Teil meines Albtraums. Kein einziges Mal hast Du mich im Arm gehalten & mich Deine Frau genannt. Tatsächlich war die ganze Geschichte wie mein alberner Geburtstag. Ständig musste ich Dich daran erinnern.«[600] Murry versucht sich zu erklären, schafft es aber nicht, ihr seine Ängste zu vermitteln: »Ich brauche mich vor Dir nicht zu rechtfertigen. Ich möchte Dir nur sagen, dass Dir vielleicht nicht bewusst ist, wie sehr ich mich gefürchtet habe: wie sehr meine Seele vor Angst vor Deiner Krankheit verstummt ist. (…) Als wir heirateten, war meine Sehnsucht, Dich in meinen Armen zu halten, schier übermächtig; aber noch übermächtiger war der Gedanke, der mich zurückhielt: ›Nein, ich darf nicht‹: In diesem Augenblick hat mich das Wissen um Deine Krankheit getroffen wie ein Blitz – es hat mir das Herz zerrissen. (…) Nur der eine Gedanke, der mir keinen Augenblick aus dem Kopf ging, hielt mich aufrecht: Sie muss sich ausruhen, oder sie wird sterben.«[601]

Immerhin ist er bei seiner Suche nach einer neuen Bleibe für sie beide erfolgreich gewesen. Er hat ein großes graues Backsteingebäude im noblen Hampstead, London, gefunden, welches Katherine angesichts seiner Farbe »Haus Elephant« tauft. Umgehend macht sie Pläne, wie sie ihr neues Zuhause gestalten will: »Ich denke, die Haustür, die Fensterläden und das Tor sollten in einem hellen Grün erstrahlen. Ein Haus muss schön sein, damit es Blau verträgt. (…) Küche und Gartenzimmer & Souterrain generell WEISS und das ganze Holzwerk & die Kommode in einem hellen BLAU (…) Das restliche Holzwerk im Haus am besten WEISS. (…) Für die Halle & die Wände im Treppenhaus empfehle ich ein gutes Grau. Dazu passen ein violetter Teppich und Treppenstangen aus Messing, die dem Grau die nötige Eleganz verleihen.«[602] Es werden langwierige Renovierungsarbeiten, so viel steht fest. Soll Katherine die ganze Zeit allein in der dunklen Zweizimmerwohnung in der Redcliff Road sitzen? Eine Einladung von Anne Estelle Rice kommt da mehr als gelegen. Die Malerin ist in Cornwall und möchte Katherine gern malen. Am 17. Mai 1918 reist Katherine nach Looe in Cornwall. Sie bezieht ein Zimmer im Hotel Headland, liebevoll umsorgt von Anne Rice, der sie für das berühmte rote Gemälde Modell sitzt. Sie hadert mit ihrem Schicksal: »Mein Hass auf das Leben, meine Verachtung allem Lebendigen gegenüber beherrschen mich – ausgerechnet hier, wo so viel Schönheit ist, reicher noch als im Süden –, aber das bedeutet mir alles nichts mehr, sogar weniger als nichts. Bald – wahrscheinlich schneller als erwartet – höre ich den Sensenmann kommen.«[603] Ihr Hass auf das Leben ist allumfassend: Er schließt das Hotel, die anderen Gäste, das Servicepersonal, sogar ihre Freundin Anne mit ein, die sie zynisch »unfassbar freundlich« findet: »Oh – wie ich Hotels verabscheue. Ich weiß, einmal sterbe ich in einem. Ich werde vor einem gehäkelten Kommodendeckchen stehen, eine lange unsichtbare, von der letzten ›Dame‹ zurückgelassene Haarnadel nehmen und vor Ekel sterben.«[604] Dass die übrigen Gäste sie entgeistert ansehen, wenn sie sich zwischen zwei Hustenanfällen eine Zigarette anzündet, findet sie enervierend. Ihre zahlreichen Briefe an Murry sprechen nicht nur von Liebe und Sehnsucht, sondern sind auch eine einzige Anklage: »Bist Du wirklich nur glücklich, wenn ich nicht da bin? Kannst Du Dir vorstellen, dass Du karmesinrote Rosen kaufst und die Blumenfrau anlächelst, wenn ich näher als fünfzig Meilen wäre? Ist es nicht hart, dass dann Deine Zeit, selbst wenn Du im Gefängnis wärst, ganz Dir gehören würde?«[605] Sie versucht zu arbeiten, liest viel, verfasst einige Rezensionen und kriecht doch die meiste Zeit vor lauter Schmerzen auf allen vieren durchs Zimmer: »Der Mann im Zimmer neben mir hat die gleiche Krankheit wie ich. Wenn ich in der Nacht erwache, höre ich, wie er sich umdreht. Und dann hustet er. Und ich huste.

Und nach einer Pause huste ich. Und er hustet wieder.«[606] Ihre Stimmung wird immer düsterer, die Krankheit schier übermächtig. Sie verzweifelt an ihrer Einsamkeit und beim Gedanken an den nahen Tod, den sie fürchtet und zugleich als Erlösung herbeisehnt: »Mitten in der letzten Nacht habe ich entschieden, dass ich es nicht mehr aushalten kann – keinen weiteren Tag, keine weitere Stunde. Aber das habe ich schon so oft erlebt. (...) Wenn man von den neun Leben einer Katze spricht, muss ich 900 haben. Nahezu jeden Abend gegen 11 Uhr fange ich an, mir zu wünschen, es wäre 11 Uhr morgens. Ich gehe auf und ab – schaue aufs Bett – schaue auf den Schreibtisch – schaue in den Spiegel und erschrecke vor dem Mädchen mit den brennenden Augen – (...) und dann sitze ich lange da und starre auf den Teppich. (...) Oh Gott! Diese schreckliche Vorstellung, dass man sterben muss und vielleicht auch bald sterben wird.«[607]

Trotz ihres Menschenhasses, der mitunter auch Murry und Ida miteinschließt, fasst sie den Plan, mit beiden ins »Haus Elephant« einzuziehen, ahnt sie doch, wie sehr Murry mit der Pflege einer Kranken überfordert sein wird. Dass Ida, die wieder in die Fabrik zurückgekehrt ist, alles stehen und liegen lässt, um bei ihr zu sein, steht für sie außer Frage: »Ich weiß nicht mehr, ob ich es Dir wirklich schon geschrieben habe oder ich mir nur vorgenommen habe, Dir zu erzählen, dass ich mich nach vielen Widerständen für den ›Elephant‹ entschieden habe und mir unser Leben zu dritt dort gut vorstellen kann. Ich denke, es ließe sich nicht nur tadellos einrichten, sondern wäre sogar ein großer Spaß. Ja, wirklich.«[608] Überraschenderweise ist Ida wenig begeistert von dieser Idee: »Ich erschrak sehr, denn inzwischen hatte ich mich in der Fabrik eingelebt, fühlte mich in der Villa Eyot zu Hause und hatte viele Freundinnen und Freunde. (...) Wegzugehen hätte bedeutet, alles zu verlieren.«[609] Ein Zaudern, das Katherine nicht gelten lässt. Wenn sie sich etwas in den Kopf gesetzt hat, dann kann sie mit manipulativer Hartnäckigkeit alle Register ziehen. Bei ihrer langjährigen Begleiterin weiß sie genau, welche Knöpfe sie drücken muss: »Ich liebe Dich nur, wenn Du im Haus bist. Nicht, wenn ich sehe, dass Du Dich umgezogen hast und ausgehen willst. Du siehst in Deiner Jacke und mit Deinem Hut so entsetzlich gewöhnlich aus – wie alle anderen. Ja, das ist wahr, ich liebe Dich nur, wenn Du ausschließlich für UNS da bist und den anderen gegenüber blind bleibst. Das ist die Wahrheit.«[610] Wohl wissend, wie sehr Ida sie liebt und wie gern sie wiedergeliebt werden möchte, stellt Katherine sie vor die Wahl: ganz oder gar nicht. Das Leben der Freundin gegen ihr Leben. Ida soll sich um die Kranke kümmern, den Aufenthalt im Sanatorium durch häusliche Pflege verhindern. Denn dorthin will sie auf keinen Fall, trotz höllischer Schmerzen: »Vor meinem Blick dehnt sich das weite Meer – und ich bin in meine rosafarbene Decke gehüllt, mit einer Wärmflasche an den Füßen. Ich habe einen Rheumatismusanfall hinter mir, einen so heftigen wie noch nie. Er hat mich völlig umgeworfen. Diese entsetzlichen Schmerzen. (…) Ein Witz, mit neunundzwanzig Jahren ›nichts als ein Gerippe‹ zu sein. (…) Ich will rennen, will hüpfen und klettern, will mich ins Leben stürzen und lachen.«[611] Immer öfter weilen ihre Gedanken in Neuseeland, wünscht sie sich die aus jetziger Sicht unbeschwerten Tage ihrer Kindheit zurück. Ende Juni kommt Murry nach Cornwall, um sie mit nach Hause zu nehmen. Ein letztes Mal kehrt sie in die Redcliff Road zurück, wo sie einmal mehr mit ihrer Kunst kämpft: »Jedes Mal, wenn ich an einem Gespräch über Kunst teilnehme, ergreift mich das Verlangen, alles zu zerstören, was ich bis jetzt geschrieben habe, und neu anzufangen; ich habe das Gefühl, dass alle Anfänge falsch sind. Um einen Ausdruck aus der Musik zu gebrauchen: Es ist nicht der ›volle‹ Ton, wissen Sie, was ich meine?«[612]

Am 10. Juli 1918 erscheint in der Hogarth Press der Woolfs »Die Aloe« unter dem Titel »Prelude« in einer Auflage von

300 Stück. Noch ist sich Virginia Woolf ihrer Gefühle für Katherine unsicher: »Nach meiner Theorie ist es mir möglich, zu dem Urgestein in ihr vorzustoßen, durch die vielen Nebelschwaden & Poren hindurch, die die meisten unserer Freunde abstoßen und verwirren. Es könnte ihre Liebe zum Schreiben sein.«[613]

»Prelude« wird nicht nur Katherine Mansfields berühmteste und längste Erzählung, sie begründet auch ihren Ruf als Ikone der modernen Short Story. Katherine kehrt darin in ihre Kindheit nach Neuseeland zurück und erzählt durch den Bewusstseinsstrom der weiblichen Mitglieder aus dem Leben der Familie Burnell, für die ihre eigene Familie unmittelbar nach dem Umzug nach Karori als Modell fungiert. In atemlosem Tempo entstehen immer wieder neue, scheinbar zusammenhangslose Szenen. Die Leser tauchen ganz unvermittelt in die Gedankenwelt neuer Figuren ein. Es geht weniger um Ereignisse als um Stimmungen und versteckte, oftmals negative Emotionen. Zum Symbol vor allem für den tiefen Hass der Mutter wird die Aloe im Garten. Virginia Woolf hält den Text für ein Meisterwerk: »Ich selber finde, dass die Erzählung eine Art Schönheit besitzt; ein wenig dunstig, gebe ich zu, & großzügig gewässert mit einigen ihrer billigen Realitäten; aber sie hat die lebendige Kraft, das abgehobene Dasein eines Kunstwerks. Ich bin neugierig auf andere Meinungen.«[614] Katherines Freude über die Veröffentlichung wird durch den Zustand ihres Körpers, den sie mehr und mehr als ihren Feind betrachtet, getrübt. Warum sie? Warum jetzt?

Anfang August veröffentlicht die *English Review* Katherines Erzählung »Glückseligkeit«, die heute zu den bekanntesten Short Storys Katherine Mansfields gehört. Virginia Woolf allerdings gefällt sie überhaupt nicht: »Ich warf Bliss [Glückseligkeit] hin mit dem Ausruf ›Sie ist erledigt!‹. In der Tat weiß ich nicht, wie viel Vertrauen in sie als Frau oder Schriftstellerin diese Art von Geschichte überleben kann. Ich muss, fürchte ich, die Tatsache akzeptieren, dass ihr Geist eine sehr dünne Krume ist, ein oder zwei Zoll tief über sehr unfruchtbarem Felsen. Denn Bliss ist lang genug, um ihr die Möglichkeit zu geben, tiefer zu gehen. Stattdessen begnügt sie sich mit oberflächlicher Gescheitheit; & die ganze Konzeption ist armselig, billig, keineswegs die Vision, wie unvollkommen auch immer, eines interessanten Geistes. Sie schreibt auch noch schlecht. Und die Wirkung war die, wie gesagt, dass ich einen Eindruck bekam von ihrer Abgestumpftheit & Härte als Mensch.«[615] Zwei Jahre später allerdings wird sie an eine Freundin schreiben: »Ich habe Bliss gelesen; und es war so brillant – so hart, und so seicht, und so sentimental, dass ich zum Bücherschrank laufen musste, um mir etwas zu trinken zu holen.«[616]

Unmittelbar nach der Veröffentlichung dieser Erzählung trifft Katherine am 8. August 1918 ein schwerer Schlag: Ihre Mutter stirbt mit nur 54 Jahren im fernen Neuseeland. Sie hatte sich nach langem Leiden einer lebensgefährlichen Operation unterzogen und diese nicht überlebt. Die Krankheit der Mutter war der Grund, warum die reiselustigen Eltern in den letzten Jahren nicht mehr nach Europa gekommen waren, nicht ans Grab ihres Sohnes und auch nicht zu ihrer kranken Tochter. Für Katherines Vater bricht eine Welt zusammen. Er ist ebenso untröstlich wie Katherine, die in tiefer Trauer an Virginia Woolf schreibt: »Meine Mutter ist gestorben. Ich kann an nichts anderes denken. Ach, Virginia, sie war so ein köstliches kleines Wesen, viel zu zerbrechlich und liebenswert, um für immer tot zu sein.«[617] Die Kämpfe zwischen Mutter und Tochter sind vergessen: »Der Tod meiner Mutter ist ein schrecklicher Schmerz für mich – ich empfinde die Leere so sehr. Sie war lebendiger als jeder andere Mensch, den ich gekannt habe.«[618]

Ottoline Morrell übersendet voll Anteilnahme ein riesiges Trauerbukett aus den Gärten von Garsington Manor. Sie weiß um die Liebe zu Blumen, die Katherine mit ihrer Mutter verbindet. Wie oft hatte sie selbst zusammen mit Katherine Blumen für die Buketts in Garsington geschnitten. In den nächsten Jahren werden Katherine unzählige dieser prächtigen Sträuße aus Garsington erreichen.

Als Brett sich mitfühlend nach ihrem Befinden erkundigt, schreibt ihr Katherine zurück: »Ja, es ist ein furchtbarer Schlag. Sie war das wertvollste, reizendste kleine Geschöpf; immer so weit weg, weißt Du, und sie schrieb mir lange Briefe über den Garten und das Haus und ihre Gespräche mit Vater im Bett, und wie sie plötzliche unerwartete Tassen Tee liebte (…) und Briefe, die anfangen ›Mein liebstes Kind, es ist ein ganz herrlicher Tag‹. Sie lebte jeden Augenblick ihres Lebens voller und vollständiger als alle, die ich gekannt habe – und ihre Heiterkeit war um nichts weniger real, weil sie von großem Mut war, einem Mut, mit dem man allem begegnen konnte.«[619] Zusammen mit ihrer Schwester Chaddie, die ebenfalls nicht an der Beerdigung teilnehmen kann, liest sie die vielen Briefe ihrer Mutter noch einmal. Eine Tür ist ins Schloss gefallen.

Angesicht dieses Schicksalsschlags zögert Ida nun nicht länger, dem Drängen der Freundin nachzugeben. Sie kündigt ihren Job, ihr Zimmer in der Villa Eyot, einem YWCA für junge, ledige Frauen, und verlässt all ihre Kolleginnen und Freunde sowie ihren Freund, den Schiffsoffizier Robert Gibson, den sie auf ihrer Heimreise aus Rhodesien kennengelernt hat: »Wenn ich damals in einer anderen Situation gewesen wäre, hätte ich ihn sicher geheiratet und nach Afrika begleitet. Aber ich lebte ein Doppelleben: mein eigenes und das von Katherine. Nicht im Traum dachte ich daran, sie jemals zu verlassen.«[620] Und so schlägt sie Robert Gibsons Heiratsantrag aus und zieht Ende August zusammen mit Katherine und Murry ins »Haus Elephant« in die East Heath Road 17 nach Hampstead, London.

Ida freut sich auf das Zusammenleben mit dem Paar, hat

Katherine in den letzten Wochen doch immer wieder betont, wie wichtig ihr Idas Anwesenheit im »Haus Elephant« sei: »Bitte, begleite mich durch die nächsten Monate. (…) Ich habe Dir nie zu verstehen gegeben, wie sehr Du zu diesem Haus gehören wirst, und Dir jedes Mal, wenn Du ›unser Haus‹ gesagt hast, einen vernichtenden Blick zugeworfen. Das war falsch von mir. (…) Ich will keinen Streit. Der wahre Grund liegt in meiner Krankheit, die mein Wesen verändert hat. Weißt Du, es gibt keine einzige Stunde ohne Schmerzen. (…) Das alles erschöpft mich und verwandelt mich in ein Scheusal. (…) Ich bitte Dich trotzdem noch einmal – im vollen Bewusstsein dieser Schwierigkeiten –, mit uns nach Hampstead zu kommen. Zumindest bis es mir besser gehen wird. Unserer alten Freundschaft zuliebe bitte ich Dich.«[621]

Ob Ida wohl klar ist, dass sie im »Haus Elephant« vor allem als Dienstmädchen, Hausdame, Putzfrau, Köchin und Pflegekraft gebraucht wird – und zwar in Personalunion? Aufgaben, für die Ida, die als Arzttochter in den Kolonien ebenfalls mit Dienstboten aufgewachsen ist, völlig ungeeignet ist: »Die arme Katherine hatte es nicht leicht mit mir. Weil ich abends meist lange aufblieb, kroch ich morgens zu spät aus den Federn und hatte Mühe, das Kaminfeuer in ihrem Schlafzimmer anzuzünden, das ganze Haus zu wischen und überall abzustauben und bis neun Uhr mit allem fertig zu sein. (…) Das Mittagessen bekam sie pünktlich um 13 Uhr auf einem Tablett serviert. Katherine hasste es, warten zu müssen. (…) Nach dem Lunch wünschte sie Tee, meist Pfefferminz- oder Kamillentee.«[622] Obwohl Ida sich alle erdenkliche Mühe gibt, fällt Katherine einmal mehr ein gnadenloses Urteil über die Freundin: »L. M. in ihrem Turban, mit ihrem großen Auge und ihrem kleinen Auge. Liebe ich sie? Nicht wirklich.«[623] Dabei gibt sich Ida alle Mühe, Katherine zu gefallen. Sie näht für die modebewusste Freundin die schönsten Kleider aus den besten Stoffen, die sie während des Krieges ergattern kann. Lebensmittel gibt es in diesem letzten Kriegsjahr nur mehr gegen Marken, und so läuft Ida jeden zweiten Tag in die Innenstadt, um für Katherine das tägliche Steak zu kaufen, das auf ihrem Diätplan steht: »Katherine versuchte mir beizubringen, wie das feine Fleisch zubereitet werden sollte, und ich gab mir dabei alle erdenkliche Mühe. Später sagte sie mir, ich hätte oft ein Stück Leder daraus gemacht, das sie kaum habe kauen können. Um mich nicht zu beleidigen, habe sie es häufig ins Kaminfeuer geworfen. Arme Katherine!«[624] Irgendwann sieht allerdings sogar Katherine ein, dass es an der Zeit ist, mehr Personal einzustellen, um Ida zu entlasten. Mrs Moody, die Zugehfrau, das Dienstmädchen Maud und Mrs Ralph, die Köchin, übernehmen nun die Aufgaben, die sie zuvor von Ida verlangt hatte. Die fungiert nun als Hausdame, eine Rolle, die ihr wesentlich besser steht. Doch nicht einmal die brutale Ausbeutung der vergangenen Wochen kann Ida in ihrer Heldenverehrung stoppen: »Es muss für Katherine nicht immer leicht gewesen sein, mit mir zusammenzuleben. Ich hatte in diesem Haus Arbeiten zu erledigen, für die ich ungeeignet war. Unsere Freundschaft blühte dort nie richtig auf. Ich war dafür zu unreif, zu gefühlsbetont und viel zu unsicher. (…) Nie konnte ich Katherine jene unbeschwerte, bedingungslose Liebe geben, die sie gebraucht hätte. Stattdessen erdrückte ich sie mit meinem Verantwortungs- und Pflichtgefühl.«[625] Leider hält der Friede im Haus nicht lang. Mauds neuer Ehemann will nicht, dass seine Frau als Dienstmädchen arbeitet, und um dies auch ganz deutlich zu machen, verpasst er ihr einen heftigen Schlag gegen den Hals. Die Köchin übernimmt nun Mauds Aufgaben, erweist sich aber auch nicht als tragende Säule des Murry'schen Haushalts.

In Hampstead lernt Katherine Dr. Victor Edgar Sorapure, den Leiter des hiesigen Krankenhauses, kennen. Der Gynäkologe findet die Ursache für ihren Rheumatismus: eine Gonorrhö, die sie seit Langem in sich trägt und die ihren Körper nachhaltig geschädigt hat. Wer sie damit infiziert hat, bleibt unklar. Sowohl Floryan Sobienowski als auch Francis Carco und letztlich auch Murry selbst, der kurz vor ihrem Kennenlernen daran erkrankt war, kommen infrage.[626] Dr. Sorapure plant, sie mit Injektionen zu behandeln, um ihre Arthritis zumindest abzumildern. Es ist der Beginn eines sehr vertrauensvollen Arzt-Patienten-Verhältnisses, das über viele Jahre Bestand haben wird. Es basiert vor allem darauf, dass Sorapure Verständnis dafür zeigt, dass seine Patientin in einem Sanatorium nicht leben kann: »»Sehen Sie, Sie haben Ihre Arbeit, die, wie ich weiß, Ihr Leben ist. Sollte diese Ihnen verboten werden – und sie würde es – wären Sie verloren«. (...) Ich hatte große Mühe, dem Arzt nicht um den Hals zu fallen, als ich das hörte, und ihm zu sagen, was seine Worte für mich bedeuteten: Atem, Leben, Arbeit, Heilung, alles.«[627] Warum man sie allerdings in einem Sanatorium mit einem Arbeitsverbot belegt hätte, bleibt unklar. George Orwell schreibt große Teile von *1984* in einem englischen Sanatorium, wo er gegen seine Tuberkulose behandelt wird, ebenso wie Robert Louis Stevenson einst in einem Sanatorium in Davos schrieb. Sorapure, dem einige aufgrund seiner Santoriumsverweigerung eine Mitschuld an Katherines Schicksal geben, behandelt Katherine stattdessen mit opiathaltigen Medikamenten und einer neuartigen Elektrotherapie: »Ich bin ganz benommen – verwandle mich allmählich zu einem Narren! Der dauernde Schmerz ist so zermürbend – und ich kann überhaupt nicht gehen oder laufen oder sonst wie mobil sein – und ich schlafe keine Nacht durch. Wenn das so weitergeht, werde ich bald alt sein.«[628] Die Elektrotherapie, die sie im Krankenhaus von Hampstead absolviert, scheint ihr zumindest ein wenig Linderung zu verschaffen. In ihren lichten, schmerzfreien Momenten entdeckt sie an sich eine fast unheimliche Ähnlichkeit mit D. H. Lawrence, dessen Unberechenbarkeit sie dereinst so gefürchtet hatte: »Meine Launen sind wirklich furchtbar. Am

Sonntagmorgen hatte ich so einen Anfall und zerriss eine Seite des Buches, in dem ich eben las, und verlor völlig den Kopf. (...) Merkwürdigerweise sind diese Anfälle genau wie bei Lawrence und Frieda. Ich gleiche Lawrence mehr als sonst jemandem. Wir gleichen einander tatsächlich auf *unvorstellbare* Art und Weise.«[629]

Im Oktober 1918 lässt sich Katherine von einem Lungenspezialisten, den eine Kollegin Murrys aus dem Kriegsministerium vermittelt hat, noch einmal gründlich untersuchen. Das Ergebnis ist ernüchternd. Der Arzt hält Katherines Krankheit für so weit fortgeschritten, dass nur ein sofortiger Aufenthalt in einem Lungensanatorium, egal wo, sie retten könnte: »Es gibt nur eine Chance für Sie – wirklich nur eine. Sie muss sofort in ein Sanatorium gehen. (...) Sie muss ein Jahr lang irgendwohin gehen und sich ganz diszipliniert einer Kurbehandlung unterwerfen, dann hat sie halbwegs eine Chance. Wenn nicht, hat sie noch zwei oder drei Jahre zu leben – allerhöchstens vier.«[630] Eine Diagnose, die ihr Cousin, der Arzt Sydney Beauchamp, den der besorgte Harold Beauchamp vorbeischickt, nur bestätigen kann: Die Tuberkulose hat bereits beide Lungenflügel befallen. Doch obwohl Katherine große Angst vorm Sterben hat, verweigert sie den Aufenthalt in einem Sanatorium erneut. Murry ist der Verzweiflung nahe: »Es gab kein Entkommen. Wir waren gefangen. Glaubte ich wirklich, dass ein Sanatorium sie umbringen würde? Ich weiß es nicht. Was ich wusste, war, dass ihre Angstschreie mich in Stücke reißen würden, wenn sie in ein Sanatorium käme. (...) Ich wusste, was von mir erwartet wurde: Ich sollte ihr Zuversicht geben. Ich hatte Zuversicht, aber es war nicht die Art, die sie brauchte. Bei aller Brillanz und Genialität brauchte sie den einfachen Glauben einer Bäuerin an die Jungfrau Maria – den Glauben an das Wunder.«[631]

Am 14. Oktober 1918 wird Katherine 30 Jahre alt. Sie fühlt sich wie eine steinalte Frau: »Ich bin im Bett; ich fühle mich sehr krank. Ganz sonderbar – als ob ich mich zersetzte. Ein blasser, stiller Tag. *Gesundheit* scheint mir jetzt weiter entrückt als alles andere – unerreichbar. Am besten ist es, im Bett zu bleiben und von da aus widerwärtig zu sein.«[632] In ihrem Hass auf das Leben verlangt Katherine von Murry und Ida, all ihre Briefe zu verbrennen.

Immerhin erhält sie viel Besuch, die Freunde haben sie nicht vergessen und wagen sich trotz der hohen Ansteckungsgefahr zu ihr. Vor allem Virginia Woolf ist ein regelmäßiger Gast: »Am Mittwoch fuhr ich nach Hampstead; fand die hohe hässliche Villa mit Blick über das Tal, wo die Murrys wohnen. Katherine war auf, aber heiser & schwach, kroch durchs Zimmer wie eine alte Frau.«[633] Soeben ist »Je ne parle pas français« erschienen, und einmal mehr ist Virginia angewidert: »Die lange Geschichte, die sie geschrieben hat, strömt nichts als Hass aus. Murry und das Monstrum [L. M.] bewachen & bedienen sie, bis sie beide hasst: sie traut niemandem; sie findet keine ›Wirklichkeit‹.«[634] Nach Katherines Tod wird Virginia Woolf eine ausführliche Beschreibung ihrer Eindrücke von »Haus Elephant« und seiner todkranken Bewohnerin geben: »Alles war sehr ordentlich und hell, ein bisschen wie in einem Puppenhaus. (…) Sie hatte wunderschöne Augen – fast wie die eines Hundes, braun, weit auseinanderstehend, mit einem beständigen, bedächtigen, eher treuen und traurigen Ausdruck. Ihre Nase war spitz, ein bisschen gewöhnlich. Die Lippen schmal und hart. Sie trug kurze Röcke und hatte gern ›ihren eigenen Stil‹, wie sie sagte. Sie sah sehr krank aus, verzerrt, und bewegte sich matt, schleppte sich durchs Zimmer wie ein leidendes Tier. (…) Mochte sie mich? Manchmal behauptete sie das. (…) Unsere Freundschaft sei echt, sagten wir, und schauten einander fest in die Augen. Sie würde halten, was auch immer geschähe. Was geschah, war vermutlich Besserwisserei und möglicherweise Klatsch.«[635]

Bei ihren regelmäßigen Besuchen kann sie aus nächster Nähe

beobachten, dass zwischen Murry und Katherine etwas nicht stimmt: »Ich glaube, irgendetwas ist ein wenig unharmonisch bei ihnen beiden; in meiner Arroganz kommen sie mir beide wohl zu sehr als zur Unterwelt gehörig vor, mit allerlei eigenen Patentrezepten; & diesem ganzen Gerede über die Künstlerexistenz. Ich kann nicht ausdrücken, was ich meine. Vielleicht meine ich nur, dass sie misstrauisch wirken. Unter der Oberfläche sind sie vermutlich beide sehr auf Anerkennung aus, keineswegs selbstsicher & Murry zerbricht sich den Kopf & verliert immer mehr die Hoffnungen, etwas zu finden, woran er glauben kann. Ich mag verheiratete Paare nicht, bei denen der Mann die Arbeit seiner Frau ungeheuer bewundert.«[636]

Katherine leidet an ihrer Beziehung, an sich selbst und wie die meisten ihrer Freunde auch am Zustand der Welt. Auch das so lange herbeigesehnte Ende des Krieges wird die Welt nicht besser machen – die Unzulänglichkeit und der Egoismus der Menschen werden das verhindern: »Oh Ottoline, warum ist die Welt so hässlich – so verdorben und *dumm*. Als ich am Montagabend die Betrunkenen hörte, die am Haus vorbeizogen und das gute alte Vorkriegsgesäusel sangen, wurde mir kalt vor Entsetzen. Sie haben sich nicht verändert. (...) *Warum* verstecken sich die Menschen, verkriechen sich und misstrauen einander? Ich glaube nicht, dass es nur Schüchternheit ist – das war bei mir der Fall. Ich glaube, es ist ein *Mangel an Herz*.«[637]

Und dann ist es endlich so weit: Der Krieg ist aus. Von Katherines Mansardenzimmer aus können sie, Murry und Ida, den Jubel der Menschen auf den Straßen Londons hören. Murry hört ihn mit gemischten Gefühlen. Er ist gepeinigt vom schlechten Gewissen gegenüber der todgeweihten Katherine und seinen im Krieg gefallenen Freunden. Manchmal wünscht er sich, er wäre selbst gestorben. Stattdessen ist er hier und lauscht Nacht für Nacht Katherines Husten im Zimmer nebenan. Deren Zustand wird, soweit dies überhaupt möglich ist, von Tag zu Tag schlechter. Sie wird vor Schmerzen fast wahnsinnig, denkt darüber nach, doch in ein Sanatorium zu gehen: »Ich gestehe, dass mein Kampf mit dem Feind in den letzten Tagen so schlimm war, dass ich die Waffen streckte, davonlief und mich bereit erklärte, das zu tun, was mir schon immer als das einzig Richtige erschien, nämlich in ein Sanatorium zu gehen.«[638] Dabei fürchtet sie nichts so sehr wie das Zusammensein mit anderen Kranken. Sie will unter den Gesunden, den Lebenden bleiben – so lange wie möglich. Dafür ist sie bereit, zu Hause, unter ärztlicher Aufsicht, eine Kur durchzuführen: Diät halten, Therapie und Ruhe nach Plan – all dies muss doch auch im »Haus Elephant« möglich sein. Zur Not eben auch mit Ida, deren Fürsorge sie schier in den Wahnsinn treibt: »L. M. und ich sind wirklich die bittersten Feinde, die man sich vorstellen kann. Ich stehe für alles, was sie hasst im Leben, und sie steht für alles, was ich *verabscheue*. Wenn ich sie diesmal verlasse, muss es für immer sein.«[639]

Dagegen fühlt sie sich von D. H. Lawrence, der sich ebenfalls mit Händen und Füßen dagegen wehrt, als krank zu gelten, verstanden. Die beiden stehen seit Kurzem wieder in regem Briefkontakt. Der Schriftsteller übersendet ihr ein Buch von C. G. Jung und versichert sie seiner unverbrüchlichen Freundschaft. Sie sind sich näher denn je, zwei Autoren, vereint durch Talent und eine Krankheit, die beide nicht zu akzeptieren bereit sind. Seine Einladung, ihn und Frieda in Middleton by Wirksworth, Derbyshire, zu besuchen, muss sie ausschlagen, es geht ihr zu schlecht: »Meine Füße sind eisig – meine Finger und meine Nase – auch eisig – und ein Schauder nach dem anderen läuft mir über den Rücken – (…) Das Leben ist grässlich – ich bin kaum noch am Leben. Ich war seit Monaten nicht draußen und kann kaum die Treppe hoch- und runtergehen. Aber – abgesehen davon – fühle ich mich in meinem Herzen, als wäre ich gestorben.«[640]

Am 25. Dezember feiert sie dennoch zusammen mit Ida, Murry, Kot, Mark Gertler und dem Ehepaar Campbell ein traditionelles britisches Weihnachtsfest mit Crackern, Scharade und viel Alkohol. Es wird ihr letztes Weihnachten in England sein, ein letztes Anstoßen auf das Leben: »Oh, ich liebe es zu feiern – liebe alle – am liebsten hätte ich gesagt – Lasst uns für immer so zusammenbleiben – Lasst uns nicht aufwachen & alles beendet finden – Wie aufregend und zauberhaft das Leben sein kann, ist mir dabei wieder richtig bewusst geworden – & dass wir noch nicht alt sind – dass noch Blut in unseren Adern fließt. (…) Mein Durst auf Glück ist so groß, dass er nie gestillt werden kann. Ein Hurra auf das Leben!«[641] Von D. H. Lawrence treffen Geschenke und eine Weihnachtskarte ein: »Es *klingt* so, als fühltest Du Dich kräftiger. Ich sehne mich danach, *Pläne* zu schmieden – neue Pläne. Aber nicht Europa – o Gott! Ich trinke Dir zu, auf ›die kommenden Tage‹.«[642]

Katherines letzter Brief im Jahr 1918 geht an Clara Palmer, eine alte Freundin der Familie aus Neuseeland, und er thematisiert noch einmal ihren großen Verlust vom August: »Es ist schwer zu glauben, dass meine geliebte Mutter nicht mehr ist. Trotz ihrer Zerbrechlichkeit und ihrer schwachen Gesundheit hatte man das Gefühl, dass sie eine unsterbliche Seele ist. Sie war so sehr Teil des Lebens – besonders in den letzten Jahren. (…) Es war außergewöhnlich, wie nahe sie ihren Kindern stand. Wir schienen genau zur gleichen Zeit die gleichen Gedanken zu haben. Ich wünschte, wir hätten nicht so verstreut gelebt – es ist schrecklich, an den armen alten Vater, so ohne seine Frau und seinen ›Jungen‹, zu denken.«[643]

Ein fürchterliches Jahr geht zu Ende. Ein Jahr voller Schmerzen und tragischer Verluste. Wie wird es weitergehen? Von dem hoffnungsvollen Blick in die Zukunft, den Katherine an vergangenen Silvestertagen so oft in ihrem Tagebuch formuliert hat, kann nun realistischerweise keine Rede mehr sein: »Vier Uhr fünfundvierzig nachmittags. O, die Zeiten, da die Fliege an der Decke entlangspaziert war, an schimmernden Fensterscheiben hinaufgeklettert, in einem See von Licht geschwommen, in einem funkelnden Sonnenstrahl aufgeblitzt war. Und Gott betrachtete die in einen Milchtopf gefallene Fliege und sah, dass es gut war. Und die kleinsten der Cherubim und Seraphim, die sich am Unglück erfreuten, schlugen ihre Silberharfen und schrillten: ›Wie ist die Fliege gefallen, gefallen!‹«[644]

Für Murry hingegen scheint sich einiges zum Guten zu wenden. Anfang des Jahres wird ihm der Posten des Chefredakteurs der Literaturzeitschrift *Athenaeum* angeboten – bei einem Jahresgehalt von 800 Pfund. Er akzeptiert und macht Aldous Huxley und J. W. N. Sullivan zu seinen Stellvertretern. Dank seiner guten Kontakte schreiben von nun an E. M. Forster, T. S. Eliot, Bertrand Russell und Herbert Read für die Zeitschrift. Mit einem Schlag ist Murry damit eine Größe des literarischen Establishments, bestimmt über Erfolg und Misserfolg von Kollegen und Freunden. Einer, mit dem es genau deshalb zum Bruch kommt, ist D. H. Lawrence, der, noch immer in Geldnöten steckend, voller Hoffnung mehrere Texte an Murry schickt. Doch bis auf einen veröffentlicht Murry nichts und setzt sich auch nicht für D. H. Lawrence' Manuskripte ein. Diese Ablehnung, die, wie Murry stets betont, in enger Abstimmung mit Katherine geschieht, macht aus D. H. Lawrence einen erbitterten Feind der Murrys. In den nächsten Jahren werden aus freundschaftlichen Briefen Zeilen voller Hass und Wut, die darin gipfeln, dass D. H. Lawrence Katherine den Tod wünscht.[645] Zu einem persönlichen Treffen zwischen Katherine und dem Schriftsteller kommt es nie wieder.

Am 10. Januar beginnt Dr. Sorapure mit einer Injektionskur gegen ihre Schmerzen. Anschließend leidet Katherine jedes Mal

48 Stunden lang an hohem Fieber. Dennoch bleibt Dr. Sorapure der Arzt ihres Vertrauens: »Ich würde ihn bereitwillig meinen Kopf abnehmen, untersuchen und wieder aufsetzen lassen, wenn er glaubte, damit künftigen Generationen helfen zu können. Er ist der richtige Mann für das Sterbebett. (...) Wie er an der Tür stand und sagte: ›Nichts ist unheilbar; es ist alles eine Frage der *Zeit*. Was heute so nutzlos scheint, ist vielleicht gerade *das* Verbindungsglied, das einer späteren Generation die Erklärung liefern wird ...‹, hatte ich das Gefühl von einem größeren, *weiteren* Horizont, von einem geheimnisvollen Leben innerhalb des Lebens.«[646]

Virginia Woolf hingegen hat schon seit mehreren Wochen nichts mehr von Katherine gehört. All ihre Besuchsvorhaben wurden kurzfristig abgesagt. Da sie nicht ahnt, wie sehr Katherine die Injektionen zusetzen, macht sie sich einmal mehr Gedanken um ihre Beziehung: »Die Wahrheit ist wohl, dass eine der unausgesprochenen, aber gegebenen Bedingungen unserer Freundschaft genau die war, dass sie fast gänzlich auf Treibsand gründete. Sie ist von merkwürdigen Ausrutschern & Stops gezeichnet; monatelang habe ich nichts von ihr gehört; dann wieder trafen wir uns auf einer Basis, die allem Anschein nach, fester Boden war. Wir sind vertraulich miteinander umgegangen, vielleicht eher intensiv als offen; aber für mich zumindest war unser Gedankenaustausch immer interessant & enthielt reichlich von dem angenehmen persönlichen Element, das sowohl Zuneigung weckt als auch Neugier.«[647] Erst Ende März erhält Virginia wieder eine Einladung, erfährt die Ursache für Katherines langes Schweigen. Nach ihrem Besuch schreibt sie in ihr Tagebuch: »Die undurchschaubare Frau undurchschaubar zu meiner Freude; keine Entschuldigungen oder kein Gespür, dass Entschuldigungen fällig wären. Sie warf sofort ihre Feder hin & stürzte sich, als hätten wir uns vor 10 Minuten getrennt, in die Erörterung von Dorothy Richardson; & und so weiter mit größter Freizügigkeit

& Lebhaftigkeit beiderseits, bis ich zu meinem Zug musste. Vielleicht halte nur ich, die in den Vororten lebt, es für nötig, Briefe zu beantworten.«[648] Wie sehr Katherine Virginia tatsächlich vertraut, erfährt diese, als Katherine ihr, nachdem ihre Katzen Junge bekommen, gesteht, wie sehr auch sie sich ein Kind wünscht.

Zu den häufigen Besuchern im »Haus Elephant« gehören zudem Murrys Bruder Richard, den Katherine sehr schätzt, und Dorothy Brett, die seit Kurzem ganz in der Nähe wohnt. Und auch mit ihrer Cousine Elizabeth von Arnim hat Katherine wieder Kontakt aufgenommen. Die Besucher begleiten sie häufig auf Spaziergängen durch den Garten, nachdem Dr. Sorapure ihr geraten hat, sich mehr zu bewegen.

Katherine verfasst in diesen Wochen viele Rezensionen für *Athenaeum*. Auch Gedichte und kurze Texte von ihr werden dort publiziert. Es ist ihr ungeheuer wichtig, auch weiterhin als Schriftstellerin in Erscheinung zu treten. Ihre größte Sorge ist, es könnte ihr nicht mehr genug Zeit bleiben, ihre Texte zu schreiben. Gedanklich verweilt sie oft in ihrer Kindheit, die ihr mit dem Abstand der vielen Jahre immer glücklicher erscheint: »Jetzt ist es Mai 1919. Sechs Uhr. Ich sitze in meinem Zimmer und denke an Mutter: Ich möchte weinen. Aber meine Gedanken sind gut und voller Fröhlichkeit. Ich denke an *unser* Haus, *unseren* Garten, *an uns* Kinder – den Rasen, das Gartentor, und an Mutter, wie sie hereinkommt: ›Kinder! Kinder!‹ Ich bitte ja nur um Zeit, das alles schreiben zu können – Zeit, meine Bücher zu schreiben. Dann macht es mir nichts aus, sterben zu müssen. (…) Es ist mir, als hätte ich eine PFLICHT, als hätte man mir eine Aufgabe zugewiesen, die ich beenden muss. Lass sie mich beendigen. (…) Meine kleine Mutter, mein Stern, mein Mut, mein *Eigen*! Ich scheine nur in ihr zu leben. Wir leben in *der gleichen* Welt. Nicht ganz in dieser, nicht ganz in einer andern.«[649]

Gesundheitlich geht es ihr nach wie vor schlecht: »Temperatur 39 °C. Quälender Husten. Spuren von Blut bis Mittag. Starke Schmerzen in der Lunge und fühle mich sehr kalt, es ist mir übel. Fröstle den ganzen Nachmittag. Die Lunge schmerzt noch immer bei jedem Atemzug.«[650] Auch mit Ida ist alles beim Alten: Ihre Fürsorge geht Katherine schrecklich auf die Nerven. Sobald Katherine sich anschickt, das Haus zu verlassen, steht die Freundin hinter ihr und drängt ihr einen Mantel auf. Ohnehin wäre es vermutlich besser, bei diesem Wetter nicht aus dem Haus zu gehen. Katherine fühlt sich bevormundet und eingeengt. Immer wieder versucht sie, zumeist vergebens, an Ida vorbeizuschleichen. Voll Verzweiflung schreibt sie in ihr Tagebuch: »Was ist in alldem, dass mich so HASSEN macht? Was kann man daraus ersehen? Sie weiß, und sie hat es dutzende Male gesehen, dass ich versuche, ein und aus zu gehen, ohne dass es jemand bemerkt – das ist wahr. Ich habe ihr sogar mein Herz ausgeschüttet und ihr gesagt, wie es mich schmerzt, dass meine letzten kleinen Abwehrversuche unterhöhlt werden – wie ich für einen Augenblick das Gefühl habe, dass ich ein unabhängiger Mensch bin, wenn ich ungefragt gehen und kommen kann. Aber das ist eben Katies ›Seltsamkeit‹.«[651] Am liebsten ist sie allein im Haus, einzig ihre Katzen dürfen ihr Gesellschaft leisten und werden dafür mit einem Löffelchen Rahm belohnt. Die wunderbaren Blumenbuketts, die Lady Morrell liefern lässt, bringen ihr Woche für Woche den Frühling ins Haus und entschädigen sie ein wenig dafür, dass Murry ihr gerade wenig Interesse entgegenbringt: »Er hätte nicht heiraten sollen. Es gibt keinen Menschen, der von Natur aus weniger geeignet wäre mit einer *Frau* zusammenzuleben.«[652] Dass ihr Mann sich seit Neustem eher mit seinem Bruder Richard und seinen Freunden austauscht als mit ihr, kränkt sie. Sie fühlt sich ausgeschlossen, seit er aufgehört hat, sie wegen allem und jedem um Rat zu fragen. Nicht einmal mehr das neuste Exemplar von *Athenaeum* bringt er mit nach Hause.

Ende Mai plant sie, nach langer Zeit wieder einmal eine Party zu geben, doch sowohl Ottoline Morrell als auch Lytton Strachey sagen ihr ab, genau wie die Woolfs, die gerade erst die beiden Häuser von Higher Tregerthen angemietet haben, die die Murrys einst mit den Lawrences geteilt hatten. Roger Fry, Clive Bell und Bertrand Russell sagen zu, doch die Party vom 29. Mai wird kein Erfolg. Katherines Erwartungen sind zu hoch, ihre Laune zu schwankend. Hat sie keine Schmerzen und kann arbeiten, ist sie hingegen himmelhoch jauchzend: »O Gott! Der Himmel ist sonnenerfüllt, und die Sonne ist Musik. Der Himmel ist erfüllt von Musik. Musik strömt herunter aus ihren Strahlen. Der Wind berührt die harfengleichen Bäume, schüttelt kleine Melodien, kleine Triller und Koloraturen, aus den Blumen. Die Form einer jeden Blume ist wie ein Klang. Meine Hände öffnen sich, wie fünf Blumenblätter. Preist ihn! Preist ihn! Nein, ich bin überwältigt; ich bin geblendet; es ist fast unerträglich.«[653]

Ist sie schlechter Laune, dann ist sie auch schlecht auf ihre Mitmenschen zu sprechen. Sogar auf solche, die sich die Mühe machen, sie zu besuchen: E. M. Forster findet sie von einer »gewissen Trunkenheit« befallen vor. Je mehr sie auf sich selbst zurückgeworfen ist, umso bedeutsamer wird ihr das Schreiben: »Die Leidenschaft, die ich fühle. Sie ersetzt die Religion für mich – sie *ist* meine Religion – die Menschen – ich erschaffe mir meine Menschen: das ›Leben‹ – sie ist das Leben. Es besteht die Versuchung, vor ihr niederzuknien, anzubeten, mich niederzuwerfen, allzu lange in einem Zustand der Ekstase vor dieser *Idee* zu verweilen. Ich muss mich mehr bemühen um das, was meines Meisters ist.«[654]

Murry und Katherine denken einmal mehr über eine Luftveränderung nach – vielleicht doch noch einmal auf den Kontinent? Virginia Woolf, die zu Besuch kommt, erlebt eine der Diskussionen mit und fühlt sich, obwohl sie Katherine sehr mag,

Murry immer mehr verbunden: »Am Freitag, den 4., besuchte ich Katherine zum Tee, da ich das Gefühl habe, dass meine Besuche gezählt sind, wie ernstlich, weiß ich nicht, aber wenn sie einmal auf dem Kontinent ist, was soll sie wieder hierher zurückbringen? Murry, der arme Mann, blass & traurig wie gewöhnlich, denn sie war wieder gerade erst aus dem Bett aufgestanden.«[655]

Ehe sie tatsächlich abreisen, sieht Katherine nach vielen Jahren ihren Vater wieder, der sich auf Europareise befindet. Sie freut sich sehr, vor allem, dass er und Murry sich endlich kennenlernen. Das Treffen wird ein Fiasko, diesmal ist es Murry, der zu Katherines Empörung launisch und taktlos ist: »Es hätte nicht tödlicher sein können. Warum hat er sich nicht nur um meinetwillen bemüht.«[656] Obwohl Harold Beauchamp keinen allzu günstigen Eindruck von seinem gut verdienenden Schwiegersohn gewinnt, erhöht er Katherines jährliche Apanage auf 300 Pfund.

Da Dr. Sorapure auch diesmal nur zu einer Luftveränderung, nicht aber zu einem Sanatoriumsaufenthalt drängt, beschließt Katherine, den Winter in Italien zu verbringen. Ehe sie abreist, hinterlegt sie in ihrem Bankschließfach in der Bank of New Zealand einen Abschiedsbrief für Murry mit ihrem letzten Willen: »Mein liebster Junge, ich hinterlasse diesen Brief bei Mr Kay, nur für den Fall, dass ich plötzlich wegmuss und keine Gelegenheit oder Chance mehr habe, diese Dinge mit Dir zu besprechen. (…) Alles Geld, das ich habe, gehört natürlich Dir. Ich denke, es wird genug Geld da sein, um mich zu beerdigen. Ich möchte nicht eingeäschert werden, und ich möchte auch keinen Grabstein oder Ähnliches. Wenn es Dir möglich ist, einen ruhigen Ort zu wählen, dann tu das bitte. Du weißt, ich hasse Lärm. Alle meine Mss. überlasse ich Dir. (…) Lass nicht zu, dass jemand um mich trauert. Es lässt sich nicht ändern. Ich denke, Du solltest wieder heiraten und Kinder haben. Falls Du das tust, gib Deinem kleinen Mädchen den Perlring.«[657]

Am 14. September reist sie in Begleitung von Murry und Ida nach Sanremo. Leider müssen sie das nette kleine Hotel umgehend verlassen, als klar wird, an welcher Krankheit Katherine leidet. Die Gäste haben Angst vor Ansteckung, und die Direktion erwartet, dass sie die Kosten für die Desinfektion ihres Zimmers übernimmt. Immerhin vermittelt ihr der Hoteldirektor die Casetta Deerholm, ein kleines Häuschen im Nachbarort Ospedaletti, gelegen auf einem Hügel hoch über dem Meer. Am 27. September ziehen Ida und Katherine dort ein, Murry kehrt wie geplant nach England zurück. Dort soll er sich auf die Suche nach einem Landhaus machen, das Katherine in ihren Träumen bereits »Heron« getauft hat, frei nach ihrem Bruder »Leslie Heron Beauchamp«.

Weil es in der Casetta Deerholm kein fließendes Wasser gibt, muss Ida jeden Tag hinunter ins Dorf, um aus dem Brunnen Wasser zu schöpfen. Da Katherine plant, hier zu überwintern, wird die Verlegung von Wasserleitungen für Anfang Oktober geplant. Ida tut sich schwer mit dem alten Holzofen, der Wärmequelle und Herd zugleich ist. Während die Zimmer eher klein und einfach möbliert sind, ist der Garten der Casetta ein Traum. Katherine sitzt meist auf der kleinen Terrasse und bewundert wie früher in Neuseeland die Blumenpracht. Vom bemühten Hoteldirektor, der sie vor Eindringlingen warnt, erwirbt sie eine kleine Pistole, die sie so fasziniert, dass sie im Garten Schießübungen macht: »Ich nahm heute den Revolver mit in den Garten und habe damit geübt: Wie man ihn lädt, entlädt, wie man schießt. Er jagt mir Angst ein, aber ich fühle mich wie neugeboren, seit ich ihn handhaben kann und verstehe … Fast verstehe ich jetzt den alten Brontë.«[658]

Nachts schläft sie unter einem Moskitonetz, da gerade eine Stechmückenplage herrscht. Ida schläft neben ihrem Bett auf einer kleinen Couch, um der Kranken auch nachts beizustehen.

Manchmal fährt Katherine mit der Trambahn nach Sanremo, um auf dem Markt einzukaufen und sich Bücher aus der dortigen Bibliothek zu leihen. Wie immer, wenn Katherine von Murry getrennt ist, wächst ihre Sehnsucht. Dutzende liebevoller Briefe gehen hin und her. Briefe, in denen Katherine immer wieder auch ihre Situation allein hier mit Ida bitter beklagt: »Dieses schreckliche Verhältnis, das auf seine geheime korrupte Art neben meinem Verhältnis mit Dir lebt, ist ganz außerordentlich; das würde mir keiner glauben. Ich habe zwei Ichs, eines – mein wahres Ich –, das andere, das sie in mir geschaffen hat, um mein wahres Ich zu zerstören. (...) Es ist wie ein furchtbarer Nebel; ich habe mich darin verloren und ich werde verrückt. (...) Hier habe ich ihr Sachen nachgeworfen – ja, selbst das –, sie eine Mörderin genannt, sie verflucht. Ihre drei stehenden Bemerkungen ›Gib mir Zeit‹, ›Ich lerne schrittweise, Katie‹ und ›Du musst es mir einfach beibringen, das ist alles‹ sind mir unheimlich. (...) Tausendmal lieber einsam sein, als mit ihr reden.«[659]

Dass die Freundin noch weniger als sie mit Geld haushalten kann, macht sie fuchsteufelswild: »Wie ich sie prügeln würde, wäre ich mit ihr verheiratet! Sie glaubt, ich bestünde aus Geld. Auf ihrer ersten und einzigen Reise nach Sanremo kaufte sie ein Hecto Kaffee für 4,50 in ›so einem witzigen kleinen Laden‹, und als ich protestierte, meinte sie ›Das Paket war für das Geld ziemlich klein, aber die Bohnen fühlten sich an, als wären sie dicht gepackt‹. Ist das zu glauben? Aber – lassen wir das. Ich werde sie trotzdem nicht erschießen, aber nur, weil es so schwierig wäre, ihre Leiche zu beseitigen. Man könnte sie nicht zu einem netten Paket schnüren oder unter der Feuerstelle begraben, und brennen würde sie nie.«[660]

Zur selben Zeit erscheinen in *Athenaeum* die Übersetzungen von Tschechows Briefen, die sie zusammen mit Kot angefertigt hat. Zudem schickt sie einmal wöchentlich neue Rezensionen:

»Ich habe diesen Herbst mindestens 20 Romane von schreibenden *Damen* gelesen, die man alle mit *Wie ich meine Jungfräulichkeit verlor!* betiteln könnte. Als wäre das nicht schlimm genug, erzählen sie nie die Wahrheit – sie erzählen stattdessen *Wie ich meine Jungfräulichkeit zu verlieren WÜNSCHTE* –, und tatsächlich glaube ich nicht, dass sie sie je verloren haben.«[661]

Ohne mit der Wimper zu zucken, kritisiert sie Bernard Shaws Stücke und macht deutlich, dass für sie nur Dostojewski, Tschechow und Tolstoi Bedeutung haben. Lytton Strachey schreibt ihr am 3. Oktober voller Bewunderung: »Liebe Katherine, die Regierung sagt, man solle nur Briefe schreiben, die notwendig sind – so sei es! Dies ist der Brief eines folgsamen Untertanen, denn ich kann mir nichts Nötigeres vorstellen, als Dir zu sagen, wie sehr ich Deine Athenaeum-Rezensionen bewundere und wie dankbar ich Dir für solch schillernde wöchentliche Erregungen bin. Ich würde mich sehr freuen, etwas von Dir zu hören, aber ich möchte Dir nicht zur Last fallen, lass einfach irgendwann mal kurz was von Dir hören.«[662]

Eines der Bücher, die sie rezensiert, ist Virginia Woolfs *Nacht und Tag*. Sie mag den Text nicht: »Meiner Meinung nach ist er im Kern eine Lüge. Der Krieg hat nie existiert, das ist nämlich seine Aussage.«[663] Als sie die Kritik in *Athenaeum* liest, ist Virginia Woolf tief gekränkt: »K. M. hat eine Rezension geschrieben, die mich geärgert hat – ich meine Gehässigkeit darin zu spüren. Sie beschreibt mich als einen gezierten ältlichen Langweiler; eine auf Vordermann gebrachte Jane Austen. Leonard vermutet, dass ihr Wunsch, ich würde einen Misserfolg haben, ihr die Feder geführt habe. Er sieht sie geradezu nach einem Schlupfloch für sich Ausschau halten: ›Ich werde dies kein gelungenes Werk nennen – wenn es aber sein muss, werde ich es ein auf falsche Art gelungenes nennen.‹ Ich brauche meine Milde jetzt nicht so großzügig walten zu lassen, da Murry mir gesagt hat, sie sei nahezu geheilt.

Aber was ich bei all dem erlebe ist, dass Lob kaum wärmt; Tadel brennt sehr viel stärker.«[664]

Katherine ist sich durchaus im Klaren darüber, wie tief sie Virginia getroffen hat, doch sie steht zu ihren Worten: »Auf keinen Fall möchte ich, dass die Woolfs etwas von meiner neuen Arbeit in die Finger bekommen. Wir sind eindeutig Gegenspieler. Ich weiß genau, wie wütend Virginia und Co. auf mich sind. Das sollten sie nicht sein. (…) Wenn Du das Buch lesen würdest, würdest Du verstehen, was ich meine … seine aristokratische, ignorante Haltung gegenüber allem, was außerhalb seines eigenen kleinen Kreises liegt & seine Verwunderung, ja sein Erstaunen, seine Ungläubigkeit, dass andere Leute von William Shakespeare gehört haben. (….) Intellektueller Snobismus (…) grenzenlose Eitelkeit.«[665]

Murry rät Katherine, nicht zu viel zu arbeiten. Doch die will so etwas nicht hören. Das Leben zerrinnt ihr unter den Fingern. Als ihre Schwestern ihr einen liebevollen Gruß schicken, reagiert sie ungehalten: »›Wie gern ich Dir einen großen Korb aus dem Obstgarten mit Nüssen und Äpfeln schicken würde …‹ Bei der Entfernung ein sicherer Wunsch. (…) Es machte mich gewaltig eifersüchtig, dass sie ein Haus und Nüsse & Äpfel hatten. Ich brenne darauf, sie zu übertreffen – ich glaube, ich kaufe das ganze Porzellan, das ich hier kriegen kann, um ihr Porzellan zu übertreffen & oh, wenn wir mehr Geld hätten, dann könntest Du auch nach Einzelstücken suchen. Wir müssen unser Haus haben, Bogey, nächstes Jahr. Ist denn ein Stern am Horizont?«[666], schreibt sie an Murry.

Am 12. November erhält sie Besuch von ihrem Vater, der nun den Kontinent bereist. Im Schlepptau hat er Cousine Connie Beauchamp, die in England eine Kureinrichtung leitet, und deren Freundin Jinnie Fullerton. Beide Frauen halten sich aktuell in ihrem Haus in Menton auf und laden Katherine herzlich ein, sie in der Villa Flora zu besuchen. Die Einladung ist wohl auch darauf zurückzuführen, dass ihnen die Rustikalität der Casetta Deerholm als wenig geeignet für eine Kranke erscheint. Katherine und ihr Vater machen eine Ausfahrt nach Sanremo, die Katherine ewig in Erinnerung bleibt: »Der große, sanft schnurrende Motor, die Decken & Kissen – die Wärme, die Zartheit, alles Hässliche so weit weg. (...) Ich wagte kaum zu sprechen, weil es so wunderbar war & die Leute lachten & der alberne Pa mit dem Chauffeur durch das Rohr Māori redete. Sehr albern – aber irgendwie sehr schön. Dann stiegen wir aus & kauften einen Kuchen & zogen, wie man sagt, alle Blicke auf uns & das war auch schön. Ich war froh, dass der Apotheker mich sah (sieh nur, was für einen Snob Du geheiratet hast. (...) Vater war am Ende wunderbar nett zu mir. Ich meine – gehalten & geküsst & mein liebes Kind genannt zu werden, das war fast zu viel. Jemandes Arme um mich zu spüren & jemanden sagen zu hören ›Werde gesund, Du kleines Wunder. Du bist ganz wie Deine Mutter.‹ Dass man ein Wunder genannt wird, das ist es nicht – sondern, dass man Liebe gegenwärtig nah warm spürt und erwidert.«[667] Ida aber empört sich darüber, dass Harold Beauchamp außer warmer Worte nichts dalässt. Dabei ist das Geld gerade einmal wieder sehr knapp, Murry schickt ebenfalls kaum etwas. Doch Geld ist es nicht, was Katherine vermisst. Sie vermisst ihren Mann, wie sie in ihren Briefen mehr als deutlich macht: »Versuche, mir oft Briefe oder Karten oder Zeitungen aus dem Büro zu schicken – egal was. Wäre ich da, dann würdest Du 10 Minuten mit mir verbringen. Gib mir diese 10 Minuten. Hilf mir, hilf mir! (...) Ich lebe an diesem trostlosen Hang mit L. M., die neben mir mampft. Aber durch all das kann ich mich durchkämpfen, wenn ich Kontakt mit Dir habe.«[668] Als ihre Medikamente zur Neige gehen, sucht sie in Italien nach einem Arzt, der sie weiterbehandelt. Murry, der sich größte Sorgen macht, denkt darüber nach, seinen Job bei *Athenaeum* aufzugeben und zu ihr zu ziehen. Doch davon will Katherine, die weiß, wie viel ihm sein Chefredakteursposten bedeutet, nichts hören. Ihr neuer Arzt in Sanremo, Dr. Ansaldi, habe ihr erklärt, sie könne schon in zwei Jahren geheilt sein: »Er sagte mir, ich hätte noch so viel Leben in meiner Haut, meinen Augen und meiner Stimme, dass es nicht sein könne, dass ich so krank bin.«[669] Sie müsse nur darauf achten, sich nicht zu erkälten. Mittlerweile ist sie auf 46 Kilo abgemagert. Später wird Dr. Ansaldi eingestehen, dies alles nur zu ihrer Beruhigung gesagt zu haben. Sie habe ihm leidgetan.

Mit Murry gibt es jetzt Diskussion über die Bücher, die sie rezensieren soll. An seiner Auswahl stört sie, was sie schon an Virginia Woolfs Text gestört hatte: Keiner der Autoren berücksichtigt den Krieg. Dieser hätte alles verändert, und Schriftsteller seien nun gezwungen, neue Perspektiven einzunehmen. Indem sie sich diesem Ansatz verweigern, würden sie der neuen Zeit nicht gerecht. Auch Jane Austen würde *Northanger Abbey* heute nicht mehr so schreiben wie zu ihrer Zeit. Der Krieg ist in Katherines Augen ein derartiger Kulturbruch, dass neue Formen und neue Möglichkeiten gefunden werden müssen, Gefühle und Gedanken auszudrücken. Jeder Künstler muss sich in seiner Kunst der Tatsache des Krieges stellen, muss zur Stimme seiner Generation werden.[670] Sie selbst wird den Krieg in ihrer Literatur allerdings auch niemals thematisieren.

Am 26. November 1919 erreicht sie ein Telegramm ihres Vaters. Er ist auf dem Weg zurück nach Neuseeland. Nun ist sie wieder allein mit Ida und steigert sich erneut in abgrundtiefen Hass auf die devote Freundin hinein: »Gott! Zu hassen, wie ich hasse! (…) Mein Todfeind hat sich meiner bemächtigt, und ich bin nur noch eine blinde Gewalt aus Hass. Hass ist eine andere Leidenschaft. Sie hat alle entgegengesetzten Wirkungen der Liebe, sie erfüllt einen mit Tod und Verderben, macht, dass man sich entwürdigt fühlt, hässlich, alt, und sie erweckt in einem die Sehnsucht nach Zerstörung. (…) Wenn L. M. einmal geht, weiß ich nicht, was ich tun werde. Ich kann nur daran denken, wie ich aufatmen, still daliegen und atmen werde. Stell Dir vor, was Du fühlen würdest, wenn Du schwindsüchtig wärest und müsstest mit einem Todfeind zusammenleben! Wenn die sechs Monate um sind, will ich L. M. nicht mehr um mich haben. Eher begeh ich Selbstmord. Es ist mir todernst. Ich habe mich entschlossen, Selbstmord zu begehen, wenn ich sie dann nicht mit den Wurzeln ausreiße.«[671]

Sie fühlt sich grenzenlos allein, vergleicht ihre eigene Lage mit der Virginia Woolfs: »Wie ich Virginia beneide; kein Wunder, dass sie schreiben kann. In ihrem Schreiben liegt immer die Ruhe und Freiheit des Ausdrucks, so als wäre sie mit sich im Reinen – ihr eigenes Dach über ihr, ihre eigenen Besitztümer um sie herum – und ihr Mann irgendwo in Rufweite. Was habe ich getan, dass ich all diese Handicaps habe – plus eine Krankheit und einen Feind.«[672] Die unterschiedlichen Lebensstile der beiden Frauen bleiben eine Belastung für diese Freundschaft, genau wie die berufliche und persönliche Eifersucht. Dass sie mehr verbindet als trennt und die Art und Weise, wie sie mit absolutem Ernst auf ihre Arbeit blicken, eine Gemeinsamkeit ist, die sie mit sonst niemandem teilen, ist ihnen zwar bewusst, vermag die Differenzen aber nicht immer zu überbrücken.

Katherine verfasst einen Brief, in dem sie Murry ihre Situation schildert, ihre Krankheit, ihre Einsamkeit, und ihn letztlich bittet, über die Adoption eines kleinen Jungen nachzudenken, den sie mit auf Reisen nehmen könnte und der ihr die Einsamkeit nehmen würde. Sie würde ja in den nächsten Jahren sämtliche Winter auf dem Kontinent verbringen müssen und nur den Sommer über in England sein. Erst wenn ihr Gesundheitszustand dies zulassen würde, könne sie ganz nach England zurückkehren. Ihrem Brief legt sie das Gedicht »Der neue Ehemann« bei, in dem ein Ehemann, der seine Frau im Stich lässt, durch einen neuen Ehemann – den Tod – ersetzt wird.

> »Jemand kam zu mir und sprach
> Vergiß, vergiß dein Eh'gemach
> Was ist das für ein Mann der dich so kalt
> Und krank in einem fernen Land bestallt
> Wer ist der Gatte – wer der Stein
> Der läßt ein Kind wie dich allein.«[673]

Murry ist tief getroffen: »Ich glaube nicht, dass ich jemals einen größeren Schlag als diesen Brief und diese Verse einstecken musste. Selbst jetzt erscheinen sie kaum wie ein Brief und Verse – eher wie eine Würgeschlange.«[674] Zum ersten Mal gibt er ihr gegenüber zu, dass er noch immer seine Gläubiger aus dem Bankrott befrieden muss. Er könne nicht so einfach mit ihr in Europa leben, habe es aber dennoch angeboten, obwohl es auch in England Tuberkulosekliniken gäbe, in die sie sich begeben könnte, wenn sie nur wolle. Was er nicht erwähnt, ist seine Angst, sich bei ihr anzustecken. Etwas, das Katherine längst erkannt hat: »Erinnerst Du Dich, wie Du Dein Taschentuch an die Lippen gepresst und Dich von mir abgewandt hast?«[675] Sein Brief macht alles nur noch schlimmer. Katherine ist empört und prangert in ihrem Tagebuch seinen Egoismus an. Er habe nur geschrieben: »1. Über den Schmerz, den ich ihm zufügte: *seinen* Schmerz, *seine* Nerven, er sei nicht aus Peitschenschnur oder aus Stahl gemacht, die Furcht sei bitter für *ihn* 2. ein beständiges Lamentieren über Geld. Er hätte keines, er sähe keinen Weg, sich welches zu beschaffen – ›schwere Schulden‹ – ›wie du weißt, bin ich bankrott‹. (…) Diese Briefe, besonders die über Geld, schnitten wie mit einem Messer durch etwas, das zwischen uns gewachsen war.

Sie änderten die Situation, für mich wenigstens, für immer.«[676] Murry hingegen fühlt sich ausgebrannt und leer. Um weitere Missverständnisse zu vermeiden, kündigt er seinen Besuch in Italien an. Sie müssen reden. Doch Katherine will ihn nun nicht mehr bei sich haben: »Ich verdarb sein Spiel, das ganze Haus war durcheinander wegen mir ... Wie klar das alles ist! Plötzlich überspielte ich ihn als tragische Figur oder drohte, ihn zu überspielen (ja, genau das ist die Wahrheit), und die Wahrheit kam an den Tag. Er wollte die *ganze* Tragödie für sich haben. Es muss ein schrecklicher Schlag gewesen sein, sie mit jemandem teilen zu müssen.«[677] Sie ist zutiefst getroffen und voller Zorn: »Ich bin wach und habe noch einmal Deinen Brief gelesen. Er ist merkwürdiger denn je. Die eine Hälfte ist ein Bericht darüber, was ich Dir alles angetan habe, und die andere Hälfte geht um Geld. (...) Du bist nicht arm. Du bekommst 800 Pfund im Jahr, und Du trägst nur zu meinem Unterhalt bei – jetzt nicht mehr als höchstens 50 Pfund im Jahr. Du schreibst, als müsse ich versorgt werden – von Dir. (...) Ich weiß, Du hast meine Arztrechnungen bezahlt, und meine Krankheit hat Dich eine Menge gekostet. Sie wird Dich nichts mehr kosten. Ich kann niemals mehr Geld von Dir nehmen, und sobald ich gesund bin, werde ich arbeiten. (...) Es ist Wahnsinn, so an Deine Frau zu schreiben & dann Möbel kaufen zu gehen. Es ist unserer Liebe gewiss unwürdig, wenn Du mir so höhnisch Mangel an Verständnis vorwirfst. Wie konnte ich denn etwas verstehen? Ich hatte keine Ahnung, dass Du diese dringenden Forderungen noch immer spürst: Ich dachte, alles ginge ziemlich glatt. Du musst bei Deiner Zeitung bleiben. Einen anderen Gedanken hatte ich nie. Deine Anwesenheit hier ist von jeder Warte aus unmöglich. Ich will das auf keinen Fall.«[678] Die Tatsache, dass er die Geldfrage in all seine Entscheidungen miteinbezieht, macht sie rasend. Nie in all den Jahren ihrer Beziehung habe er den Ernährer spielen müssen, ganz im Gegenteil. Erst seit ihrer Krankheit sei sie verstärkt auf ihn angewiesen. Immer sei sie für ihn da gewesen, habe seine Depressionen und Kränkungen aufgefangen. Nun sei eben sie einmal dran: »Du sagst mir, ich hätte Dich fast in den Wahnsinn getrieben, Dich ruiniert – so scheint es –, selbst Deine Hoffnungen, Deine Geldangelegenheiten zu richten, zunichtegemacht. Wieder sagst Du mir, Du seist bankrott. Das lässt sich nicht ändern. Jetzt keine Beteuerungen. Erinnere Dich, wie wir uns geliebt haben – erinnere Dich an alles und lass uns nicht über Geld reden. Es ist nicht nötig, mir anzudeuten, dass sie bald hinter Dir her sind & Dich vielleicht ins Schuldgefängnis stecken, wenn Du wegläufst. Nach derlei Dingen frage ich nicht. (…) Lass uns nicht wieder davon reden. Lass uns einfach weitermachen.«[679]

Doch dieses Weitermachen ist nicht so einfach. Schließlich hat sich ihre Beziehung mit Murry, die ihr neben dem Schreiben das Wichtigste im Leben war, durch diese Auseinandersetzung verändert: »Der Gedanke an den Tod lässt mich vollkommen kalt. Das war es also. (…) Dahin ist meine kindliche Liebe, dahin mein Wunsch, in England zu leben. Ich sehne mich nicht besonders danach, bei ihm zu leben. Ich würde es gerne tun, wenn es möglich wäre, – aber *keine Opfer, bitte*. Und mich anzulehnen – ›ein reizender kleiner Liebling‹ zu sein – undenkbar.«[680] Am 16. Dezember trifft Murry dennoch in der Casetta Deerholm ein. Er bleibt drei Wochen, erst am 2. Januar reist er zurück. Es gibt viele Gespräche, doch aus der Welt geschafft wird das Zerwürfnis nicht, auch wenn es durchaus vergnügliche Stunden gibt, vor allem bei der gegenseitigen Shakespeare-Lektüre. Katherine träumt sich nun noch weiter in ihre Vergangenheit zurück, und der Gedanke an ein eigenes Kind, das immer treu zu ihr stehen wird, ist mehr denn je präsent. Nur vom perfekten Leben mit Murry – davon träumt sie nicht mehr.

»*Ich habe exotische Blumen in Treibhäusern gesehen,*
die schönsten, die man sich denken kann,
aber sie sagen mir überhaupt nichts.
Unsere einfachen Frühlingsblumen,
die möchte ich wiedersehen!«

(John Keats)

»*Ich wäre gern ein Krokodil – die einzige Kreatur,*
die nicht hustet.«

IX.

Elizabeths Levkojen *oder*
Die Symptomatik bei Schädelbasisbruch

Katherine Mansfield, Tagebuch, Dezember 1920,
Menton, Südfrankreich
»Ich möchte, dass man dies als mein Bekenntnis versteht. Menschliches Leiden ist grenzenlos. Wenn man denkt: ›Jetzt bin ich auf dem tiefsten Grund des Meeres angelangt, tiefer hinunter kann es nicht gehen‹, sinkt man noch tiefer hinab. (…) Ich möchte nicht sterben, ohne meiner Überzeugung Ausdruck gegeben zu haben, dass das Leiden überwunden werden kann. Denn das glaube ich.«[681]

Januar 1920, Casetta Deerholm, Italien
Anfang des Jahres reist Murry zurück nach London. Zurück lässt er eine zutiefst deprimierte Katherine: »Ein Tag in der Hölle. Unfähig, irgendetwas zu unternehmen. Trank Cognac. War entschlossen, nicht zu weinen – weinte. Gefühl der Vereinsamung furchtbar. Ich werde sterben, wenn ich nicht entkommen kann. Übelkeit, Schwäche, fror vor Elend.«[682] Sie will unbedingt weg aus Ospedaletti, dessen Abgeschiedenheit ihr jetzt im Winter enorm zusetzt. Ohnehin rät ihr neuer Arzt, Dr. Foster, dringend zu einer Luftveränderung. Ihre Depressionen seien für eine Heilung nicht förderlich. Zwar hätte sich ihre Lunge leicht erholt, ihr Herz aber sei sehr schwach. Sie brauche absolute Ruhe. Im Grunde sei jeder Spaziergang zu viel für sie – eine Erfahrung, die sie beinahe täglich macht: »Am Nachmittag kroch ich im Garten umher. Ich bin schrecklich schwach und immer am Rande eines Zusammenbruchs.«[683] Doch wohin soll sie gehen? Den Winter in England zu verbringen steht aufgrund der dort herrschenden klimatischen Bedingungen außer Frage. Gleichwohl macht Murry sich nach seiner Rückkehr auf die Insel umgehend wieder auf die Suche nach Landhaus »Heron« – Katherines altem Traum. In seinen Briefen schildert er die langwierige, zumeist enttäuschende Suche, die von wohlmeinenden Freunden tatkräftig unterstützt wird: »Ich bin zu dem Schluss gekommen, dass es völlig sinnlos ist, den Berichten anderer Leute über Häuser zu vertrauen – sie haben einfach keine Ahnung von dem, was wir wollen und brauchen. Ich muss wohl oder übel selbst jedes Wochenende losziehen, mir immer einen anderen Landstrich vornehmen und jedem Hinweis nachgehen, den ich finden kann. Ich bin aber ganz zuversichtlich, dass ich das Richtige finden werde.«[684] Insgeheim ahnt Katherine, dass sie niemals im Haus ihrer Träume leben wird. Statt weiter auf ein Wunder zu hoffen, schreibt sie an Connie Beauchamp und Jinnie Fullerton,

die ihr postwendend eine Einladung für die Villa Flora in Menton, Frankreich, schicken.

Bis zur Abreise ist noch einiges zu tun. Sie arbeitet weiter zusammen mit Kot an den Texten Tschechows und beginnt die Erzählung »Die Blume«. Innerhalb von nur zwei Tagen verfasst sie »Der Mann ohne Temperament« – die Geschichte einer Ehe. Sie erzählt von einem Ehemann, der mit seiner lungenkranken Frau in einem Hotel nächtigt, gemieden von den anderen Gästen und verwirrt vom aufreizenden Zimmermädchen. Vordergründig kümmert er sich schon fast aufdringlich um seine Frau, emotional aber hat er sich bereits distanziert und hadert voll unterdrückter Verzweiflung mit seinem Schicksal. Die kranke Frau ist ihm eine Last; was er tut, tut er aus Verpflichtung, nicht aus Liebe. Zweifelsfrei wird Murry sich darin wiedererkennen, zu überdeutlich sind die Parallelen zu ihrer beider Leben. Doch Katherine kann nicht anders: »Ich überdachte mein Leben, und es wurde alles so lebendig – alles ist verbunden mit dem Gefühl, dass J. und ich nicht mehr sind, wie wir einmal waren. Ich liebe ihn, aber er verschmäht meine *lebendige* Liebe. Das ist Seelenqual. Dies sind die schlimmsten Tage meines ganzen Lebens.«[685] Tage, die sie vor allem mit Shakespeares Hilfe übersteht. Katherine stürzt sich geradezu in seine Dramen, erstellt unzählige Notizen hierzu. Sie hält Rückschau auf ihr Leben und notiert in ihrem Tagebuch, dass sie ihr Leben gerade noch einmal durchlebt, inklusive der traumatischen Erfahrung ihrer Schwangerschaft von Garnet Trowell.[686]

Während Katherine fürchten muss, dass ihre Tage gezählt sind, beginnt für ihren Vater in Neuseeland ein zweites Leben. Am 5. Januar heiratet er in Auckland eine enge Freundin seiner verstorbenen Frau, Laura Kate Bright, genannt Bee. Eine Frau, in der Katherine und ihre Schwestern schon seit Langem eine Art Patentante sehen und mit der die Geschwister all die Jahre in Kontakt waren.

Nachdem die italienische Post in Streik tritt, bleiben in Ospedaletti die täglichen Briefe aus. Ida ist die einzige Person, die Katherine geblieben ist: »Etwas Positives ist da, was ganz nach Liebe zu ihr aussieht. Sie hat mich endlich gegen meinen ganzen Widerstand davon überzeugt, dass sie versucht, alles in ihrer Macht Stehende für mich zu tun – und dass sie sich dem einzigen Gedanken hingibt, welcher ist, dafür zu sorgen, dass ich wieder gesund werde. Jetzt hat sie mich gefüttert, mir geholfen, ist mitten in der Nacht aufgestanden, um mir heiße Milch zu machen und mir die Füße zu reiben, hat mir Blumen gebracht, mich bedient, wie man nicht bedient werden kann, würde man nicht geliebt. Und auch alles still und sanft, und das, nachdem ich sie so angebrüllt und beschimpft hatte. Sie hat mir einfach gezeigt, dass sie es versteht, und ich spüre, dass sie es auch tut. (…) Mein Hass ist völlig verflogen. Leslie [Ida] ist mit uns durch den Sturm gegangen. Jetzt möchte ich, dass sie die Ruhe mit uns teilt.«[687]

Am 21. Januar verlassen die beiden Frauen Ospedaletti mit einem Chauffeur in Richtung Frankreich. Es ist eine beschwerliche Reise quer durchs Hinterland, und dennoch ist Katherine erleichtert: »Ich bin entwischt. (…) Ich bin dieser Hölle der Isolation entronnen – der Einsamkeit & Angst.«[688]

In Menton angekommen erlebt sie jedoch die nächste Enttäuschung. Connie und Jinnie erwarten in der Villa Flora eine zahlende Patientin aus London, die sie nicht mit einer lungenkranken Mitbewohnerin konfrontieren wollen. Sie bringen Katherine deshalb zunächst in der Privatklinik L'Hermitage unter. Ida zieht in ein Privatzimmer in der Stadt. Katherines Enttäuschung legt sich rasch. L'Hermitage ist im Vergleich zur Casetta Deerholm so komfortabel, dass sie sich gar im Himmel wähnt: die großen, lichtdurchfluteten Räume, das viele Personal, Elektrizität und vor allem ihr komfortables Zimmer mit dem großen Bett, in dem sie so wunderbar schläft. Überall weiche Teppiche, frische

Handtücher, alles ruft nach Ruhe und Frieden. Einzig die Mitpatienten könnten ein bisschen weniger krank sein: »Ich bin hier unter Vorspiegelung falscher Tatsachen. Ich bin die einzig Gesunde hier. Als ich den salle à manger [Speisesaal] betrat, spürte ich, wie sich alle Köpfe hoben. (…) Nicht dass diese Leute krank wären. Sie sehen gerade so aus, als wären sie von den Toten auferstanden – aus dem Sarg gestiegen & würden *pour la première fois* [zum ersten Mal] essen.«[689] Auch von den behandelnden Ärzten ist sie äußerst angetan. Doch der Friede währt nicht lange. Aus den kompetenten Doktores werden ein »Esel«, ein »Dummkopf« und ein »Stockfisch«. Auch das Essen lässt ihrer Ansicht nach sehr zu wünschen übrig: »Die Mahlzeiten hier sind entsetzlich. Ich scheine Stunden um Stunden hier zu sitzen, und die Leute sind hässlich. (…) Meine Laune ist so schlecht! Ich weiß, ich bin unausstehlich, und kann es nicht ändern.«[690] Außerdem sei es mit der Ruhe nicht weit her: »Mein Zimmer ist scheußlich. Sehr laut: ein beständiges Geklirr und Geklapper, als hätte es keine Türe. Den Franzosen scheint es gleichgültig zu sein, wie viel Lärm sie machen. Ich kann sie deshalb nicht leiden. Blieb im Bett.«[691]

Murrys Briefe, die nach Beendigung des Poststreiks wieder regelmäßig eintreffen, heitern sie nicht auf. Erneut gibt es Streit ums Geld: »Mein liebster Bogey, Du hast mich furchtbar verletzt – wenn Du nur einen Moment darüber nachdenkst, wirst Du vielleicht begreifen, wie sehr mich Dein ›Wie sieht es mit dem Geld aus?‹ getroffen hat. Habe ich Dir nicht erzählt, welche Auslagen ich hatte, um hierherzukommen? (…) Deshalb bitte ich Dich, 10 Pfund im Monat zu meinen Ausgaben hier beizutragen. Wenn Du das nicht kannst, telegrafiere mir bitte umgehend, denn dann muss ich unverzüglich andere Vorkehrungen treffen. Ich kann keinen Tag länger warten. Es ist so bitter, Dich darum bitten zu müssen – furchtbar bitter.«[692] Katherines Behandlungskosten sind enorm, und eigentlich erwartet sie von

Murry, dass er etwas dazu beisteuert – ohne dass sie ihn darum bitten muss. Sie will nicht über Geld reden, sondern danach gefragt werden, wie sie sich fühlt. Als er ihr unter großem Lamento einen Scheck über 20 Pfund schickt, ist sie so entrüstet, dass sie ihn postwendend zurückschickt. Die langen Trennungen, der die beiden seit Jahren ausgesetzt sind, führen nun immer öfter zu Missverständnissen, Unverständnis und gegenseitigen Vorwürfen. Ihre Leben haben sich auseinanderentwickelt, sie kennen das Leben des anderen nur mehr aus dessen Briefen. Während Murry von Abendeinladungen bei gemeinsamen Freunden berichtet, hat Katherine verständlicherweise nur wenig Amüsantes zu erzählen. Ihre Welt ist überschaubar geworden. Dass sich ihre Briefe zum Teil überschneiden, macht die Sache nicht einfacher. Sich in die Lage des anderen zu versetzen, fällt beiden immer schwerer.

Wenn es allerdings darum geht, sich gemeinsam einem Feind zu stellen, sind sie wie früher Komplizen. Dies zeigt die Feindschaft mit D. H. Lawrence, dessen Texte Murry nicht in *Athenaeum* publizieren will. Der Schriftsteller ist außer sich: »Ich habe Deinen Brief und auch die zurückgesandten Artikel erhalten. Ich zweifle keinen Augenblick daran, dass sie Dir ›nicht gefallen‹ haben. (…) Im Grunde genommen läuft es darauf hinaus, dass Du ein dreckiger kleiner Wurm bist.«[693] Auch Katherine erhält einen bitterbösen Brief von Lawrence, den sie umgehend an Murry weiterleitet: »Lawrence hat mir heute einen Brief geschickt: Er spuckte mir ins Gesicht & bewarf mich mit Schmutz und sagte: ›Ich verabscheue Dich. Du widerst mich an, wie Du in Deiner Schwindsucht dampfst. Die Italiener wollten zu Recht nichts mit Dir zu tun haben‹ und noch eine ganze Menge mehr. Nun beschwöre ich Dich, wenn Du mein Mann bist, hör danach auf, ihn zu verteidigen & ihn in der Zeitung so herauszustreichen. Sei stolz. Im gleichen Brief sagte er, seine endgültige Meinung von Dir sei, Du seist ein ›dreckiger kleiner Wurm‹. Also, sei stolz. Verzeih ihm das nicht, bitte.«[694]

Nachdem Katherine sich im L'Hermitage immer unwohler fühlt, entschließen sich Connie Beauchamp und Jinnie Fullerton Mitte Februar, sie mit Einverständnis der Ärzte in der Villa Flora unterzubringen. Hier entwickelt sich eine enge Freundschaft zwischen den drei Frauen. Vor allem mit der tiefgläubigen Jinnie Fullerton führt Katherine lange Gespräche, die sie überlegen lassen, selbst zum katholischen Glauben zu konvertieren.

Ida, die für Katherines Pflege nicht mehr gebraucht wird, hat unterdessen eine Stelle in einer Klinik in Menton angenommen. Die räumliche Distanz tut ihrem Verhältnis gut, und Katherine schreibt an Ida: »Ich bin furchtbar nervös und gereizt und habe immer Schmerzen – aber ich werde es überstehen – ich brauche Dich und verlasse mich auf Dich – lehne mich an Dich – auch wenn ich Dir dafür weder danken noch etwas schenken kann – ausgenommen meine Liebe. Sie gehört Dir für immer. Katie«[695]

Während in *Athenaeum* weitere Gedichte, Erzählungen und auch neue Tschechow-Übersetzungen erscheinen, trägt sich Katherine mit dem Gedanken, noch einmal eine Sammlung ihrer Kurzgeschichten herauszubringen. Sie bittet Murry, mit ihrem Verleger Grant Richards Kontakt aufzunehmen. Murry rät ihr, es parallel auch beim wesentlich größeren Constable-Verlag zu versuchen, der nicht nur der Verlag von Sir Walter Scott war, sondern auch Bram Stokers *Dracula* herausgebracht hat. Er leitet ihre Texte an beide Verlage weiter. Nach nur wenigen Tagen macht Constable ihr ein Angebot. Zugleich gibt es nun Überlegungen, *In einer deutschen Pension* neu aufzulegen, wogegen sich Katherine vehement wehrt. Die darin enthaltenen Geschichten seien jugendlich schlecht, keineswegs für eine Wiederveröffentlichung geeignet: »Unter keinen Umständen darf ›In einer deutschen Pension‹ neu aufgelegt werden. Das Buch ist viel zu *unreif*, und ich bin heute damit überhaupt nicht mehr einverstanden. Ich meine damit, dass ich nicht dazu ›stehe‹. Es ist mir unmöglich, solches Zeug auf das Publikum loszulassen – *es ist einfach nicht gut genug*.«[696] Ihre bissigen Karikaturen deutschen Spießertums sind weit weg von ihren aktuellen Themen. Murry hält dagegen: »Du bist überempfindlich, wenn es um Deine Arbeit geht. Mach das neue Buch so perfekt wie nur möglich. Aber vergiss dabei nicht, dass Du eine große Schriftstellerin bist. Du bist auf Deine Art ein Klassiker wie Tschechow. Was Du geschrieben hast, hast Du geschrieben. Und es ist einfach lächerlich, so zu tun, als gäbe es in der ›Deutschen Pension‹ irgendetwas, wofür Du Dich schämen müsstest.«[697] Vielfach wird hinter ihrer Weigerung auch die Angst vor den in den 50er Jahren geäußerten Plagiatsvorwürfen gegen ihre Erzählung »Das Kind-das-müde-war« vermutet. Sie selbst sorgt ja gerade dafür, dass Tschechow in Großbritannien mehr und mehr Leser gewinnt, indem sie zusammen mit Kot die Übersetzung von Tschechows Tagebüchern für *Athenaeum* vorbereitet.

Um ihrer aufgewühlten Seele ein wenig Frieden zu geben, schreibt Murry immer wieder über das Landhaus »Heron« und wie es sein wird, darin zu leben. Auch er träumt oft äußerst lebhaft davon: »Du beugst Dich vor, drehst meinen Kopf in Deinen Händen und sagst: Es ist alles in Ordnung, Bogey, Liebling, ich werde ein Baby bekommen. Und ich küsse Dich einfach. Das Zimmer ist so schön, Du bist so schön – sogar ich bin schön; und wir wissen, dass unser Kind noch schöner sein wird, denn all diese Dinge sind in es hineingeflossen. Oh Worm, Liebling, ich könnte Dir noch stundenlang die Bilder meiner Gedanken schildern.«[698] Doch für den Moment bleibt all dies ein Traum. Die Ärzte raten Katherine nicht nur weiter dringend von einer Schwangerschaft ab, sondern auch davor, die Winter in England zu verbringen. Von November bis Mai soll sie sich in einem milderen Klima aufhalten. Dann spräche nichts dagegen, die Monate von Mai bis Oktober in England zu verbringen, gern im »Haus Elephant«, das für Murry während Katherines Abwesenheit viel zu groß und teuer ist. Um die Kosten zu reduzieren und ein wenig Gesellschaft zu haben, nimmt Murry Katherines Cousin Sydney Waterlow als Untermieter auf. Die Wohngemeinschaft mit dem Schriftsteller, Diplomaten und späteren britischen Botschafter in Griechenland ist Murry aufgrund von Sydneys Anhänglichkeit rasch lästig. Seine Idee, »Haus Elephant« zu verlassen und einstweilen irgendwo ein möbliertes kleines Cottage zu mieten, lehnt Katherine kategorisch ab: »Ich bin schon den ganzen Winter über in möblierten Häusern. P.V. ist mein ZUHAUSE. Ich möchte dort mit unseren Sachen sein – unseren Katzen, unseren eigenen kleinen Dingen. ICH KANN NIRGENDWO ANDERS HINGEHEN.«[699]

Während Katherine in Menton weilt, erreichen sie immer öfter Nachrichten von ausgelassenen Partys, die den Rahmen des Üblichen offensichtlich sprengen. Mitte März 1920 erhält sie einen Entschuldigungsbrief ihrer Freundin Dorothy Brett, die sie wegen wilder Gelage um Verzeihung bittet: »Sie erzählte mir alles über die ›Orgien‹ und den ›Alkohol‹ und die Partys usw. Ich wusste es mehr oder weniger schon vorher, aber ich wünschte, sie hätte es bei meinem ›weniger‹ belassen. Ich könnte niemals Teil einer solchen Welt sein, lieber Bogey. (...) Arme Brett! Sie bittet mich, ihr zu verzeihen. Natürlich verzeihe ich ihr – aber sie sollte sich zusammenreißen.«[700] Murry verweist all dies ins Reich der Fantasie. Doch Katherine von der Harmlosigkeit des Ganzen zu überzeugen, gelingt ihm nicht. Denn während Murry seine Zeit jetzt bevorzugt mit den Bloomsburys verbringt und an den Wochenenden nach Garsington Manor reist, wo er unter anderem die exzentrische Schriftstellerin Edith Sittwell kennenlernt, mag Katherine es nun beschaulicher. Sie freundet sich mit dem wohlhabenden englischen Ehepaar Sydney und Violet Schiff an, die in Roquebrune-Cap-Martin zwischen Monaco und Menton ein Sommerhaus, die Villa Violet, haben. Die Schiffs stammen aus begüterten, kulturbegeisterten Elternhäusern, in denen man Kontakte mit Oscar Wilde, Giacomo Puccini und Enrico Caruso pflegte. Sydney selbst veröffentlicht unter dem Pseudonym Stephen Hudson durchaus erfolgreich Romane. Das Paar pendelt zwischen England und Südfrankreich und ist eng befreundet mit T. S. Eliot, Wyndham Lewis und Marcel Proust. Anfang April luncht Katherine zum ersten Mal mit den beiden, Sydney holt sie mit dem Wagen ab: »Er schien völlig erschüttert von meinem Anblick zu sein. Ich weiß nicht, was er erwartet hatte. Er sagte nur immer wieder: ›Setzen Sie sich doch, ich beschwöre Sie. Bitte verzeihen Sie, dass ich gedacht habe, Sie könnten mit der Straßenbahn fahren.‹ Ich wünschte, die Leute würden nicht immer erwarten, dass ich kurz vor dem Sterben bin. Das nervt.«[701]

Dabei empfindet sie die Schiffs als so angenehme Gesellschafter, dass sie bereits am 14. April zu einer Abendparty der beiden geht. Dass Sydney Schiff unter seinem Pseudonym Stephen Hudson mit *Richard Kurt* einen Roman veröffentlicht hat, den sie erst vor fünf Monaten für *Athenaeum* eher durchwachsen rezensiert hat, erfährt sie erst später. Im nächsten halben Jahr ist das kultivierte Ehepaar eine feste Größe in Katherines Leben: »Mr Schiff ist für mich, was meine Literatur anbelangt, so etwas wie ein guter Geist. Er kümmert sich so perfekt und so liebevoll um mich, und Violet Schiff erschien mir das letzte Mal noch schöner und faszinierender als zuvor ... Ihr Haus ist für mich ein Haus, in dem Liebende wohnen. Er liebt sie über alles ... Sie sind so real und lieb und wertvoll für mich, und sie verstehen meine Arbeit.«[702] Ende des Jahres allerdings sind auch die beiden »leicht grotesk«, »hektisch und arrogant«.[703]

Sie unternimmt nun manchmal auch kleine Ausfahrten entlang der Côte d'Azur, besucht Nizza und lässt sich treiben. Zugleich weigert sie sich strikt, »Je ne parle pas français« für die Buchveröffentlichung zu überarbeiten. Michael Sadleir, ihr Herausgeber beim Constable-Verlag, will, dass sie Carcos zynische Überlegungen über Liebe und Sex entschärft. Murry springt ihr bei, kennt er Sadleir doch persönlich aus der Zeit der Gründung von *Rhythm*. Am 20. April 1920 erscheint in *Athenaeum* eine hymnische Besprechung dieser Erzählung. Virginia Woolf schreibt dazu in ihr Tagebuch: »Außerdem bekomme ich fürchterliche Zuckungen, wenn ich die Lobeshymne über K.M. im Athenaeum lese. Vier Dichter wurden ausgewählt; sie ist darunter. Natürlich trifft Murry die Wahl.«[704] Eingedenk der Tatsache, wie dringend sie den Vorschuss von 40 Pfund braucht, erklärt Katherine sich dann doch bereit, einige der vom Verlag gewünschten Änderungen vorzunehmen. Was heute längst rekonstruiert und im Original den Lesern zugänglich ist, gilt 1920 als unzumutbar.

Am 28. April 1920 fährt Katherine zurück nach London. »Haus Elephant« hat sie wieder. Die Nachricht von ihrer Rückkehr verbreitet sich rasch, auch Virginia Woolf erfährt davon: »Aus Spaß spiele ich das dämliche Spiel – wer tut den ersten Schritt: Ich weiß jetzt schon, dass es möglicherweise Murry sein wird –, wenn nicht, werden wir uns in den nächsten ein oder zwei Jahren nicht sehen.«[705] Tatsächlich nimmt Murry Mitte Mai Kontakt mit Virginia Woolf auf und bittet sie, etwas für *Athenaeum* zu schreiben. Und Katherine? »Noch kein Wort davon, dass K[atherine] mich sehen will«, notiert Virginia in ihr Tagebuch.[706] Erst nachdem sie ihr mehrmals geschrieben hat, erhält sie am 25. Mai endlich die ersehnte Einladung: »Liebe Virginia. Es ist sehr freundlich von Dir, dass Du mir eine Karte geschrieben hast. Ja, ich bin wieder in England und bleibe bis August. Ich würde mich sehr freuen, wenn Du mich einmal nachmittags besuchen kämst, ich bin jedoch *sehr* langweilig geworden.«[707] Virginia zeigt sich irritiert: »Was soll das heißen – *sie* verletzt durch *mich*? Jedenfalls gehe ich Freitag hin, um das zu klären, falls man sich das nicht verbittet, was immer sein kann.«[708] Andere treffen Katherine früher, darunter T. S. Eliot und seine Frau Vivian, die am 12. Mai zum Dinner geladen sind. Die Atmosphäre ist angespannt. Katherine kann Vivian nicht ausstehen, was sie unmissverständlich für die Nachwelt festhält: »Die Elliots [sic] waren heute bei uns zum Abendessen. Gerade sind sie gegangen – und das ganze Zimmer bebt. John ist nach unten gegangen, um sie hinauszubringen. Mrs E.'s Stimme schwillt an: ›Oh, bedauere Tom nicht; er ist ganz glücklich.‹ Ich weiß, es ist extravagant; aber ich kann sie auf den Tod nicht ausstehen. Sie stößt mich wirklich ab. Bei ihr zittere ich vor Befangenheit … Ich wage nicht, daran zu denken, was sie ›sieht‹. Von dem Augenblick an, als John einen Löffel fallen ließ & sie rief: ›Du bist heute aber laut – was ist denn los‹ – bis zu dem Augenblick, als sie in mein Zimmer kam & sich aufs Sofa legte und träge dahinsagte: ›Das Zimmer hat sich verändert, seit ich das letzte Mal hier war.‹ Ich reichte ihr die Zigaretten und sagte bei mir: ›Na, du wirst es nicht noch einmal verändert finden.‹ (…) Ich mag Elliot [sic] so gern (…) Aber diese Teestubenfrau.«[709] T. S. Eliot beäugt Katherine seinerseits ebenfalls misstrauisch, wie er Ezra Pound gegenüber zugibt: »Ich halte sie für eine gefährliche FRAU; und natürlich sind zwei Sentimentalisten [Katherine und Murry] zusammen doppelt so schädlich wie einer.«[710] Katherine und T. S. Eliot haben sich im Dezember 1916 auf Garsington Manor kennengelernt. Sie sind nicht nur gleich alt, sondern auch beide Emigranten aus ehemaligen britischen Kolonien: Katherine aus Neuseeland und Eliot aus den USA. Als Außenseiter innerhalb der britischen Kulturelite hätte ihnen eine große Freundschaft blühen können, hätten nicht die gegenseitigen Animositäten stets überwogen. Bereits 1917 hatte Eliot Katherine in seiner einzigen Kurzgeschichte »Eeldrop and Appleplex« als Scheherazade alias Edith karikiert: »Ich sage, sie ist keine tragische Figur: Sie ist zu vernünftig. In ihrer Karriere gibt es keine Entwicklung, keinen Verfall oder Niedergang. Ihr Zustand ist einmalig und für immer. Es gibt und wird keine Katastrophe geben.«[711] Die Beschreibung von Ediths kurzer Ehe klingt stark nach Katherine: »Sie heiratete nach einer zwölfstündigen Bekanntschaft einen berühmten Billardprofi in San Francisco, lebte zwei Tage lang mit ihm zusammen, trat einem Musical-Comedy-Chor bei und wurde in Nevada geschieden.«[712]

Ende Mai erscheint endlich auch Virginia Woolf und hält später in ihrem Tagebuch fest: »Anfangs eine permanente, verwirrende Förmlichkeit & Kälte. Erkundigungen nach dem Haus & so weiter. Keine Freude oder Aufgeregtheit, als sie mich sah. Mir fiel auf, dass sie die Art einer Katze hat: fremd, gelassen, immer allein & wachsam. Und dann sprachen wir über Einsamkeit & ich entdeckte, dass sie meine Gefühle ausspracht, wie ich es noch nie erlebt hatte. Woraufhin wir in Gleichschritt verfielen & uns unterhielten wie immer, so mühelos, als seien die 8 Monate nur Minuten gewesen. (...) Eine seltsame Wirkung geht von ihr aus, wie von jemandem, der für sich ist, völlig egozentrisch; ganz und gar auf ihre ›Kunst‹ konzentriert.«[713] Wieder einmal muss Virginia konstatieren, wie ähnlich sie einander doch sind. Katherine ist einer der wenigen Menschen, mit denen Virginia nicht nur über ihre Kunst absolut offen sprechen, sondern auch jene von ihr so geschätzten »unbezahlbaren Gespräche« führen kann, die sonst nur mit Leonard Woolf möglich sind: »Unbezahlbar in dem Sinne, dass ich mit niemandem sonst derart schwerelos über das Schreiben sprechen kann, ohne meine Gedanken mehr abändern zu müssen als hier beim Tagebuchschreiben.«[714] Dass beide sich für russische Literatur interessieren, sich thematisch oftmals mit der versteckten Dynamik innerhalb von Familien beschäftigen und versuchen, ihre Sozialstudien auf eine neue Art mit hohem Tempo und vielen Auslassungen zu verfassen, verbindet die beiden, wie Virginia längst festgestellt hat, ebenso wie ihre Beobachterrolle: »Was für ein sonderbares Schicksal das ist – immer der Beobachter des Publikums zu sein, nie Teil von ihm. Das ist zum Teil der Grund, warum ich K. M. jede Woche in Hampstead besuchen gehe, denn dort jedenfalls geben wir ein Publikum von zweien ab.«[715]

Neben diversen Rezensionen erscheint im Juni 1920 in *Athenaeum* auch Katherines Erzählung »Enthüllungen«, über die unsichere und einsame Monika, die am Ende doch nur genauso ichbezogen ist wie ihr Mann und es nicht schafft, ihr Leben zu verändern. Eines der Bücher, die Katherine in diesem Sommer rezensiert, ist *Elizabeth und ihr deutscher Garten* aus der Feder ihrer Cousine Elizabeth von Arnim. Die kündigt daraufhin ihren Besuch in »Haus Elephant« an: »Tausend Teufel treiben Elizabeth ohne ihren deutschen Garten morgen zum Tee hierher, bevor sie wieder ins Ausland geht, in ihr Schweizer Chalet. Ich hoffe, sie bleibt höchstens eine halbe Stunde – oh, sie wird so eine Ausgeburt von Künstlichkeit sein, aber ich kann sie nicht wieder ausladen.«[716] Zu ihrer Überraschung verstehen sich die beiden Frauen blendend und vereinbaren, weiterhin in Kontakt zu bleiben.

Am 6. August 1920 erscheint Katherines letzte in England verfasste Short Story »Bankfeiertag« in *Athenaeum*. So richtig darüber freuen kann sie sich nicht. Die sich seit Monaten anbahnende Beziehung zwischen Murry und Dorothy Brett intensiviert sich stetig, ohne dass Katherine etwas dagegen tun kann: »Ich muss Dr. Sorapure fragen, wie man einen Schädelbasisbruch behandelt, und welches die Symptome sind«, schreibt sie entnervt in ihr Tagebuch.[717] Dass die Beziehung der beiden rein platonisch ist, ahnt Katherine, die Brett gut kennt. Erst nach ihrem Tod werden Murry und Brett zum ersten Mal miteinander schlafen. Für Brett wird es der erste Sex ihres Lebens sein, wie sie ihrem Tagebuch anvertraut, das sie in Briefform an die da schon verstorbene Katherine schreibt: »Liebste Tig, zum ersten Mal in meinem Leben habe ich mit einem Mann geschlafen, und dieser Mann war Deiner. (…) Warst Du verletzt? Warst Du wütend oder nur traurig darüber, dass wir keinen anderen Ausweg finden konnten?«[718] Umso empörter wird Brett allerdings sein, als sie feststellt, dass Murry sich schon wenige Wochen später in eine leidenschaftliche Affäre mit Frieda Lawrence stürzt.

Zwischen Katherine und Murry herrscht wie immer, wenn sie längere Zeit zusammen sind, Kleinkrieg, der in Kombination mit ihrem schlechten gesundheitlichen Zustand an ihren Nerven zerrt: »Ich huste und huste, und bei jedem Atemzug hört man ein ziehendes, brodelndes, kochendes Geräusch. Ich habe das Gefühl, als ob mein ganzer Brustkorb kocht. (…) Und J. schweigt, hängt den Kopf, vergräbt das Gesicht in den Händen, *als ob* es unerträglich wäre. ›Dass sie mir so was antut! Jedes neue Geräusch zerrt an *meinen* Nerven.‹ (…) Was für ein Schicksal, so selbstbezogen zu sein. Was für ein grässliches Schicksal! In solchen Zeiten fühle ich, dass ich bei ihm nie gesund werden könnte. Es ist, als wäre einem eine Kanonenkugel an die Füße gekettet, während man versucht, nicht zu ertrinken.«[719]

Zu allem Übel offenbart Murry ihr nun seine Überlegungen, nach ihrer Abreise nach Europa am Winteranfang »Haus Elephant« endgültig zu verlassen und den Winter über bei Brett zu wohnen: »Man denkt immer, der letzte Schlag, den man erlebt hat, sei der schlimmste gewesen. Aber dieser Schock ist ganz anders als alle, die ich bisher erlitten habe. Der Mangel an Feingefühl, mir gegenüber – die Selbstsucht, die sich darin ausdrückt, verblüfft mich. (...) All dies zu einem solchen Zeitpunkt zu planen, und dann bei meiner Rückkehr *die ersten Worte:* Ich müsse nett sein zu D. Wie ekelhaft unanständig! Es widert mich einfach zutiefst an.«[720] Angesichts dieser Entwicklung drängt es Katherine geradezu, England wieder zu verlassen. Am 25. August kommt Virginia Woolf zu einem Abschiedsbesuch und ist hin- und hergerissen: »Der Himmel weiß, wann wir uns wiedersehen. Diese Abschiede sind, wie wenn man sich zwickt, um sicherzugehen, dass man etwas fühlt. Fühle ich es stark genug, wie ich müsste? Bin ich herzlos? (...) Wir haben vor, uns zu schreiben – Sie schickt mir ihr Tagebuch. Werden wir uns schreiben? Wird sie es tun? Wenn es nach mir ginge, würde ich schreiben; weil ich die Einfachere, die Direktere von uns bin. (...) Seltsam, wie wenig man seine Freunde kennt.«[721] Sie hat Angst um Katherine, die jedes Mal, wenn sie sich wiedersehen, ein klein wenig kränker ist. An Rupert Brookes ehemalige Verlobte Ka Cox schreibt sie: »Ich habe, was sie betrifft, ein ziemlich düsteres Gefühl. Dir war sie, glaube ich, zu angemalt und affektiert für Deinen eher spartanischen Geschmack. Aber unter der Oberfläche ist sie alles mögliche Interessante und hat eine Leidenschaft fürs Schreiben, so dass wir religiöse Zusammenkünfte abhalten, bei denen wir Shakespeare preisen.«[722]

Schon am 13. September ist Katherine zurück in Menton. Im Gepäck hat sie vor allem Bücher: *Robinson Crusoe*, *Die Pilgerreise*, Coleridges *Biographia Literaria*, Vorlesungen über Shakespeare, Jane Austen und Chaucers *Canterbury Tales* – und Ida: »Ich habe das Gefühl, dass sie nie auch nur für den Bruchteil einer Sekunde nicht aufpasst. Wenn ich seufze, weiß ich, dass sie den Kopf hebt. Ich weiß, dass die ernsten großen Augen sich feierlich auf mich richten und fragen: Warum hast du geseufzt? (...) Es gibt kein Entkommen. Die ganze Nacht: ein leises Rascheln, ein unterdrücktes Husten, und ihre sanfte Stimme fragt: ›Hast du etwas gesagt? Kann ich etwas für dich tun?‹«[723]

Die beiden Frauen ziehen in die Villa Isola Bella, an den Rand des großen Gartens von Connie Beauchamps neuem Anwesen. Zu gern würde Katherine dauerhaft hier wohnen, weshalb sie den Freundinnen das Angebot für eine langfristige Miete von einem Jahr macht. Und wie immer bei etwas räumlicher Distanz ist auch Murry Teil ihres Vorhabens. Umgehend schreibt sie ihm, wie schön sie beide es hier hätten.

Doch der hat ganz andere Sorgen. Katherines alter polnischer Liebhaber Floryan Sobieniowski ist urplötzlich in London aufgetaucht. Er hat Liebesbriefe von Katherine im Gepäck, die er ihr für 40 Pfund, heute umgerechnet etwa 3000 Pfund, überlassen würde. Katherine schreibt an Murry: »Es stimmt, er ist im Besitz von Briefen, die ich während meiner Bekanntschaft mit ihm geschrieben habe und für die ich jedes Geld bezahlen würde, um sie zurückzubekommen. Er würde nie aufhören, mir damit zu drohen.«[724] Sie fackelt nicht lange, leiht sich 40 Pfund von Ida und bittet Murry, sich mit Sobieniowski in einer Anwaltskanzlei zu treffen. Dort soll er die Briefe gegen eine eidesstattliche Versicherung, dass dies alle seien, entgegennehmen. Anschließend soll er sie verbrennen. Dies tut er allerdings nicht, sondern schickt sie Wochen später an Katherine nach Südfrankreich, wo sie sie vermutlich selbst vernichtet. Ob Murry sie gelesen hat, wer weiß? Was genau der Inhalt dieser von Katherine so gefürchteten Briefe ist, wird nie bekannt – auch nicht, ob sie eventuelle Hinweise auf ein von Katherine geplantes Tschechow-Plagiat enthalten. Mit der Bezahlung dieser Forderung ist der gesamte Vorschuss von Constable auf ihr Buch aufgebraucht. Nun bleiben ihr nur die 10 Pfund, die sie pro Rezension von *Athenaeum* erhält, und die Überweisungen ihres Vaters. Sie schreibt wie getrieben und ist zusätzlich genervt von Murrys Liaison mit Brett. Dass sowohl ihr Mann als auch die Freundin sie beständig über alles informieren, ist ihr unerträglich: »Der Blick unter Dein Hemd und die Drohung, streng mit Dir zu sein – ich kann nicht sagen, wie abscheulich das für mich war! Ich fühlte eine heftige körperliche Übelkeit. Und die krankhaften Briefe, die sie mir schickt. Ihr scheint nichts anderes zu tun, als Tennis zu spielen, Tennis zu träumen, die Bälle zu fressen und die Schlägersaiten zu kauen. Ich kann darauf nicht antworten. Ich ›erschaudere‹ – aber Bogey, bitte lass sie nicht an Dich heran.«[725]

Am 14. Oktober wird Katherine Mansfield 32 Jahre alt. Zum ersten Mal, seit sie sich kennen, vergisst Murry ihren Geburtstag. Müde und schlapp durch die Injektionen, die ihr Dr. Bouchage, ihr neuer Arzt hier in Menton, verabreicht, verbringt sie diesen Tag. Immerhin scheint sich ihr Zustand, auch dank der Injektionen, zu stabilisieren.

Im November akzeptiert Jinnie Fullerton Katherines Angebot, die Villa Isola Bella für ein Jahr zu mieten. Die ist selig und schreibt an Murry: »Vielleicht weißt Du nicht, dass meine Gefühle dieser Villa gegenüber so fürchterlich intensiv sind, dass ich glaubte, man muss mich hinauswerfen, wenn sie sie mir nicht gibt. Es ist das erste richtige eigene Zuhause, das ich je geliebt habe. (...) Dieses kleine Haus ist und wird für mich wohl immer das absolute Haus sein. Mein Herz schlägt danach, wie es für Karori schlägt. Es ist in jeder kleinen Einzelheit für uns gemacht.«[726] Nachdem sie nun weiß, dass sie bleiben kann, macht sie sich mit Feuereifer ans Schreiben: »Der Fremde«, »Miss Brill«, »Gift« und »Die Töchter des verstorbenen Colonels« entstehen. Letztere muss Ida, die darin porträtiert wird, noch in der Nacht ihrer Fertigstellung lesen. Am 25. November erscheint in *Athenaeum* eine vernichtende Kritik über D. H. Lawrence' neustes Werk *Das verlorene Mädchen*. Katherine kann sich diesem Urteil nur anschließen: »Lawrence verleugnet seine Menschlichkeit. Er verleugnet die Macht der Phantasie. Er leugnet das Leben – ich meine das menschliche Leben. Sein Held und seine

Heldin sind nicht menschlich. Sie sind Tiere auf der Jagd. Sie fühlen nicht: Sie sprechen kaum. Es gibt keinen einzigen bemerkenswerten Dialog. Sie geben sich ihrer körperlichen Reaktion hin und bleiben ansonsten verhüllt, blind – gesichtslos, geistlos. Dies ist die Philosophie der Geistlosigkeit.«[727] Jahre später wird die Literaturgeschichte in ihr das unbestreitbare Vorbild für die Romanheldin Alvina erkennen.[728] In diesem Monat erscheinen ihre letzten Rezensionen. Dr. Bouchage rät ihr dazu, diese Arbeit aufzugeben. Sie muss sich schonen, Termindruck ist nichts mehr für sie.

Am 2. Dezember 1920 erscheint ihr zweiter Erzählband *Bliss and Other Stories*. Er wird bei Constable publiziert und erhält viel Aufmerksamkeit. In einem Brief an Murry hebt H. G. Wells vor allem »Prelude« hervor. Katherine hingegen hadert damit, wie der Verlag das Buch bewirbt, ist weder vom Klappentext noch vom Cover wirklich begeistert. Zudem bereut sie die an den Texten vorgenommenen Änderungen. Harsche Kritik am Buch kommt, wie sollte es anders sein, aus den Reihen der Bloomsbury Group, die nur selten ein gutes Haar an ihresgleichen lässt. Virginia Woolf schreibt, ganz eifersüchtige kongeniale Schriftstellerin, in ihr Tagebuch: »Ich war froh zu hören, dass K. neulich Abend heruntergemacht wurde. Und warum? Teils, weil ich das undeutliche Gefühl habe, dass sie Reklame für sich macht; oder Murry sie für sie macht; & außerdem sind ihre Erzählungen im Athenaeum wirklich schlecht; doch im Grunde meines Herzens muss ich sie für gut halten, da ich mich freue, wenn man sie heruntermacht.«[729] Erst als Katherines Buch in der britischen Literaturzeitschrift *Times Literary Supplement* (TLS) gelobt wird, kann Virginia sich dazu durchringen, ihr zu gratulieren: »Meine Eifersucht auf Katherine habe ich ausgerupft, indem ich ihr einen unaufrichtigen-aufrichtigen Brief geschrieben habe. Eine Spalte Lob für ihre Bücher im TLS – der Auftakt zukünftiger Lobgesänge. Ich sehe schon die Auflagen; dann den Hawthorndon-Preis nächsten Sommer. Da ist dieses quälende Pflänzchen in mir gewachsen & ich habe es wie gesagt ausgerupft. Irgendwie empfinde ich wieder Zuneigung zu ihr, & es macht mir nichts aus, ja ich freue mich darüber. Aber ich habe ihr Buch nicht gelesen. Mein Buch halte ich für ziemlich gut.« [730]

Währenddessen schreibt Katherine an Murry, dass sie nicht mehr nach England zurückkehren möchte, sondern am liebsten mit ihm zusammen hier im Süden leben will. Sie ahnt ja nicht, was sich gerade über ihr zusammenbraut. Ganz London spricht bald von nichts anderem mehr als vom Bibesco-Skandal. Katherine erfährt es von Murry höchstpersönlich. Er hat eine leidenschaftliche Affäre mit der 23-jährigen Elizabeth Bibesco, Tochter des ehemaligen britischen Premierministers H. H. Asquith und seiner Frau Margot, einer engen Freundin der Bloomsbury Group. Elizabeth war schon als Schulmädchen eine höchst emanzipierte Erscheinung mit besten Kontakten zu Politik und Kultur. Bekannt als Schauspielerin und Literatin, gehört sie zur britischen High Society und ist seit Kurzem mit dem rumänischen Prinzen Antoine Bibesco verheiratet. Die Hochzeit mit dem ranghohen Diplomaten in Westminster Abbey war dank Gästen wie Queen Mary und Bernard Shaw *das* gesellschaftliche Ereignis des Jahres 1919. Ein Jahr später kam ihr einziges gemeinsames Kind zur Welt, was Prinz Antoine jedoch nicht davon abgehalten hatte, seinem Ruf als legendärer Frauenheld treu zu bleiben. Einer seiner engsten Freunde ist Marcel Proust, dem er als Vorbild für die Figur des Robert de Saint-Loup in *Eine Liebe Swanns* aus *Auf der Suche nach der verlorenen Zeit* dient. Proust ist auch von Elizabeth sehr angetan und im Übrigen der Ansicht, dass sie »wahrscheinlich von keinem ihrer Zeitgenossen an Intelligenz übertroffen wurde«.[731]

Zusammen mit ihrem Mann lebt Elizabeth in Paris, wo er

aufgewachsen ist. Seine Mutter Lena Bibesco gilt als eine der größten Pianistinnen des 19. Jahrhunderts und hat in Paris einen berühmten Salon, in dem Liszt, Wagner, Debussy und viele andere ein und aus gingen. Auch Katherine kennt Elizabeth Bibesco persönlich, hatte die ihr doch einen ihrer Texte zu lesen gegeben. Umso geschockter ist sie nun, dass nicht länger Brett, sondern eine außergewöhnliche junge Frau, die ihr gegenüber keinerlei Skrupel hegt, Murrys Aufmerksamkeit auf sich gezogen hat. Wütend telegrafiert sie an ihren Mann: »Hör auf, mich mit diesen verlogenen, dämlichen Briefen zu quälen. Sei endlich ein Mann, oder schreib mir nicht.«[732] Er sei frei, zu tun, was immer ihm beliebe: »Ich sagte Dir, Du solltest frei sein – weil ich es meinte. Was in Deinem Privatleben geschieht, betrifft mich nicht. Ich habe von Dir, was ich brauche – ein Verhältnis, das einzigartig, aber nicht das ist, was die Welt unter einer Ehe versteht. (…) Ich lebe von meinem Privatleben zurückgezogen. (Es ist schwierig zu sagen.) Zuallererst bin ich Schriftstellerin. (…) Können wir dieses scheußliche Drama nicht beenden! Ich finde es grässlich, mich erklären zu müssen: Es ist mir so unnatürlich.«[733] Doch diesmal muss sie sich nicht nur mit Murry auseinandersetzen, sondern auch mit einer zu allem entschlossenen Frau, die den Geliebten nicht kampflos aufzugeben gedenkt; die ihr in einem Brief vorwirft, Murry an sich zu binden. Sie sei eine kranke Frau, die weit weg in Frankreich lebe und ihm nichts als Kummer mache. Katherine ist außer sich: »Ich bin von diesen ›Briefen‹ vergiftet worden. Wie *kann* er jemanden kennen, der mir, der uns so fremd ist? Sie nicht nur kennen, sondern schätzen und verehren?«[734] Sie ist so empört, dass es Murry angst und bange wird. Er reist umgehend nach Menton. Am 20. Dezember trifft er dort ein. Es folgen hitzige Diskussionen, die nicht nur Katherine völlig erschöpfen. Immer mehr erlangt sie die Erkenntnis, dass man wohl nur Tschechow und Dr. Sorapure wirklich vertrauen kann: tot der eine, weit weg der andere.

Ihr Fazit dieses Jahres ist ein trauriges. Dennoch blickt sie mit Würde und Hoffnung auf 1921: »Alles im Leben, was wir wirklich annehmen, verwandelt sich. So muss Leiden zu Liebe werden. Das ist das Geheimnis. Das muss ich tun. Über die persönliche Liebe, die mich enttäuscht hat, muss ich zu größerer Liebe gelangen. Ich muss dem Leben als Ganzem geben, was ich ihm gegeben habe. Die gegenwärtige Qual wird vorübergehen – wenn sie nicht tötet. (...) Es ist, als ob sich ein entsetzlicher Unfall ereignet hätte. Wenn ich einmal so weit bin, dass ich den Schock und den Schrecken nicht ständig aufs Neue erlebe, dann werde ich stärker.«[735] Am Ende beschließen Katherine und Murry, zusammenzubleiben und ihre räumliche Trennung, die sie für ihre Schwierigkeiten verantwortlich machen, zu beenden. Dies bedeutet letztlich, dass Murry seine Herausgebertätigkeit für *Athenaeum* einstellen muss. Am 11. Januar 1921 reist er nach London zurück, um alles Notwendige in die Wege zu leiten. Und auch um seine Affären will er sich kümmern. Anfang April will er wieder in der Villa Isola Bella sein: »Ich reise ab, mit absolutem Frieden in meinem Herzen und dem sicheren Wissen, dass ich Dich mehr, viel mehr als je zuvor, liebe. Trotz all ihrer Schrecken waren diese drei Wochen ein Vorgeschmack auf die eigentliche Harmonie, die zwischen uns herrschen kann. Ich habe keine Angst vor irgendetwas – vor absolut gar nichts.«[736] Am 14. Januar 1921 erscheint zu Katherines Überraschung eine Erzählung von Elizabeth Bibesco in *Athenaeum*.

Fünf Tage später ruft Katherines schlechter Gesundheitszustand Murry kurzfristig zurück nach Frankreich. Das Land ist Katherine, wie sie an Ottoline schreibt, mittlerweile ebenso verhasst wie seine Bewohner: »Ich habe vor, die Riviera so schnell als möglich zu verlassen. Ich habe eine furchtbare Abneigung gegen sie und die Franzosen. Das ganze Leben hier ist so armselig. Alles dreht sich um Geld. Alles ist Geld. Wenn ich Balzac lese, empfinde ich so eine seltsame Verärgerung, weil seiner Meinung nach das ganze Leben auf Geld beruht. Aber er hat recht. Für die Franzosen ist das so. Ich wünschte, die scheußliche alte Riviera würde ins Meer stürzen. Sie ist wie ein Museum, bei dem jede Sonderausstellung einen weiteren Sixpence kostet. Dabei habe ich weiß Gott was bezahlt, um hierherzukommen.«[737]

Nach England will sie jedoch auch nicht mehr zurück. Nur schreiben will sie, schreiben, bis jeder Satz die richtige Länge und den richtigen Sound hat: »Für mich sind Leben und Arbeit untrennbar. Nur wenn ich dem Leben gegenüber wahrhaftig bin, kann ich in der Kunst wahrhaftig sein.«[738]

Nachdem es Katherine wieder besser geht, reist Murry zurück nach England. Am 11. Februar erscheint die letzte Ausgabe von *Athenaeum*. Dann wird seine Zeitschrift von *The Nation* übernommen. Am Abend dieses für ihn sehr emotionalen Tages ist er Gastgeber eines Farewell-Dinners am Gordon Square 46, einem der Hauptsitze der Bloomsbury Group. Alle, die in den letzten Jahren mit *Athenaeum* verbunden waren, sind da, allen voran die Bloomsburys: Virginia Woolf, Clive Bell, Lytton Strachey, Roger Fry. Virginia hat die Ehre, während des Essens neben dem Gastgeber zu sitzen, und erkundigt sich im Laufe des Abends auch nach Katherine, was, wie sie später berichtet, bei Murry zu einem Gefühlsausbruch führt: »Ich hatte einfach nicht genug Phantasie‹, sagte er. ›Ich habe das nie gesehen. Ich hätte es verstehen müssen. Ich dachte immer, jeder könnte tun und lassen, was er will. Aber sie war krank & das war der entscheidende Unterschied. Und die ganze Geschichte war belanglos – völlig belanglos.‹ Ohne Namen zu nennen bezog er sich natürlich auf den Bibesco-Skandal, der, wie es heißt, in London in aller Munde ist. ›Und ich bete Katherine an – Sie ist eindeutig der faszinierendste Mensch auf Erden – Ich bin vollkommen verliebt in sie.‹ Offenbar geht es ihr wieder schlechter – ob sie stirbt?«[739] Virginia hat durchaus Verständnis für Murry und seine Situation. Der Rest des Abends verläuft in typischer Bloomsbury-Manier: viel Intelligenz, Literatur und Intellektualität gepaart mit herzlosen Lästereien, heimlichen Affären, jeder Menge Boshaftigkeit und einer Virginia, die Clive Bells neue Eroberung »dumm wie eine perlenbesetzte Krawattennadel« findet. »Wegen meines mir angeborenen guten Geschmacks finde ich es in der Nummer 46 immer etwas zu laut und zu grell & es war mir ganz recht, dass wir noch den letzten Zug nach Hause bekamen.«[740] Murry bittet Virginia an diesem Abend, an Katherine zu schreiben, was diese umgehend tut. Dabei fragt sie die Freundin, ob auch sie von Eifersucht auf Frauen geplagt ist, die ähnlich gut schreiben können wie sie selbst: »Der Teufel hole diese Katherine! Wieso kann ich nicht die einzige Frau sein, die schreiben kann?«[741]

Am 20. Februar 1921 erscheint Katherines neuer Erzählband in den USA. Er ist ein großer Erfolg auf dem englischsprachigen Buchmarkt, was nicht jedem gefällt. D. H. Lawrence schreibt Mary Cannan einen Brief, in dem er seiner Verärgerung über die Murrys Luft macht: »*Nation* behauptet, K[atherine]s Buch sei das beste Kurzgeschichtenbuch, das je geschrieben worden sei. Spuck sie für mich an, wenn Du sie siehst, sie ist eine Lügnerin durch und durch … Ungeziefer, alle beide. Hüte Dich vor ihnen.«[742] Und auch Kot erhält einen Brief von Lawrence, darin kommentiert er zynisch den Untergang von *Athenaeum*: »Ich habe erfahren, dass *Athenaeum* 5000 Pfund unter unserem Freund, dem Schlammwurm, verloren hat. (…) Wie ich höre, ist – oder war – er mit K. an der Riviera, die den letzten Versuch unternimmt, sich den Leuten aufzudrängen. (…) Zwei Schlammwürmer sind sie, die sich gegenseitig die Bäuche pinseln.«[743]

Ende Februar kehrt Murry in die Villa Isola Bella zurück, und

Ida fährt nach London, um den Auszug aus »Haus Elephant« zu organisieren. Am 11. März wird Katherine im Krankenhaus von Menton im Nacken eine Drüse punktiert. Eiter wird entfernt. Eine Prozedur, die sich in den nächsten Monaten mehrfach wiederholen wird. Dass Murry ihr bei seiner monatlichen Abrechnung die Fahrkosten zu diesen Terminen in Rechnung stellt, macht sie fassungslos: »Es ist schrecklich von mir, das auszuplaudern. Aber ich kann es nicht fassen, dass ein Mann für seine Ehefrau nicht einmal die Fahrkosten zum Arzt bezahlt! Ist das nicht ein Skandal? Oder erwarte ich zu viel? Ich bin zutiefst erschüttert. Ich glaube, das ist das Kleinlichste, was ich jemals erlebt habe. Es geht dabei ja weniger um die Sache als ums Feingefühl. Wenn man in Ohnmacht fiele, würde er vermutlich 3 Pence für ein 6-Pence-Glas Sal Volatile und 1 Pence für das Glas verlangen. Er übertrifft sogar noch meinen Vater.«[744] Sie muss erneut das Bett hüten und überlegt, ob nicht ein Umzug in die Schweiz das Richtige wäre. Ida fehlt ihr, und es gehen zahlreiche Briefe an die Freundin in London ab. Darin gesteht Katherine, wie wenig sie tatsächlich mit Murrys Affären zurechtkommt. Vor allem Elizabeth Bibesco zerrt weiterhin an ihren Nerven. Die hat sich keineswegs wie erhofft zurückgezogen, sondern schreibt Murry ungeniert weiter, auch hierher nach Menton: »Ich werde dem dummen kleinen Ding schreiben und ihr klarmachen, dass ich keine Lust habe, zwischen ihnen zu stehen. Ich werde sie aber bitten, nicht mit Murry zu schlafen, solange er bei mir lebt, weil ich das unwürdig finde. Er wird mit diesen Liebesaffären nicht aufhören, und ich sehe keinen Grund, warum er das sollte. Ich wünschte, er hätte nur ein einziges, wirklich ernsthaftes Verhältnis zu einer anderen Frau – und würde mich verlassen. Ich sehne mich jeden Tag mehr danach, allein zu sein.«[745] Obwohl Elizabeth Bibesco aktuell die Nummer 1 in Murrys Harem ist, glaubt Katherine, dass Murry eines Tages wohl Dorothy Brett heiraten wird. Die Affäre Bibesco bringt Katherine schließlich dazu, einen der legendärsten Briefe zu verfassen, der je von einer Ehefrau an die Geliebte ihres Mannes geschrieben wurde: »Liebe Prinzessin Bibesco, ich muss Sie leider ersuchen, Ihre kleinen Liebesbriefchen an meinen Mann einzustellen, solange er und ich zusammenleben. Dies gehört zu den Dingen, die man in unserer Welt nicht tut. Sie sind noch sehr jung. Vielleicht bitten Sie Ihren Gatten, Ihnen die Unmöglichkeit einer solchen Situation zu erklären. Bitte geben Sie mir keine Veranlassung, Ihnen nochmals schreiben zu müssen. Ich mag es nicht, Leute zu tadeln, und hasse es geradezu, ihnen Manieren beibringen zu müssen. Hochachtungsvoll Katherine Mansfield.«[746] Elizabeth Bibesco ist wenig beeindruckt von Katherines Worten. Ganze drei Jahre dauert ihre Affäre mit Murry.

Mitte März ist Ida wieder in Menton. Katherine spuckt erneut Blut. Nach einer weiteren Untersuchung ihrer Lunge rät Dr. Bouchage Katherine dazu, die Villa Isola Bella zu verlassen. Menton liegt zu niedrig. Ihre Lunge würde durch das Klima hier zu sehr gereizt. Sie sollte sich umgehend in die Höhenlage der Alpen begeben. Dies korrespondiert durchaus mit Katherines Überlegungen hinsichtlich der Schweiz: »Ich möchte es dieses Mal gern mit der Schweiz versuchen. Sie ist zwar gerade nicht besonders in Mode, hat aber gute Ärzte. Ich habe das Gefühl, dass die Schweiz wirklich am besten wäre.«[747] Katherine berät sich schriftlich noch mit Dr. Sorapure, der auch weiterhin der Arzt ihres Vertrauens ist. Nachdem dieser zustimmt, geht alles ganz schnell. Ida kümmert sich um alle Formalitäten, kauft die Zugtickets, reserviert Sitzplätze und packt die Koffer. Schon am 4. Mai reisen die beiden Frauen mit Ziel Montreux ab.

Murry fährt in der Zwischenzeit nach Oxford. Hier hat man ihn zu einer Vorlesungsreihe zum Thema »The Problem of Style« eingeladen. Katherine und Ida ziehen ins Hotel Beau Site, in

Clarens, Montreux: »Ich habe zwei Zimmer und einen riesigen Balkon. Und so viele Berge, dass ich noch nicht einmal einen davon bestiegen habe. Sie sind wunderbar. Die Aussicht von den Fenstern, über Wiesen und Felder, kleine pilzartige Chalets, See, Bäume und dann Berge, ist überwältigend. (...) Ich posiere hier als eine Dame mit schwachem Herzen und Lungen aus spanischem Leder.«[748]

Am 14. Mai hat Katherine einen ersten Termin bei Dr. Théodore Stephani, dem Begründer des Luftkurortes Crans-Montana. Er ist Chefarzt einer Lungenklinik in Montana und gilt als Koryphäe auf seinem Gebiet. Durch meteorologische Beobachtungen war er Anfang des Jahrhunderts zur Überzeugung gelangt, dass das oberhalb von Sierre gelegene Montana mit seinen mehr als 2200 Sonnenstunden jährlich der ideale Luftkurort für Tuberkulosepatienten ist. Stephani glaubt, dass strenge Ruhe, medizinische Kontrolle und ein strikter Stundenplan wichtige Voraussetzungen für das Gelingen einer Luftkur sind. Sein Sanatorium in Montana beherbergt vor allem Gäste aus England. Stephani sieht durchaus Chancen für Katherine, auch wenn er ihr nichts versprechen kann. Er geht jedoch von einem langwierigen Heilungsprozess aus, was Katherine vor große Probleme stellt. Die bevorstehenden Behandlungskosten sind immens. Ihren Vater um mehr Geld zu bitten, bringt sie nicht übers Herz, ist ihr doch zu Ohren gekommen, dass dieser der Ansicht sei, sie sei mit 300 Pfund im Jahr gut versorgt und habe zudem ja auch noch einen Ehemann, der für sie sorgen könnte. Statt sich mit ihm darüber zu verständigen, schweigt sie bis Ende dieses Jahres und verbleibt in größter Unsicherheit, wie es mit ihr weitergehen soll. Denn sie will in der Schweiz bleiben und sich von Dr. Stephani behandeln lassen. Erst einmal aber zieht sie nach Sierre im Rhonetal in die Pension du Lac: »Nun ist der Tag vorbei, und die Schatten fallen lang auf das Gras. Die jungen Bäume halten das Licht, und weiße

Wolkenfetzen ziehen verträumt über die schlafenden Berge. Es ist alles sehr schön.«[749]

Murry hat in England zwischenzeitlich so großen Erfolg mit seinen Vorlesungen, dass er sich mit seiner alten Alma Mater vollends aussöhnt. Auch mit seinen Eltern kommt es zur Verständigung. Gleichwohl kann er sich ein kleines Chalet in den Schweizer Bergen zusammen mit Katherine gut vorstellen. Die stark erkältete Katherine bremst seine Euphorie: »Mit steht der Sinn noch nicht nach einem Chalet. (…) Ich gehe jetzt erst mal für mindestens einen Monat zu Stephani, und Du kannst Dir ein Zimmer in einer Pension nehmen. Stephani wird ein Auge und ein Ohr auf mein Herz werfen, und ich werde mich einen Monat lang absolut ruhig halten. In der Zwischenzeit können wir uns umsehen & ein Chalet suchen.«[750] Als Murry am 9. Juni in der Schweiz eintrifft, wohnt sie im weitaus komfortableren Hotel Château Belle Vue in Sierre, wo sie gewohnt boshaft ihre Mitmenschen taxiert: »Diese schrecklichen, hässlichen Leute. (…) Das Symbol der Schweiz ist für mich dieses große bürgerliche weibliche Hinterteil. Es ist das ehrbarste der Welt. Es ist unsterblich. In meinem Hotel hat jede eines; einige der älteren Damen haben zwei.«[751] Mit Murrys Eintreffen, dem es hier ausnehmend gut gefällt, können sie nun zusammen keck sein: »Die Schweiz bringt uns zum Lachen. Es ist ein seltsames Land, die Menschen sind außergewöhnlich, wie Comicfiguren, und sie nehmen alles sehr ernst. Aber das hat auch etwas Schönes an sich. Sie sind ›einfach‹, unverdorben, ehrlich und echte Demokraten. Der Passagier der 3. Klasse ist genauso gut wie der Passagier der 1. Klasse, und je schäbiger man ist, desto weniger wird man beachtet. Keiner erwartet, dass man reich ist oder Geld ausgibt. Das macht das Leben angenehm – sehr angenehm. Die Menschen sind überhaupt nicht schön; die Männer sind sehr dick, steif und auf eine deutsche Art hässlich. Die Frauen sind allesamt unscheinbar.

Aber aus der Ferne betrachtet, auf den Feldern, vor den Bergen, sind sie alle gut im Schuss.«[752]

Katherine begibt sich nun nach Montana, das heute zur Gemeinde Crans-Montana gehört, in die Lungenklinik von Dr. Stephani. Hier in der Höhe des Schweizer Wallis will sie gesunden. Lange ist ihres Bleibens nicht. Genau wie im Sanatorium in Menton verkraftet sie das Zusammenleben mit den anderen Patienten nur schlecht. Sie reagiert nervös und gereizt. Der Behandlungserfolg wird dadurch so infrage gestellt, dass Dr. Stephani ihr vorschlägt, in das zurzeit leerstehende Chalet seiner Mutter in Montana-sur-Sierre zu übersiedeln und die Kur als Tagespatientin zu absolvieren: »Das Haus stand inmitten von Kiefern hoch über dem Tal. Dahinter erhoben sich Berge, Gletscher und die hohen Schneegipfel der Schweiz. Gelegentliche Ausflüge in der Kutsche führten Katherine durch Kiefernwälder, dann an einem See entlang bis in die offene Bergwelt hinaus, von wo man einen Blick ins tiefe Tal hatte und zu den schneebedeckten Gipfeln hinübersah«, erinnert sich Ida.[753] Im Chalet des Sapins können Murry und Katherine endlich wieder zusammenleben, während Ida ins Dorf zieht, um dem Paar mehr Privatsphäre zu gönnen.

In diesem Sommer in den Schweizer Bergen entwickelt sich eine enge Freundschaft mit Elizabeth von Arnim. Diese lebt nach dem spektakulären Scheitern ihrer zweiten Ehe mit Francis Russell, 2. Earl Russell und Bruder von Bertrand Russell, ganz in der Nähe im Chalet Soleil in Randogne-sur-Sierre: »Der einzige Mensch, den wir sehen, ist meine Cousine Elizabeth, die ½ Kraxelstunde entfernt wohnt. Wir tauschen Chateaubriand und Körbe mit Aprikosen aus und führen gelegentlich lange Gespräche, die ziemlich Gesprächen von späteren Leben ähneln, wie ich sie mir vorstelle ... nostalgisch und grüblerisch – obwohl Gott weiß, worum es sich überhaupt dreht.«[754] Während Murry mehrmals die Woche hinabsteigt, um mit Elizabeth Schach zu spielen, wandert Elizabeth mindestens ein Mal die Woche hinauf, um Katherine zu besuchen. Die beschreibt in einem langen Brief an Brett die Besuche ihrer Cousine: »Ich sitze auf dem Balkon und schreibe Dir zwischen Teetassen, Weintrauben, einem braunen, bohnenförmigen Brotlaib und einem Zopfkuchen mit Mandelcreme drin und Nüssen drauf. M. hat ihn liegenlassen, als er sich mit unserer Cousine Elizabeth getroffen hat. Sie erschien heute mit einem Blumenstrauß – nie hat eine kleinere Frau größere Blumensträuße getragen. Sie sah aus wie ein wandelnder Garten mit Astern, späten Gartenwicken, Levkojen und natürlich Petunien. (...) Zweifellos ist mir Elizabeth wichtiger, als ich es für sie bin. Sie ist umgeben, umzingelt von wunderbaren Freunden ... Ohne sie wären wir verloren im dunklen Wald.«[755] Schlichtweg begeistert ist sie von Elizabeths neustem Roman *Vera*: »Ist der Schluss nicht außergewöhnlich gut? Es wäre ein Leichtes gewesen, ihn zu vermasseln. Aber sie hat es richtig gemacht. Ich glaube, ich bewundere den Schluss am meisten.«[756] Dass sich ihr Noch-Gatte, Earl Russell, in diesem Buch wiedererkennt und ihr mit Klage droht, macht aus Elizabeths Buch einen Bestseller.

Angespornt durch die Cousine arbeitet auch Katherine wie eine Besessene. Zu groß ist ihre Angst, die Zeit reiche nicht, um all ihre Vorhaben zu beenden. In rascher Abfolge entstehen Erzählungen, die später auch als Montana Storys bekannt werden. Viele davon spielen in Neuseeland, und das alle Texte durchziehende Thema ist Sterblichkeit, aber keineswegs Hoffnungslosigkeit. Zu ihrem Leidwesen braucht Katherine immer mehr Pausen, werden ihre Ruhephasen immer länger: »Nun, ich muss gestehen, dass ich einen müßigen Tag verbracht habe. Gott weiß, warum. Alles hätte geschrieben werden können, aber ich schrieb es einfach nicht. Ich glaubte, ich könnte es, aber nach dem Tee war ich müde und ruhte mich stattdessen aus. Ist es gut oder schlecht, dass ich so handle? Ich habe ein Schuldgefühl, weiß aber zugleich, dass Ruhen das Allerbeste ist, was ich jetzt tun kann. Und aus irgendeinem Grund spüre ich eine Art von Dröhnen im Kopf – scheußlich.«[757] Anfang Juli leidet sie erneut unter einer schmerzhaften Drüsenentzündung, die in der Klinik punktiert werden muss. Und doch gelingt es ihr, in diesem Sommer so viele Erzählungen zu schreiben, dass sie ihren Agenten bitten kann, erneut Verhandlungen mit dem Constable-Verlag bezüglich eines Sammelbandes aufzunehmen.

Wenn Katherine und Murry allein sind, lesen sie sich gegenseitig aus Marcel Proust oder Jane Austen vor. Murry arbeitet an seinem zweiten Roman. Es herrscht eine trügerische Ruhe, die endet, als Ende Juli 1921 der neuste Literaturskandal auch das kleine Chalet in den Schweizer Bergen erreicht. D. H. Lawrence' Roman *Liebende Frauen* ist endlich erschienen. Alle, die sich darin porträtiert sehen, reagieren mit Bestürzung, Abscheu und Wut. Katherine schreibt an ihre Leidensgenossin Ottoline Morrell: »Nein, wirklich! Wirklich! Wirklich!!! Aber es ist so absurd, dass man gar nichts sagen kann; letztlich ist es fast rein pathologisch, wie es so heißt. Aber es ist traurig, wenn man sich überlegt, was hätte sein können. War es nicht Santayana, der sagte: Jeder Künstler hält einen Verrückten im Zaum. Das erklärt L. für mich. Weißt Du, dass ich Gudrun bin? Ach, was ist das alles für ein Käse. Secker ist ein kleiner Narr, dass er so ein ZEUG verlegt.«[758]

Anfang August fährt Ida nach England, um ihrer Schwester beizustehen, die ein Kind erwartet. Sie will einige Zeit dortbleiben und bleibt per Brief mit Katherine in Kontakt. Die findet auch daran etwas zu nörgeln: »Pass auf, a) würdest Du bitte Deine Briefe datieren oder den Tag darüberschreiben; b) würde es Dir etwas ausmachen, die Beschreibungen so weit wie möglich wegzulassen? Dieses schmachtende sentimentale Geschreibsel über eine Jungfernrebe & die feinen hohen Stimmen kleiner Kinder ist mehr, als ich verkrafte.«[759]

Nichts, aber auch gar nichts kann Ida recht machen: »Mir gefällt keiner der Stoffe. Geh doch bitte zu Lewis Evans & Selfridge oder Debenham. (…) Lieber möchte ich nichts als diese hässlichen öden Stoffe. (…) Entschuldige, dass ich Dir solche Mühe mache. Ich hatte keine Ahnung, dass es so sehr schwierig ist. Mein Rat ist, sich mehr zu konzentrieren.«[760]

Doch bei aller Härte vermisst sie die Freundin sehr. Mitte August schreibt sie an ihre Schwestern, dass sie ohne Ida nur schwer zurechtkommt. Kurz darauf erreicht Ida selbst ein Brief, lavierend zwischen bösartigen Vorwürfen und versteckten Liebeserklärungen: »Vermutlich gibt es Dir ein billiges Machtgefühl, eine Stelle anzunehmen & die ganze Zeit so zu tun, als wärst Du für alles andere, was des Weges kommt, vollkommen frei. Schade, dass Du dem Weiblichen in Dir nicht widerstehen kannst. Du bist doch die größte Kokotte, der ich begegnet bin – eine richtige Kokotte. Ich wünschte sehr, Du wärst es nicht. Von ganzem Herzen wünsche ich das. (…) Ich werde aber nicht zurückkokettieren, Miss, und Dir sagen, wie sehr ich Dich als Teil meines Lebens brauche und mir überhaupt nicht vorstellen kann, ohne Dich zu sein. Welche Bande uns verbinden! Großer Gott, sie sind so stark, dass Du verbluten müsstest, wenn Du sie tatsächlich durchtrenntest. Tue es nicht. (…) Zahle mir nicht zurück, was war. (…) Wenn Du Zeitungen schickst, dann besorge bitte Umschläge im richtigen Format! Sie kommen hier sonst zerrissen, verschmutzt und unansehnlich an, und die Illustrierten sind auch nicht mehr zu gebrauchen. Hast Du das nicht gewusst?«[761]

Da sie gesundheitlich so wenig Fortschritte macht, würde sie sich gern von Henri Spahlinger behandeln lassen. Der Schweizer Bakteriologe behandelt Tuberkulose durch die Injektion eines Serums aus tierischen Tuberkel. Ein Vorhaben, das in der ersten

Hälfte des Jahrhunderts große Kontroversen auslöst. Allerdings mangelt es ihr an Geld. Zunächst muss sie ihre aufgelaufenen Arztrechnungen bezahlen. Dies gelingt ihr erst, als die Zeitschrift *Sphere* ihr einige Kurzgeschichten für rund 60 Pfund abnimmt, darunter »Sixpence«, »Herr Tauberich und Frau Taube« und »Eine ideale Familie«. Mit den Illustrationen zu ihren Erzählungen ist sie jedoch unzufrieden. Immerhin kehrt Ida in die Schweiz zurück. Allerdings nicht, um Katherine rund um die Uhr zu bemuttern. Im Gegenteil, sie nimmt wieder eine Stelle in einer Klinik an, was ihr großen Spaß macht. Eine Entwicklung, die Katherine ganz und gar nicht gefällt. Sie will, dass die Freundin ausschließlich für sie da ist, und bietet ihr eine bezahlte Stellung an: »Pro Monat kann ich Dir zwischen 10 und 12 Pfund bezahlen. (…) Kann ich mich auf Dich verlassen? Darf ich Dich bitten, einfach das Nötige zu tun – das, was *ich* eigentlich tun müsste, wenn ich keinen Beruf hätte? Mit einem Wort: Darf ich darauf hoffen, dass Du Dinge wie Bezahlung, *Sklaverei* und falschen Stolz einmal ganz vergisst und dass Du mir nahe bleibst? Dass Du diese Situation annimmst und als Ausdruck unserer Freundschaft betrachtest. (…) Freundschaft ist für mich in jeder Beziehung so heilig und ewig wie eine Ehe. Ich möchte von Dir wissen, ob Du ebenso denkst.«[762]

Durch Kot erfährt sie in diesen Tagen von einem russischen Arzt, der Röntgenstrahlen gegen Tuberkulose einsetzt und angeblich in Russland durch die Bestrahlung der Milz schon viele Hundert Menschen geheilt hat: Ivan Manoukhin. Vielleicht wäre das auch was für sie. Allerdings kostet auch diese Behandlung eine Stange Geld – Geld, das sie momentan nicht hat und wahrscheinlich auch im nächsten Jahr nicht haben wird. Es sei denn, sie springt über ihren Schatten und informiert ihren Vater, von dem sie sich im Stich gelassen fühlt. Monatelang hat sie ihm nicht geschrieben, nachdem Connie und Jinnie ihr zu verstehen gaben, dass nach Ansicht ihres Vaters jetzt einmal ihr Ehemann dran sei mit Bezahlen. Erst im November 1921 kann sie sich dazu aufraffen, ihm zu schreiben und ihn direkt auf das Thema »Geld« anzusprechen: »Natürlich weiß ich Deine hohe Großzügigkeit, indem Du mir so viel Geld zuwendest, zu würdigen. Und ich weiß, das machst Du nur, weil ich so krank bin, wie ich nun bin. Doch es ist sehr unwahrscheinlich, dass ich lange leben werde, und Schwindsucht ist eine schrecklich teure Krankheit. Ich glaubte, es würde Dich nicht stören, Dich in diesem Ausmaß um mich zu kümmern. Und das Gefühl, dass es Dich doch stört, traf mich wie ein Schlag – ich kam nicht darüber hinweg. (…) Man wendet sich doch an seinen Vater, egal wie alt man ist. Hatte ich das Recht dazu verwirkt? Vielleicht … Es gibt keinen Grund, lieber Vater, dass Du mich weiterhin durch dick und dünn liebst. Das sehe ich ein. Und ich war immer ein außergewöhnlich unbefriedigendes und enttäuschendes Kind. Aber trotz alledem, man wird in den Flügel geschossen und man glaubt, dass man ›zu Hause‹ aufgenommen und umsorgt wird. Als wir zusammen in Frankreich waren, war ich glücklich mit Dir, wie ich es mir immer ersehnt hatte, doch als ich erfuhr, dass Du mir das Geld übelnimmst, war es einfach Folter. Ich wusste nicht, was ich dazu sagen sollte. (…) Vater, wende Dich nicht von mir ab, Lieber. Dein ergebenes, tief bekümmertes Kind Kass.«[763] Harold Beauchamp, der umgehend Geld anweist, schreibt quer über ihren Brief: »Ich möchte ausdrücklich klarstellen, dass ich niemals, weder in Gedanken, Worten oder Taten, irgendeinem meiner Kinder die Höhe der finanziellen Zuwendungen ungern gegeben habe. Im Gegenteil: Ich habe es immer als Vergnügen und Privileg empfunden, alles in meiner Macht Stehende für ihren Komfort, ihr Glück & ihr Weiterkommen tun zu können.«[764]

Mittlerweile ist es Winter geworden. Elizabeth hat sich Richtung London verabschiedet, es wird einsam in den Schweizer Bergen: »Das Wetter ist so furchtbar, dass ich mich unter der Bettdecke verkrochen habe, bis es sich ändert. Eine kalte, eisige Nebeldecke drückt wie eine Schiefertafel gegen die Fenster. Nichts wärmt einen. (...) Wenn so die Übergangszeit aussieht, dann tut man gut daran, ihr aus dem Weg zu gehen. Das Schlimmste aber ist, dass auch unsere Gehirne eingefroren sind. Wir leben für den Postboten, doch er bringt nur Rechnungen. Wir sehnen uns nach Briefen – die Art von Briefen, die Exilanten erhalten sollten«[765], schreibt Katherine ihr in die britische Hauptstadt, wo eine Party die nächste jagt. Elizabeth trifft hierbei viele alte Freunde von Katherine: Ottoline Morrell, Mark Gertler, Dorothy Brett und Kot.

Murry kommt wesentlich besser mit dem Winter im Wallis zurecht. Er lernt Schlittschuhlaufen und Skifahren, kann sich gut vorstellen, hier in den Bergen endlich zur Ruhe zu kommen. Sehnsucht nach London hat er nicht. Elizabeth und ihr Freundeskreis bieten ihm hier genug intellektuellen Austausch. Er freut sich auf ihre Rückkehr. Auch Katherine hat keine Sehnsucht nach London und den Lästermäulern der Bloomsbury Group. Für immer in der Schweiz bleiben, will sie aber auch nicht. Ihre Hoffnung auf Heilung hat sich nicht erfüllt, und so schreibt sie am 4. Dezember an Ivan Manoukhin, der augenblicklich in Paris praktiziert, und bittet ihn, sie als Patientin anzunehmen. Mit dem angesagten Arzt in Kontakt zu treten, ist nicht einfach. Tausende von Hilfesuchenden wenden sich an ihn. Auch telefonisch ist kein Durchkommen. Endlich, am 23. Dezember, erhält Katherine eine Antwort auf ihren Brief. Sie soll nach Paris kommen. Murry ist strikt gegen dieses Abenteuer. Er glaubt nicht an Manoukhins Methode und weigert sich, seine Frau zu begleiten. Und so ist es einmal mehr Ida, die ihre Arbeit und ihre Wohnung aufgeben wird und die Koffer packt, um Katherine Mansfield auf ihrem weiteren Weg zu begleiten.

»*Was kann ich wissen?*
Was soll ich tun?
Was darf ich hoffen?
Was ist der Mensch?«

(Immanuel Kant)

»*An der Pforte des Himmels ruft ein grimmiger Engel:*
›*Schwindsüchtige nach rechts.*‹«

X.

Die Existenz des Schmarotzers
oder Die Angst im Warteraum

Olgivanna Lloyd Wright, Le Prieuré, Fountainebleau, Frankreich, November 1922
»Sie war wirklich sehr krank. Ich erfuhr, dass zahlreiche angesehene Sanatorien sie aus unterschiedlichen Gründen abgewiesen hatten. Hotels lehnten sie ohnehin ab. Sie befand sich im letzten Stadium ihrer Tuberkulose. Sie würde diese Welt bald verlassen, wahrscheinlich in ein paar Monaten. Es gehört zu den humanitärsten Taten, die Gurdjieff je vollbracht hat, sie in sein Institut aufzunehmen.«[766]

Chalet des Sapins, Schweiz, Januar 1922
Trotz ihrer Differenzen bezüglich der Behandlung bei Manoukhin beginnt das neue Jahr für Katherine und Murry harmonisch.

Katherine arbeitet an einer neuen Erzählung: »Schrieb *Das Taubennest* heute Nachmittag. Ich war gar nicht zum Schreiben aufgelegt; es schien unmöglich. Als ich aber drei Seiten geschrieben hatte, waren sie ganz in Ordnung. Das ist der Beweis (den man nicht oft genug prüfen kann) dafür, dass man, wenn man sich einmal eine Erzählung ausgedacht hat, sich nur noch die *Mühe* [des Schreibens] machen muss.«[767] Sie wird diese Geschichte über den unerwarteten Besuch eines interessanten Fremden im Hause Fawcett, der die Bewohnerinnen völlig durcheinanderbringt, nicht mehr vollenden.

Sie bleibt nun überwiegend im warmen Haus; Kälte und Schnee sind Gift für ihre Gesundheit. Meist sitzt sie am Feuer und lässt ihre Gedanken zurückschweifen in ihre Kindheit nach Neuseeland. Murry hingegen genießt den Winter in den Bergen, geht täglich Skilaufen und fühlt sich gesund und fit wie lange nicht. Er arbeitet weiter an seinem Roman und schreibt Rezensionen für *The Nation*. Aus diesem Grund übersendet ihm A. R. Orage im Januar auch das Buch *Cosmic Anatomy and the Structure of the Ego*. Geschrieben hat es, unter dem Pseudonym M. B. Oxon, Lewis Wallace, ein Mitarbeiter von *The New Age*. Bereits nach kurzer Lektüre legt Murry das Buch beiseite, es ist ihm viel zu esoterisch. Eine Einschätzung, die die meisten Leser teilen. Außerhalb einschlägiger Kreise findet es kaum Beachtung. Katherine hingegen findet es sehr erhellend: »Ein solches Buch fasziniert mich. Warum hasst Jack es so sehr? Die Beziehungen der Dinge zueinander auch nur flüchtig zu erfassen – diese Beziehungen zu verfolgen und festzustellen, dass sie sich durch alle Zeiten erhalten, erweitert meinen kleinen Geist wie sonst nichts. Es ist nur eine größere Auffassung von Psychologie.«[768] Tatsächlich wird dieses Buch ihr Leben verändern. Sie findet in Oxons Werk die Bestätigung dessen, was sie selbst längst vermutet: Ihre Krankheit rührt nicht von der Lunge her. Die wahre Ursache für ihr Leiden ist ihr Geist, ihre Seele. Nur wer zu sich selbst findet, kann körperlich geheilt werden. Vielleicht ist dies ihre Chance, eine Möglichkeit auf Heilung, die sie bisher nicht in Betracht gezogen hat. Sie wendet sich nun verstärkt alternativen Heilmethoden zu. Murry, den diese Ideen eher an okkulte Riten erinnern, ist wenig begeistert davon. Katherine aber klammert sich an diese, wie ihr scheint, letzte Möglichkeit, um gesund zu werden. Am 12. Januar schreibt sie in ihr Tagebuch, was sie tun würde, wenn sie tatsächlich genesen würde: »Ich möchte dann ein russisches Baby adoptieren, möchte es Anton nennen und es wie mein eigenes Kind aufziehen. Mit Kot als Pate und Mme. Tschechow als Patin. Das ist mein Traum.«[769]

Als Elizabeth von Arnim aus London zurückkehrt, findet sie ihr Cousine verändert vor – sehr esoterisch und mystisch. Die erste Begegnung nach langer Zeit wird durch eine flapsige Bemerkung Elizabeths getrübt. Elizabeth bezeichnet »An der Bucht«, in der Katherine einmal mehr Neuseeland und ihre Familie porträtiert, als »hübsche kleine Geschichte«. Die ist zu Tode beleidigt: »Die ganze Zeit über, solange sie hier war, war ich mir einer gewissen Falschheit bewusst. Wir sagten dies und das und meinten es; wir waren aufrichtig, aber dahinter lag nichts als Falschheit. Es war furchtbar. Ich möchte sie nie mehr sehen oder von ihr hören. Als sie sagte, sie könnte nicht oft kommen, hatte ich Lust, auszurufen: ›Finito!‹ Nein, sie ist nicht meine Freundin.«[770] Die neue Abneigung gegen Elizabeth verarbeitet Katherine in ihrer Geschichte »Eine Tasse Tee«, in der sie ein bitterböses Bild der einst so verehrten Cousine zeichnet. Elizabeth steht Pate für eine verwöhnte Gesellschaftsdame, die sich zum Protegé junger Künstler aufschwingt. Sich selbst beschreibt Katherine in dieser Erzählung als junge, fast verhungerte Schriftstellerin, die von Rosemary Fell im Schnee gefunden und mit nach Hause genommen wird. Hier bietet man ihr eine Tasse Tee an und stellt weitere Unterstützung in Aussicht. Doch als der Herr des Hauses die junge Frau als hübsch bezeichnet, übermannt Rosemary die Eifersucht, und sie schickt ihren Gast wieder hinaus in den Schnee: »Sie ging in ihr Schreibzimmer und setzte sich ans Pult. Hübsch! Absolut hinreißend! Geblendet! Ihr Herz schlug wie eine schwere Glocke. Hübsch! Hinreißend! Sie holte ihr Scheckbuch hervor. Aber nein, ein Scheck war natürlich sinnlos. Sie zog eine Schublade auf und holte fünf Ein-Pfund-Noten heraus, betrachtete sie, legte zwei zurück, und mit den drei Scheinen in der geballten Faust ging sie wieder ins Schlafzimmer.«[771] Als Katherine ein paar Tage später einen liebevollen Brief von Elizabeth erhält, schämt sie sich. Die Erzählung, die innerhalb weniger Stunden entstanden ist, ändert sie dennoch nicht, auch wenn Elizabeth von nun an wieder regelmäßig zu Gast ist.

Katherine schreibt jetzt viel schneller als früher, ihr Schreiben wird zum Wettlauf gegen die Zeit – gegen die Krankheit. Wenn ihr doch nur genug Zeit bliebe, um mehr über die Familie zu schreiben. Am allerliebsten würde sie Granny Dyer porträtieren: »Eines Tages muss ich ausführlich über Großmama schreiben, besonders über ihre Schönheit beim Baden – als sie etwa sechzig Jahre alt war. Wie sie sich mit dem Badetuch abtrocknete. Ich kann mich noch heute erinnern, wie reizend sie mir erschien. Und ihre feine Wäsche, ihr Hals, ihr Duft. Ich habe sie noch nie *wirklich* beschrieben. Geduld! Die Zeit dafür wird kommen!«[772]

Und dann naht der Tag ihrer Abreise nach Paris. Noch ist Murry unentschlossen, ob er seine Frau begleiten soll. Am Ende wird er nicht mitkommen. Wie immer, wenn sie auf Reisen geht, sichtet Katherine ihre Unterlagen und vernichtet alles, was ihr überflüssig erscheint: »Das ist immer eine große Befriedigung. Jedes Mal, wenn ich mich auf eine Reise vorbereite, ist es so, als ob ich mich auf den Tod vorbereiten würde. Wenn ich nie mehr zurückkommen sollte, ist alles in Ordnung. Das hat mich das

Leben gelehrt.«[773] Sie hat große Schmerzen und sehnt den Tag der Abfahrt herbei. Dieser ist, wie zum Hohn, einer der schönsten Tage seit Langem: »Der Montag war der erste *wirklich* vollkommene Wintertag. Es war, als ob Bogeys und mein Glück an diesem Tag seinen Höhepunkt erreicht hätte. Wir hätten nicht glücklicher sein können; dieses Gefühl hatten wir. Zum Beispiel, als wir für einen Augenblick auf dem Schlafzimmerbalkon saßen, oder als wir im Schlitten durch die aufgehäuften Schneemassen fuhren. (...) Und dann verließ ich ihn, nach einem schnellen, aber nicht flüchtigen Kuss ...«[774] Zusammen mit Ida steigt sie in den Zug nach Paris: »Reisen ist schrecklich. Alles ist so schmutzig, und der Zug rüttelt einen durch. Tunnels sind die *Hölle*. Ich habe Angst vor dem Reisen.«[775] Nachdem sie ihre Zimmer im Victoria Palace Hotel bezogen haben, macht sich Katherine umgehend auf den Weg in die Klinik von Ivan Manoukhin. Dieser hat als Arzt und Absolvent einer Petersburger Eliteuniversität bereits eine beeindruckende Karriere hinter sich. Für seine Dissertation war er mit dem renommierten Akhmatov-Preis ausgezeichnet worden. Internationale Beachtung aber erlangte er 1913 mit der Behandlung des Schriftstellers Maxim Gorki. Dieser leidet von Jugend an an Tuberkulose und begab sich während einer besonders intensiven Krankheitsphase auf Empfehlung eines Freundes in die Hände des noch relativ unbekannten Manoukhin, der zu Studienzwecken am Pasteur-Institut in Paris weilte. Gorki unterzog sich einer neuen, noch kaum erforschten Behandlungsmethode, in die Manoukhin größte Hoffnung zur Heilung von Tuberkulose setzt. Der Mediziner hatte Affen und Meerschweinchen mit dem Tuberkuloseerregerinfiziert und festgestellt, dass sie durch eine Bestrahlung der Milz mit Röntgenstrahlen, wodurch eine Blutveränderung herbeigeführt werden soll, geheilt wurden. Neben Gorki, der von seinen Ärzten bereits aufgegeben worden war, behandelte Manoukhin mit dieser Methode auch seine Frau, die Schriftstellerin Tatiana Manoukhin. Maxim Gorki lebt nach seiner Behandlung durch Manoukhin noch 23 Jahre, ehe er vermutlich durch die Hand des sowjetischen Geheimdienstes stirbt. Tatiana Manoukhin wird 77 Jahre alt. Manoukhin selbst aber wird zu einem anerkannten medizinischen Experten, dessen Thesen 1921 von der Universität Cambridge publiziert werden. Der Schriftsteller H. G. Wells, der Manoukhin bei einem Besuch im revolutionären Russland 1920 persönlich erlebt hatte, schrieb in *Russia in the Shadows*: »Manoukhin behauptet, ein wirksames Heilmittel gegen Tuberkulose, selbst im fortgeschrittenen Stadium, gefunden zu haben. Ich habe eine Zusammenfassung seiner Thesen hierhergebracht, und diese wird jetzt ins Englische übersetzt.«[776] Der Übersetzer, den Wells anheuert, heißt S. S. Koteliansky, und vermutlich haben sowohl Wells als auch Kot Katherine von dieser neuen Methode erzählt. Zu deren Glück praktiziert Manoukhin seit Kurzem in Paris. Maxim Gorki höchstpersönlich hat aus Dankbarkeit für seine Heilung dafür gesorgt, dass Manoukhin und Tatiana, die mit der neuen Regierung so ihre Probleme haben, Russland verlassen durften. Einfach hat Manoukhin es in Paris nicht, wird er doch argwöhnisch beäugt von den hier ansässigen Ärzten, die seiner Methode skeptisch gegenüberstehen. Nur einen hat er überzeugt: Louis Donat, Arzt im Tuberkulosekrankenhaus des 13. Arrondissements. Gemeinsam haben sie eine Privatklinik in Trocadéro eröffnet. Manoukhin, der zunächst weder die französische Sprache noch die amtlichen Gepflogenheiten kennt, überlässt alles Organisatorische und Kaufmännische seinem Partner. Er ist Arzt, und als solcher kümmert er sich um seine Patienten. Manoukhin rät Katherine nach eingehender Untersuchung, sofort mit der Behandlung zu beginnen und nicht mehr nach Sierre zurückzureisen. Die Höhe sei Gift für ihr schwaches Herz. Jeder Spaziergang könnte entsetzliche Folgen haben. Er schlägt ihr zwei Behandlungszyklen vor: einen mit 15 Sitzungen von Februar bis Mai sowie einen weiteren im Herbst: »Es war wirklich das erste Mal, dass ich ›untersucht‹ wurde. Nach einer ausgedehnten Untersuchung stimmten sie völlig darin überein, dass ich keine Höhlen habe. Absolut keine Höhlen. Sie prüften & prüften meine Lungen und sagten immer dasselbe. Das bedeutet, ich bin absolut heilbar. Mein Herz, das Rheuma, mit allem befasste man sich.«[777] Wie sehr wünscht sie sich, dies alles wäre wahr. Ganz vermag sie es nicht zu glauben, zu oft ist sie schon enttäuscht worden. Dennoch will sie es versuchen. Das Einzige, was sie noch zögern lässt, umgehend mit der Behandlung zu beginnen, ist die erneute Trennung von Murry. Zudem ist die Behandlung teuer. Allein die ersten 15 Sitzungen kosten 4500 Franc. Doch zusammen mit dem Geld, das ihr Vater ihr überweist, dem Geld von Murry und den circa 10 Pfund, die sie für jede veröffentlichte Erzählung erhält, müsste es zu schaffen sein. Vielleicht lässt sich ja auch eine billigere Unterkunft finden. Sie stimmt der Behandlung zu – gerade wegen Murry und des Lebens, das sie beide führen werden, sollte sie erst gesund sein. Am 2. Februar ist ihr nächster Termin bei Manoukhin, der sie dabei mit seinem französischen Kollegen Louis Donat bekannt macht. Die beiden erklären Katherine in allen Einzelheiten die Behandlung, die angeblich kaum Risiken birgt: »Sie zeichneten Diagramme auf, beschrieben den Ablauf, erzählten mir, was passieren wird, und so weiter. Es besteht überhaupt kein Risiko. Wie Du ja weißt, geht es um die Anwendung von Röntgenstrahlen auf die Milz. Dies bewirkt eine Veränderung des Blutes. Es ist sozusagen eine Art hochkonzentrierte Sonneneinwirkung. Was die Sonne nur vage und zerstreut tut, das wird hier sanft erzwungen. Er kam darauf bei seiner Arbeit über Typhus und Cholera und wandte es dann auf Tuberkulose an. (…) Die ganze Sache ist völlig neu. Es ist der neuste Stand der Wissenschaft.«[778] Die beiden Ärzte bestätigen ihr, dass sie tatsächlich sehr krank sei. Doch es gibt Hoffnung. Mit Manoukhins Hilfe könne sie wieder ganz gesund werden. Katherine zeigt sich letztlich überzeugt von der Methode, was Manoukhin selbst anbelangt, sind ihre Gefühle eher ambivalent: »Ich glaube, M. ist ein wirklich guter Mensch. Aber ich habe auch das schleichende Gefühl (ich verwende das Wort ›schleichend‹ bewusst), dass er eine Art skrupelloser Betrüger ist. Ein neuer Beweis meiner gespaltenen Natur. Alles ist entzweit. Halb Applaus, halb Pfeifen.«[779] Mit ihren Briefen überzeugt sie letztlich auch den argwöhnischen Murry von der Behandlung. Er gibt grünes Licht: Sie soll umgehend beginnen, allerdings wird sie allein in Paris sein: »Mein Gefühl sagt mir, ich möchte hierbleiben. (...) Dieser Ort passt zu mir, absolute Ruhe und das alles. Ich habe massenhaft Arbeit zu erledigen, und die will ich auch erledigen. Außerdem haben wir die Miete ja schon bezahlt. (...) Ich hoffe sehr, Liebling, Du hältst das jetzt nicht für kalt und berechnend. Aber ich habe das Gefühl, wenn ich jetzt nicht arbeite, werde ich es nie mehr tun.«[780]

Die Enttäuschung ist groß, einmal mehr hat Murry sein Wohl über ihres gestellt: »Bilde ich mir das bloß ein? Ist er dankbar, dass er wieder in sich zurücksinken kann? Ich spüre Erleichterung in jeder Zeile. Er fühlt keinen Zwang mehr – nichts, was ihn bindet. Dann soll es auch so bleiben. (...) Ich werde ihn bitten, nicht hierherzukommen. Er benimmt sich gegenwärtig wie ein Fisch, der dem Angelhaken entflohen ist.«[781] Katherine lässt sich ihre Enttäuschung nicht anmerken und pflichtet Murry bei, dass es besser wäre, er bliebe in der Schweiz. Sie beschließt, sich ganz auf ihre Behandlung zu konzentrieren und dabei auch ihre geistige Gesundheit nicht außer Acht zu lassen. Parallel zur Strahlentherapie will sie mit sich selbst ins Reine kommen, um zu gesunden: »Ich habe meinen Geist nicht *unter Kontrolle*. Ich bin müßig, ich gebe nach, ich versinke in Verzweiflung. (...) Ich bin nicht vollkommen, wie ich sein muss.«[782] Dann beginnt die Bestrahlung in der Klinik: »Es hat einen merkwürdigen Eindruck bei mir hinterlassen, Manoukhins schöne Geste, als er ins Zimmer trat, war vollkommen. Aber Donat schrie so, er streckte mir sein Gesicht unter die Nase und stellte mir *unanständige* Fragen. Ach, das ist das Grauenhafte am Kranksein. Man muss es dulden, dass die persönlichsten Dinge ans Licht gezerrt und mit kaltem Blick betrachtet werden. (…) Hatte Herzklopfen von dem Augenblick an, als ich mich auf den Untersuchungstisch legte, bis fünf Uhr. Aber als ich das spürte, während die Bestrahlung vor sich ging, war ich völlig gefühllos. Ich dachte: Nun gut, wenn mich das umbringt – auch recht. *Voilà!*«[783]

Kaum jedoch hat Katherine an Murry geschrieben, sie sei mit seinem Verbleib in der Schweiz einverstanden, kündigt dieser seine Ankunft in Paris an: »Jetzt will er kommen. Nichts kann ihn davon abhalten. Aber es wird so getan, als ob ich nach ihm verlangen würde. Er ist völlig in sich selbst verstrickt. Einen solchen *shell fish* gibt es nicht noch einmal! Ich hasse das an ihm. Und es ist gemein, alles mir zuzuschieben. (…) Tatsache ist, dass diese ganze verheerende Angelegenheit, die mich fast umbringt – mich zugleich empört. Gerade seine Offenheit ist falsch. Ja, sie ist falscher als seine Unaufrichtigkeit.«[784] Die Beziehung mit Murry bleibt kompliziert – die mit Ida auch: »Ich darf das lange Gespräch über den Hass, das Ida und ich neulich abends miteinander hatten, nicht vergessen. Was ist Hass? (…) Warum hasse ich sie? Sie sagt: ›Weil ich ein Nichts bin. Ich habe alle meine Wünsche in einem solchen Maße unterdrückt, dass ich jetzt keine mehr habe. Ich denke nicht. Ich fühle nicht.‹ Ich antworte: ›Wenn du eine Woche lang geschätzt und geliebt würdest, wärst du gerettet.‹ Und das ist wahr, und ich möchte es tun. Ich sollte es wohl tun. Aber ich tue es nicht. Das Wunder ist, dass sie versteht. Niemand sonst könnte das. Die ganze Woche saß sie in ihrem Eckchen: ›Darf ich heute

Abend in mein Eckchen kommen?‹ fragt sie schüchtern, und ich antworte – so kalt, so zynisch: ›Wenn du willst.‹ Aber was würde ich tun, wenn sie nicht käme?«[785]

Nachdem in der *Saturday Westminster Gazette* der erste Teil ihrer Erzählung »Das Gartenfest« erschienen ist, trifft Murry in Paris ein. Sie beziehen zusammen im Victoria Palace Hotel Zimmer 134. Da Katherine von den Strahlensitzungen meist völlig erschöpft ist, verbringen sie viel Zeit mit Schach und Lesen: Shakespeare, La Fontaine und Eckermanns *Gespräche mit Goethe*: »Manoukhin sagt, in acht Tagen ist das Schlimmste vorbei. Es ist so ein seltsames Gefühl. Erst verbrennt man schier vor Hitze in den Händen und Füßen und in den Knochen, und dann wird man plötzlich von einer Nervenentzündung geplagt, die so stark ist, dass man den Arm nicht mehr heben kann. Danach beginnt der Kopf zu pochen. Das ist dann der Moment, in dem ich, wenn ich ein richtiger Märtyrer wäre, dieses furchtbare Lächeln aufsetzen müsste, das Märtyrer in den Flammen aufsetzen, wenn sie anfangen zu brutzeln! Aber was soll's – es geht vorbei.«[786] Katherine fühlt sich mut- und kraftlos und schreibt die Erzählung »Die Fliege«. Darin tötet ein Mann, der durch einen Gast an den Tod seines Sohnes erinnert wird, eine Fliege, indem er sie langsam und grausam in Tinte ertränkt. In jenen Wochen denkt sie zum ersten Mal darüber nach, sich einer Psychotherapie zu unterziehen. Zu gern würde sie auch einmal mit Murry nach Neuseeland reisen. Sie schreibt einen langen Brief an ihren Vater und stellt darin klar, wie glücklich sie ist, in Neuseeland geboren zu sein. Trotz der vielen Jahre, die sie in Europa verbracht hat, ist sie, wie sie einer Kollegin gegenüber gesteht, doch immer »eine Kolonistin« geblieben.[787] Und noch einen anderen Ort möchte sie Murry zeigen, wie sie Elizabeth von Arnim in einem Brief verrät: »John hat mir verraten, es bestünde die Möglichkeit – nur die Möglichkeit –, dass wir uns im Sommer in Bayern treffen. Elizabeth, das wäre das reinste Glück! Wärme, Blumen, lange Abende, der Geruch von Gras, der Schatten von Blättern auf einem Tisch und lustige Dinge, die einen zum Lachen bringen. Ob es wohl wahr werden wird?«[788]

Ida reist in der Zwischenzeit zurück nach Sierre. Auf Katherines Wunsch hin soll sie deren persönliche Sachen nach Paris schicken und versuchen, das Chalet unterzuvermieten, um die Ausgaben zu reduzieren: »Wie wär's, wenn Du bis Mai dortbleiben, Ernestine [Hausmädchen] behalten und ein verheiratetes Paar in Pension nehmen würdest? Für mindestens 32 Franken pro Tag? Oder ist Dir diese Idee zuwider? Nach meiner Rechnung wären damit Heizung, Licht, Ernestines Lohn und Dein Unterhalt abgedeckt. Danach bliebe Dir immer noch ein Gewinn von 10 Pfund im Monat. (...) Schreibe mir, was Du von diesem Vorschlag hältst. Eine riesige Erleichterung, wenn er sich verwirklichen ließe. Keine Erleichterung, sogar ein Horror, wenn Du ihn ablehnen oder zu schwierig finden würdest. Aber wie gesagt: Das ist nur ein Vorschlag, auf den ich eine Antwort erwarte. (...) Ich behandle Dich als Freundin und bitte Dich, mein gegenwärtiges *Minus* mit mir zu teilen, in der Hoffnung, Dich bald bitten zu können, mein *Plus* mit mir zu genießen.«[789]

Am 23. Februar veröffentlicht Constable ihren neuen Erzählband *Das Gartenfest*. Es ist Katherines drittes Buch und sehr erfolgreich. Die ersten beiden Auflagen sind rasch vergriffen. Ein Erfolg, der sie anspornt, ihrem Agenten eine Serie von zusammenhängenden Kurzgeschichten in Aussicht zu stellen.

Seit ihrer Ankunft in Paris hat sie das Hotel nur verlassen, um in die Klinik zu fahren. Doch am 29. März nimmt sie mit Murry an einem aufregenden Dinner teil, dass Violet und Sydney Schiff arrangiert haben. Der Ehrengast, auf den alle gespannt sind, ist der irische Schriftsteller James Joyce, dessen Jahrhundertwerk *Ulysses* vor Kurzem erschienen ist. Murry will es in der April-Ausgabe von *The Nation & The Athenaeum* rezensieren. Auch Katherine hat es gelesen: »Ich habe mich gefragt, was man in England dazu sagt. Ich brauchte fast vierzehn Tage, bis ich mich durchgearbeitet hatte, aber auf das Ganze gesehen bin ich *dagegen*. Ich nehme an, dass es der Mühe wert gewesen ist, wenn doch nichts umsonst sein soll ... aber es ist bestimmt nicht das, was ich von der Literatur erwarte. Natürlich gibt es darin erstaunlich schöne Dinge, aber ich verzichte lieber darauf, wenn ich einen solchen Preis dafür bezahlen muss. Nicht, weil mich das Buch schockiert (obwohl ich furchtbar schockiert bin, aber das ist ›Privatsache‹; ich glaube, es wäre ungerecht, das Buch danach zu beurteilen), sondern einfach, weil ich nicht glaube ...«[790]

Der Abend wird interessant, aber anstrengend: »Joyce war eher ... schwierig. Ich hatte bis dato keine Ahnung von seiner Sicht auf Ulysses – keine Ahnung, wie eng die Geschichte an die griechische angelehnt ist, wie absolut notwendig es ist, die eine durch und durch zu kennen, um die andere beurteilen zu können. Ich habe die Odyssee gelesen und bin mit ihr mehr oder weniger vertraut, aber Murry und Joyce haben mich überfordert – ich fühlte mich regelrecht dumm. Es ist absolut unmöglich, dass andere Menschen den Ulysses so verstehen können, wie Joyce ihn versteht.«[791] Bei der erneuten Lektüre des Buches anerkennt sie zwar Joyce' Genius, die von ihr so geschätzte Wahrhaftigkeit seines Werkes, doch ihre Ablehnung bleibt bestehen: »Er ist so furchtbar *unsensibel*, das ist es, worauf es hinausläuft. Da ist ein ungeheuer starker Impuls in mir, ihn zu bitten, mich nicht zu schockieren! (...) Man kann ja vieles verkraften, aber diese Art von Schock, die aus Vulgarität und Gewöhnlichkeit resultiert, davor schreckt man einfach zurück.«[792] Sie bleibt lieber bei Shakespeare, Keats und Tschechow.

Ida gründet derweil in Sierre eine Frauen-WG, mit Susie de Perrot, aus der Dynastie der Schweizer Schokoladenfabrikanten

Suchard, und drei weiteren jungen Frauen. Es ist neues Leben für sie, das sie sehr genießt. Nachdem Katherine ihr zudem ungerührt eröffnet, dass sie die erste Zeit nach ihrer Genesung ausschließlich mit Murry verbringen will, schmiedet Ida mit Susie de Perrot bald Pläne für einen eigenen Tearoom in England. Voller Tatendrang hat sie zugleich noch Zeit, Katherines Bitte nachzukommen, für Murry und sie im Hotel d'Angleterre in Randogne-sur-Sierre Zimmer für den Sommer zu buchen. Manoukhins Behandlung, deren erster Zyklus abgeschlossen ist, scheint anzuschlagen. Es geht ihr besser: »Ich huste kaum mehr, habe zugenommen und keine Rheumaschmerzen mehr. Weder Lungen noch Sputum mussten noch einmal untersucht werden. Alles sieht danach aus, als würde ich bald wieder ganz gesund. Meine Stimme ist wie früher, und ich brauche auch keine Medikamente mehr. Nur mein Herz ist müde und schwach. Ich bin schnell außer Atem und kann nur im Schneckentempo und mit vielen Pausen gehen. Aber das starke Herzklopfen ist weg. Da ich nicht mehr husten muss und kein Fieber mehr habe, wird sich mein Herz auch langsam erholen. Manoukhin sagt sogar, dass ich im Juni fähig sein werde, eine ganze Stunde spazieren zu gehen.«[793] Es geht aufwärts. Am 26. Mai 1922 erscheint die amerikanische Ausgabe des Sammelbandes *Das Gartenfest*, und Anfang Juni gibt es ein Wiedersehen mit Harold Beauchamp, der sich auf Europareise befindet. Dann brechen Katherine und Murry in die Schweiz auf. Murry, nicht daran gewöhnt, mit einer kranken Frau zu reisen, ist völlig überfordert. Zum ersten Mal wird ihm klar, was Ida in all den Jahren geleistet hat: Kofferpacken, Hotelrechnung begleichen, Fahrkartenkauf, Sitzplatzreservierungen vornehmen, Wagen und Gepäckträger vorbestellen, Proviant einpacken. Als sie nach einer chaotischen Reise endlich in Randogne-sur-Sierre ankommen, gibt es aufgrund des Pfingstfeiertages keinen Gepäckdienst. Zudem müssen sie im strömenden Regen auf den Fahrdienst zum Hotel warten. Als Andenken an diese Reise erkrankt Katherine an einer Brustfellentzündung. Nach wenigen Tagen in Randogne-sur-Sierre schreibt sie an Ida, die gerade in England nach dem geeigneten Ort für ihren Tearoom sucht: »Es geht nicht. Ich bin in jeder Beziehung genauso krank wie eh und je. Ich wünsche mir, dass Du zu mir kommen kannst. (...) Er hilft mir, so gut er kann, aber er kann mir nicht richtig helfen, und das Resultat ist, dass ich meine ganze Energie darauf verschwende, überhaupt am Leben zu bleiben.«[794] Ihrer Cousine Elizabeth, die die beiden in Randonge besuchen kommt, gesteht sie, wie sehr ihr Murrys Hilflosigkeit zu schaffen macht: »Er sollte sich von mir scheiden lassen, ein richtig fröhliches junges, gesundes Geschöpf heiraten, Kinder haben und mich bitten, Patin zu sein. Mehr als alles andere braucht er eine Frau. Ich werde nie eine sein, und ich komme mir wie eine Schwindlerin vor, wenn er immer noch glaubt, eines Tages würde ich eine. Armer John! Es ist die Hölle, mit einer femme malade zusammenzuleben. Aber es ist furchtbar hart, zu ihm zu sagen: ›Weißt Du, Liebling, ich werde nie zu etwas gut sein.‹«[795] In den nächsten Tagen wird Ida mit Liebesschwüren schier überschüttet: »Ich spüre, dass ich ohne Dich nicht leben kann. Wir wollen es wieder miteinander versuchen und auf neue Art zusammenleben. Liebe Ida, ich kann Dir nichts versprechen. Besser gesagt, ich kann nicht viel mehr tun, als etwas zu versprechen. (...) Offen gestanden: Ich kann nicht richtig arbeiten, bis ich weiß, dass Du da bist. Die Kraft fehlt mir.«[796] Und am 14. Juni: »Ich bitte Dich, mich künftig nicht auszunützen, meine Liebe, weil ich Dich angefleht habe, zu mir zu kommen, und ich Dir gesagt habe, dass ich ohne Dich verloren bin. (...) Ich bin ein zutiefst verwirrter Mensch, der im Augenblick für rein gar nichts Zeit hat. Glaube mir das und versuche weiterhin, daran zu glauben, auch wenn Du kein Zeichen von mir erhältst, das Dir sagt, dass ich Dich liebe und Dich gerne zur Frau hätte. Komm, sobald es Dir möglich ist.«[797]

Die Tage in Randogne-sur-Sierre, allein auf sich gestellt, machen Katherine und Murry zum ersten Mal überdeutlich klar, dass es wohl auf eine Trennung hinauslaufen wird. Nicht nur Katherine sieht darin die einzige Möglichkeit zur seelischen Erneuerung, auch Murry erkennt die Ausweglosigkeit der Situation: »Wir kamen überein, dass es besser sei, uns zu trennen, da das Zusammenleben auf uns beide eine niederdrückende Wirkung hatte.«[798] Wie von Katherine erhofft, kehrt Ida tatsächlich Ende Juni in die Schweiz zurück: vergessen der Traum vom eigenen Tearoom, vergessen die neu erblühte Freundschaft mit Susie, vergessen der Wunsch nach einem eigenen Leben. Am 29. Juni reisen Katherine und Ida nach Sierre weiter, während Murry in Randogne-sur-Sierre bleibt und ankündigt, die beiden Frauen zumindest an den Wochenenden zu besuchen.

Katherine und Ida nehmen erneut Quartier im Hotel Château Belle Vue, wo sie bald Besuch von Dorothy Brett erhalten. Einen Monat bleibt die Malerin und wird mit ihrer Lebhaftigkeit zur Belastung für Katherine: »Brett ist wahnsinnig anstrengend. Gott hat sie mir als Prüfung auferlegt. Ich werde versagen, und das geschieht ihm recht.«[799] Dennoch widmet sie ihre letzte Erzählung »Der Kanarienvogel« Brett zum Geburtstag. Darin trauert eine alte Frau um ihren verstorbenen Vogel. Katherine erkennt sich wieder: »Immerhin, auch ohne Trübsal zu blasen oder nur an früher zu denken und dergleichen, muss ich gestehen, dass das Leben doch etwas Trauriges an sich hat. Schwer zu sagen, was es ist. Ich meine nicht das Leiden, das man so kennt, Krankheiten, Armut, den Tod. Nein, es ist etwas anderes. Es ist hier drinnen, tief in uns, tief in uns drinnen, es ist ein Teil von uns, wie unser Atem. Ich kann arbeiten und mich abrackern, so viel ich will, ich weiß, sobald ich innehalte, wartet es schon auf mich. Ich frage mich oft, ob andere Menschen ebenso fühlen. Man weiß es nicht. Aber ist es nicht seltsam, dass es gerade dies war – diese Traurigkeit – oder was es ist, die ich in seinen fröhlichen kleinen Gesängen gehört habe.«[800]

Katherine liebt die Schweizer Berge, die Natur, die sie von ihrem Hotelfenster aus sieht, gibt ihr Frieden. Vorbei die Zeiten, da sie nach intellektuellem Austausch dürstete, als sie sich nach urbanen Vergnügungen sehnte. Ihrem Vater, mit dem sie in engem Briefkontakt steht, schreibt sie, wie sehr die Schweiz sie an Neuseeland erinnert: »Diese Zwetschgenbäume sind die ersten, die ich seit Karori gesehen habe. Das Landleben ist kaum zu übertreffen. Es bietet mehr echte Freuden als jedes andere Leben, das ich mir vorstellen kann. Ich danke dem Himmel und meinem Papa, dass ich nicht als Stadtkind geboren wurde. (…) Ich wünschte, ich könnte mit Dir nach Hause fahren.«[801] Gleichwohl plant sie, bald nach London zurückzukehren. Sie will Dr. Sorapure aufsuchen und sich mit ihm beraten, ehe sie den zweiten Behandlungszyklus in Paris aufnimmt. Noch bevor sie aufbricht, verfasst sie ihr Testament und schreibt einen Brief an Murry: »Alle meine Manuskripte vermache ich gänzlich Dir, Du kannst damit machen, was Du willst. Sieh sie eines Tages durch, mein Lieber, und vernichte alles, was Du nicht verwendest. Bitte vernichte alle Briefe, die Du nicht behalten möchtest, und alle Papiere. Du weißt, wie sehr ich Sauberkeit liebe. Mach reinen Tisch, Bogey, und hinterlasse alles ordentlich – tust Du das? (…) Überhaupt, mein liebster Lieber, hinterlasse ich alles Dir (…). Trotz alledem, wie glücklich waren wir! Ich spüre, keine anderen Liebenden sind freudiger über die Erde gegangen – trotz allem. Leb wohl – mein teurer Liebster. Ich bin auf immer und ewig Deine Wig.«[802] In ihrem letzten Willen legt sie fest, was an ihre Freunde gehen soll. Sie weist Murry an, so wenig wie möglich zu veröffentlichen und so viel wie möglich zu verbrennen. Mitte August reisen Katherine, Ida und Murry gemeinsam nach London. Katherine kommt in Bretts kleinem Haus in der Pond Street 6 in Hampstead unter, Murry bezieht eine Wohnung im Haus nebenan. Unmittelbar nach ihrer Ankunft macht sie sich auf zum Arzt ihres Vertrauens: »Heute Morgen habe ich Doktor Sorapure aufgesucht und mit ihm zusammen das Schlachtfeld besichtigt. Soweit man es auf den ersten Blick sagen kann, ist der Befund keineswegs unbefriedigend. Er sagt, mein Herz sei in keiner Weise erkrankt. Er glaubt, dass sein Zustand mit meiner linken Lunge zusammenhängt. (...). Es ist alles ziemlich kompliziert. Je mehr ich mich bewege, indem ich spazieren gehe, umso besser. (...) Sorapure fand im Übrigen, dass ich viel besser aussehe. Das sagen alle. Es ist doch ein Riesenbeschiss, ein so gut aussehendes Äußeres und ein so lästiges Inneres zu haben.«[803] In den folgenden Tagen trifft sie Freunde zum Essen, sieht ihre Schwestern und ihren Vater, der zwischenzeitlich ebenfalls in London angekommen ist. Um das Erreichte nicht zu gefährden, lässt sie sich vom Londoner Radiologen Dr. Webster bestrahlen. Anfang September verbringen Katherine und Murry ein Wochenende auf dem Landsitz der Dichterin Vivian Locke-Ellis in Selsfield, Sussex. Katherine fährt anschließend zurück nach London, Murry bleibt die nächsten Monate dort. Die Trennung ist besiegelt: »Was bleibt von all den gemeinsam verlebten Jahren? Es ist schwer zu sagen. Wenn sie so wichtig waren, wie kommt es dann, dass nichts davon übrigbleibt. Wer hat *aufgegeben* und *warum*?«, schreibt Katherine in ihr Tagebuch.[804]

Am 5. September trifft sie A. R. Orage zum Abendessen. Er erzählt ihr voller Begeisterung von P. D. Ouspensky, einem Schriftsteller, der seit einiger Zeit in London lebt. Geboren 1878 in Charkiw, hatte Ouspensky sich früh für Theosophie und die Frage nach der Verbindung von Wissenschaft, Religion und

Mystik interessiert. Auf seinen ausgedehnten Reisen durch den Orient und Asien war er mit Yoga und Okkultismus in Berührung gekommen. In Moskau hatte er sich 1915 dem armenischen Mystiker George Gurdjieff angeschlossen, bis die Oktoberrevolution beide veranlasste, das Land zu verlassen. 1920 trennten sich ihre Wege, da Gurdjieff sich auf Geheiß der Regierung nicht in England niederlassen durfte. Ouspensky aber ging nach England, wo er seither die Lehren Gurdjieffs verbreitet. Im Laufe seines Lebens veröffentlicht er zahlreiche Schriften, die bis heute rund um den Globus publiziert werden. Im September 1921 hält Ouspensky Vorträge über Gurdjieffs Lehre des Vierten Weges, einer spirituellen Lehre zur inneren Evolution des Menschen. Ein zentraler Punkt dieser Lehre ist, dass vor einer Genesung des Körpers immer zuerst Geist und Seele geheilt werden müssen. Orage lädt Katherine ein, ihn zu einem dieser Vorträge zu begleiten, was Murry ihm später heftig zum Vorwurf machen wird. Katherine aber ist hellhörig geworden, klingt dies doch genau nach dem, was ihr selbst durch den Kopf geht. In den nächsten sechs Wochen besucht sie die komplette Vortragsreihe »Fragmente einer unbekannten Lehre«: »Ich bin nicht von Ouspensky beeinflusst. Ich habe lediglich das Gefühl, Ideen gehört zu haben, die meinen Ideen ähneln, aber viel größer, viel konkreter sind. Und dass es wirklich Hoffnung gibt – echte Hoffnung.«[805] Gurdjieff begreift den Menschen als komplizierte Maschine, wobei der Mensch das einzige Wesen ist, das in der Lage ist, ein Bewusstsein zu entwickeln. Um dieses Bewusstsein zu erweitern, muss stetig an der Maschine gearbeitet werden, und zwar in allen Bereichen gleich intensiv. Nur dann kann der Mensch die Harmonie der drei Zentren Körper, Geist und Seele erreichen, ganzheitlich werden und Abhängigkeiten, Süchte oder körperliche Erkrankungen überwinden. Die cartesianische Trennung von Körper und Geist lehnt Gurdjieff ab.

Katherine nimmt vor allem die Idee der Bewusstwerdung durch Veränderung begeistert auf: »Ich sagte schon, dass es Menschen gibt, die es nach Wahrheit hungert und dürstet. Wenn diese über die Probleme des Lebens nachdenken und gegen sich selbst aufrichtig sind, so gewinnen sie rasch die Überzeugung, dass es ihnen nicht mehr möglich ist, so zu leben, wie sie gelebt haben, noch auch solches zu sein, was sie bisher waren; dass sie um jeden Preis einen Ausweg aus dieser Lage finden müssen.«[806] Orage teilt ihre Begeisterung, die Schiffs, Murry und andere Freunde weniger. Bei einem gemeinsamen Lunch mit Wyndham Lewis kommt es zu einer lautstarken Auseinandersetzung. Lewis, ein schwieriger Charakter, Frauen- und Menschenfeind, greift die kranke Katherine, die so große Hoffnungen in Gurdjieffs Lehre setzt, frontal an und nennt Gurdjieff ganz offen einen »levantinischen Psychohai«.[807] Katherine wird Violet und Sydney Schiff nie verzeihen, dass die beiden ihr nicht beistehen. Murry wird das Paar später darüber informieren, wie aufgelöst seine Frau nach Hause gekommen sei. Wyndham Lewis hingegen schreibt nach diesem Lunch an die Schiffs: »Ich wüsste nicht, wie Ihr, wenn Ihr nicht über solch hellseherische Fähigkeiten verfügt wie das Gurdjieff-Institut, das eher komische Ende meiner Begegnung mit der berühmten neuseeländischen Kurzgeschichtenautorin in den Fängen des levantinischen Psychohais vorhersehen konntet. Ich bin wirklich froh, dass ich mich nicht länger mit ihr herumärgern muss. (...) Sie ist nichts weiter als die Autorin von 2 Bänden mit Kurzgeschichten, die, wie sie selbst zugibt, zynisch und in keinem Verhältnis zu ihrem Verdienst beworben und gepusht wurden. Ich halte sie, wie ich bereits früher gesagt habe, für vulgär, langweilig und uninteressant.«[808]

Um sich keinen weiteren Diskussionen auszusetzen, zieht Katherine sich von den Schiffs zurück. Freude löst hingegen eine Postkarte von D. H. Lawrence aus Wellington aus. Nur ein einziges Wort steht darauf: »Ricordi« (Erinnerungen): »Wie ich ihn mag. Ich war froh, dass ich sie bekommen habe.«[809] Dass D. H. Lawrence ihren verehrten Gurdjieff für einen ausgemachten Hochstapler hält, ahnt sie nicht. Dem kranken Lawrence würde nicht im Traum einfallen, sich Gurdjieff, diesem »Betrüger schlimmster Sorte«, und dessen Institut, das er für einen »großen Schwindel« hält, anzuschließen.[810]

Für den 2. Oktober ist Katherines Abreise aus London geplant. Ida wird mit ihr zusammen reisen, acht bis zehn Wochen sind für den zweiten Behandlungszyklus in Paris anberaumt. Doch ehe sie abreist, sucht sie Ouspensky in seiner Wohnung in Kensington auf und bittet ihn um die Adresse von Gurdjieffs Institut, das soeben in der Prieuré des Basses Loges, einem ehemaligen Karmeliterkloster in Avon bei Fountainebleau, als »Institut für harmonische Entwicklung« eröffnet wurde. 60 Kilometer südlich von Paris steht das vom Kloster übriggebliebene Landhaus in einem großen Park mit vielen alten Bäumen am Waldesrand von Fountainebleau. Das Geld für das Institut hat Lady Rothermere, Ehefrau des schwerreichen englischen Verlegers, zur Verfügung gestellt. Lady Rothermere unterstützt auch Ouspensky und hält sich immer wieder selbst in Gurdjieffs Institut auf, das auf Sinnsuchende aus aller Welt eine große Anziehungskraft ausübt. Durch die Zivilisation verweichlichte und verdorbene Menschen sollen sich hier einer Therapie unterziehen, die aus harter körperlicher Arbeit, heiligen Tänzen und Meditation besteht und die körperlichen, emotionalen und geistigen Kräfte wieder ins Gleichgewicht bringen und sie in die Lage versetzen soll, ihr Potenzial voll zu entfalten. Gurdjieffs »esoterisches Christentum« versteht sich als ganzheitlicher Ansatz, wonach der Mensch nur dann wirklich zu sich selbst finden kann, wenn alle Zentren in Harmonie sind: Denken, Fühlen und Bewegung des Körpers. Gurdjieffs Symbol für die Entwicklungsphasen, die der Mensch durchläuft, ist das bis heute in der psychologisch-spirituellen Persönlichkeitsentwicklung weitverbreitete Enneagramm, ein esoterisches Symbol mit neun Spitzen in einem Kreis. Gurdjieff versteht seine Lehre vom Vierten Weg als Weiterentwicklung und Synthese der drei traditionellen Wege zur Evolution des Denkens (Yogi), Fühlens (Mönch) und des Körpers (Fakir). Dabei soll sein Vierter Weg nicht hinter Klostermauern stattfinden, sondern im täglichen Leben. Unter der Anleitung eines Lehrers sollen die Schüler sich bewusst mit sich selbst auseinandersetzen und an sich arbeiten. Wichtig dabei sind gemeinsame Arbeit und der Austausch mit Gleichgesinnten. Achtsamkeit mit sich selbst und die Abkehr von Tagträumen und Zerstreuung sollen den Menschen in die Lage versetzen, in einem Evolutionsprozess sein ganzes Potenzial zu entfalten und letztlich die Lehre des Vierten Weges weiterzutragen.

Wieder in Paris, sucht Katherine Dr. Manoukhin auf, der ihr verspricht, dass sie bis Weihnachten gesund ist: »Meinem Herzen geht es viel besser. Alles ist besser«, schreibt sie an Murry.[811] Doch dass es während und nach der Behandlung so heftig pocht, macht ihr zu schaffen. So sehr, dass sie entgegen ihrem eigentlichen Vorhaben die Behandlung nach zwei Wochen abbricht. Manoukhin wird nach der Veröffentlichung ihrer Tagebücher tief enttäuscht sein über das, was er darin über die Behandlung lesen kann: »Sie beschwerte sich dort über die hohen Preise, die wir verlangten … In jenem ersten Jahr, als sie zu uns kam, hatte ich keine Ahnung, ob Donat zu viel verlangte oder nicht (er versicherte mir immer wieder, dass dies dem durchschnittlichen Pariser Preis für Dienstleistungen dieser Art entsprach). Um ehrlich zu sein, hielt ich mich zunächst aus allen finanziellen Angelegenheiten heraus, vor allem, weil ich laut dem von mir unterzeichneten Vertrag ohnehin nichts hätte ändern können. Es gelang mir lediglich, ihn davon zu überzeugen, dass die verarmten russischen Emigranten meine Behandlung kostenlos in Anspruch nehmen konnten.«[812]

Katherine hat sich entschlossen, Gurdjieff zu folgen: »Glaube ich an die Medizin allein? Nein, niemals. An die Wissenschaft allein? Nein, niemals. Es kommt mir kindisch und lächerlich vor, zu glauben, man könne geheilt werden wie eine Kuh, *wenn man keine Kuh ist*. Und all diese Jahre hindurch habe ich nach jemandem Ausschau gehalten, der meine Ansichten teilt. Ich habe von Gurdjieff gehört, der nicht nur der gleichen Ansicht zu sein, sondern unendlich viel mehr davon zu wissen scheint. Warum sollte ich zögern. Angst. Angst vor was? Ist es nicht letzten Endes die Angst davor, Bogey zu verlieren? Ich glaube, das ist es. Aber, du lieber Himmel, schau doch den Dingen ins Auge. Was hast du jetzt von ihm? Was für ein Verhältnis habt ihr zueinander? Er spricht mit dir – manchmal –, und dann geht er wieder. Er denkt zärtlich an dich. Er träumt von einem Leben mit dir, *eines Tages*, wenn das Wunder geschehen sein wird. Du hast für ihn die Bedeutung eines Traums. Nicht einer lebendigen Wirklichkeit. Denn du bist keine. Was habt ihr Gemeinsames? Fast nichts. Und doch ist da ein tiefes, süßes, zärtlich flutendes Gefühl in meinem Herzen, das Liebe zu ihm und Sehnsucht nach ihm ist. Aber was nützt das jetzt, so wie die Dinge stehen? Solange ich krank bin, ist ein gemeinsames Leben nur eine beständige Qual, mit ein paar glücklichen Augenblicken. Aber ein Leben ist es nicht. (...) Wie kannst du zögern? Wage es! Wage alles! Kümmere dich nicht länger um die Meinung anderer, um diese Stimmen: Tue, was für dich das Schwerste ist auf Erden: Handle selbstständig. Sieh der Wahrheit ins Auge.«[813]

Murry, den sie von ihrem Entschluss schriftlich in Kenntnis setzt, fällt aus allen Wolken. Er hält absolut nichts vom Abbruch der Strahlentherapie – so kurz vor dem Ende: »Ich halte es für kriminell. Ich meine wirklich falsch, völlig falsch. (...) Ich verstehe einfach nicht, was Du da tust. (...) Ich habe das Gefühl, unsere Schiffe segeln immer weiter voneinander weg & uns bleibt nur, einander zuzuwinken.«[814] Doch Katherine lässt sich nicht beirren. Nachdem sie Kot die Verbesserungen der Übersetzungen von Dostojewskis Briefen an seine Frau geschickt hat, schreibt sie an Murry: »Warum ich gehe? Nach allem, was ich gehört habe, ist er der einzige Mensch, der begreift, dass es keine Trennung zwischen Körper und Geist gibt. Der glaubt, dass beides zusammenhängt. Vielleicht erinnerst Du Dich, dass ich immer gesagt habe, die Ärzte behandeln nur eine Hälfte. Und Du hast geantwortet: ›Es liegt an Dir, den Rest zu tun.‹ – das stimmt. Das ist wahr. Aber ich muss zuerst lernen, wie. Und ich glaube, Gurdjieff kann mich das lehren.«[815]

Sie fühlt, es ist höchste Zeit. So kann sie nicht weiterleben. Am 14. Oktober wird sie 34 Jahre alt: »Mein Geist ist fast erloschen. Meine Lebensquelle ist am Versiegen, und es dauert nicht mehr lange, dann wird sie ganz ausgetrocknet sein. Mein verbesserter Gesundheitszustand ist fast nur Schein – Komödie. Was habe ich davon? Kann ich gehen? Nur kriechen. Kann ich etwas tun, mit meinen Händen, meinem Körper? Gar nichts. Ich bin wirklich hoffnungslos krank. Was ist mein Leben? Eine Existenz eines Schmarotzers. Fünf Jahre sind nun vergangen, und meine Fesseln sind enger denn je.«[816] Noch am gleichen Tag fährt sie zum ersten Mal nach Fountainebleau. Sie wird dort vom Londoner Psychiater Dr. James Young, einem Bekannten von Orage, empfangen. Der hat seine gut gehende Praxis in der Harley Street aufgegeben, um sich Gurdjieff anzuschließen. Young klärt sie über die Bedingungen auf, die an eine Aufnahme geknüpft sind. Jede Kandidatin absolviert zunächst eine zweiwöchige Probezeit, in der sie sich alles ansieht und in der die Gemeinschaft prüft, ob ein Zusammenleben möglich ist. Erst danach darf sie sich der Gruppe anschließen. Ida, die Katherine zu diesem Gespräch begleitet, ist mehr als misstrauisch. Ihr sagt das Institut überhaupt nicht zu. Ganz anders A. R. Orage. Der verkauft seine Zeitschrift und geht ebenfalls nach Paris, um sich Gurdjieff anzuschließen. Er wird einer seiner treusten Anhänger und später erste Gruppen in den USA aufbauen.

Zwei Tag nach ihrem ersten Besuch erhält Katherine die Nachricht, dass man sie als Kandidatin in Erwägung zieht. Unmittelbar danach zieht sie in die Prieuré – natürlich ohne Ida. Was für Katherine höchstes Glück bedeutet, ist für Ida das endgültige Ende ihrer gemeinsamen Reise: »Heute Morgen weggegangen. Totaler Gefühlszusammenbruch. Gepackt und Katherines Schachteln mitgenommen. (…) Bin wie gelähmt. Entschluss im Zug, irgendwohin aufs Land oder nach Russland zu fahren. Ich sollte glücklich sein und aufs Leben Loblieder singen. Im Kopf tu ich's – aber mein Herz macht nicht mit.«[817]

Statt mit Ida lebt Katherine nun mit ihr fremden 40 Menschen, vor allem Künstlern und Intellektuellen aus Russland, zusammen. Sie alle wollen durch ein einfaches, naturverbundenes Leben verbunden mit körperlicher Arbeit und geistiger Auseinandersetzung zu einem gesunden Leben gelangen. Die Gruppe lebt weitgehend als Selbstversorger, jeder verrichtet alle Tätigkeiten, die in Haus, Hof und Garten anfallen. Das Kochen der orientalischen Speisen obliegt Gurdjieff selbst, dessen Küche Katherine in den höchsten Tönen lobt. Für Katherine, die ihre Krankheit inzwischen als Schicksalsprüfung begreift, ist dies der richtige Ort, um ihre innere Zerrissenheit, die sie für das größte Problem ihrer Vergangenheit hält, zu überwinden: »Im Grunde genommen war ich schon immer zwiegespalten. Und das, was jahrelang mein ›heimlicher Kummer‹ war, ist nun zu meinem Lebensinhalt geworden … Ich kann nicht länger vorgeben, eine Person zu sein, und zugleich eine andere sein. Das ist der lebende Tod.«[818] Jeden Tag steht sie jetzt um 7:30 Uhr auf, entzündet das

Feuer im Kamin und wäscht sich mit eiskaltem Wasser, ehe sie zum Frühstück nach unten geht. Die Mahlzeiten sind entgegen ihrer bisherigen Gewohnheiten recht üppig. Sie kann sich viel ausruhen, macht nichts außer leichte Gartenarbeit. Nach dem Abendessen kommt die ganze Gruppe im Salon zusammen, wo Musik gemacht und getanzt wird. Um 22:00 Uhr ist Bettruhe. Oft schaut Dr. Young noch auf einen Sprung bei ihr vorbei und hilft ihr, ein richtiges Kaminfeuer zu entfachen, das bis zum Morgen hält.

Vom Meister selbst, dem ein sensationeller Ruf vorauseilt, zeigt sich Katherine sehr beeindruckt. 1877 in Alexandropol im heutigen Armenien geboren, hat Gurdjieff als junger Mann auf der Suche nach Wahrheit und Wissen Europa und Asien bereist und dabei allerlei Geheimlehren erlernt, die er seit 1912 seinen Schülern nahebringt. Zunächst in Moskau, dann in St. Petersburg hat er Gleichgesinnte um sich geschart, die mithilfe täglicher Übungen ihr Bewusstsein erweitern wollen. Während der russischen Revolution ging die Gruppe zunächst nach Tiflis, dann weiter nach Konstantinopel. Über Berlin und London, wo sich die Errichtung eines Instituts für seine Lehren nicht verwirklichen ließ, gelangte er schließlich nach Paris. Für Katherine ist er ein beeindruckender Mann, der nicht viel spricht, und wenn, dann nur auf Russisch, was sie dazu veranlasst, selbst Russisch zu lernen: »Ich glaube, Mr Gurdjieff ist der einzige Mensch, der mir helfen kann. Es ist ein großes Glück, hier zu sein. Einige hier sind seltsamer denn je, aber gerade den Seltsamen fühle ich mich nahe. Ein so wunderschönes Verständnis & eine solche Anteilnahme habe ich in der Außenwelt noch nie erfahren.«[819] Vor allem die autarke Lebensweise der Gruppe begeistert sie. Sollte Gurdjieff sie wider Erwarten nicht aufnehmen, plant sie, in Südfrankreich ein kleines Häuschen zu mieten und dort als Selbstversorgerin zu leben: »Ich möchte einen Garten, ein kleines

Haus, eine Wiese, Tiere, Bücher, Bilder, Musik. Und aus alldem heraus, als Ausdruck davon, möchte ich schreiben. (Auch wenn ich vielleicht von Droschkenkutschern schreiben werde. Darauf kommt es nicht an.) Aber warmes, volles, lebendiges Leben – im Leben verwurzelt sein – lernen, wissen, wollen, fühlen, denken, handeln. Das ist es, was ich mir wünsche. Und nichts weniger. Danach muss ich streben.«[820]

Während Katherine das Gefühl hat, endlich angekommen zu sein, fällt Ida in ein tiefes Loch. Sollte Katherine, wie von ihr angedacht, auf unbestimmte Zeit in der Gemeinschaft bleiben, wird sie Ida nicht mehr brauchen. Als letzten Dienst besorgt sie der Freundin in den nächsten Wochen immer wieder Sachen, die diese benötigt. Ansonsten versucht Ida, einen eigenen Lebensinhalt zu finden. Zu gern würde sie auf einem Bauernhof leben und mit Tieren arbeiten. Sie will weg von den Menschen, vor allem von Künstlern und Intellektuellen. Eine Idee, die Katherine reichlich absurd findet: »Warum benimmst Du Dich so tragisch? Das hilft Dir nicht, das hindert Dich nur. Wenn Du leidest, dann lerne Dein Leiden verstehen und beherrschen. Jener Teil von Dir, der durch mich gelebt hat, muss sterben – erst dann wirst *Du* geboren. Überwinde den Tod. Und denke daran, dass Dich das Alleinsein auf einem Bauernhof nicht weiterbringt. Du bist nicht der Typ dafür. (…) Siehst Du jetzt nicht auch ein, dass unsere Beziehung absolut falsch gewesen ist? Du hast Dich mit mir identifiziert. Ich habe Dich gehindert, ganz zu leben. Nun musst Du's lernen, und das ist schrecklich schwer.«[821]

Anfang November ist Katherines Probezeit vorbei. Aus dem komfortablen Gästezimmer im ersten Stock zieht sie auf Gurdjieffs Geheiß zusammen mit einer jungen Frau in ein zugiges, kaltes, spartanisches Zimmer im Erdgeschoss: »Ich bewohne nun einen anderen Flügel«, schreibt sie an Murry. »Eine ganz andere Art von Existenz. Wo vorher alles so ruhig war, ist vor der Tür jetzt nur noch Lärm und Getümmel. Mein altes Zimmer war großzügig und komfortabel. Dieses hier ist klein und schlicht und sehr einfach. Nachdem Olga Iwanowna und ich es eingerichtet hatten und sie ihre gelben Tanzstrümpfe zum Trocknen vors Feuer gehängt hatte, saßen wir zusammen auf dem Bett und fühlten uns wie zwei ganz arme kleine Mädchen ... ganz andere Wesen. Ich bin wirklich gern hier.«[822] Ihre Mitbewohnerin Olgivanna Hinzenberg hat als 19-Jährige in Russland ihren Mann verlassen, um Gurdjieff nach Europa zu folgen. Sie ist eine der wichtigsten Tänzerinnen unter Gurdjieffs Tänzern. Ende der 20er Jahre, nach Schließung des Instituts, emigriert sie in die USA und wird dort nach ihrer Scheidung die dritte Frau des weltberühmten Stararchitekten Frank Lloyd Wright. Die beiden gründen 1932 auf ihrem Anwesen in Taliesin, Wisconsin, das Taliesin Fellowship, eine private Architekturschule. Wrights Konzept der organischen Architektur, das den Schülern ein Leben mit ihm, Mitarbeit bei seinen Projekten, Tätigkeiten im Haus, aber auch auf der dazugehörigen Farm ermöglicht, wird von Olgivanna als konsequente Weiterentwicklung des Instituts für Harmonie in Fountainebleau verstanden. Nach Wrights Tod führt Olgivanna die Schule weiter, eine gestrenge Witwe und Matriarchin, wie Swetlana Allilujewa, einzige Tochter Josef Stalins, die Ende der 60er Jahre in die USA flieht und Olgivanna trifft, deutlich macht. Sie wird von Olgivanna mit dem Mann ihrer verstorbenen Tochter, dem Wright-Schüler und Architekten William Wesley Peters, verkuppelt: »Das hierarchische System war erschreckend: die Witwe an der Spitze, dann der Vorstand (eine Formalität); dann ihr eigener enger innerer Kreis, der alle wirklichen Entscheidungen traf; dann die Arbeitsarchitekten – die wirklichen Arbeitspferde; am unteren Ende die Studenten, die hohe Summen zahlten, um aufgenommen zu werden, nur um am nächsten Tag in die Küche geschickt zu werden, um Kartoffeln zu schälen … Mrs Wrights Wort war Gesetz. Sie musste so oft wie möglich angebetet und verehrt und umschmeichelt werden; Blumen, die per Post geschickt und von Hand überreicht wurden, erfreuten sie sehr. Sie beriet die Architekten, leitete einen Theaterkreis, eine Tanzgruppe und einen Chor, beriet über Privatleben und Beziehungen und erwartete von jedem, dass er ihr persönlich Beichte ablegte. Sie war eine ›geistige Führerin‹ und selbsternannte Seelsorgerin, die am Sonntagmorgen, wenn sich alle in ihrem großen Wohnzimmer einfinden mussten, über Gott und die Welt predigte.«[823] Olgivanna wird in diesen letzten Wochen Katherines engste Freundin.

Es ist Gurdjieffs Konzept inhärent, seine Anhänger immer wieder vor neue Herausforderungen zu stellen. Für Katherine, deren Enthusiasmus nichts dämpfen kann, bedeutet dies Zusehen beim Schweineschlachten und stundenlanges Karottenschälen. Sie arbeitet schwer körperlich im Garten, kümmert sich um die Tiere, schleppt Brennholz und hilft in der Küche. Alles, was sie früher tunlichst vermieden hat, geht ihr nun wie selbstverständlich von der Hand: Sie putzt, sie kocht, sie näht. Rücksicht auf ihre Gesundheit nehmen weder die Gemeinschaft noch sie. Die Ruhe, zu der ihr die Ärzte bisher dringend geraten haben, ist passé. Genau wie ihre ständige Angst, sich zu erkälten. Dabei ist diese Gefahr hochaktuell, wie die Worte zeigen, die sie auf Russisch lernt. Ihr Notizbuch ist ein schlagender Beweis, wie wenig Gurdjieffs Institut für eine Tuberkulosepatientin geeignet ist: »Mir ist kalt. Bringen Sie Papier, um Feuer anzuzünden. Papier. Glühende Asche. Holz. Zündhölzchen. Flamme. Rauch. Stark. Kraft. Ein Feuer anzünden. Weil das Feuer nicht mehr brennt. (…)«[824]

Obwohl es in der Prieuré drei Ärzte gibt, schreibt sie nichts über ihre medizinische Versorgung. Statt auf Bestrahlung setzt man hier auf Kuhatem. Gurdjieff lässt ihr im Kuhstall einen Diwan errichten, damit sie den Atem der Kühe inhalieren kann:

»Da liege ich täglich mehrere Stunden, um den Geruch der Kühe zu inhalieren. Es soll eine Allheilmedizin für die Lungen sein. (…) Die Luft ist wunderbar leicht und rein zu atmen, und ich genieße das Erlebnis. Ich habe Lust, als Ergebnis, sie von so nahe zu beobachten, ein Buch zu schreiben mit dem Titel ›Die Kuhheit der Kuh‹.«[825] Tatsächlich aber schreibt sie keine Zeile mehr. Es verlangt sie auch nicht mehr danach. Keine Rede mehr von all dem, was sie noch zu Papier bringen will. Sie genießt den Umgang mit der Gruppe, in die sie sich jeden Tag mehr hineinfindet. Wie einfach hier doch alles ist. Keine Falschheit, kein Arg – nichts, was sie an die Bloomsbury Group erinnert. Hier unter diesen Menschen kann man gesunden: »Noch etwas gibt es hier: Freundschaft. (…) Hier gibt es sie zwischen Frauen & Frauen & Männern & Frauen & man hat das Gefühl, sie ist unveränderbar, und man lebt sie auf eine Weise, wie es nirgendwo sonst möglich ist. Ich kann noch nicht sagen, ich hätte Freunde. Ich bin einfach noch nicht reif für sie. Ich kenne mich selbst nicht genug, damit man mir richtig vertraut, und ich bin schwach, wo diese Menschen stark sind. Doch selbst die Beziehungen, die ich habe, gehen mir über alle Freundschaften, die ich erlebt habe.«[826] Am meisten kann sie sich für die allabendlichen orientalischen Tänze begeistern, die »Movements«: »Es ist darunter einer, der nur ungefähr sieben Minuten dauert, und er enthält das ganze Frauenleben – aber auch alles! Nichts wird vergessen. Er lehrte mich mehr vom Leben einer Frau, als irgendein Buch es könnte.«[827] Die heiligen Tänze, die das Bewusstsein erweitern sollen, sind zentraler Bestandteil von Gurdjieffs Lehre. Sie sind so beeindruckend, dass Ballettchef Serge Diaghilev bei einem Besuch in der Prieuré versucht, Gurdjieff davon zu überzeugen, seine »Movements« mit den Ballets Russes aufzuführen. Zusammen mit dem russischen Komponisten Thomas de Hartmann, einem engen Freund von Wassily Kandinsky und Franz Marc, komponiert Gurdjieff über 300 Werke dieser »Sacred Hymns«. Heute werden sie unter anderem vom amerikanischen Jazz-Pianisten Keith Jarrett gespielt. Thomas de Hartmann und seine Frau Olga, die Gurdjieffs Sekretärin ist, gehören zu den engsten Vertrauten des Meisters und bleiben ihm ewig verbunden. De Hartmann ist ein Meister seines Fachs und komponiert unter anderem für Alexander Sacharoff zusammen mit seiner Frau Clotilde von Derp eines der berühmtesten Paare der Tanzgeschichte. Sacharoff, Kandisky und de Hartmann waren zusammen Mitglieder der expressionistischen Neuen Künstlervereinigung München. De Hartmanns Ballett *La Fleurette Rouge* (1906) wurde von keinen Geringeren als Vaslav Nijinski, Anna Pavlova und Michel Fonkine getanzt.

Katherine würde die Movements gern mittanzen, doch dazu ist sie zu schwach. Und so sitzt sie Abend für Abend in ihrem Sessel am Kamin und blickt mit solchem Eifer auf die Tanzenden, dass man das Gefühl hat, sie tanzt im Geiste mit. Die französische Ballettlehrerin Jeanne de Salzmann, eine von Gurdjieffs Haupttänzerinnen, wird ihr hier ebenso zur Freundin wie Julia Ostrowska, Gurdjieffs Ehefrau, die in Katherines Lieblingstanz »The Initiation of the Priestess« tanzt. Im April 1924 wird dieser Tanz in seiner ursprünglichen Form in der New Yorker Carnegie Hall aufgeführt.

Katherine entfernt sich mehr und mehr von ihrem alten Leben. Einzig Murry, der viele Briefe erhält, bleibt ihr Vertrauter – vertrauter, so scheint es, als all die Jahre zuvor. Die Hochzeit ihrer Schwester Jeanne nimmt sie nur als Randnotiz wahr, auf Elizabeth von Arnims neues Buch reagiert sie mit Abscheu: »Ich kann E. nichts über ihr Buch schreiben. Ich fand es so furchtbar ermüdend und albern. (...) Witze über Ehemänner, Doppelbetten, Gott und Hosen amüsieren mich nicht. Es erschien mir wie das traurige Geklimper einer alten Spieluhr.«[828]

Sie fühlt sich all dem entwachsen, seelisch und geistig gereift und überlegen. Die alten Freunde und Bekannten hingegen betrachten ihr Leben in der Prieuré mit ebenso großer Skepsis wie viele ihrer Biografen, die Gurdjieff für einen gerissenen Hochstapler halten und ihm eine nicht geringe Mitschuld an Katherine Mansfields frühem Tod geben.[829] T. S. und Vivian Eliot gestehen Ezra Pound, dass sie Gurdjieffs Einrichtung für eine »Irrenanstalt« halten, in der Lady Rothermere »nackt religiöse Tänze mit Katherine Mansfield« tanzt.[830] T. S. Eliot geht in seiner Verachtung noch weiter und bezeichnet Katherine Ezra Pound gegenüber als »eine der hartnäckigsten und dickhäutigsten Speichelleckerinnen und eine der vulgärsten Frauen, die Lady R. je getroffen hat, und außerdem eine sentimentale Spinnerin«.[831] Dass die Eliots vor allem von der Angst beherrscht sind, Katherine könnte Lady Rothermere dahingehend beeinflussen, Eliots Magazin *The Criterion*, einen Konkurrenten von *Athenaeum*, nicht länger zu finanzieren, lässt diese Aussagen in einem anderen Licht erscheinen.

Doch über solches Klein-Klein ist Katherine längst hinweg. Nicht einmal, dass man ihr die Wäsche stiehlt, reißt sie aus ihrer Glückseligkeit. Es gibt ja Ida, die sich darum kümmern kann: »Mir ist ein mehr oder weniger großes Unglück zugestoßen. Man hat mir die Wäsche von drei Wochen gestohlen, unter anderem fast meine ganze Unterwäsche. Pyjamas, Nachthemd aus Crêpe de Chine, Schlafanzug, drei Hosen, drei Oberteile (natürlich meine besten!), drei paar Strümpfe, wollener Unterrock, Schlüpfer, 18 Taschentücher und so weiter … Würdest Du bitte, wenn Du in Paris bist, in ein Warenhaus gehen und mich wieder einkleiden? (…) Für die Schlüpfer und den wollenen Unterrock gehst du am besten zu ›Jones‹ in der Avenue Victor Hugo.«[832] Die bemühte Ida schickt umgehend auch noch ein Kleid mit und schießt damit wieder einmal völlig übers Ziel hinaus: »Kaufe mir bitte auf keinen Fall mehr ein Kleid oder Schuhe. Schluss damit! Ich kann keine falsche Wahl riskieren. Lieber bleibe ich ohne diese Sachen. Versteh mich bitte, wenn ich das so sage. Ich weiß, was ich will: Also: kein Kleid, keine Schuhe – und auch keinen Stoff für ein Kleid.«[833]

Ida lässt sich schließlich auf dem Landgut Val Richer nahe Lisieux in der Normandie nieder. Hier findet sie eine neue Heimat: »Ich liebte diesen Hof, fühlte mich dort wie zu Hause und wäre bei meiner Arbeit mit den Tieren vollkommen glücklich gewesen, wenn mich nicht dieser versteckte Kummer bedrückt hätte. Da ich meine Verzweiflung nicht verbergen konnte, schrieb ich Katherine weniger und oberflächlicher.«[834] Die hingegen schreibt weiterhin begeisterte Briefe an ihre Freunde, obwohl sie zumeist entsetzlich friert und auch die Arbeit in der Küche immer belastender für sie wird. Da im Haus nur selten geheizt wird, trägt sie ihren Pelzmantel nun Tag und Nacht – sogar im Bett. Auch die Feuchtigkeit macht ihr zu schaffen: »Ich wohne jetzt übrigens in dem Flügel des Hauses, in dem die Angestellten untergebracht sind: kahle Gestelle und geschrubbter Tisch für Wasserkrug und Waschbecken. Etwa um 10:30 Uhr beginnen wir im Salon mit der Arbeit und gehen zwischen ein und zwei Uhr nachts zu Bett. Ein eiskalter Wind pfeift durch die undichten Fenster. Meine Hände sind vom vielen Rüben- und Zwiebelschälen unansehnlich geworden. Ich verrichte lauter solche Küchenarbeiten und bin froh, wenn ich mein schmuddeliges Spültuch jeweils gegen eine Schürze oder ein Überkleid umtauschen kann. Das Leben hier beweist, wie dumm alle Ärzte sind und wie falsch sie denken. Hätten sie gewusst, worauf ich mich hier einlasse, dann hätten sie mir das baldige Ende prophezeit.«[835]

Sie ist genügsam geworden. Wenn sie Ida jetzt Geld schickt, dann, damit diese sich etwas für sich selbst kaufen kann: »Mein Leben hier ist weder armselig noch elend. Nichts geschieht durch

Zufall. Ich verstehe jetzt, weshalb man mir ein anderes Zimmer zugewiesen hat. Es tut sehr gut, ist heilsam und neu für mich, mit so vielen Menschen zusammenzuwohnen, sie näher kennenzulernen und das Leben mit ihnen zu teilen. (...) Ich werde trotzdem froh sein, wenn es wieder Frühling wird. Der Winter ist eine schwierige Zeit.«[836] Von all den Menschen, die sie kennt, erscheint ihr nur D. H. Lawrence als geeignet, es in der Prieuré auszuhalten. Nur er würde verstehen, was für ein magischer Ort dies ist. Allerdings wäre ihm wahrscheinlich sein Stolz im Wege. Dass hier keiner wichtiger ist als der andere, würde ihm vermutlich nicht gefallen.[837]

Als Murry ihr schreibt, er würde sie gern im Frühling einmal besuchen kommen, winkt sie ab. Die Hotels in Fontainebleau seien alle geschlossen. Das Institut hingegen sei noch nicht in der Situation, Gäste unterzubringen, es müsse noch vieles renoviert werden. Sie scheut sich, Gurdjieff zu fragen, ob sie einen Gast empfangen dürfe. An Murry schreibt sie, dass es abgesehen von unregelmäßigen Mahlzeiten für ihn hier überhaupt nichts zu tun gäbe: »Aber der entscheidende Grund ist folgender. (...) Ich habe zurzeit kein Leben, das ich teilen kann. Du kannst nicht mit mir im Kuhstall sitzen oder mit sieben oder acht Leuten in der Küche. So weit sind wir noch nicht. Es wäre einfach falsch. (...) Ich kann Dich nicht sehen, bis die alte Wig verschwunden ist. Ich muss mich allein erholen. Das bedeutet, dass wir uns vor dem Frühjahr nicht sehen werden.«[838]

Mitte Dezember kehrt sie nach einer schweren Grippe wieder in ihr komfortables Zimmer im ersten Stock zurück. Sie hat ihre Lektion verstanden, ist an sich selbst und den widrigen Umständen gewachsen, wie sie voll Begeisterung an Murry schreibt. Gurdjieff wisse eben immer ganz genau, was für jeden seiner Anhänger das Beste ist: »Ich glaube – ich spüre, dass ich die Lektion, die mich das andere Zimmer lehren sollte, gelernt habe. Ich habe gelernt, dass ich so primitiv leben kann, wie Du & ich es nie getan haben, dass ich jede Menge Lärm aushalten kann, dass ich Unsauberkeit, Unordnung, sogar komische Gerüche aushalte, ohne den Kopf zu verlieren oder wirklich zu leiden, mehr als oberflächlich. Aber woher wusste Mr Gurdjieff, wie sehr ich diese Erfahrung brauchte. (…) Er handelt stets genau in dem Moment, in dem man es braucht.«[839]

Sie genießt das große traditionelle Weihnachtsfest, das Gurdjieff ausrichtet, und freut sich zum ersten Mal seit Langem auf das kommende Jahr. Für die Feier zum Jahreswechsel hat die Gemeinschaft ein Theater gebaut, für das 63 Teppiche und Pelzdecken angekauft worden sind. Den Silvestertag nutzt sie, um zahlreiche Briefe an ihr nahestehende Menschen zu schreiben. Nicht alle Briefe vollendet sie, nicht alle Briefe schickt sie ab. Elizabeth von Arnim erklärt sie das Leben, das sie gerade führt: »Es ist eine phantastische Existenz, unmöglich zu beschreiben. Man könnte überall sein. In Bokhara oder Tiflis oder Afghanistan (abgesehen vom Klima, leider!). Aber sogar das Klima setzt einem gar nicht so sehr zu, wenn man auf diesem Niveau herumwirbelt. Denn wir wirbeln ganz entschieden herum. Ich kann Dir gar nicht sagen, welche Freude es für mich ist, mit lebendigen Menschen zusammen zu sein, die fremd und frisch sind und sich nicht für sich schämen. (…) Seit Oktober habe ich kein Wort mehr geschrieben, und bis zum Frühjahr will ich es auch nicht. (…) Leb wohl, meine liebste Cousine. Ich kenne niemanden, der Dir gleicht. An jede Kleinigkeit, die Dich betrifft, werde ich mich immer erinnern.«[840] Auch an ihre Schwestern Chaddie und Jeanne schreibt sie, und an ihren Vater: »Mein liebster Vater. Ich schreibe diesen Brief, während das alte Jahr den letzten Schnaufer tut und gar schon auf der Fahrt in die Grube ist! Möge das Neue Jahr Dir alles Glück bringen. Ich wünschte, ich könnte mir ausmalen, dass wir uns darin sehen könnten, aber vielleicht werde ich in dem danach so glücklich sein, mich heimwärts zu wenden. Das ist ein Traum, den ich zu gern verwirklichen würde. Seit ich das letzte Mal schrieb, habe ich hier eine sehr zahme Halbexistenz geführt. Mein Herz fühlt sich unter dieser neuen Behandlung, die eine der abgestuften Anstrengungen und Übungen ist, entschieden besser, und als eine Folge davon fühlen sich auch meine Lungen ruhiger an. Es ist eine bemerkenswerte Tatsache, dass ich seit meiner Ankunft hier nicht einen ganzen Tag im Bett verbracht habe – ein nie da gewesener Rekord für mich. Ich fühle immer größere Zuversicht, dass ich, wenn ich dieser Behandlung eine gerechte Chance gebe, in jeder Hinsicht unendlich kräftiger sein werde. Mehr wage ich nicht zu sagen.«[841] Die erstaunte Ida erhält einen Brief über Stallarbeit, die Haltung von Tieren und Fragen zu Ackerbau und Garten. Ihr eigenes Aussehen ist der einst so eitlen und modebewussten Katherine mittlerweile einerlei: »Mein blaues Kleid ist voller Löcher. Die Kaschmir-Jacken sehen aus, als hätten Ratten daran genagt. Und was meinen Pelzmantel betrifft – eine nasse Londoner Katze ist nichts dagegen. Das letzte Mal, als ich im Kuhstall war, hat eine Ziege daran geknabbert.«[842] Murry allerdings erhält eine durchaus überraschende Nachricht: Katherine bittet ihn, in den nächsten Tagen in die Prieuré zu kommen. Etwas verwundert, aber doch erfreut, macht er sich auf den Weg nach Frankreich. Am 9. Januar 1923 sieht er Katherine nach vielen Monaten endlich wieder. Er bleibt als ihr Gast im Institut. Stolz führt sie ihn herum, schwärmt vom einfachen, aber sinnvollen Leben in und mit der Natur. Am Abend besuchen die beiden die Einweihungsfeier des neuen Theatersaals, anschließend ziehen sie sich in den Salon zurück und lauschen der dort dargebotenen russischen Musik. Es ist schon spät, als sie sich zurückziehen. Katherine läuft vor Murry die Treppe zu ihrem Zimmer hinauf, um ihm zu zeigen, wie gut sie sich fühlt. Da überkommt sie ein schwerer Hustenanfall. Murry eilt zu ihr, trägt sie ins Zimmer. Hier erleidet sie einen Blutsturz, in dessen Folge sie zusammenbricht. Weder Murry noch die rasch herbeigerufenen Ärzte können ihr helfen. Mit den Worten »Jack ... ich glaube ... ich werde sterben« wendet sie sich ein letztes Mal an ihren Mann. Dann stirbt sie. Ihre Freundin Olgivanna erreicht das Zimmer zu spät: »Den ganzen Weg zu ihrem Zimmer rannte ich. Sie lag auf dem Bett, und mehrere Ärzte beugten sich über sie. Sie führten einige verzweifelte Maßnahmen mit heißen Wasserbeuteln durch. Sie war tot. Ich berührte ihre Hand, die noch warm war.«[843] Katherine Mansfield, die nicht ans ewige Leben glaubte, wird nur 34 Jahre alt: »Wir haben nur ein Leben, und ich kann nicht an die Unsterblichkeit glauben. Ich wünschte, ich könnte es. An den Pforten des Himmels ankommen, einen grimmigen alten Engel rufen hören: ›Schwindsüchtige nach rechts – auf den hohen Berg, vorbei am Blumenfeld und den Boroniabäumen –, wer unter Grieß, Stein oder Verfettung leidet, nach links zum Ewigen Restaurant, wo es nach Ewigem Rindsbraten riecht.‹ Wie man da hindurchhüpfen würde!«[844]

Virginia Woolf erfährt durch ihr Dienstmädchen beim Frühstück vom Geschehen: »›Mrs Murry ist tot! Es steht in der Zeitung!‹ Und dann empfindet man – was? Einen Schock oder Erleichterung? – Eine Rivalin weniger?«[845]

Am 12. Januar 1922 findet der Trauergottesdienst für Katherine in der protestantischen Kirche von Fontainebleau statt. Die treue Ida ist ebenso angereist wie Katherines Schwestern Chaddie und Jeanne. Auch John Sullivan ist da, in Begleitung von Dorothy Brett, die Katherine ein Körbchen mit Maiglöckchen bringt, an dem eine große pinke Schleife befestigt ist. Ida hat Katherines großen spanischen Schal über den Sarg gebreitet. Dora Carrington schreibt an Gerald Brenan: »Brett ist mit Sullivan zur Beerdigung gefahren. Es tut mir leid, dass Katherine tot ist. Ich habe sie nicht mehr gesehen, seit sie mit Brett und mir in der Gower Street wohnte. Aber sie war eine große Bereicherung für das Leben. Ihr Schreiben war das Uninteressanteste an ihr. (…) Sie war keine gewöhnliche Frau. (…) Sie war so geistreich und hatte so viel Mut. Sie lebte jede Art von Leben, und sie kannte alle Arten von Menschen. Merkwürdig, dass sie so stumpfsinnig schrieb. Denn wenn man mit ihr sprach, war sie das Gegenteil davon. Ich dachte immer, dass sie durch ihre Verbindung mit Murry zum Scheitern verurteilt war. Ich glaube, er fraß ihr die Seele aus dem Leib.«[846] Bestattet wird Katherine auf dem Friedhof von Avon. Als Grabinschrift wählt Murry ein Zitat aus Shakespeares *Heinrich IV.*, welches Katherine selbst ihrer Erzählung »Die Blume Sicherheit« von 1920 vorangestellt hat: »Aber ich sage Euch, Mylord Narr, aus der Nessel Gefahr pflücken wir die Blume Sicherheit.«[847]

Frieda und D. H. Lawrence sind erschüttert über die Nachrichten aus Frankreich. Allerdings sehen sie Katherines Tod herbeigerufen durch deren falschen Umgang mit der Krankheit. Krankheit dürfe man nicht an sich heranlassen, einfach weiterzuleben sei das beste Mittel dagegen. D. H. Lawrence hat kein Verständnis für all die Therapien und den Ärztemarathon, den Katherine hinter sich gebracht hat. Damit hätte sie sich der Tuberkulose ergeben. Er selbst wird nur sieben Jahre später mit 44 Jahren an seiner Krankheit in Italien sterben.

In London hingegen schreibt Virginia Woolf in ihr Tagebuch: »Katherine ist seit einer Woche tot. (…) Ich sehe sie deutlich vor mir (…) Katherine, die sich einen weißen Kranz aufsetzte & uns verließ, auf Abruf; geehrt, auserwählt. Und dann bedauerte man sie. Und man spürte, dass sie sich sträubte, den Kranz zu tragen, der eiskalt war. (…) Zwei Tage lang hatte ich das Gefühl, ich sei gealtert & hätte den Antrieb zu schreiben verloren. Das Gefühl verschwindet jetzt. Ich bemitleide sie nicht mehr so sehr. Trotzdem habe ich das Gefühl, dass ich, solange ich lebe, von Zeit zu Zeit an sie denken werde. Wahrscheinlich hatten wir etwas Gemeinsames, das ich bei niemandem sonst finden werde.«[848]

Für Ida beginnt nach Katherines Tod ein neues Leben, in dem sie sich allein, ohne die Freundin, erst einmal zurechtfinden muss. Sie bleibt zunächst in Frankreich, ehe sie nach England zurückkehrt und eine Zeitlang als Haushälterin für Elizabeth von Arnim tätig ist. Zeitgleich übernimmt sie, die Katherines Handschrift besser als sonst jemand kennt, es, für die von Murry geplanten Veröffentlichungen deren Texte abzutippen. 1942 zieht sie mit ihrer Freundin Helen Harvey nach »Lane End Cottage« in Woodgreen. Erst in hohem Alter und mit großem zeitlichem Abstand veröffentlicht sie 1971 ein Buch über ihre Zeit mit Katherine. Bis zu ihrem Tod 1978 lebt sie als beliebtes und geschätztes Mitglied der Dorfgemeinschaft in Woodgreen.

Murry tritt nach Katherines Tod noch dreimal vor den Traualtar. 1924 heiratet er die 22-jährige Schriftstellerin Violet Le Maistre, mit der er zwei Kinder bekommt: Katherine Violet Middleton Murry, deren Pate Thomas Hardy ist, und John Middleton Murry Jr. Beide Kinder werden Schriftsteller. Murrys Frau Violet wird zu einer zweiten Katherine. Sie trägt deren Kleider und Frisur, versucht sogar, deren Schreibstil zu kopieren. Dies gelingt ihr immerhin so gut, dass Murry eine ihrer Geschichten Katherines Nachlass zuordnet. Am Ende erkrankt auch sie an Tuberkulose, was sie Murry mit folgenden Worten berichtet: »Ich bin so froh. Ich wollte, dass du mich so sehr liebst, wie du Katherine geliebt hast – und wie könntest du mich ohne das hier lieben?«[849] Violet stirbt 1931 mit nur 29 Jahren. Ein Jahr später ehelicht Murry seine Haushälterin, die Kanadierin Elizabeth »Betty« Cockbayne, die laut John Jr. ihre Stiefkinder und den Vater terrorisiert. Sie bekommt zwei Kinder – Mary und David – von Murry, der sie 1941 verlässt, um mit Mary Gamble zusammenzuleben, die er nach Cockbaynes Tod 1954 heiratet. Murry stirbt 1957 in Suffolk, wo er zuletzt eine Farm bewirtschaftet.

1929 entdeckt ein neuseeländischer Literaturliebhaber durch Zufall bei einem Besuch des Friedhofs von Avon, dass Katherine nicht in einem regulären Grab, sondern in einer kommunalen Grabstätte liegt, die jederzeit aufgelassen werden kann. Harold Beauchamp, der seit Katherines Tod alles Mögliche unternimmt, um das öffentliche Gedenken an seine Tochter wachzuhalten, übernimmt daraufhin die Kosten für eine dauerhafte Grabstelle. Ihm ist es auch zu verdanken, dass das Haus Fitzherbert Terrace 47 bereits kurz nach Katherines Tod in ein nationales Denkmal umgewandelt wird und die Alexander Turnbull Library in Wellington damit beginnt, Erstausgaben von Katherine Mansfield anzukaufen.

Katherine Mansfields Grab in Avon ist heute ein Wallfahrtsort für Katherine-Mansfield-Jünger aus aller Welt. Auf dem Grabstein steht zu lesen: »Katherine Mansfield Ehefrau von John Middleton Murry 1888–1923. Geboren in Wellington Neuseeland. Gestorben in Avon«.[850]

»*Dies über alles: sei dir selber treu,*
Und daraus folgt, so wie die Nacht dem Tage,
Du kannst nicht falsch sein gegen einen andern.«

(W. Shakespeare: Hamlet, 1. Aufzug, 3. Szene)

Epilog: Das Blühen des Selbst

Bei ihrem Tod war Katherine Mansfield eine bekannte Autorin, aber weit davon entfernt, als eine der bedeutendsten Schriftstellerinnen des 20. Jahrhunderts zu gelten. Dass die 1923 gestorbene Katherine Mansfield heute weltberühmt ist, verdankt sich in nicht geringem Maße John Middleton Murry, der unmittelbar nach ihrem Ableben seine durchaus umstrittene Herausgebertätigkeit begann. Obwohl Katherine sich die Vernichtung der meisten ihrer Unterlagen gewünscht hatte, hatte sie es letztlich ihrem Mann überlassen, was veröffentlicht und was vernichtet werden sollte. John Middleton Murry vernichtete so gut wie nichts. Bereits am 23. April 1923 veröffentlichte *Athenaeum & Nation* Katherines letzte Erzählung »Der Kanarienvogel«. Virginia Woolf nahm dies zum Anlass, nochmals über Katherine und deren Arbeit kritisch zu reflektieren: »Meine Theorie lautet, dass sie zwar das bemerkenswerteste *Gespür* ihrer Generation besaß, so dass sie tatsächlich dieses Zimmer zum Beispiel wiedergeben könnte, mit seiner Fliege, Uhr, Hund, Schildkröte, wenn unbedingt nötig bis ins kleinste, lebendigste Detail, trotzdem aber so schwach wie Wasser war, so fade, und ein Gutteil gewöhnlicher, wenn sie ihren Geist benutzen musste. Das heißt, sie kann keine Gedanken oder Gefühle oder Feinheiten irgendwelcher Art in ihre Charaktere legen, ohne, wo sie ernst ist, sofort hart zu werden, und wo sie voller Sympathie ist, sentimental. Ihre erste Geschichte, die wir druckten, Prelude, war reine Beobachtung und daher exquisit. Ihre letzte konnte ich nicht lesen. Aber auch hier mag Vorurteil am Werk sein.«[851] Murry, der es zu seiner Lebensaufgabe machte, den Nachlass seiner Frau zu verwalten und ihren Ruhm zu mehren, sah dies verständlicherweise völlig anders. Zu Lebzeiten hatte er Katherine als Schriftstellerin uneingeschränkt verehrt, nun erklärte er sie zum Genie und zur Heiligen. Alles, was er in den nächsten Jahren publizierte, so privat es auch scheinen mochte, wählte er unter diesen Gesichtspunkten aus. Briefe, Tagebücher, Notizen – alles wurde selektiert und wenn nötig auch brutal zensiert, um die Legende von der heiligen Katherine zu untermauern. Alles, was Katherine Mansfield an Bösartigkeiten und Lästereien niedergeschrieben hatte, verschwand ebenso wie offenherzige Berichte über Liebschaften und Sex. Seine eigenen an Katherine gerichteten Briefe, die vielfach auch von Einsamkeit und Schmerz zeugten, hielt Murry hingegen zurück, fand sich mit der Rolle des rücksichtslosen Ehemanns, der seine kranke Frau schmählich im Stich gelassen hatte, klaglos ab. Sein Umgang mit Katherines Leben und Werk brachte ihm alsbald heftige Kritik ein. Aldous Huxley nahm ihn 1928 für seinen Roman *Kontrapunkt des Lebens* zum Vorbild für die Figur des Journalisten Denis Burlap, der »den Schmerz [über den Tod seiner Frau], den er fühlte oder jedenfalls zu fühlen behauptete, in einer ganz besonders peinlichen Serie dieser stets peinlich persönlichen Artikel verwertete, die das Geheimnis seines Erfolgs als Journalist waren (denn das große Publikum hat einen chronischen, kannibalischen Appetit auf Persönliches).«[852]

Aus Katherines schmalem Œuvre publizierte Murry in den nächsten Jahren zehn Bücher, was ihm, angesichts der Tantiemen, die er dafür erhielt, den Vorwurf einbrachte, noch Katherines Knochen auszukochen, um daraus Suppe zu machen.[853]

Katherine Mansfields Tagebücher, die nicht viel mehr als eine lose Sammlung von Blättern und unzusammenhängenden Notizen waren, ordnete Murry chronologisch und stellte sie zu den unterschiedlichen Ausgaben zusammen, die im Laufe der Jahre erschienen. Dabei kürzte und veränderte er alles, was nicht in die von ihm gewählte Lesart passte. Erst weit nach seinem Tod wurden Katherine Mansfields Tagebucheinträge zum ersten Mal in ungekürzter Form veröffentlicht. Seine herausragende Stellung im englischen Literaturbetrieb erleichterte es Murry, seine verstorbene Frau als unglückliches, unverstandenes Genie darzustellen, deren Genius eng mit ihrer großartigen Persönlichkeit zusammenhing. Eine Einschätzung, die die meisten Zeitgenossen keineswegs teilten.

Mit seinen Vorworten zu Tagebüchern und Texten legte Murry den Grundstein für das jahrelang vorherrschende Bild von Katherine Mansfield. Er beschrieb sie als eine reine, vornehme, empfindsame Seele, die mit besonderer Sensibilität gesegnet war. Wahrhaftigkeit sei ihr, die den Verlust von Heimat und Familie so tief empfunden habe und schon vor ihrer Krankheit einsam und leidend gewesen sei, das Wichtigste gewesen. Absoluter Wendepunkt in ihrem Leben sei der Erste Weltkrieg und der damit verbundene Verlust ihres Bruders gewesen. Durch diesen Tod sei sie seelisch neu geboren worden und habe durch ihre thematische Hinwendung nach Neuseeland ihre Entfremdung, Verzweiflung und Einsamkeit überwunden. Erst von da an sei sie in der Lage gewesen, sich selbst zu erkennen und zu begreifen, dass alle Bitterkeit sich durch Liebe auflösen ließe. Katherine sei eine feengleiche fragile Erscheinung gewesen, über die Maßen klug, kultiviert und aufgrund ihrer einzigartigen Empfindsamkeit zu einem besonderen Blick auf das Leben und die

Menschen befähigt. Für die 1933 erschienene Biografie von Ruth Elvish Mantz verfasste Murry nicht nur das Vorwort, er stellte auch die meisten Unterlagen zur Verfügung und wurde als Co-Autor genannt. Diese erste große Mansfield-Biografie beförderte die These von den unkultivierten Eltern und der unverstandenen genialen Kass. In seinem Vorwort verglich Murry seine Frau nicht nur mit Keats, sondern stellte gar eine Analogie zu Jesus Christus her: »Was hat Jesus mit Blake, mit Keats, mit Katherine Mansfield zu tun? Er hat sehr wohl etwas mit ihnen zu tun. Sie entsprechen seinem Typus. Sie sind Lebensabenteurer, die sich von der Weisheit der Vernunft abwenden und die Weisheit der Erfahrung suchen. Wenn man will, kann man sagen, dass es Gott selbst ist, der sie antreibt.«[854] Ein ziemlich perplexer D. H. Lawrence schrieb an Murry, nachdem er dies gelesen hatte: »Du irrst Dich im Hinblick auf Katherine. Sie war kein großes Genie. Sie hatte eine reizvolle Gabe, eine sehr fein ausgebildete Gabe. Aber mehr nicht. Indem Du versuchst, mehr daraus zu machen, erweist Du ihr keinen echten Dienst.«[855] Doch in seiner Autobiografie, in der er Gespräche mit Katherine wiedergab, legte Murry nach und bestätigte damit, was Ottoline Morrell immer geahnt hatte: »Ich hatte nie Zweifel daran, dass sie einander zugetan waren und dass er sie schlichtweg für perfekt hielt. Er schien in der Tat schon den geringsten Argwohn oder die leiseste Kritik an ihr übel zu nehmen und war wütend auf jeden, der ihr nicht genug Ehrerbietung zollte oder sie nicht mit genügend Rücksicht behandelte.«[856]

Obwohl klar war, dass Murry seine Herausgebertätigkeit äußerst subjektiv auslegte, bestimmte er lange Zeit das öffentliche Bild von Katherine Mansfield. Etwas, wozu er laut Leonard Woolf kein Recht hatte: »Murry hat Katherine sowohl als Mensch als auch als Schriftstellerin korrumpiert, pervertiert und zerstört. Sie war eine sehr ernsthafte Schriftstellerin, aber ihre

Gaben waren die einer intensiven Realistin, mit einem unterschwelligen Sinn für ironischen Humor und grundlegenden Zynismus. Sie verfing sich in Murrys klebriger Sentimentalität und schrieb gegen ihre Natur an. Im Grunde ihres Herzens wusste sie das, glaube ich, und es machte sie wütend.«[857] Erst Jahre später veröffentlicht Murry zurückgehaltene Dokumente, die ein differenzierteres Bild auf Katherine Mansfield zuließen. Als Anthony Alpers Anfang der 50er Jahre die bis dato bestrecherchierte Mansfield-Biografie vorlegte, gestattet Murry ihm, alles zu veröffentlichen, was ihm sinnvoll erschien. Alpers schrieb damals: »Als ich 1947 mit dem halbfertigen Buch nach London reiste, war Middleton Murry einer der unbeliebtesten Männer in der Welt der englischen Literatur.«[858] In Alpers' Buch fanden sich zum ersten Mal Informationen, die am Heiligenschein Katherine Mansfields kratzten. Viele ihrer eher unangenehmen Charakterzüge wurden benannt. Daraufhin folgte ein Pendelausschlag in die entgegengesetzte Richtung. Mansfield galt nun als »die egozentrischste Schriftstellerin ihrer Zeit«[859] und wurde bisweilen heftig kritisiert. Um diese Kritik zu entkräften, fuhren Mansfield-Anhänger ihrerseits Entschuldigungen und Erklärungen auf, die das von Alpers nachgewiesene »Fehlverhalten« der bewunderten Autorin begründen sollten und die eine der bedeutendsten Vertreterinnen der modernen angelsächsischen Erzählliteratur zum Opfer stilisierten.

Dabei war Katherine Mansfield kein widerstandsloses, passives Opfer der Umstände oder ihrer Mitmenschen, sondern stets bemüht, über ihr Leben die Handlungskontrolle zu erlangen und auch zu behalten. Selbst ihrer Krankheit, die tatsächlich versuchte, sie niederzuringen, versuchte sie, die Stirn zu bieten. Dass ihr schlechter Gesundheitszustand sie oft daran hinderte, ihr Leben voll und ganz dem Schreiben zu widmen, machte sie wütend, und dennoch stemmte sie sich mit Leibeskräften dagegen, sich das Leben von der Unzulänglichkeit ihres Körpers diktieren zu lassen. Ihre Tuberkulose machte sie zu einer Getriebenen, der die Zeit davonlief. Die Angst, nicht mehr alles, was sie im Kopf hatte, zu Papier zu bringen, lähmte sie und führte zu Tagebucheinträgen und Briefen, die zu lesen schmerzlich ist. Gleichwohl ist es wesentlich, Katherine Mansfield nicht nur als Leidende zu begreifen, sondern als eine Frau, die sich die Freiheit nahm, ihr Leben nach eigenen Vorstellungen zu gestalten, auch wenn diese Freiheit durchaus mit Schwierigkeiten verbunden war. Nüchtern betrachtet hatte Katherine Mansfield für eine Frau am Beginn des 20. Jahrhunderts außergewöhnlich viele Möglichkeiten, sich zu verwirklichen. Das eigene Zimmer und die monetäre Unterstützung, die Virginia Woolf als Grundbedingung kreativer Existenz einforderte, standen ihr immer zur Verfügung. Die Kämpfe, die sie für eine künstlerische Existenz ausfechten musste, waren überschaubar und wurden allesamt von ihr gewonnen. Auch privat nahm sie sich die Freiheit, verschiedene Leben auszuprobieren, ließ sich weder auf eine bestimmte Geschlechterrolle noch auf eine eindeutige sexuelle Orientierung festlegen. Dass sie dabei auf Widerstände stieß, war schon allein angesichts des Zeitalters, in dem sie lebte, unvermeidlich, hat sie aber nie gebrochen. Nach jugendlichem Aufbegehren pflegte sie mit ihren Eltern und ihren Geschwistern engen Kontakt. Sie hatte Förderer und Freunde und mit Ida und Murry zwei ihr sehr ergebene dauerhafte Bezugspersonen. Dass Katherine Mansfield bei alldem dennoch nicht nur liebevoll und fürsorglich war, sondern oft auch einsam und unglücklich und zudem von ihren Mitmenschen als hinterhältig und gemein geschildert wird, war in erster Linie der emotionalen Überforderung geschuldet, der sie auf der Suche nach dem »wahren Selbst« ausgesetzt war. Dass sie die Frage »Wer bin ich?« nicht eindeutig beantworten konnte, setzte sie einem permanenten Stress aus und brachte sie oft an den Rand der Verzweiflung. Sie litt unter dem noch heute weitverbreiteten gesellschaftlichen Zwang, eine Identität oder »ein wahres Selbst« zu haben, und schrieb an Murry: »Weißt Du, Bogey, wäre mir ein einziger wirklicher Schrei zu Gott gestattet, dann wäre dieser Schrei ICH WILL WIRKLICH sein.«[860]

Ihre vielen, oftmals widersprüchlichen Identitäten machten ihr zu schaffen. Nichts wollte sie, die merkte, dass sie anders als andere war, lieber, als endlich herausfinden, wer sie wirklich war: »Wird man jemals mit sich selber eins sein?«[861] Die verschiedenen Rollen, in denen sie sich zeigte, hatten weit weniger mit der Täuschung anderer zu tun als vielmehr mit den vielen Katherines, die es tatsächlich gab und die ihre verschiedenen Identitäten zu leben versuchten. Die Nichtakzeptanz ihrer Vielfalt führte zu einer tiefen Entfremdung, die sie letztlich durch ihre verzweifelte Suche nach ihrem wahren Selbst zu überwinden suchte. Im Sommer 1920 schrieb sie in ihr Tagebuch: »Als Poesiealben in Mode waren – prächtige, in weiches Leder gebundene Bände, mit so fein getönten Blättern, dass jedes zarte Gefühl auf seinem eigenen Sonnenuntergangshimmel dahinschmachten konnte –, pflegte die Beliebtheit jenes listigen, zweideutigen, schwierigen Rates die Sammler zur Verzweiflung zu bringen: ›Deinem eigenen Selbst bleibe treu!‹ Wie langweilig war es, wie stumpfsinnig, die gleichen Worte sechsmal hintereinander hingeschrieben zu bekommen! Und auch die Tatsache, dass er von Shakespeare war, konnte (...) an der Banalität des Ratschlags nicht viel ändern. Natürlich, war es so selbstverständlich wie der Wechsel von Tag und Nacht, dass, wenn man sich selber treu blieb ... Sich selber treu! Welchem Selbst? Welchem von den vielen Formen – ja von den Hunderten von Formen meines Selbst? Denn bei all meinen Komplexen, Verdrängungen, Reaktionen, Schwankungen, Reflexionen gibt es Augenblicke, wo ich das Gefühl habe, nichts zu sein als der kleine Angestellte eines Hotels ohne Eigentümer, der alle Hände voll zu tun hat, die Namen der eigensinnigen Gäste zu notieren und ihnen den Zimmerschlüssel auszuhändigen. Trotzdem gibt es gewisse Anzeichen, dass wir intensiv darauf bedacht sind, unser eigenes, besonderes Selbst herauszufinden und ihm entsprechend zu leben. *Der Mensch muss frei sein*, unabhängig, frei, ein Einzelner. Ist es nicht möglich, dass die Sucht nach Geständnissen, Autobiografien, besonders auch nach Erinnerungen an die früheste Kindheit ihre Ursache in unserem beharrlichen und doch geheimnisvollen Glauben an ein beständiges, fortdauerndes Selbst hat? Ein Selbst, das unberührt von allem, was wir gewinnen und wieder verlieren, einen grünen Schössling durch die welken Blätter und die Gartenerde stößt, eine schuppige Knospe durch die Jahre der Dunkelheit treibt, bis sie eines Tages vom Licht entdeckt und die Blüte befreit wird und – wir leben und blühen für den einen, unseren Augenblick, auf dieser Erde. Dies ist der Augenblick, für den wir schließlich leben – der Augenblick eines unmittelbaren Gefühls, in dem wir am meisten wir selbst und am wenigsten ›Person‹ sind.«[862]

Zeitlebens vom Wunsch nach Wahrhaftigkeit getrieben, nahm die Suche nach dem wahren Selbst in ihren letzten Monaten, als Katherine Mansfield die Heilung des Geistes als Voraussetzung für die Heilung des Körpers begriff, eine überragende Stellung ein, der sie alles unterordnete, letztlich auch das Schreiben. In den Wochen vor ihrem Tod schrieb sie außer Briefen und Tagebucheinträgen keine Zeile mehr. Sie opferte ihr Schreiben, das sie wahrlich einzigartig machte, der Suche nach einem tief verborgenen, statischen und letztlich ziemlich eindimensionalen Selbst.

Doch ist ein erfülltes Leben tatsächlich vom Finden des einen »wahren Selbst« (so es dies denn überhaupt gibt) abhängig? Ist es nicht vielmehr gleichbedeutend damit, seine verschiedenen widersprüchlichen Identitäten in ein einigermaßen harmonisches Gleichgewicht zu bringen, mit dem es sich leben lässt?

Endlich zu seinem vielfältigen, bunten, dynamischen, nicht fassbaren und immer im Wandel begriffenen Selbst zu stehen und es in die Freiheit zu entlassen? Thomas Glavinic hat in seinem Roman *Der Jonas-Komplex* geschrieben: »Wer wir sind, wissen wir nicht. Beim letzten Durchzählen kam ich auf mindestens drei Personen, die jeder von uns ist. Erstens die, die er ist, zweitens die, die er zu sein glaubt, und drittens die, für die ihn die anderen halten sollen.«[863]

Die facettenreiche Katherine Mansfield hat die Suche nach dem »wahren Selbst«, dem sie in Gurdjieffs Institut endlich nahekommen wollte, letztlich das Leben gekostet. Vielleicht ist es an der Zeit, dass wir uns von diesem ominösen, keineswegs erstrebenswerten Ziel, auf ewig zu definieren, wer wir sind, verabschieden und uns und andere mit unseren diversen, oft auch widersprüchlichen Identitäten und immer wieder neu entstehenden Selbsts annehmen.

Dies scheint mir in der Tat die einzige Möglichkeit zu sein, sich selbst treu zu bleiben oder, wie Katherine Mansfield es formulieren würde, »wirklich zu sein«.

Anmerkungen

1 Mike Read: Forever England: The Life of Rupert Brooke, Edinburgh 2000, S. 150
2 George Orwell: Der Löwe und das Einhorn. Der Sozialismus und der englische Genius, Leipzig o. J., S. 11
3 Dorothy Brett über Katherine Mansfield, in: Katherine Mansfield: Alles, was ich schreibe – alles, was ich bin. Texte einer Unbeugsamen. Hrsg. v. Ingrid Mylo, Wiesbaden 2022, S. 16
4 Sean Hignett: From Bloomsbury to New Mexico. A Biography, London 1984, S. 106
5 Katherine Mansfield an Sylvia Payne, London, 24. April 1906, in: Katherine Mansfield: Briefe. Hrsg. v. Vinvent O'Sullivan, Frankfurt a. M. 1992, S. 23
6 Katherine Mansfield an Dorothy Brett, Church Street Chelsea, 11. Oktober 1917, in: Briefe, S. 84
7 George Orwell: Löwe und Einhorn, S. 9
8 Lytton Strachey: ›Carlyle‹, in: *Nation and Athenaeum*, XLII, 28. Januar 1928, S. 646
9 Katherine Mansfield: Das Luftbad, in: Sämtliche Werke, Frankfurt a. M. 2009, S. 71
10 Julie Kennedy: Katherine Mansfield in Picton, Auckland 2000, S. 15/16
11 Robert Gathorne-Hardy (Hrsg.): Ottoline at Garsington. Memoirs of Lady Ottoline Morrell, London 1974, S. 185
12 Gillian Boody: Distanz und Nähe, in: Ingrid Mylo (Hrsg.): Apropos Katherine Mansfield, Frankfurt a. M. 1998, S. 128/129
13 Gathorne-Hardy, S. 150
14 Katherine Mansfield an Sarah Gertrude Millin, Victoria Palace Hotel, Paris März 1922, in: Briefe, S. 307
15 Anthony Trollope: Australia and New Zealand, London 1873, Band II
16 Katherine Mansfield an Sylvia Payne, London, 24. April 1906, in: Briefe, S. 23
17 Katherine Mansfield an S. S. Koteliansky, Le Prieuré, Fontainebleau, 19. Oktober 1922, in: Briefe, S. 323

18 Elizabeth Bowen: A Living Writer, in: J. Pilditch (Hrsg.): The Critical Response to Katherine Mansfield, Westport CT, 1966, S. 75
19 Katherine Mansfield: Geranien, Tagebuch, Mai 1919, in: Tagbuch 1904–1922, München 1981, S. 233
20 »›When London is in ruins‹: Gustave Doré's The New Zealander« (1872), *The Public Domain Review*, https://publicdomainreview.org/collection/dore-new-zealander
21 Ottoline Morrell: Wie Ebbe und Flut, in: Mylo: Apropos, S. 101
22 Ruth Elvish Mantz: The Life of Katherine Mansfield, London 1933, S. 95
23 Ian Gordon: Katherine Mansfield. Writers and Their Work, No. 49. London 1954, S. 7
24 Katherine Mansfield an Richard Murry, Villa Isola Bella, Menton, 17. Januar 1921, in: Briefe, S. 236
25 Angela Smith: Mansfield and Dickens: ›I am not Reading Dickens *Idly*‹, in: Celebrating Katherine Mansfield. A Centenary Volume of Essays. Hrsg. v. Gerri Kimber/Janet Wilson, London 2011, S. 193
26 Bertrand Russel: Autobiografie II 1914–1944, Frankfurt a. M. 1973, S. 135
27 Olgivanna Lloyd Wright: The Last Days of Katherine Mansfield, *The Bookman* 73, März 1931, S. 6
28 Katherine Mansfield: Die Aloe, später überarbeitet und unter Prelude veröffentlicht, hier im Original, Göttingen 2021, S. 13
29 *The Evening Post*, 15. Oktober 1888
30 Katherine Mansfield: Daphne, in: Sämtliche Werke, S. 689
31 Terence Hodgson: Colonial Capital: Wellington 1865–1910, Auckland 1990, S. 44–46
32 Jonathan Swift: Gullivers Reisen, Ditzingen 2022, S. 28–30
33 Katherine Mansfield an Richard Murry, Villa Isola Bella, Menton, 3. Februar 1921, in: Briefe, S. 238
34 Henry D. Kelly: As High as the Hills. The Centennial History of Picton, Auckland 1976, S. 19
35 Harold Beauchamp: Reminiscences and Recollections, New Plymouth, Neuseeland 1937, S. 42
36 Redmer, Yska: A Strange Beautiful Excitement: Katherine Mansfield's Wellington 1888–1903, Dunedin 2017, S. 9
37 Harold Beauchamp: Reminiscences, S. 30
38 1908 wurde neu nummeriert: Tinakori Road Nr. 11 wurde zu Tinakori Road Nr. 25
39 »Messrs. W. M. Bannatyne & Co. Ltd« *Progress*, Volume 1 Issue 2. 1. Dezember 1905, S. 41
40 Athletic Rugby Club Wellington Jahrbuch 1879, in: Kevin Boon: From the

Colonies to Katherine Mansfield. The Life and Times of Sir Harold Beauchamp, London 2021, S. 41

41 Roberta Nicholls: »Beauchamp, Harold 1858–1938«, DNZB Dictionary of New Zealand Biography, https://teara.govt.nz/en/biographie/2b14/beauchamp-harold
42 Katherine Mansfield an John Middleton Murry, The Gables Cholesbury, Bucks, Anfang Mai 1913, in: Letters between Katherine Mansfield and John Middleton Murry hrsg. v. Cherry A. Hankin, New York 1983, S. 14
43 Katherine Mansfield: *The Appletree*, Journal 1915, in: Gillian Boddy: Katherine Mansfield. The Woman and the Writer, Ringwood 1988, S. 2
44 Katherine Mansfield: Die Flüsse von China, Tagebuch Dezember 1920, in: Tagebuch 1904–1922, München 1981, S. 332
45 Katherine Mansfield: Vorspiel (Prelude), in: Sämtliche Werke, S. 182/183
46 Katherine Mansfield: An der Bucht, in: Sämtliche Werke, S. 392
47 Gerri Kimber: Katherine Mansfield. The Early Years, Edinburgh 2016, S. 22
48 Ida Baker: Ein Leben für Katherine Mansfield. Erinnerungen, Frankfurt a. M. 1998, S. 38
49 Katherine Mansfield an ihre Schwester Chaddie, in: Mantz, S. 129/130
50 Katherine Mansfield: Tagebuch, 21. Januar 1922, in: Ida Schöffling: Katherine Mansfield. Leben und Werk, Frankfurt a. M. 1996, S. 14
51 Katherine Mansfield: Tagebuch Juni 1909, in: Tagebuch, S. 84
52 »The Typhoid Fever Scare«, *Evening Post,* 31. Juli 1889, S. 2
53 Katherine Mansfield: Eine Kindheitserinnerung, Tagebuch 1916, in: Tagebuch, S. 164
54 Harold Beauchamp: Reminiscences, S. 85
55 Katherine Mansfield: Prelude (Vorspiel), in: Sämtliche Werke, S. 138
56 Ebenda, S. 167/168
57 Katherine Mansfield: An der Bucht, in: Sämtliche Werke, S. 410
58 Katherine Mansfield, in: Mantz, S. 104
59 Ebenda, S. 112/113
60 Kimber: Early Years, S. 44
61 Katherine Mansfield an John Middleton Murry, Casetta Deerholm, Ospedaletti, 30. Oktober 1919, in: Schöffling, S. 17
62 Mantz, S. 78
63 Katherine Mansfield: About Pat, *Queen's College Magazine,* Dezember 1905, S. 344–347
64 Owen Leeming: The Sisters of Kezia, Interview 1962, RNZ Collection, Sound Collections Nr. 24160 NGA Taonga Sound & Vision Archiv
65 Mantz, S. 106
66 Katherine Mansfield: Tagebuch, in: Tagebuch, S. 12

67 Katherine Mansfield: Die Seereise, in: Sämtliche Werke, S. 514/515
68 Kimber: Early Years, S. 50
69 »›Omana Chimes‹. Katherine Mansfield at School«, N.Z Dairy Exporter Annual 10. Oktober 1929, S. 38, in: Kimber, S. 50
70 Katherine Mansfield: Mary, in: Mantz, S. 108/109
71 Annie Beauchamp: Tagebuch 21. März 1898, *RMS Ruahine,* in: Annie Beauchamp: Victorian Voyage. The Shipboard Diary of Katherine Mansfield's Mother March to May 1898, hrsg. v. Ian Gordon, Wellington 2000, S. 25
72 Annie Beauchamp: Tagebuch 24. März 1898, *RMS Ruahine,* in: Annie Beauchamp: Victorian Voyage, S. 30
73 Annie Beauchamp: Tagebuch 3. April 1898, *RMS Ruahine,* in: Annie Beauchamp: Victorian Voyage, S. 42
74 Marion Ruddick: Incidents in the Childhood of Katherine Mansfield, unveröffentlichtes Typoscript, zitiert nach Kimber: Early Years, S. 68
75 Katherine Mansfield: Tagebuch 12. März 1916, in: Tagebuch, S. 169/170
76 Katherine Mansfield: Erwachsensein, Tagebuch 1918, in: Tagebuch, S. 213
77 Katherine Mansfield: Notizen zu ›Die Aloe‹, Tagebuch 1916, in: Tagebuch, S. 161
78 Katherine Mansfield: Enna Blake, in: *The High School Reporter* 1898, Vol. 23, No. 20
79 Katherine Mansfield: Tagebuch März 1916, in: Tagebuch, S. 170/171
80 Ruddick, zitiert nach: Kimber: Early Years, S. 69
81 Ebenda, S. 70
82 Katherine Mansfield an Dorothy Brett, Chalet des Sapins, Montana-sur-Sierre, Schweiz, 4. August 1921, in: Katherine Mansfield: Collected Letters, Vol. 4 1920–1921, hrsg. v. Vincent O'Sullivan/Margaret Scott, Oxford 1996, S. 261
83 Katherine Mansfield: An der Bucht, in: Sämtliche Werke, S. 371/372
84 Katherine Mansfield: Ein schwaches Herz, in: Sämtliche Erzählungen, S. 750/751
85 Tosti Murray: Marsden. The History of a New Zealand School for Girls, Wellington 1967, S. 66
86 Kimber: Early Years, S. 84
87 Burney Trapp (Katherine Mansfields Cousin) an seinen Sohn Joseph Trapp, 4. März 1947, in: Claire Tomalin: Katherine Mansfield. Eine Lebensgeschichte, Frankfurt a. M. 1990, S. 30
88 Katherine Mansfield: Nähklasse, Tagebuch 1916, in: Tagebuch, S. 181/182
89 Ebenda., S. 180/181
90 Mantz, S. 152/153
91 Katherine Mansfield: Juliet, in: Katherine Mansfield: Notebooks, Complete Edition, hrsg. v. Margaret Scott, Minneapolis 2002, S. 49
92 Ebenda, S. 56
93 Ebenda, S. 50

94 Schöffling, S. 38
95 Katherine Mansfield an Harold Beauchamp, Hotel d'Angleterre, Montana-sur-Sierre, Schweiz, 26. Juni 1922, in: Tomalin, S. 33/34
96 Katherine Mansfield an Marion Tweed London, 16. April 1903, in: Katherine Mansfield: The Collected Letters, Vol. 1 1903–1917, hrsg.v. Vincent Sullivan and Margaret Scott, Oxford 1984, S. 4
97 Ebenda, S. 5
98 Samuel Heynes: The Edwardian Turn of Mind, London 1992, S. 10
99 Jack London: Menschen des Abgrunds, Dortmund 1974, S. 13/14
100 https://www.qcl.org.uk/about-us/a-proud-history
101 Katherine Mansfield an Marion Ruddick, London, 16. April 1903, in: Collected Letters 1, S. 5
102 Ebenda, S. 5
103 Katherine Mansfield: Juliet, in: Complete Notebooks, S. 65/66
104 Ebenda, S. 66
105 Katherine Mansfield: Tagebuch, 1. April 1904, in: Tagebuch, S. 32/33
106 Henry Herron Beauchamp: Tagebuch Weihnachten 1903, in: Julie Kennedy: Katherine Mansfield in Picton, Auckland 2000, S. 15
107 Henry Herron Beauchamp: Tagebuch 8. Januar 1905, in: Kennedy, S. 15
108 Harold Beauchamp: Reminiscences, S. 45
109 Elizabeth von Arnim: Elizabeth und ihr Garten, Berlin 2020, S. 26
110 Elizabeth von Arnim: Ein Sommer im Garten, Berlin 2016, S. 37/38
111 Anthony Alpers: The Life of Katherine Mansfield, New York 1980, S. 34
112 Katherine Mansfield: College Erinnerungen, Tagebuch, Februar 1916, in: Tagebuch, S. 168
113 Ebenda, S. 165/166
114 Elaine Kaye: A History of Queen's College, London 1848–1972, London 1972, S. 134
115 Mantz, S. 178
116 Jeffery Meyers: Katherine Mansfield. A Biography, London 1979, S. 15
117 Katherine Mansfield an Sylvia Payne, The Retreat, Bexley/Kent, 23. Dezember 1903, in: Collected Letters 1, S. 7/8
118 Mantz, S. 198
119 Katherine Mansfield: Nelke, in: Sämtliche Werke, S. 974
120 https://teara.govt.nz/en/biographies/4h29/herrick-hermione-ruth
121 Katherine Mansfield an Sylvia Payne, The Retreat, Bexley/Kent, 23. Dezember 1903, in: Collected Letters 1, S. 7/8
122 Ida Baker: Ein Leben für Katherine Mansfield, Frankfurt a. M. 1998, S. 22/23
123 Leslie Moore (Ida Baker): Katherine Mansfield. The Memories of LM, ungekürzte englische Originalausgabe, London 1985, S. XXIX

124 Baker: Leben, S. 25/26
125 Mantz, S. 202
126 Boddy, S. 9
127 Katherine Mansfield an Ida Baker, in: Baker: Leben, S. 13
128 Katherine Mansfield an Sylvia Payne, Queen's College, London, 24. Januar 1904, Collected Letters 1, S. 10
129 Katherine Mansfield: Juliet, in: Schöffling, S. 48
130 Katherine Mansfield: Die Wege des Lebens, Tagebuch 1906, in: Tagebuch, S. 34
131 Katherine Mansfield: A Fairy Story, in: The Edinburgh Edition of the Collected Works of Katherine Mansfield, Vol. 1., The Collected Fiction, hrsg. v. Gerri Kimber/Vincent O'Sullivan, Edinburgh 2012, S. 201/202
132 Katherine Mansfield: Tagebuch 1. Januar 1904, in: Tagebuch, S. 31/32
133 Garnet Trowell: »A Magician of the Cello«, *New Zealand Mail*, 4. Juli 1906, S. 28
134 Max A. Schwendimann: Katherine Mansfield. Ihr Leben in Darstellung und Dokumenten, München 1967, S. 28
135 Katherine Mansfield: Tagebuch 1. Oktober 1906, in: Tagebuch, S. 35
136 Katherine Mansfield an Sylvia Payne, London, 24. April 1906, in: Collected Letters 1, S. 18
137 Katherine Mansfield: MS-Papers Juni 1907, in: Schöffling, S. 51
138 Katherine Mansfield: Notebook 1907, in: Collected Works 4, The Edinburgh Edition: The Diaries, including Miscellaneous Works, hrsg. v. Gerri Kimber/ Claire Davison, Edinburgh 2022, S. 58
139 Baker, Leben, S. 34
140 Katherine Mansfield an Sylvia Payne, London, 24. April 1906, in: Collected Letters 1, S. 18
141 Mantz, S. 224
142 Katherine Mansfield: Tagebuch, November 1906 auf der *S. S. Corinthic*, in: Tagebuch, S. 38/39
143 Ebenda, S. 36/37
144 Ebenda, S. 37/38
145 Ebenda, S. 37
146 Ebenda, S. 36
147 Karen Usborne: Elizabeth von Arnim. Eine Biographie, Frankfurt a. M. 1994, S. 147
148 Schöffling, S. 56
149 Chaddie Beauchamp an Sylvia Payne, Wellington, Anfang Januar 1907, in: Alpers, S. 43
150 Katherine Mansfield an Sylvia Payne, Wellington, 8. Januar 1907, in: Collected Letters 1, S. 20/21

151 Rupert Brooke: The Letters, hrsg. v. Geoffrey Keynes, London 1968, S. 560
152 Sidney & Beatrice Webb: Visit to New Zealand in 1898, Milburn 1959
153 Georg Forster: Reise um die Welt, Frankfurt a. M. 2014, S. 448
154 Boon, S. 67
155 Katherine Mansfield an Vera Beauchamp, Fitzherbert Terrace, Wellington, April–Mai 1908, Collected Letters 1, S. 45
156 Jane Campino, Interview *Brigitte,* in: Schöffling, S. 55
157 Katherine Mansfield: Tagebuch *S. S. Corinthic,* November 1906, in: Tagebuch, S. 39
158 Katherine Mansfield: Das Gartenfest, in: Sämtliche Werke, S. 434
159 Alpers, S. 46
160 Katherine Mansfield: A Family Dance, Fragment von 1922, in: The Collected Fiction of Katherine Mansfield 1888–1923, Vol. 2, hrsg. v. Gerri Kimber und Vincent Sullivan, Edinburgh 2012, S. 496
161 »The Ladies Column«, *Evening Post,* 4. Mai 1907, S. 15
162 Katherine Mansfield: Tagebuch Januar 1907, in: Tagebuch, S. 41/42
163 Katherine Mansfield: Lesefrüchte 1907, in: Tagebuch, S. 44
164 Katherine Mansfield: Tagebuch 21. Oktober 1907, in: Tagebuch, S. 57
165 Katherine Mansfield: Tagebuch Februar 1907, in: Tagebuch, S. 42
166 Chaddie Beauchamp an Sylvia Payne, Wellington 1907, in: Alpers, S. 48
167 Burney Trapp an Joseph Trapp, 4. März 1947, unveröffentlichter Brief, in: Tomalin, S. 54
168 Katherine Mansfield: Tagebuch Mai 1908, in: Tagebuch, S. 77/78
169 Katherine Mansfield an Maata, Wellington, 10. April 1907, in: Collected Letters 1, S. 21
170 Philip Waldron: »Katherine Mansfield's Journal«, *Twentieth-Century Literature,* 20, 1, Januar 1974, 11–18, zitiert nach Schöffling, S. 57
171 Katherine Mansfield: Leves Amores, in: Tomalin: Anhang 1, S. 345
172 Katherine Mansfield: Tagebuch 25. Juni 1907, in: Tagebuch, S. 49
173 Katherine Mansfield: Neue Kleider, in: Sämtliche Werke, S. 792
174 Katherine Mansfield: Tagebuch 1. Juni 1907, Day's Bay, in: Tagebuch, S. 46
175 Katherine Mansfield: Tagebuch 25. Juni 1907, in: Tagebuch, S. 49/50
176 Katherine Mansfield: Tagebuch 1. Juni 1907, in: Tagebuch, S. 47
177 Katherine Mansfield: Tagebuch Juni 1907, in: Tagebuch, S. 46
178 Katherine Mansfield: Tagebuch 1. Juni 1907, in: Tagebuch, S. 48
179 Ebenda
180 Katherine Mansfield: Tagebuch 29. Juni 1907, in: Collected Works 4 (Edinburgh Collection), S. 52
181 Katherine Mansfield: Tagebuch Juni 1907, in: Tagebuch, S. 51
182 Katherine Mansfield: Tagebuch 27. August 1907, in: Tagebuch, S. 53

183 Ebenda, S. 54
184 Katherine Mansfield: Tagebuch 20. August 1907, in: Tagebuch, S. 53
185 Katherine Mansfield an Tom Trowell, Fitzherbert Terrace, Wellington, 11. August 1907, in: Collected Letters 1, S. 24
186 Katherine Mansfield: Tagebuch 28. August 1907, in: Tagebuch, S. 54
187 Katherine Mansfield: Tagebuch 21. Oktober 1907, in: Tagebuch, S. 57/58
188 Katherine Mansfield: Tagebuch 6. September 1907, in: Tagebuch, S. 55/56
189 Katherine Mansfield: Collected Works 4 (Edinburgh Collection), S. 51/ 52
190 Katherine Mansfield an Martha Putnam, Fitzherbert Terrace, Wellington, 22. Juli 1907, in: Collected Letters 1, S. 23
191 Katherine Mansfield an Edwin James Brady, Fitzherbert Terrace, Wellington, 23. September 1907, in: Katherine Mansfield Collection, 1834–1969 Manuscript Collection MS-2663 Box 1, Folder 6, Harry Ransom Center, The University of Texas at Austin
192 Harold Beauchamp an Edwin James Brady, Wellington, 10. Oktober 1907, in: Edwin James Brady Papers 1869–1952, MS-Papers-4009, Alexander Turnbull Library Wellington Neuseeland
193 Katherine Mansfield an Edwin James Brady, Fitzherbert Terrace, Wellington, 11. Oktober 1907, Katherine Mansfield Collection, 1834–1969 Manuscript Collection MS-2663 Box 1, Folder 6, Harry Ransom Center, The University of Texas at Austin
194 Schöffling, S. 67
195 Chaddie Beauchamp an Sylvia Payne, Fitzherbert Terrace, Wellington, 14. Oktober 1907, in: Alpers, S. 55
196 Anon: ›Social and Personal‹, *Dominion* 1:29, 29. Oktober 1907, S. 3
197 Katherine Mansfield: Tagebuch 21. Oktober 1907, in: Tagebuch, S. 57
198 Katherine Mansfield an Familie Trowell, Fitzherbert Terrace, Wellington, 14. November 1907, in: Collected Letters 1, S. 29
199 Katherine Mansfield: Kaingaroa Plain, Tagebuch November 1907, in: Tagebuch, S. 59
200 Katherine Mansfield: Tagebuch November 1907, in: Tagebuch, S. 60/61
201 Katherine Mansfield an Annie Beauchamp, Waipunga Riverside, 20. November 1907, in: Katherine Mansfield: Briefe, S. 27/28
202 Ebenda, S. 27
203 Katherine Mansfield: Tagebuch November/Dezember 1907, in: Tagebuch, S. 63
204 Katherine Mansfield: Tagebuch 17. Dezember 1907, in: Tagebuch, S. 73
205 Schöffling, S. 71
206 Kimber: Early Years, S. 235
207 Katherine Mansfield: Tagebuch 28. Dezember 1907, in: Tagebuch, S. 74

208 Katherine Mansfield: Tagebuch 1. Januar 1908, in: Tagebuch, S. 74
209 Katherine Mansfield an Tom Trowell, Wellington, 23. Januar 1908, in: Collected Letters 1, S. 39
210 Katherine Mansfield an Sylvia Paine, Days Bay, 4. März 1908, in: Briefe, S. 29/30
211 Katherine Mansfield an Vera Beauchamp, Fitzherbert Terrace, Wellington, Mai/Juni 1908, in: Collected Letters 1, S. 45
212 Katherine Mansfield: Tagebucheinträge Februar-Mai 1908, in: Tagebücher, S. 76
213 Katherine Mansfield an Vera Beauchamp, Fitzherbert Terrace, Wellington, April/Mai 1908, in: Collected Letters 1, S. 42
214 Katherine Mansfield: Tagebuch 17. Mai 1907, in: Tagebuch, S. 77
215 Katherine Mansfield an Sylvia Paine, Days Bay, 4. März 1908, in: Briefe, S. 30
216 Ebenda
217 Katherine Mansfield an Vera Beauchamp, Fitzherbert Terrace, Wellington, März 1908, in: Collected Letters 1, S. 42
218 Schöffling, S. 71
219 https://de.statista.com/statistik/daten/studie/1066473/umfrage/kaufkraft-eines-britischen-pfund-sterling/
220 Katherine Mansfield an Vera Beauchamp, Fitzherbert Terrace, Wellington, 12. Juni 1908, in: Collected Letters 1, S. 48
221 Katherine Mansfield an Vera Beauchamp, Fitzherbert Terrace, Wellington, 19. Juni 1908, in: Briefe, S. 31/32
222 Katherine Mansfield an Vera Beauchamp, Fitzherbert Terrace, Wellington, 26. Juni 1908, in: Collected Letters 1, S. 53
223 *The New Zealand Freelance,* 4. Juli 1908, in: Schöffling, S. 74
224 Katherine Mansfield: Tagebuch Mai 1908, in: Tagebuch, S. 37
225 Katherine Mansfield: Tagebuch 21. Dezember 1908, in: Tagebuch, S. 78/79
226 Tomalin, S. 86/87
227 Katherine Mansfield an Garnet Trowell, Beauchamp Lodge, London, 23. September 1908, in: Briefe, S. 36
228 Alexander Kay an *T. P.'s & Cassel's Weekly,* 28. Mai 1927, in: Ingrid Mylo: Apropos, S. 98/99
229 Katherine Mansfield an Harold Beauchamp, Villa Pauline, Bandol, Frankreich, 6. März 1916, in: Collected Letters 1, S. 251
230 Baker, S. 46
231 Ebenda, S. 49
232 Katherine Mansfield an Garnet Trowell, Beauchamp Lodge, London, 2. November 1908, in: Collected Letters 1, S. 84
233 Bastien und Bastienne, Programmheft 17. Juni 1913, Cabaret Theatre Club

and the Cave of the Golden Calf, Yale Center for British Art, Rare Books and Manuskripts, Collection of Cabaret Theater Club and the Cave of Golden Calf printed ephemera, MS. 50 Box 1 Folder 7

234 Philip Hoare: Wilde's Last Stand. Scandal, Decadence and Conspiracy During the Great War, Richmond 2011, S. 5
235 https://fabians.org.uk/about-us/our-history/
236 Katherine Mansfield an Garnet Trowell, Beauchamp Lodge, London, 17. September 1908, in: Collected Letters 1, S. 60
237 Edward Marsh an Rupert Brooke, in: Christopher Hassall: Edward Marsh. Patron of the Arts, London 1959, S. 226
238 Baker, S. 49
239 Baker, S. 50/51
240 Katherine Mansfield an Garnet Trowell, Beauchamp Lodge, London, 23. September 1908, in: Briefe, S. 35
241 Ebenda
242 Katherine Mansfield an Dorothy Brett, Chalet des Sapins, Montana-sur-Sierre, Schweiz, 13. Dezember 1921, in: Collected Letters 4 1920-1921, hrsg. v. Vincent O'Sullivan/Margaret Scott, Oxford 1996, S. 337
243 George Bowden an John Middleton Murry, 17. November 1947, in: Gerri Kimber: An Intellectual Comradship. A reassessment of the relationship between George Bowden and Katherine Mansfield, in: Aimée Gasston/Gerri Kimber/Janet Wilson: Katherine Mansfield: New Direction, London 2020, S. 172
244 George Bowden: A Biographical Note on Katherine Mansfield, Katherine Mansfield Collection 1834–1969, Manuscript Collection MS-2663, Container 2.6. Harry Ransom Center, University of Texas at Austin
245 George Bowden an Lucy O'Brien, 14. November 1947, Katherine Mansfield Collection 1834–1969, Manuscript Collection MS-2663, Container 2.7. Harry Ransom Center, University of Texas at Austin
246 Ebenda
247 George Bowden: A Biographical Note on Katherine Mansfield, Katherine Mansfield Collection 1834–1969, Manuscript Collection MS-2663, Container 2.6. Harry Ransom Center University of Texas at Austin
248 Ebenda
249 Baker, S. 56
250 Alpers, S. 88
251 George Bowden an seinen zukünftigen Schwiegervater Andrew Moore, Kalifornien, 27. Februar 1919, in: Alpers, S. 94
252 Katherine Mansfield vielleicht an Ida Baker, London, März 1909, in: Collected Letters 1, S. 89–90

253 Baker, S. 56
254 Katherine Mansfield: Newberry Notebook: Maata Plan Chapter XXIX, in: Complete Notebooks, S. 253
255 Baker, S. 53
256 Katherine Mansfield: Tagebuch Ostern 1909, in: Tagebuch, S. 82
257 Katherine Mansfield: Ostern 1909 aus Brüssel, in: Tagebuch, S. 82
258 Katherine Mansfield: Tagebuch Karfreitag 1909, Belgien, in: Tagebuch, S. 80
259 Katherine Mansfield: Tagebuch 29. April 1909, Belgien, in: Tagebuch, S. 83
260 Ebenda
261 Baker, S. 59
262 Katherine Mansfield an Garnet Trowell, Hotel Marquardt, Stuttgart, Ende Mai 1909, Trowell, Garnet Carrington, 1887–1945, MS-Papers-11326-017, Alexander Turnbull Library, New Zealand
263 »Weltliteratur im Kurort«, Bad Wörishofen Magazin, 2018, S. 12
264 Annie Burnell Beauchamp: Kodizil vom 13. August 1909 zum bestehenden Testament vom 27. Januar 1903, Annie Beauchamp Probate, Archives of New Zealand AAOM 6029 357/24163
265 Katherine Mansfield: Frau Fischer, in: Sämtliche Werke, S. 34
266 Katherine Mansfield: Tagebuch Juni 1909, Wörishofen, in: Tagebuch, S. 83/84
267 Ebenda
268 Katherine Mansfield: Tagebuch, Sonntagmorgen Juni/Juli 1909, Wörishofen, in: Tagebuch, S. 84
269 Ebenda
270 Katherine Mansfield: nicht abgeschickter Brief mit der Überschrift »A. C. F. Brief Nacht«, in: Tagebuch, S. 83
271 Mantz, S. 323
272 Katherine Mansfield: Das Luftbad, in: Sämtliche Werke, S. 68
273 Mantz, S. 324
274 Katherine Mansfield: Die Schwester der Baronin, in: Sämtliche Werke, S. 22
275 Katherine Mansfield: Deutsche beim Fleisch, in: Sämtliche Werke, S. 13
276 Katherine Mansfield: Frau Fischer, in: Sämtliche Werke, S. 36
277 Ebenda, S. 36
278 Ebenda, S. 30
279 Katherine Mansfield: Das Schwingen des Pendels, in: Sämtliche Werke, S. 120
280 Katherine Mansfield: Das Kind-das-müde-war, in: Sämtliche Werke, S. 95
281 Katherine Mansfield: Die fortschrittliche Dame, in: Sämtliche Werke, S. 100
282 Katherine Mansfield: Das Schwingen des Pendels, in: Sämtliche Werke, S. 112
283 Ebenda, S. 113
284 Ebenda
285 Gerri Kimber: ›That Pole outside our door‹. Floryan Sobieniowski and Kathe-

rine Mansfield, in: Janca Kascakoca/Gerri Kimber (Hrsg.): Katherine Mansfield and Continental Europe. Connections and Influences, London 2015, S. 67
286 Floryan Sobieniowski an Katherine Mansfield aus Warschau, 13. Dezember 1909, in: Kimber: Pole, S. 68
287 Ida Baker an Katherine Mansfield, Dezember 1909, in: Kimber: Pole, S. 70
288 Floryan Sobieniowski an Katherine Mansfield, Paris, 9. Januar 1910, in: Kimber: Pole, S. 70/71
289 Kimber: Intellectual Comradship, S. 183
290 George Bowden an Lucy O'Brien, 21. November 1947, Katherine Mansfield Collection 1834–1969, Manuscript Collection MS-2663, Container 2.7. Harry Ransom Center University of Texas at Austin
291 Baker, S. 65
292 Baker, S. 65
293 Clare Hanson/Andrew Gurr: Katherine Mansfield, New York 1921, S. 19
294 Katherine Mansfield an A. R. Orage, Chalet des Sapins, Montana-sur-Sierre, 9. November 1921, in: Philip Mairet: A. R. Orage. A Memoir, New York 1955, S. 59
295 Baker, S. 66
296 Kimber: Intellectual Comradship, S. 186
297 Baker, S. 67
298 Ebenda, S. 67/68
299 Ebenda, S. 71
300 Katherine Mansfield: Einsamkeit, in: Heimliche Gedichte, ausgewählt von Daniel Keel und Daniel Kampa, Zürich 2007, S. 81
301 Katherine Mansfield: Frau Brechenmacher geht auf eine Hochzeit, in: Sämtliche Werke, S. 46
302 Baker, S. 74
303 Katherine Mansfield: Tagebuch 1910, in: Tagebuch, S. 87
304 William Orton: The Last Romantic, London 1937, S. 269/70 sowie Katherine Mansfield: Tagebuch 6. September 1910, in: Tagebuch, S. 88/89
305 Ebenda
306 Ebenda
307 Ebenda
308 Edna Smith an eine Freundin 1928, in: Katherine Mansfield: Collected Letters 1, S. 108
309 Katherine Mansfield: Eine Dillgurke, in: Sämtliche Werke, S. 327/328
310 Baker, S. 78
311 Ebenda, S. 81
312 Katherine Mansfield an William Orton, Clovelly Mansions, London, 15. April 1911, in: Schöffling, S. 93
313 Baker, S. 81

314 Ebenda
315 Ebenda, S. 82
316 William Orton: The Last Romantic, London 1937, S. 269–70 sowie Katherine Mansfield: Tagebuch 6. September 1910, in: Tagebücher, S. 90
317 Ebenda
318 John Middleton Murry: Between Two Worlds, London 1935, S. 186
319 Katherine Mansfield: Glückseligkeit, in: Sämtliche Werke, S. 236
320 Murry, S. 188
321 *The New Age*, 28. März 1911
322 Katherine Mansfield: Psychologie, in: Sämtliche Werke, S. 256
323 Murry, S. 189
324 Schöffling, S. 96
325 Murry, S. 202
326 Baker, S. 87
327 Mantz, S. 344
328 Murry, S. 207
329 Baker, S. 97
330 John Middleton Murry an Katherine Mansfield, Cancery Lane, London, Juni 1913, in: Letters between Katherine Mansfield and John Middleton Murry, hrsg. v. Cherry A. Hankin, New York 1988, S. 24
331 Murry, S. 208
332 Ebenda, S. 209
333 Ebenda, S. 210
334 Ebenda, S. 215
335 George Bowden an Lucy O'Brien, 21. November 1947, Katherine Mansfield Collection 1834–1969, Manuscript Collection MS-2663, Container 2.7. Harry Ransom Center University of Texas at Austin
336 Murry, S. 286
337 George Bowden an Anthony Alpers, 16. November 1949/1. Januar 1950/3. Februar 1950, in: Meyers: Katherine Mansfield, S. 54
338 Katherine Mansfield an John Middleton Murry, Paris, 23/24. Mai 1912, in: Roger Neill: That brick red frock with flowers everywhere: painting Katherine Mansfield, https://theartsdesk.com/visual-arts/brick-red-frock-flowers-everywhere-painting-katherine-mansfield
339 Beatrice Lady Glenavy: Today we will only gossip, London 1964, S. 55/56
340 Murry, S. 226
341 Katherine Mansfield: Flitterwochen, in: Sämtliche Werke, S. 606
342 Rupert Brook an Noël Olivier, The Orchard, Grantchester, 25. Juli 1909, in: The American Reader, https://theamericanreader.com/25-july-1909-rupert-brooke-to-noel-olivier/

343 Rupert Brooke: The Old Vicarage, Grantchester, in: Rupert Brooke: The Collected Poems of Rupert Brooke, London 1918, S. 62
344 Sally Varlow: A Reader's Guide to Writers' Britain, London 1996, S. 129
345 Murry, S. 234
346 Mike Read: Forever England. The Life of Rupert Brooke, London 1997, S. 191
347 Rupert Brooke an Edward Marsh, 4. Oktober 1912, in: Read, S. 166
348 Murry, S. 233
349 Ebenda, S. 233
350 Wilson Young: *Pall Mall Gazette*, 23. Oktober 1912, in: Schöffling, S. 103
351 Glenavy, S. 58
352 Ebenda, S. 70
353 Ebenda, S. 70
354 Ebenda, S. 68/69
355 E. M. Forster: *Nation and Athenaeum*, 29. März 1930
356 Katherine Mansfield an Edward Garnett, Chancery Lane 57, London, Anfang Februar 1913, in: Collected Letters 1, S. 119
357 Katherine Mansfield an John Middleton Murry, The Gables, Cholesbury, April 1913, in: Collected Letters 1, S. 119
358 John Middleton Murry an Katherine Mansfield, Chancery Lane 57, London, 21. Mai 1913, in: Read, S. 185
359 John Middleton Murry an Katherine Mansfield, Chancery Lane 57, London, 6. Mai 1913, in: Mansfield/Murry: Letters, S. 14
360 Katherine Mansfield an John Middleton Murry, The Gables, Cholesbury, Anfang Mai 1913, in: Mansfield/Murry:Letters, S. 15
361 John Middleton Murry an Katherine Mansfield, Chancery Lane 57, London, vor dem 12. Mai 1913, in: Mansfield/Murry: Letters, S. 15
362 Katherine Mansfield an John Middleton Murry, The Gables, Cholesbury, 13. Mai 1913, in: Mansfield/Murry: Letters, S. 17
363 Murry, S. 237/238
364 John Middleton Murry an Katherine Mansfield, Chancery Lane 57, London, 19. Mai 1913, in: Mansfield/Murry: Letters, S. 19
365 Katherine Mansfield an John Middleton Murry, The Gables, Cholesbury, 20. Mai 1913, in: Mansfield/Murry: Letters, S. 21
366 Katherine Mansfield an John Middleton Murry, The Gables, Cholesbury, Mai/Juni 1913, in: Mansfield: Briefe, S. 42
367 Virigina Woolf an Lytton Strachey, Hogarth House, Richmond, 25. Juli 1916, in: Leonard Woolf / James Strachey (Hrsg.): Virginia Woolf and Lytton Strachey. Letters, New York 1956, S. 82
368 Leonard Woolf: Mein Leben mit Virgina, Frankfurt a. M. 1998, S. 139

369 John Middleton Murry an Katherine Mansfield, Chancery Lane 57, London, 6. Mai 1913, in: Mansfield/Murry: Letters, S. 14
370 Kirsten Jüngling/Brigitte Roßbeck: Frieda von Richthofen. Biografie, Berlin 1998, S. 125
371 D. H. Lawrence an John Middleton Murry, Kingsgate, Broadstairs, 15. Juli 1913, in: D. H. Lawrence: Briefe an Frauen und Freunde, Berlin o. J. S. 92/93
372 Schwendimann, S. 62
373 Katherine Mansfield an Jeanne Beauchamp, Chaucer Mansions 8, Queen's Club Gardens, London, 11. Oktober 1913, in: Collected Letters 1, S. 131
374 Katherine Mansfield an Charlotte Beauchamp, Hotel de l'Univers, Paris, 22. Dezember 1913, in: Collected Letters 1, S. 133
375 Francis Carco: Bohème d'Artiste, Paris 1940, zitiert nach: Schwendimann, S. 64/65
376 Katherine Mansfield: Je ne parle pas français, in: Sämtliche Werke, S. 200/201
377 Katherine Mansfield an John Middleton Murry, Rue de Tournon 31, Paris, 12. Februar 1914, in: Mansfield/Murry: Letters, S. 34
378 Katherine Mansfield: Tagebuch Paris Januar 1914, in: Tagebuch, S. 96
379 Katherine Mansfield: Das Kind in meinen Armen, Tagebuch Januar 1914, Paris, in: Tagebuch, S. 95.
380 Katherine Mansfield an John Middleton Murry, Rue de Tournon 31, Paris, 11. Februar 1914, in: Mansfield/Murry: Letters, S. 31
381 Katherine Mansfield an Ida Baker, Rue de Tournon 31, Paris, 24. Februar 1914, in: Schwendimann, S. 67/68
382 Baker, S. 114/115
383 Ebenda
384 Katherine Mansfield: Der Zahnwehsonntag, März 1914, in: Tagebuch, S. 98/99
385 Ebenda, S. 102
386 Ebenda, S. 99
387 D. H. Lawrence an John Middleton Murry, Golfo della Spezia, Italien, 8. Mai 1914, in: D. H. Lawrence: Briefe, Zürich 1982, S. 112
388 Katherine Mansfield: Tagebuch 24. März 1914, in: Tagebuch, S. 102
389 John Middleton Murry, in: John Carswell: Lives and Letters. A. R. Orage, Katherine Mansfield, Beatrice Hastings, John Middleton Murry, S. S. Koteliansky 1906–1957, London 1978, S. 87
390 Katherine Mansfield: Tagebuch 31. März 1914, in: Tagebuch, S. 105
391 S. S. Koteliansky an Sydney Waterlow, 31. Juni 1927, in: Carswell, S. 101
392 Katherine Mansfield: Tagebuch Mai/August 1914, in: Tagebuch, S. 108/109
393 Katherine Mansfield: Tagebuch 3. April 1914, in: Tagebuch, S. 106
394 Katherine Mansfield: Tagebuch 1. April 1914, in: Tagebuch, S. 105
395 Katherine Mansfield: Tagebuch 2. April 1914, in: Tagebuch, S. 105

396 D. H. Lawrence an Edward Garnett, 17. Juli 1914, in: Jüngling/Roßbeck, S. 139
397 Murry: Between, S. 348
398 Katherine Mansfield: Tagebuch 30. August 1914, in: Tagebuch, S. 109
399 Murry, S. 299
400 Katherine Mansfield: Tagebuch 3. November 1914, in: Tagebuch, S. 110
401 Murry, S. 299
402 Rezept für den Katherine-Mansfield-Pudding in: Jüngling/Roßbeck, S. 144/145
403 George Orwell: Mein Katalonien: Bericht über den Spanischen Bürgerkrieg, Zürich 1975, S. 287
404 Murry, S. 288
405 Ebenda, S. 290
406 Glenavy, S. 79
407 Murry, S. 305
408 Tomalin, S. 190
409 Norman Page (Hrsg.): D. H. Lawrence. Interviews & Recollections, Band I: Lady Ottoline Morrell. Garsington and London, London 1981, S. 103
410 Schwendimann, S. 61/62
411 Jüngling/Roßbeck, S. 152
412 Gathorne-Hardy, S. 36/37
413 Katherine Mansfield: Tagebuch 16. Januar 1915, in: Tagebuch, S. 120
414 Katherine Mansfield an Laura Kate Bright, London, 21. September 1914, in: Collected Letters 1, S. 140
415 Harold Beauchamp: Reminiscences, S. 93
416 Katherine Mansfield an Annie Beauchamp, Rose Tree Cottage, Bucks, 15. Dezember 1914, in: Collected Letters 1, S. 143/144
417 Katherine Mansfield an Harold Beauchamp, Rose Tree Cottage, Bucks, 15. Dezember 1914, in: Collected Letters 1, S. 141–143
418 Mark Gertler an Lytton Strachey, Weihnachten 1914, in: Schöffling S. 123/124
419 Katherine Mansfield: Tagebuch 18. Dezember 1914, in: Tagebuch, S. 112
420 Murry, S. 321
421 Katherine Mansfield: Tagebuch 1. Januar 1915, in: Tagebuch, S. 113
422 Katherine Mansfield: Tagebuch 6. Januar 1915, in: Tagebuch, S. 116
423 Katherine Mansfield: Tagbuch 21. Januar 1915, in: Tagebuch, S. 122
424 Murry, S. 319
425 Leslie Beauchamp an seine Eltern, London, 11. Februar 1915, in: J. Lawrence Mitchell: Katie and Chummie: Death in the Family, in: Gerri Kimber/ Janet Wilson (Hrsg.): Celebrating Katherine Mansfield. A Centenary Volume of Essays, New York 2011, S. 30
426 Katherine Mansfield: Tagebuch 2. Februar 1915, in: Tagebuch, S. 126

427 Katherine Mansfield: Eine unbesonnene Reise, in: Sämtliche Werke, S. 926
428 Katherine Mansfield: Tagebuch 20. Februar 1915, in: Tagebuch, S. 129–131
429 Jüngling/Roßbeck, S. 151
430 Murry, S. 340/341
431 Katherine Mansfield: Das ›Leben‹ des Lebens, Tagebuch 6. März 1915, in: Tagebuch, S. 136
432 Katherine Mansfield an John Middleton Murry, Paris, 21. März 1915, in: Briefe, S. 47
433 Katherine Mansfield an John Middleton Murry, Paris, 22. März 1915, in: Complete Letters 1, S. 163/164
434 Murry, S. 344
435 Katherine Mansfield an S. S. Koteliansky, Elgin Crescent, Notting Hill, 4. Mai 1915, in: Complete Letters 1, S. 174
436 Katherine Mansfield an John Middleton Murry, Paris, 13. und 14. Mai 1915, in: Mansfield/Murry: Letters S. 56/57
437 Katherine Mansfield: Glückseligkeit, in: Sämtliche Werke, S. 235
438 Leslie Beauchamp an Annie und Harold Beauchamp, London, 25. August 1915, in: Alpers, S. 181
439 Katherine Mansfield: Tagebuch Oktober 1915, in: Tagebuch, S. 141/142
440 Telegramm des Kriegsministeriums an Harold und Annie Beauchamp, London, 10. Oktober 1915, MS-Papers-2063-06-1_01 MacNamara, Gordon, fl 1980 Beauchamp family papers 1914–1935, Alexander Turnbull Library, Wellington, Neuseeland
441 Carswell, S. 111/112
442 Anne Estelle Rice: Memories of Katherine Mansfield, *Adam International Review*, Nr. 300, 1965, S. 80
443 Katherine Mansfield: Abend, Tagebuch Oktober 1915, in: Tagebuch, S. 141
444 Katherine Mansfield: Tagebuch 29. Oktober 1915, in: Tagebuch, S. 142
445 Katherine Mansfield an S. S. Koteliansky, Marseille, 19. November 1915, in: Briefe, S. 60
446 James E. Hibbert an Katherine Mansfield, 13. November 1915, in: J. Lawrence Mitchell: Katie and Chummie, in: Kimber: Celebrating Katherine Mansfield, S. 36
447 James E. Hibbert an Katherine Mansfield, 26. Oktober 1915, In: Ebenda, S. 36
448 J. Lawrence Mitchell: ›Not the kind to die‹: Katherine Mansfield and the Uniquet Ghost of ›little brother‹, in: Katherine Mansfield and Virginia Woolf, hrsg. v. Christine Froula, Gerri Kimber und Todd Martin, Edinburgh 2018, S. 188
449 Katherine Mansfield: Sonntag, Tagebuch Dezember 1915, in: Tagebuch, S. 148/149

450 Katherine Mansfield: Bandol, Frankreich. Bruder, Tagebuch November 1915, in: Tagebuch, S. 147/148
451 Murry, S. 373
452 Ebenda, S. 374
453 D. H. Lawrence an Katherine Mansfield, Hampstead, 20. Dezember 1915, in: D. H. Lawrence: Briefe, S. 140
454 Katherine Mansfield an John Middleton Murry, Hotel Beau Rivage, Bandol, 14.–15. Dezember 1915, in: Briefe, S. 62
455 Ebenda, S. 63
456 John Middleton Murry an Katherine Mansfield, Hampstead, 22. Dezember 1915, in: Mansfield/Murry: Letters, S. 73
457 Katherine Mansfield an John Middleton Murry, Hotel Beau Rivage, Bandol, Mittwoch, Dezember 1915, in: Briefe, S. 64
458 Katherine Mansfield an John Middleton Murry, Hotel Beau Rivage, Bandol, 14.–15. Dezember 1915, in: Briefe, S. 64
459 Katherine Mansfield an John Middleton Murry, Hotel Beau Rivage, Bandol, 11. Dezember 1915, in: Briefe, S. 60/61
460 D. H. Lawrence an Lady Ottoline Morrell, Greatham, Pulborough, Sussex, 1915, in: D. H. Lawrence: Briefe, S. 129
461 Leonard Woolf: Mein Leben mit Virginia. Erinnerungen, Frankfurt a. M. 1998, S. 133
462 Gathorne-Hardy, S. 35
463 Leonard Woolf, S. 132/133t
464 Todd Martin (Hrsg.): Katherine Mansfield and the Bloomsbury Group, London 2017, S. 6
465 Gathorne-Hardy, S. 217
466 Miranda Seymoure: Ottoline Morrell. Life on the Grand Scale, London 2008, S. 436
467 Gerri Kimber: Katherine Mansfield and Aldous Huxley. A Blighted Friendship, in: Todd Martin (Hrsg.): Katherine Mansfield and Bloomsbury, S. 65
468 Maeve Kennedy: »The real Lady Chatterley: Society Hostess loved and parodied by Bloomsbury Group«, *The Guardian*, 10. Oktober 2006
469 Gathorne-Hardy, S. 84/85
470 Katherine Mansfield an Ottoline Morrell, Villa Pauline, Bandol, 21. Januar 1916, in: Collected Letters 1, S. 244
471 https://returnofanative.com/stories/a-place-for-grief-a-place-for-love-katherine-mansfield-bandol/
472 Katherine Mansfield: To L. H.B. (1894–1915), in: Mansfield: Poems, S. 33
473 Katherine Mansfield: Tagebuch Villa Pauline, Bandol, 22. Januar 1916, in: Tagebuch, S. 153

474 Katherine Mansfield: Tagebuch 13. Februar 1916, in: Tagebuch, S. 156
475 D. H. Lawrence an Katherine Mansfield, Porthcothan, St. Merryn, Cornwall, 7. Januar 1916, in: D. H. Lawrence: Briefe S. 145
476 D. H. Lawrence an John Middleton Murry und Katherine Mansfield, Tinner's Arms, Zennor, St. Ives, Cornwall, 8. März 1916, in: D. H. Lawrence: Briefe, S. 155
477 Katherine Mansfield an Frederick Goodyear, Villa Pauline, Bandol, 4. März 1916, in: Briefe, S. 71
478 Katherine Mansfield: Tagebuch 15. Februar 1916, in: Tagebuch, S. 158
479 Katherine Mansfield an Harold Beauchamp, Villa Pauline, Bandol, 6. März 1916, in: Collected Letters 1, S. 251
480 Katherine Mansfield: Tagebuch März 1916, in: Tagebuch, S. 178
481 Murry, S. 401
482 D. H. Lawrence an John Middleton Murry und Katherine Mansfield, Porthcothan, St. Merryn, Cornwall, 24. Februar 1916, in: D. H. Lawrence: Briefe, S. 152
483 D. H. Lawrence an John Middleton Murry und Katherine Mansfield, Tinner's Arms, Zennor, St. Ives, Cornwall, 8. März 1916, in: D. H. Lawrence: Briefe S. 154
484 https://returnofanative.com/stories/a-place-for-grief-a-place-for-love-katherine-mansfield-bandol/
485 Frieda Lawrence: Not I but the Wind, London 1983, S. 73
486 Ebenda, S. 73
487 Murry, S. 409
488 Katherine Mansfield an S. S. Koteliansky, Higher Tregerthen, Zennor, Cornwall, 11. Mai 1916, in: Briefe, S. 73
489 Murry, S. 413
490 Katherine Mansfield an Beatrice Campbell, Higher Tregerthen, Zennor, St. Ives, 4. Mai 1916, in: Collected Letters 1, S. 261
491 Ebenda
492 Frieda Lawrence an S. S. Koteliansky, in: Jüngling/Roßbeck, S. 179
493 Katherine Mansfield an Virgina Woolf, 26. April 1919, in: Tomalin, S. 210
494 D. H. Lawrence an S. S. Koteliansky, 7. Juli 1916, in: Tomalin, S. 216
495 Murry, S. 423
496 Katherine Mansfield an Ottoline Morrell, Sunnyside Cottage, Mylor, 27. Juni 1916, in: Collected Letters 1, S. 269/270
497 Michael Holroyd: Kriegsdienst, in: Christiane Frick-Gerke (Hrsg.): Inspiration Bloomsbury. Der Kreis um Virginia Woolf, Frankfurt 2003, S. 108
498 Ebenda
499 Frances Spalding: Virginia Woolf. Leben, Kunst, Visionen, München 2016, S. 20

500 Jonathan Jones: »Walter Sickert review – serial killer, fantasist or self-hater? This hellish, brilliant show only leaves questions«, *The Guardian*, 26. April 2022
501 Virginia Woolf: Jacobs Zimmer, Frankfurt a. M. 2006, S. 32/33
502 Garthorne-Hardy, S. 149
503 Frances Spalding: Mr. and Mrs. Clive Bell, in: Frick-Gerke, S. 30
504 Victoria Rosner (Hrsg.): The Cambridge Companion to the Bloomsbury Group, Introduction, Cambridge 2014, S. 13
505 E. M. Forster 1920, in: Angelica Garnett: Freundliche Täuschungen. Eine Kindheit in Bloomsbury, Frankfurt a. M 1993, S. 10
506 Virginia Woolf: Old Bloomsbury, in: Virginia Woolf: Augenblicke des Daseins, Frankfurt a. M. 2013, S. 79
507 Ebenda, S. 75
508 Jeremy Bentham: A Fragment on Government (1775), in: A Comment on the Commentaries and A Fragment on Government. The Collected Works of Jeremy Bentham, hrsg. von J. H. Burns/H. L. A. Hart, London 1977, S. 391–551.
509 John Maynard Keynes: Freund und Feind. Zwei Erinnerungen, Berlin 2004, S. 117/119
510 Michael Holroyd: Lytton Strachey. The New Biography, London 1994, S. 198
511 Virginia Woolf: Tagebuch 7. Juli 1907, in: Virginia Nicholson: Einleitung zu: Frick-Gerke: Inspiration Bloomsbury, S. 11
512 Virginia Woolf: Old Bloomsbury, in: Augenblicke des Daseins, S. 87/88
513 Frances Spalding: Liebe und Farben, in: Frick-Gerke, S. 79
514 W. S. Blunt: My Diaries. Being a Personal Narrative of Events 1888–1914, o. J., S. 323 f.
515 Katherine Mansfield an Dorothy Brett, Chalet des Sapins, Montana-sur-Sierre, Wallis, 5. Dezember 1921, in: Briefe, S. 279
516 Jacky Thompson: Roger Fry and Virginia Woolf; Pictures and Books, in: Hugh Lee (Hrsg.): A Cézanne in the Hedge and Other Memories of Charleston and Bloomsbury, Chicago 1992, S. 78
517 Virginia Woolf an Vanessa Bell, Dezember 1928, in: Spalding: Virginia Woolf, S. 69
518 Lytton Strachey an John Maynard Keynes, 11. März 1906, in: Holroyd: Lytton Strachey, S. 191
519 Lytton Strachey an Leonard Woolf, 19. Februar 1909, in: Holroyd: Ein Heiratsantrag, in: Frick-Gerke, S. 64
520 https://www.charleston.org.uk/people/lytton-strachey
521 Lytton Strachey an Leonard Woolf 19. Februar 1909, in: Holroyd: Ein Heiratsantrag, in: Frick-Gerke, S. 65

522 Leonard Woolf an Lytton Strachey, Ceylon, Februar 1909, in: Holroyd: Ein Heiratsantrag, in: Frick-Gerke, S. 64
523 Leonard Woolf, S. 8
524 Hermione Lee: Virginia Woolf. Ein Leben. Frankfurt a. M. 2006, S. 376 ff.
525 Holroyd: Lytton Strachey, S. 349
526 Michael Holroyd: Gesellschaftsspiele und Katzen, in: Frick-Gerke, S. 162
527 Dora Carrington an Lytton Strachey, The Mill House, 14. Mai 1921, in: Anne Chisholm (Hrsg.): Carrington's Letters. Dora Carrington. Her Art. Her Loves. Her Friendships, London 2019, S. 169
528 Robert Skidelsky: Eine Geschichte aus zwei Häusern, in: Frick-Gerke, S. 117
529 Ebenda, S. 117
530 Reinhard Blomert: John Maynard Keynes, Reinbek bei Hamburg, 2007, S. 50
531 Vanessa Bell an Roger Fry, Charleston, 3. April 1918, in: Quentin Bell/Virginia Nicholson: Charleston. Ein englisches Landhaus des Bloomsbury-Kreises, München 1998, S. 102
532 Blomert, S. 60
533 John Maynard Keynes: Krieg und Frieden. Die wirtschaftlichen Folgen des Vertrags von Versailles, Berlin 2006, S. 93
534 Charles Hession: John Maynard Keynes, Stuttgart 1986, S. 256
535 *Vogue*, November 1925
536 Vanessa Bell an John Maynard Keynes, Charleston, 19. Mai 1922, in: Skidelsky: Geschichte aus zwei Häusern, in: Frick-Gerke, S. 119
537 Quentin Bell: Erinnerungen an Bloomsbury, Frankfurt a. M. 2018, S. 144
538 Judith Mackrell: Bloomsbury Ballerina, Lydia Lopokova, Imperial Dancer and Mrs. John Maynard Keynes, London 2009, S. 213
539 Duncan Grant an Vanessa Bell, 18. April 1926, in: Mackrell, S. 281
540 Seymour, S. 129
541 Virginia Woolf an Madge Vaughan, Mai 1909, in: Bell: Erinnerungen, S. 232
542 Lytton Strachey an Virginia Woolf, Juli 1916, https://archive.org/stream/in.ernet.dli.2015.227301/2015.227301.Virginia-Woolf_djvu.txt
543 Gathorne-Hardy, S. 149
544 Leonard Woolf, S. 139
545 Ebenda, S. 139
546 Mylo: Apropos, S. 37
547 Katherine Mansfield: England, Tagebuch Mai 1919, in: Tagebuch, S. 235/236
548 Katherine Mansfield an Ottoline Morrell, Portland Villas, East Heath Road, Hampstead, 1. Juli 1919, in: Vincent O'Sullivan /Margret Scott: The Collected Letters of Katherine Mansfield Vol. 2. 1918–1919, Oxford 1987, S. 336
549 Katherine Mansfield an Ottoline Morrell, Church Street, Chelsea, 15. August 1917, in: Briefe, S. 326

550 Garthorne-Hardy, S. 150
551 Dora Carrington an Lytton Strachey, Shandygaff Hall, 6. September 1916, in: Chisholm, Carrington Letters, S. 49
552 Dorothy Brett im Interview mit Michael Holroyd, 9. März 1966, in: Holroyd: Lytton Strachey, S. 727
553 Dora Carrington an Mark Gertler, Hurstbourne Tarrant, September 1916, in: Chisholm: Carrington Letters, S. 52
554 Ebenda
555 Dorothy Brett an Ottoline Morrell, Gower Street 3, London, Ende Oktober 1916, in: Hignett, S. 86
556 Dorothy Brett an Ottoline Morrell, Gower Street 3, London, Dezember 1916, in: Hignett, S. 87
557 Bertrand Russell: Autobiography, London 2010, S. 236
558 Katherine Mansfield an Bertrand Russell, Gower Street 3, London 7. Dezember 1916, in: Briefe, S. 77
559 Ronald W. Clark: The Life of Bertrand Russell, London 1975, S. 308/309
560 Gathorne-Hardy, S. 150
561 Aldous Huxley: Eine Gesellschaft auf dem Lande, München 2017, S. 19
562 Hignett, S. 87
563 Gathorne-Hardy, S. 128
564 Virginia Woolf: Tagebuch Donnerstag, 11. Oktober 1917, in: Virginia Woolf: Tagebücher I 1915–1919, Frankfurt a. M. 1990, S. 114.
565 Leonard Woolf, S. 141
566 Virginia Woolf: Tagebuch Donnerstag, 11. Oktober 1917, in: Tagebücher I, S. 114
567 Schöffling, S. 152
568 Murry: Between, S. 433
569 Katherine Mansfield: Liebe und Pilze, Tagebuch Mai 1917, in: Tagebuch, S. 188
570 Katherine Mansfield: Texte einer Unbeugsamen, hrsg. v. Ingrid Mylo, S. 44
571 Alpers, S. 241
572 Katherine Mansfield an John Middleton Murry, Redcliffe Road, Fulham, 18. Mai 1917, in: Mansfield/Murry: Letters, S. 85/86
573 Gathorne-Hardy, S. 236/237
574 Virginia Woolf: Tagebuch Samstag, 27. Oktober 1917, in: Tagebücher I, S. 128
575 Tomalin, S. 233
576 Katherine Mansfield: Tagebuch 15. Dezember 1919, in: Tagebuch, S. 270
577 Katherine Mansfield an John Middleton Murry, Hotel Beau Rivage, Bandol, 11. Januar 1918, in: Mansfield/Murry: Letters, S. 97

578 Katherine Mansfield an John Middleton Murry, Hotel Beau Rivage, Bandol, 12. Januar 1918, in: Mansfield/Murry: Letters, S. 98
579 John Middleton Murry an Katherine Mansfield, Redcliff Road 47, Fulham, London, 14. Januar 1918, in: Mansfield/Murry: Letters, S. 99
580 Katherine Mansfield an Annie Beauchamp, Hotel Beau Rivage, Bandol, 18. Januar 1918, in: Collected Letters 2, S. 19
581 Katherine Mansfield an Annie Beauchamp, Hotel Beau Rivage, Bandol, 20. Januar 1918, In: Collected Letters 2, S. 26
582 Katherine Mansfield an John Middleton Murry, Hotel Beau Rivage, Bandol, 3. Februar 1918, in: Briefe, S. 95
583 Katherine Mansfield an John Middleton Murry, Hotel Beau Rivage, Bandol, 3./4. Februar 1918, in: Collected Letters 2, S. 109
584 John Middleton Murry an Katherine Mansfield, Redcliff Road 47, Fulham, London, 7. Februar 1918, in: Mansfield/Murry: Letters, S. 111
585 Baker, S. 139
586 Katherine Mansfield an John Middleton Murry, Hotel Beau Rivage, Bandol, 11. Februar 1918, in: Mansfield/Murry: Letters, S. 119
587 Katherine Mansfield: Tagebuch 19. Februar 1918, in: Tagebuch, S. 199/200
588 Katherine Mansfield an John Middleton Murry, Hotel Beau Rivage, Bandol, 28. Februar 1918, in: Mansfield/Murry: Letters, S. 124
589 Murry, S. 434
590 Virginia Woolf: Tagebuch 18. März 1918, in: Tagebücher 1915–1919, S. 215
591 Katherine Mansfield an John Middleton Murry, Café de Noailles, Marseilles, 18. März 1918, in: Mansfield/Murry: Letters, S. 133
592 Katherine Mansfield an John Middleton Murry, Select Hotel Paris, 28. März 1918, in: Mansfield/Murry: Letters, S. 139
593 Katherine Mansfield an John Middleton Murry, Select Hotel, Paris, 30. März 1918, in: Briefe, S. 108/109
594 Katherine Mansfield an John Middleton Murry, Café Mahieu, Paris, 2. April 1918, in: Schwendimann, S. 141
595 Katherine Mansfield an John Middleton Murry, Telegramm aus Southampton, 11. April 1918, in: Mansfield/Murry: Letters, S. 147
596 Katherine Mansfield: Tagebuch 26. April 1918, in: Tagebuch, S. 203
597 Katherine Mansfield an Ida Baker, Redcliff Road 47, Fulham, London, 18. April 1918, in: Briefe, S. 115
598 Ebenda
599 Annie Beauchamp an Clara Palmer, Wellington, 6. April 1918, in: Alpers, S. 278/279
600 Katherine Mansfield an John Middleton Murry, Headland Hotel, Looe, Cornwall, 27. Mai 1918, in: Briefe, S. 128

601 Murry, S. 480
602 Katherine Mansfield an John Middleton Murry, Headland Hotel, Looe, Cornwall, 7. Juni 1918 in: Mansfield/Murry: Letters, S. 171
603 Katherine Mansfield an Ida Baker, Headland Hotel, Looe, Cornwall, 21. Mai 1918, in: Baker, S. 150/151
604 Katherine Mansfield an John Middleton Murry, Headland Hotel, Looe, Cornwall, 24. Mai 1918, in: Briefe, S. 124
605 Katherine Mansfield an John Middleton Murry, Headland Hotel, Looe, Cornwall, 23. Mai 1918, in: Mansfield/Murry: Letters, S. 155
606 Katherine Mansfield: Lungentuberkulose, Tagebuch Mai 1918, in: Tagebuch, S. 212
607 Katherine Mansfield an John Middleton Murry, Headland Hotel, Looe, Cornwall, Mai 1918, in: Murry, S. 487/488
608 Katherine Mansfield an Ida Baker, Headland Hotel, Looe, Cornwall, 3. Juni 1918, in: Baker, S. 151
609 Baker, S. 157
610 Katherine Mansfield an Ida Baker, Headland Hotel, Looe, Cornwall, 16. Juni 1918, in: Baker, S. 154
611 Ebenda, S. 153/154
612 Katherine Mansfield: Der volle Ton, Tagebuch Juli 1918, in: Tagebuch, S. 217
613 Virginia Woolf: Tagebuch 28. Mai 1918, in: Tagebücher I, S. 247
614 Virginia Woolf: Tagebuch 12. Juli 1918, in: Tagebücher I, S. 270
615 Virginia Woolf: Tagebuch 7. August 1918, in: Tagebücher I, S. 288
616 Virginia Woolf an Janet Case, Hogarth House, Richmond, 20. März 1922, in: Briefe I 1888–1927, Frankfurt a. M. 2006, S. 304
617 Katherine Mansfield an Virginia Woolf, Redcliff Road 47, Fulham, London, Mitte August 1918, in: Collected Letters 2, S. 268
618 Katherine Mansfield an Ottoline Morrell, Redcliff Road 47, Fulham, London, 15. August 1918, in: Collected Letters 2, S. 267
619 Katherine Mansfield an Dorothy Brett, Redcliff Road 47, Fulham, London, 14. August 1918, in: Briefe, S. 144
620 Baker, S. 177
621 Katherine Mansfield an Ida Baker, Redcliff Road 47, Fulham, London, 1. Juli 1918, in: Baker, S. 158/159
622 Baker, S. 161/162
623 Katherine Mansfield: Tagebuch 20. September 1918, in: Tagebuch, S. 221
624 Baker, S. 167
625 Ebenda, S. 164
626 Kathleen Jones: Katherine Mansfield. The Story Teller, Edinburgh 2010, S. 314/315

627 Katherine Mansfield an Ottoline Morrell, Portland Villas, Hampstead, 17. August 1919, in: Schwendimann, S. 158
628 Katherine Mansfield an Dorothy Brett, The Old Vicarage, Tadworth, Surrey, 25. August 1918, in: Schöffling, S. 165
629 Katherine Mansfield: Tagebuch 20. September 1918, in: Tagebuch, S. 220
630 Murry, S. 490
631 Ebenda
632 Katherine Mansfield: Tagebuch 24. Oktober 1918, in: Tagebuch, S. 224/225
633 Virginia Woolf: Tagebuch 9. November 1918, in: Tagebücher I, S. 341
634 Ebenda
635 Leonard Woolf, S. 142/143
636 Virginia Woolf: Tagebuch 30. November 1918, in: Tagebücher I, S. 350
637 Katherine Mansfield an Ottoline Morrell, Portland Villas, Hampstead, 17. November 1918, in: Collected Letters 2, S. 291
638 Katherine Mansfield an John Middleton Murry, Portland Villas, Hampstead, 20. November 1918, in: Collected Letters 2, S. 292
639 Katherine Mansfield: Tagebuch 28. November 1918, in: Tagebuch, S. 228
640 Katherine Mansfield an Dorothy Brett, Portland Villas, Hampstead, 17. Dezember 1918, in: Collected Letters 2, S. 296
641 Katherine Mansfield an Dorothy Brett, Portland Villas, Hampstead, 1. Januar 1919, in: Schöffling, S. 169
642 D. H. Lawrence an Katherine Mansfield, Ripley, 27. Dezember 1918, in: D. H. Lawrence: Briefe, S. 192
643 Katherine Mansfield an Clara Palmer, Portland Villas, Hampstead, 30. Dezember 1918, in: Collected Letters 2, S. 297
644 Katherine Mansfield: Die Fliege, Tagebuch 31. Dezember 1918, in: Tagebuch, S. 229
645 Tomalin, S. 268
646 Katherine Mansfield: Tagebuch 21. Juni 1919, in: Tagebuch, S. 248
647 Virginia Woolf: Tagebuch 18. Februar 1919, in: Tagebücher I, S. 380
648 Virginia Woolf: Tagebuch 22. März 1919, in: Tagebücher I, S. 401/402
649 Katherine Mansfield: Tagebuch 19. Mai 1919, in: Tagebuch, S. 230
650 Katherine Mansfield: Tagebuch 22. Mai 1919, in: Tagebuch, S. 230/231
651 Katherine Mansfield: Entrinnen, Tagebuch 22. Mai 1919, in: Tagebuch, S. 231/232
652 Katherine Mansfield: Tagebuch Juni 1919, in: Tagebuch, S. 245
653 Katherine Mansfield: Arbeit, Tagebuch 31. Mai 1919, in: Tagebuch, S. 239
654 Ebenda, S. 238
655 Virginia Woolf: Tagebuch 8. Juli 1919, in: Tagebücher I, S. 448

656 Katherine Mansfield an Ottoline Morrell, Portland Villas, Hampstead, 17. August 1919, in: Briefe, S. 158
657 Katherine Mansfield an John Middleton Murry, Portland Villas, Hampstead, 9. September 1919, in: Mansfield/Murry: Letters, S. 183/184
658 Katherine Mansfield an John Middleton Murry, Casetta Deerholm, Ospedaletti, 8. Oktober 1919, in: John Middleton Murry: The Letters of Katherine Mansfield Vol. I, London 1930, S. 247
659 Katherine Mansfield an John Middleton Murry, Casetta Deerholm, Ospedaletti, 30. Oktober 1919, in: Briefe, S. 170
660 Katherine Mansfield an John Middleton Murry, Casetta Deerholm, Ospedaletti, 12. Oktober 1919, in: Briefe, S. 161
661 Katherine Mansfield: Alles, was ich schreibe, S. 39/40
662 Lytton Strachey an Katherine Mansfield, 3. Oktober 1919, in: Holroyd: Strachey, S. 727
663 Katherine Mansfield an John Middleton Murry, Casetta Deerholm, Ospedaletti, 10. November 1919, in: Briefe, S. 182
664 Virginia Woolf: Tagebuch 28. November 1919, in: Tagebücher I, S. 487
665 Katherine Mansfield an John Middleton Murry, Casetta Deerholm, Ospedaletti, 26. November 1919, in: Mansfield/Murry: Letters, S. 223
666 Katherine Mansfield an John Middleton Murry, Casetta Deerholm, Ospedaletti, 30. Oktober 1919, in: Briefe, S. 171
667 Katherine Mansfield an John Middleton Murry, Casetta Deerholm, Ospedaletti, 12. November 1919, in: Briefe, S. 184/185
668 Katherine Mansfield an John Middleton Murry, Casetta Deerholm, Ospedaletti, 2. November 1919, in: Briefe, S. 174
669 Katherine Mansfield an John Middleton Murry, Casetta Deerholm, Ospedaletti, 11. November 1919, in: Mansfield/Murry: Letters, S. 206
670 Katherine Mansfield an John Middleton Murry, Casetta Deerholm, Ospedaletti, 10. November 1919, in: Briefe, S. 182–184
671 Katherine Mansfield an John Middleton Murry, Casetta Deerholm, Ospedaletti, 20. November 1919, in: Schwendimann, S. 167/168
672 Katherine Mansfield an John Middleton Murry, Casetta Deerholm, Ospedaletti, 30. November 1919, in: Mansfield/Murry: Letters, S. 226
673 Katherine Mansfield an John Middleton Murry, Casetta Deerholm, Ospedaletti, 4. Dezember 1919, in: Briefe, S. 193
674 John Middleton Murry an Katherine Mansfield, Portland Villas, Hampstead, 8. Dezember 1919, in: Mansfield/Murry: Letters, S. 236
675 Jeffery Meyers: Married to Genius, North Pomfret, Vermont 2005, S. 154
676 Katherine Mansfield: Tagebuch 15. Dezember 1919, in: Tagebuch, S. 266/267
677 Ebenda, S. 269

678 Katherine Mansfield an John Middleton Murry, Casetta Deerholm, Ospedaletti, 12. Dezember 1919, in: Briefe, S. 195
679 Ebenda, S. 197/198
680 Katherine Mansfield: Tagebuch 15. Dezember 1919, in: Tagebuch, S. 268
681 Katherine Mansfield: Leiden, Tagebuch Dezember 1920, in: Tagebuch, S. 324
682 Katherine Mansfield: Schwarz, Tagebuch 8. Januar 1920, in: Tagebuch, S. 278
683 Katherine Mansfield: Tagebuch 13. Januar 1920, in: Tagebuch, S. 280
684 John Middleton Murry an Katherine Mansfield, *The Athenaeum*, London, 12. Januar 1920, in: Mansfield/Murry: Letters, S. 250
685 Katherine Mansfield: Tagebuch 11. Januar 1920, in: Tagebuch, S. 279
686 Katherine Mansfield: Tagebuch 12. Januar 1920, in: Tagebuch, S. 280
687 Katherine Mansfield an John Middleton Murry, Casetta Deerholm, Ospedaletti, 13. Januar 1920, in: Briefe, S. 201
688 Katherine Mansfield an John Middleton Murry, L'Hermitage, Menton, 21. Januar 1920, in: Briefe, S. 203
689 Katherine Mansfield an John Middleton Murry, L'Hermitage, Menton, 23. Januar 1920, in: Briefe, S. 206
690 Katherine Mansfield: Tagebuch, 25./26. Januar 1920, in: Tagebuch, S. 283
691 Katherine Mansfield: Tagebuch 1. Februar 1920, in: Tagebuch, S. 285
692 Katherine Mansfield an John Middleton Murry, L'Hermitage, Menton, 31. Januar 1920, in: Mansfield/Murry: Letters, S. 261/262
693 D. H. Lawrence an John Middleton Murry, 30. Januar 1920, in: Janet Byrne: A Genius for Living. A Biography of Frieda Lawrence, London 1995, S. 239
694 Katherine Mansfield an John Middleton Murry, L'Hermitage, Menton, 7. Februar 1920, in: Briefe, S. 211
695 Katherine Mansfield an Ida Baker, Villa Flora, Menton, Februar 1920, in: Baker, S. 193
696 Katherine Mansfield an John Middleton Murry, L'Hermitage, Menton, 4. Februar 1920, in: Mansfield/Murry: Letters, S. 268/29
697 John Middleton Murry an Katherine Mansfield, Portland Villas 2, Hampstead, 9. Februar 1920, in: Mansfield/Murry: Letters, S. 279
698 John Middleton Murry an Katherine Mansfield, Portland Villas 2, Hampstead, 16. Februar 1920, in: Mansfield/Murry: Letters, S. 287
699 Katherine Mansfield an John Middleton Murry, Villa Flora, Menton, 14. März 1920, in: Mansfield/Murry: Letters, S. 293
700 Katherine Mansfield an John Middleton Murry, Villa Flora, Menton, 17. März 1920, in: Mansfield/Murry: Letters, S. 295
701 Stephen Klaidman: Sydney and Violet. New York 2013, S. 80

702 Katherine Mansfield an John Middleton Murry, Villa Flora, Menton, 24./25. April 1920, in: Collected Letters, Vol. 3 1919–1920, hrsg. v. Vincent O'Sullivan und Margaret Scott, Oxford 1984, S. 291
703 Katherine Mansfield and John Middleton Murry, Villa Isola Bella, Menton, 24. Oktober 1920, in: Klaidman, S. 83
704 Virginia Woolf: Tagebuch 10. April 1920, in: Tagebücher II, 1920–1924, Frankfurt a. M. 1994, S. 52
705 Virginia Woolf: Tagebuch 5. Mai 1920, in: Tagebücher 2, S. 60
706 Virginia Woolf: Tagebuch 12. Mai 1920, in: Tagebücher 2, S. 64
707 Katherine Mansfield an Virginia Woolf, Portland Villas 2, Hampstead, 25. Mai 1920, in: Virginia Woolf: Tagebücher 2, S. 73
708 Virginia Woolf: Tagebuch 26. Mai 1920, in: Tagebücher 2, S. 73
709 Katherine Mansfield an Sydney und Violet Schiff, Portland Villas 2, Hampstead, 14. Mai 1920, in: Briefe, S. 213
710 C. K. Stead: Battle of the Wasps, London Review of Books, Vol. 33, Nr. 5, 3. März 2011
711 T. S. Eliot: Eeldrop and Appleplex, The Little Review, New York, Vol. IV No. 5, September 1917, S. 19
712 Ebenda, S. 17
713 Virginia Woolf: Tagebuch 31. Mai 1920, in: Tagebücher 2, S. 74/75
714 Virginia Woolf: Tagebuch 5. Juni 1920, in: Tagebücher 2, S. 76
715 Virginia Woolf: Tagebuch 30. November 1918, in: Tagebücher 1, S. 350
716 Usborne, S. 354
717 Katherine Mansfield: Tagebuch 9. August 1920, in: Tagebuch, S. 298
718 Dorothy Brett: Tagebuch 22. April 1923, in: Hignett, S. 135
719 Katherine Mansfield: Tagebuch 12. August 1920, in: Tagebuch, S. 298/299
720 Katherine Mansfield: Tagebuch 19. August 1920, in: Tagebuch, S. 300
721 Virginia Woolf: Tagebuch 25. August 1920, in: Tagebücher 2, S. 99/100
722 Virginia Woolf an Katherine Arnold-Forster, Asheham, Rodmell, Lewes, 12. August 1919, in: Virginia Woolf: Briefe 1 1888–1927, hrsg. v. Klaus Reichert, Frankfurt a. M. 2006, S. 249
723 Katherine Mansfield: Frau und Frau, Tagebuch Herbst 1920, in: Tagebuch, S. 309
724 Katherine Mansfield an John Middleton Murry, Villa Isola Bella, Menton, 16. September 1920, in: The Collected Letters of Katherine Mansfield, Vol. 4 1920–1921, hrsg. v. Vincent O'Sullivan und Margret Scott, Oxford 2004, S. 30
725 Katherine Mansfield an John Middleton Murry, Villa Isola Bella, Menton, 10. Oktober 1920, in: Mansfield/Murry: Letters, S. 310
726 Katherine Mansfield an John Middleton Murry, Villa Isola Bella, Menton, 10. November 1920, in: Briefe, S. 228

727 Sandra Jobson Darroch: Lawrence's Other »Lost Girl«, Dezember 2012, https://quadrant.org.au/magazine/2012/12/lawrence-s-other-lost-girl/
728 Ebenda
729 Virginia Woolf: Tagebuch 12. Dezember 1920, in: Tagebücher 2, S. 124
730 Virginia Woolf: Tagebuch 19. Dezember 1920, in: Tagebücher 2, S. 126
731 Gerard Hopkins (Hrsg.): Letters of Marcel Proust to Antoine Bibesco, London 1953, S. 39
732 Telegramm von Katherine Mansfield an John Middleton Murry, Villa Isola Bella, Menton, 12. Dezember 1920, in: Mansfield/Murry: Letters, S. 334
733 Katherine Mansfield an John Middleton Murry, Villa Isola Bella, Menton, 12. Dezember 1920, in: Briefe, S. 232/233
734 Katherine Mansfield: Innerer Frieden, Tagebuch Ende Dezember 1920, in: Tagebuch, S. 327
735 Katherine Mansfield: Tagebuch 19. Dezember 1920, in: Tagebuch, S. 325
736 John Middleton Murry an Katherine Mansfield, Villa Isola Bella, Menton, 11. Januar 1921, in: Mansfield/Murry: Letters, S. 336
737 Katherine Mansfield an Ottoline Morrell, Villa Isola Bella, Menton, 2. Februar 1921, in: Letters of Katherine Mansfield, Vol. II, hrsg. v. John Middleton Murry, London 1930, S. 90
738 Katherine Mansfield: Ein unabgesandter Brief, Tagebuch Januar 1921, in: Tagebuch, S. 336
739 Virginia Woolf: Tagebuch 16. Februar 1920, in: Tagebücher 2, S. 142
740 Ebenda, S. 142/143
741 Virginia Woolf an Katherine Mansfield, Hogarth House, Richmond, 13. Februar 1921, in: Woolf: Briefe 1, S. 275
742 D. H. Lawrence an Mary Cannan, Fontana Vecchia, Taormina, Sizilien, 2. Februar o. J. [1921], in: Harry T. Moore (Hrsg.): The Collected Letters of D. H. Lawrence, Vol. II, London 1962, S. 641
743 D. H. Lawrence an S. S. Koteliansky, Fontana Vecchia, Taormina, Sizilien, 2. März 1921, in: Ebenda, S. 642
744 Katherine Mansfield an Ida Baker, Villa Isola Bella, Menton, März 1921, in: Baker, S. 209
745 Katherine Mansfield an Ida Baker, Villa Isola Bella, Menton, März 1921, in: Baker, S. 214
746 Katherine Mansfield an Princess Elizabeth Asquith Bibesco, Villa Isola Bella, Menton, 24. März 1921, in: Katherine Mansfield Collection, 1834–1969 Manuscript Collection MS-2663 Box 1, Folder 6, Harry Ransom Center, The University of Texas at Austin
747 Katherine Mansfield an Ida Baker, Villa Isola Bella, Menton, 10. März 1921, in: Baker, S. 210

748 Katherine Mansfield: Ein unabgesandter Brief, Tagebuch Mai 1921, in: Tagebuch, S. 352
749 Katherine Mansfield an John Middleton Murry, Penison du Lace, Sierre, 21. Mai 1921, in: Mansfield/Murry: Letters, S. 343
750 Katherine Mansfield an John Middleton Murry, Pension du Lac, Sierre, 14. Juni 1921, in: Collected Letters 4, S. 245
751 Katherine Mansfield an Ottoline Morrell, Hotel Chateau Belle Vue, Sierre, 23. Juni 1921, in: Briefe, S. 258
752 Katherine Mansfield an Richard Murry, Hotel Chateau Belle Vue, Sierre, 20. Juni 1921, in: Middleton Murry: Letters of Katherine Mansfield Vol. II, S. 119
753 Baker, S. 219
754 Katherine Mansfield an Ottoline Morrell, Chalet des Sapins, Montana-sur-Sierre, 24. Juli 1921, in: Briefe, S. 262
755 Usborne, S. 377/378
756 Ebenda, S. 378
757 Katherine Mansfield: Tagebuch 13. Juli 1921, in: Tagebuch, S. 359
758 Katherine Mansfield an Ottoline Morrell, Chalet des Sapins, Montana-sur-Sierre, 24. Juli 1921, in: Briefe, S. 262/263
759 Katherine Mansfield an Ida Baker, Chalet des Sapins, Montana-sur-Sierre, 29. August 1921, in: Briefe, S. 264
760 Ebenda
761 Katherine Mansfield an Ida Baker, Chalet des Sapins, Montana-sur-Sierre, 24. September 1921, in: Briefe, S. 274
762 Katherine Mansfield an Ida Baker, Chalet des Sapins, Montana-sur-Sierre, 7. September 1921, in: Baker, S. 223/224
763 Katherine Mansfield an Harold Beauchamp, Chalet des Sapins, Montana-sur-Sierre, 1. November 1921, in: Briefe, S. 278/279
764 Harold Beauchamp, 9. Januar 1922, in: Schöffling S. 207
765 Katherine Mansfield an Elizabeth von Arnim, Chalet des Sapins, Montana-sur-Sierre, 15. Dezember 1921, in: Collected Letters 4, S. 339
766 Olgivanna Lloyd Wright: The Last Days of Katherine Mansfield, *The Bookman*, Vol. 73, New York 1931, S. 8
767 Katherine Mansfield: Tagebuch 1. Januar 1922, in: Tagebuch, S. 391
768 Katherine Mansfield: Tagebuch 4. Januar 1922, in: Tagebuch, S. 393
769 Katherine Mansfield: Tagebuch 12. Januar 1922, in: Tagebuch, S. 399
770 Katherine Mansfield: Tagebuch 11. Januar 1922, in: Tagebuch, S. 399
771 Katherine Mansfield: Eine Tasse Tee, in: Sämtliche Werke, S. 618
772 Katherine Mansfield: Tagebuch 21. Januar 1922, in: Tagebuch, S. 404
773 Katherine Mansfield: Tagebuch 29. Januar 1922, in: Tagebuch, S. 408
774 Katherine Mansfield: Tagebuch 30. Januar 1922, in: Tagebuch, S. 409

775 Katherine Mansfield: Tagebuch 31. Januar 1922, in: Tagebuch, S. 409
776 H. G. Wells: Russia in the Shadows, London 1921, S. 50
777 Katherine Mansfield an John Middleton Murry, Victoria Palace Hotel, Paris, 3. Februar 1922, in: Briefe, S. 286
778 Katherine Mansfield an John Middleton Murry, Victoria Palace Hotel, Paris, 2. Februar 1922, in: Mansfield/Murry: Letters, S. 253
779 Katherine Mansfield: Tagebuch 1. Februar 1922, in: Tagebuch, S. 410
780 John Middleton Murry an Katherine Mansfield, Chalet des Sapin, Montana-sur-Sierre, 2. Februar 1922, in: Mansfield/Murry: Letters, S. 352
781 Katherine Mansfield: Tagebuch 6. Februar 1922, in: Tagebuch, S. 413
782 Ebenda, S. 414
783 Katherine Mansfield: Tagebuch 3. Februar 1922, in: Tagebuch, S. 411/412
784 Katherine Mansfield: Tagebuch 8. Februar 1922, in: Tagebuch, S. 414
785 Katherine Mansfield: Tagebuch 9. Februar 1922, in: Tagebuch, S. 415
786 Katherine Mansfield an Dorothy Brett, Victoria Palace Hotel, Paris, 19. März 1922, in: Middleton Murry: Letters II, S. 200
787 Katherine Mansfield an Sarah Gertrude Millin, Victoria Palace Hotel, Paris, Anfang März 1922, in: Briefe, S. 306
788 Katherine Mansfield an Elizabeth von Arnim, Victoria Palace Hotel, Paris, 21. Februar 1922, in: Collected Letters Vol. 5 1921–1923, hrsg. v. Vincent o'Sullivan und Margaret Scott, Oxford 2008, S. 70
789 Katherine Mansfield an Ida Baker, Victoria Palace Hotel, Paris, 18. Februar 1922, in: Baker, S. 234
790 Katherine Mansfield: Ein unabgesandter Brief, Tagebuch Mai 1922, in: Tagebuch, S. 438
791 Katherine Mansfield an Violet Schiff, Victoria Palace Hotel, Paris, 1. April 1922, in: Collected Letters Vol. 5, S. 138
792 Klaidman, S. 84
793 Katherine Mansfield an Ida Baker – Vertraulich, Victoria Palace Hotel, Paris, 12. Mai 1922, in: Baker, S. 254
794 Katherine Mansfield an Ida Baker, Hotel d'Angleterre, Randogne-sur-Sierre, 9. Juni 1922, in: Schöffling, S. 213
795 Katherine Mansfield an Elizabeth von Arnim, Hotel d'Angleterre, Randogne-sur-Sierre, 5. Juni 1922, in: Briefe, S. 312
796 Katherine Mansfield an Ida Baker, Hotel d'Angleterre, Randogne-sur-Sierre, 9. Juni 1922, in: Baker, S. 264/265
797 Katherine Mansfield an Ida Baker, Hotel d'Angleterre, Randogne-sur-Sierre, 14. Juni 1922, in: Baker, S. 267
798 Schöffling, S. 215

799 Katherine Mansfield an John Middleton Murry, Chateau Belle Vue, Sierre, 5. Juli 1922, in: Collected Letters Vol. 5, S. 218
800 Katherine Mansfield: Der Kanarienvogel, in: Sämtliche Werke, S. 639
801 Katherine Mansfield an Harold Beauchamp, Chateau Belle Vue, Sierre, 9. Juli 1922, in: Middleton Murry: Letters II, S. 225
802 Katherine Mansfield an John Middleton Murry, Chateau Belle Vue, Sierre, 7. August 1922, in: Briefe, S. 317/318
803 Katherine Mansfield an Harold Beauchamp, Pond Street 6, Hampstead, London, 18. August 1922, in: Middleton Murry: Letters II, S. 238
804 Katherine Mansfield: Tagebuch 3. Oktober 1922, in: Tagebuch, S. 459
805 Katherine Mansfield an John Middleton Murry, Select Hotel, Paris, 4. Oktober 1922, in: Mansfield/Murry: Letters, S. 368
806 Georges Ivanovitch Gurdjieff: Vortrag 1918 in Essentuki, http://gurdjieff-schule-muenchen.com/seminare/
807 Klaidman, S. 87
808 Wyndham Lewis an Violet und Sydney Schiff, 7. September 1922, in: Klaidman, S. 87
809 Katherine Mansfield an John Middleton Murry, Pond Street 6, Hampstead, London, 20. September 1922, in: Mansfield/Murry: Letters, S. 364
810 William Wiser: The Crazy Years. Paris in the Twenties, Chichester, 1983, S. 93
811 Katherine Mansfield an John Middleton Murry, Select Hotel, Paris, 4. Oktober 1922, in: Mansfield/Murry: Letters, S. 369
812 »Katherine Mansfield's Russian Healers«, *The London Magazin*, 31. Oktober 2014
813 Katherine Mansfield: Tagebuch 14. Oktober 1922, in: Tagebuch, S. 461/462
814 John Middleton Murry an Katherine Mansfield, Selsfield House, East Grinstead, Sussex, 14. Oktober 1922, in: Mansfield/Murry: Letters, S. 373/374
815 Katherine Mansfield an John Middleton Murry, Select Hotel, Paris, 13. Oktober 1922, in: Mansfield/Murry: Letters, S. 373
816 Katherine Mansfield: Tagebuch 14. Oktober 1922, in: Tagebuch, S. 461
817 Ida Baker: Tagebuch 19. und 20. Oktober 1922, in: Baker, S. 282
818 Katherine Mansfield an John Middleton Murry, Le Prieuré, Fontainebleau, 18. Oktober 1922, in: Mansfield/Murry: Letters, S. 377
819 Katherine Mansfield an John Middleton Murry, Le Prieuré, Fontainebleau, 25. Oktober 1922, in: Briefe 2. 326
820 Katherine Mansfield: Tagebuch 14. Oktober 1922, in: Tagebuch, S. 463/464
821 Katherine Mansfield an Ida Baker, Le Prieuré, Fontainebleau, 10. November 1922, in: Baker, S. 287

822 Katherine Mansfield an John Middleton Murry, Le Prieuré, Fontainebleau, 12. November 1922, in: Mansfield/Murry: Letters, S. 388
823 Svetlana Allilueva: The Faraway Music, Neu-Delhi 1984, S. 86.
824 Katherine Mansfield: Tagebuch November 1922, in: Tagebuch, S. 466/467
825 Katherine Mansfield an Harold Beauchamp, Le Prieuré, Fontainebleau, 31. Dezember 1922, in: Briefe, S. 336
826 Katherine Mansfield an John Middleton Murry, Le Prieuré, Fontainebleau, 10. November 1922, in: Briefe, S. 328
827 Katherine Mansfield an John Middleton Murry, Le Prieuré, Fontainebleau, 12. November 1922, in: Schöffling, S. 222
828 Katherine Mansfield an John Middleton Murry, Le Prieuré, Fontainebleau, nach dem 19. November 1922, in: Mansfield/Murry: Letters, S. 391
829 Pietro Citati: Katherine Mansfield. Ein kurzes Leben, Hamburg 1998, S. 120–126
830 Vivian Eliot an Ezra Pound, 2. November 1922, in: Klaidman, S. 96
831 T. S. Eliot an Ezra Pound, 7. November 1922, in: Valerie Eliot: The Letters of T. S. Eliot, Vol. I, New York 1988, S. 592
832 Katherine Mansfield an Ida Baker, Le Prieuré, Fontainebleau, ungefähr 11. November 1922, in: Baker, S. 288
833 Katherine Mansfield an Ida Baker, Le Prieuré, Fontainebleau, 13. November 1922, in: Baker, S. 289
834 Baker, S. 292
835 Katherine Mansfield an Ida Baker, Le Prieuré, Fontainebleau, 12. Dezember 1922, in: Baker, S. 293/294
836 Katherine Mansfield an Ida Baker, Le Prieuré, Fontainebleau, 22. Dezember 1922, in: Baker, S. 297
837 Katherine Mansfield an John Middleton Murry, Le Prieuré, Fontainebleau, 19. November 1922, in: Mansfield/Murry: Letters, S. 390
838 Katherine Mansfield an John Middleton Murry, Le Prieuré, Fontainebleau, 1. Dezember 1922, in: Mansfield/Murry: Letters, S. 393/394
839 Katherine Mansfield an John Middleton Murry, Le Prieuré, Fontainebleau, 17. Dezember 1922, in: Briefe, S. 398
840 Katherine Mansfield an Elizabeth von Arnim, Le Prieuré, Fontainebleau, 31. Dezember 1922, in: Usborn, S. 412
841 Katherine Mansfield an Harold Beauchamp, Le Prieuré, Fontainebleau, 31. Dezember 1922, in: Briefe, S. 335/336
842 Katherine Mansfield an Ida Baker, unversandter Brief, Le Prieuré, Fontainebleau, Anfang Januar 1923, in: Baker, S. 299
843 Lloyd Wright, S. 13

844 Katherine Mansfield an Ottoline Morrell, Portland Villas 2, Hampstead, 13. Juli 1919, in: Briefe, S. 157
845 Virginia Woolf: Tagebuch 16. Januar 1923, in: Tagebücher 2, S. 330
846 Dora Carrington an Gerald Brenan, The Mill House, 29. Januar 1923, in: Carrington: Letters, S. 233
847 William Shakespeare: Heinrich IV., Teil I, II. Aufzug, 3. Szene, in: William Shakespeare: Meisterdramen in sechs Bänden. Dritter Band, Historien I, Leipzig 1873, S. 49
848 Virginia Woolf: Tagebuch 16. Januar 1923, in: Tagebücher 2, S. 330–332
849 Christoph Priest: »The Search of Acceptance in the Name of the Father«, *The Sydney Morning Herald*, 25. Mai 2002
850 Kennedy: Picton, S. 37
851 Virginia Woolf an Jaques Raverat, Hogarth House, Richmond, 30. Juli 1923, in: Briefe 1, S. 358
852 Aldous Huxley: Kontrapunkt des Lebens, München 1989, S. 197
853 Claire Harman: All Sorts of Lives, London 2023, S. 4
854 Murry: Vorwort zu Mantz, S. 11
855 Jeffrey Meyers: Married Genius, North Pomfret, Vermont 2008, S. 170
856 Gathorne-Hardy, S. 188
857 Meyers: Genius, S. 170
858 Alpers, S. VIII
859 James H. Justus: Katherine Mansfield: The Triumph of Egoism, in: *Mosaic: A Journal for the Interdisciplinary Study of Literature*, Vol. 6, Nr. 3, 1973, S. 13–22
860 Katherine Mansfield an John Middleton Murry, Le Prieuré, Fontainebleau, 26. Dezember 1922, in: Briefe, S. 334
861 Katherine Mansfield: Augenblick der Erkenntnis, 1920, in: Tagebuch, S. 293
862 Katherine Mansfield: Das Blühen des Selbst, Sommer 1920, in: Tagebuch, S. 295/296
863 Thomas Glavinic: Der Jonas-Komplex, Frankfurt a. M. 2016, S. 7

Literaturverzeichnis

ARCHIVE

Alexander Turnbull Library, National Library of New Zealand, Wellington
Archives New Zealand, Auckland
British Library London
Harry Ransom Center, University of Texas at Austin
Newberry Library Chicago
Yale Center for British Art, New Haven Connecticut

LITERATUR

ACKROYD, Peter: London. Die Biographie, München 2002.
ALLILUJEVA, Svetlana: The Faraway Music, Neu-Delhi 1984.
ALPERS, Anthony: Katherine Mansfield: The Life of Katherine Mansfield, New York 1980.
ARNIM, Elizabeth von: Ein Chalet in den Bergen, Frankfurt a. M. 1996.
ARNIM, Elizabeth von: Ein Sommer im Garten. Roman, Berlin 2022.
ARNIM, Elizabeth von: Elizabeth und ihr Garten. Roman, Berlin 2020.
AUSTEN, Jane: Verstand und Gefühl, Stuttgart 1984.
BAKER, Ida Constance: Katherine Mansfield: The Memories of LM, London 1985.
BAKER, Ida: Ein Leben für Katherine Mansfield. Erinnerungen, Frankfurt a. M. 1998
BEAUCHAMP, Annie: Victorian Voyage. The Shipboard Diary of Katherine Mansfield's Mother, March to May 1898, Auckland 2000.
BEAUCHAMP, Harold: Reminiscences and Recollections, New Plymouth, Neuseeland 1937.
BELL, Quentin: Erinnerungen an Bloomsbury, Frankfurt a. M. 2018.

BELL, Quentin/NICHOLSON, Virginia: Charleston. Ein englisches Landhaus des Bloomsbury-Kreises, München 1998.
BENTHAM, Jeremy: A Comment on the Commentaries and A Fragment on Government. The Collected Works of Jeremy Bentham, hrsg. von J. H. BURNS/H. L. A. HART, London 1977
BERG-EHLERS, Luise: Extravagante Engländerinnen. Adelige Landpartie zwischen Herrenhaus, Gartenidylle und Dinnerparty, Berlin 2016.
BERG-EHLERS, Luise: Mit Virginia Woolf durch England, Berlin 2012.
BERKMAN, Sylvia: Katherine Mansfield. A Critical Study, Connecticut 1951.
BHABHA, Homi K.: Die Verortung der Kultur, Tübingen 2000.
BLOMERT, Reinhard: John Maynard Keynes, Reinbek bei Hamburg 2007.
BLUNT, Wilfrid Scawen: My Diaries. Being a Personal Narrative of Events 1888–1914, London o.J.
BODDY, Gillian: Katherine Mansfield. The Woman and the Writer, Auckland 1988.
BOON, Kevin: From the Colonies to Katherine Mansfield. The Life and Times of Sir Harold Beauchamp, London 2021.
BROOKE, Rupert: The Collected Poems of Rupert Brooke, London 1918.
BROOKE, Rupert: The Letters, hrsg. v. Geoffrey Keynes, London 1968.
BOULTON, James T.: The Letters of D. H. Lawrence, Vol. I, September 1901–May 1913, New York 1979.
BOULTON, James T./VASEY, L.: The Letters of D. H. Lawrence, Vol. V, 1924–1927, Cambridge 1989.
BYRNE, Janet: A Genius for Living: The Life of Frieda Lawrence, London 1995.
CARCO, Francis: Les Innocents, Paris 1916.
CARRINGTON, Dora: Carrington's Letters. Dora Carrington. Her Art. Her Loves. Her Friendships, hrsg. v. Anne Chisholm. London 2017.
CARSWELL, John: Lives and Letters: A. R. Orage, Beatrice Hastings, Katherine Mansfield, John Middleton Murry, S. S. Koteliansky 1906–1957, London 1978.
CITATI, Pietro: Katherine Mansfield. Ein kurzes Leben, Hamburg 1998.
CLARK, Ronald W.: The Life of Bertrand Russell, London 1975.
COOK, James: Entdeckungsfahrten im Pacific 1768–1779, Tübingen 1971.
DELANEY, Paul: Lawrence's Nightmare: The Writer and his Circle in the Years of the Great War, Brighton 1979.
DIMENT, Galya/KIMBER, GERRI/MARTIN, Todd (Hrsg.): Katherine Mansfield and Russia, Edinburgh 2017.
DORÉ, Gustav: Dorés London. All 180 Illustrations from London, a Pilgrimage, New York 2004.
EDE, H. S.: Savage Messiah: A Biography of the Sculptor Henri Gaudier-Brzeska, London 1931.

EDES, Mary Elizabeth/FRASIER, Dudley (Hrsg.): The Age of Extravagance: An Edwardian Reader, New York 1954.
ELIOT, Valerie (Hrsg.): The Letters of T. S. Eliot, Vol. I, 1898–1922, New York 1988.
FLANDERS, Judith: Inside the Victorian Home. A Portrait of Domestic Life in Victorian England, New York 2003.
FORSTER, E. M.: Wiedersehen in Howards End. Roman, Frankfurt a. M. 2005.
FORSTER, Georg: Reise um die Welt, Frankfurt a. M. 2014.
FRICK-GERKE, Christine (Hrsg.): Inspiration Bloomsbury. Der Kreis um Virginia Woolf, Frankfurt a. M. 2003.
FROULA, Christine/KIMBER, Gerri/MARTIN, Todd (Hrsg.): Katherine Mansfield and Virginia Woolf, Katherine Mansfield Studies, Edinburgh 2020.
FULLBROOK, Kate: Katherine Mansfield: A Critical Study, Brighton 1986.
GARDINER, Juliet: Manor House: Life in an Edwardian Country House, San Francisco 2003.
GARNETT, Angelica: Freundliche Täuschungen. Eine Kindheit in Bloomsbury, Frankfurt a. M. 1993.
GASSTON, Aimée/KIMBER, Gerri/WILSON, Janet: Katherine Mansfield: New Direction, London 2020.
GATHORNE-HARDY, Robert (Hrsg.): Ottoline at Garsington, Memoirs of Ottoline Morrell 1915–1918, London 1974.
GLAVINIC, Thomas: Der Jonas-Komplex, Frankfurt a. M. 2016.
GLENAVY, Beatrice, Lady: Today we will only gossip, London 1964.
GORDON, Lyndall: Virginia Woolf: A Writer's Life. London 2006.
GREEN, Martin: Else und Frieda. Die Richthofen-Schwestern, München 1980.
GREWE, Bernd-Stefan/LANGE, Thomas: Kolonialismus, Ditzingen 2018.
GUNN, Kirsty: Mein Katherine Mansfield Projekt, Stuttgart 2022.
GUNTHER, Marion: Garsington in Old Photographs, Oxford 1993.
HAGEMANN, Albrecht: Kleine Geschichte Australiens, München 2012.
HALL, Stuart: Rassismus und kulturelle Identität. Ausgewählte Schriften 2, Hamburg 2012.
HANKIN, Cherry (Hrsg.): Letters Between Katherine Mansfield and John Middleton Murry, New York 1991.
HANSON, Clare/GURR, Andrew: Katherine Mansfield, New York 1981.
HARMAN, Claire: All Sorts of Lives. Katherine Mansfield and the Art of Risking Everything, London 2023.
HASSALL, Christopher: Edward Marsh. Patron of the Arts, London 1959.
HEFFER, Simon: The Age of Decadence. Britain 1880 to 1914, London 2017.
HESSION, Charles H.: John Maynard Keynes, Stuttgart 1986.
HEYNES, Samuel: The Edwardian Turn of Mind, London 1992.

HIGNETT, Sean: Brett: From Bloomsbury to New Mexico, London 1984.
HOARE, Philip: Wilde's Last Stand. Scandal, Decadence and Conspiracy During the Great War, Richmond 1997.
HOLLAND, Evangeline: Edwardian England. A Guide to Everyday Life 1900–1914, o.O. 2014.
HOLROYD, Michael: Lytton Strachey. The New Biography, London 1994.
HOPKINS, Gerard (Hrsg.): Letters of Marcel Proust to Antoine Bibesco, London 1953.
HUXLEY, Aldous: Parallelen der Liebe. Roman, Frankfurt a. M. 1961.
HUXLEY, Aldous: Kontrapunkt des Lebens, München 1989.
HUXLEY, Aldous: Eine Gesellschaft auf dem Lande. Roman, München 2017.
HUXLEY, Juliette: Leaves of the Tulip Tree, Oxford 1986.
JALLAND, Pat: Women, Marriage and Politics 1860–1914, Oxford 1988.
JAMES, Henry: Die Damen aus Boston, Köln 2017.
JONES, Kathleen: Katherine Mansfield. The Story-Teller, Edinburgh 2011.
JONES, Nigel: Rupert Brooke. Life, Death & Myth, London 1999.
JÜNGLING, Kirsten/ROSSBECK, Brigitte: Frieda von Richthofen. Biographie, Berlin 1998.
KAPLAN, Sydney Janet: Katherine Mansfield and the Origins of Modernist Fiction, New York 1991.
KASCAKOVA, Janca/KIMBER, Gerri (Hrsg.): Katherine Mansfield and Continental Europe. Connections and Influences, London 2015.
KAYE, Elaine: A History of Queen's College, London 1848–1972, London 1972.
KEEL, Daniel/KAMPA, Daniel: Heimliche Gedichte. Von D. H. Lawrence bis Patricia Highsmith, Zürich 2007.
KELLY, Henry D.: As High as the Hills. The Centennial History of Picton, Auckland 1976.
KENNEDY, Julie: Katherine Mansfield in Picton, Auckland 2000.
KEYNES, John Maynard: Krieg und Frieden. Die wirtschaftlichen Folgen des Vertrags von Versailles, Berlin 2006.
KEYNES, John Maynard: Freund und Feind. Zwei Erinnerungen, Berlin 2004.
KIMBER, Gerri: Katherine Mansfield. The Early Years, Edinburgh 2016.
KIMBER, Gerri/WILSON, Janet: Celebrating Katherine Mansfield. A Centenary Volume of Essays, London 2011.
KIMBER, Gerri/MARTIN, Todd: Katherine Mansfield and Children, Katherine Mansfield Studies, Edinburgh 2021.
KIMBER Gerri/MADDISON, Isobel/ MARTIN, Todd: Katherine Mansfield and Elizabeth von Arnim, Katherine Mansfield Studies, Edinburgh 2021.

Kimber, Gerri/Martin, Todd: Katherine Mansfield and The Garden Party and Other Stories. Katherine Mansfield Studies, Edinburgh 2022.

Klaidman, Stephen: Sydney and Violet. Their Life with T. S. Eliot, Proust, Joyce and the Excruciatingly Irascible Wyndham Lewis, New York 2017.

Kramer, Ann: Eyewitness Victorians, London 2015.

Lea, F. A.: The Life of John Middleton Murry: A Biography, London 1959.

Lawrence, D. H.: Liebende Frauen. Roman, Zürich 2008.

Lawrence, D. H.: Das verlorene Mädchen, Reinbek bei Hamburg 1962.

Lawrence, D. H.: Briefe an Frauen und Freunde, hrsg. v. W. E. Süskind, Berlin o. J.

Lawrence D. H.: Briefe, Zürich 1982.

Lawrence, Frieda: ›Not I, but the Wind…‹, London 1983.

Lee, Hermione: Virginia Woolf. Ein Leben. Frankfurt a. M. 2006.

Lee, Hugh (Hrsg.): A Cézanne in the Hedge and Other Memories of Charleston and Bloomsbury, Chicago 1992.

Löhndorf, Marion: Geschüttelt, aber ungerührt. Was England anders macht, Springe 2021.

London, Jack: Menschen am Abgrund, Norderstedt 2021.

Mackrell, Judith: Bloomsbury Ballerina. Lydia Lopokova, Imperial Dancer and Mrs. John Maynard Keynes, London 2009.

Mairet, Philip: A. R. Orage. A Memoir, New York 1966.

Mansfield, Katherine: Tagebuch 1904–1922. Vollständige Ausgabe, München 1981.

Mansfield Katherine: Das Leben sollte sein wie ein stetiges, sichtbares Licht. Briefe, Tagebücher, Kritiken, hrsg. v. Christl Schütz, Frankfurt a. M. 1983.

Mansfield, Katherine: Collected Letters, Volume 1 1903–1917, hrsg. v. Vincent O'Sullivan und Margret Scott, Oxford 1984.

Mansfield, Katherine: Collected Letters, Volume 2 1918–1919, hrsg. v. Vincent O'Sullivan und Margaret Scott, Oxford 1987.

Mansfield, Katherine: Collected Letters, Volume 3 1919–1920, hrsg. v. Vincent O'Sullivan und Margaret Scott, Oxford 1993.

Mansfield, Katherine: Collected Letters, Volume 4 1920–1921, hrsg. v. Vincent O'Sullivan und Margaret Scott, Oxford 1996.

Mansfield, Katherine: Collected Letters, Volume 5 1921–1923, hrsg. v. Vincent O'Sullivan und Margaret Scott, Oxford 2008.

Mansfield, Katherine: Briefe, hrsg. v. Vincent O'Sullivan, Frankfurt a. M. 1992.

Mansfield, Katherine: Sämtliche Werke, Frankfurt a. M. 2009.

Mansfield, Katherine: Sämtliche Erzählungen, Band I, hrsg. v. Elisabeth Schnack, Zürich 2012.

MANSFIELD, Katherine: Sämtliche Erzählungen Band II, hrsg. v. Elisabeth Schnack, Zürich 2012.

MANSFIELD, Katherine: The Edinburgh Edition of the Collected Works of Katherine Mansfield, Vol. 1, The Collected Fiction of Katherine Mansfield 1898–1915, hrsg. v. KIMBER, Gerri/O'SULLIVAN, Vincent, Edinburgh 2012.

MANSFIELD, Katherine: The Edinburgh Edition of the Collected Works of Katherine Mansfield, Vol. 2, The Collected Fiction of Katherine Mansfield 1916–1922, hrsg. v. KIMBER, Gerri/O'SULLIVAN, Vincent, Edinburgh 2012.

MANSFIELD, Katherine: The Edinburgh Edition of the Collected Works of Katherine Mansfield, Vol. 3, The Poetry and Critical Writing of Katherine Mansfield, hrsg. v. KIMBER, Gerri/SMITH, ANGELA, Edinburgh 2014.

MANSFIELD, Katherine: The Edinburgh Edition of the Collected Works of Katherine Mansfield, Vol. 4, The Diaries of Katherine Mansfield Including Miscellaneous Works, hrsg. v. KIMBER, Gerri/DAVISON, Claire, Edinburgh 2016.

MANSFIELD, Katherine: Fliegen, Tanzen, Wirbeln, Beben. Vignetten eines Frauenlebens 1903–1922, hrsg. v. Horst Lauinger, München 2018.

MANSFIELD, Katherine: Poems, New York 2020.

MANSFIELD, Katherine: Die Aloe, Göttingen 2021.

MANSFIELD, Katherine: Die Gartenparty, München 2022.

MANTZ, Ruth Elvish/MIDDLETON MURRY, John: The Life of Katherine Mansfield, London 1933.

MARTIN, Todd (Hrsg.): Katherine Mansfield and the Bloomsbury Group, London 2017.

MARWICK, Arthur: The Deluge: British Society and the First World War, Basingstoke 2006.

MAURER, Michael: Kleine Geschichte Englands, Ditzingen 2002.

MEYERS, Jeffrey: Katherine Mansfield. A Biography, London 1978.

MEYERS, Jeffrey: Katherine Mansfield: A Darker View, New York 2022.

MEYERS, Jeffrey: Married to Genius, Vermont 2005.

MOORE, Harry T. (Hrsg.): The Collected Letters of D. H. Lawrence, Vol. II, London 1962.

MOORE, James: Gurdjieff and Mansfield, London 1980.

MIDDLETON MURRY, John: Between Two Worlds. An Autobiography, London 1935.

MIDDLETON MURRY, John: The Journal of Katherine Mansfield, London 1927.

MIDDLETON MURRY, John: The Letters of Katherine Mansfield Vol. I, London 1930.

MIDDLETON MURRY, John: The Letters of Katherine Mansfield Vol. II, London 1930.

MIDDLETON MURRY, John: Katherine Mansfield's Letters to John Middleton Murry 1913–1922, London 1951.

MIDDLETON MURRY, John: The Scrapbook of Katherine Mansfield. London 1937.
MURRAY, Tosti: Marsden. The History of a New Zealand School for Girls, Wellington 1967.
MYLO, Ingrid: Apropos Katherine Mansfield, Frankfurt a. M. 1998.
MYLO, Ingrid: Katherine Mansfield. Alles, was ich schreibe – alles, was ich bin. Texte einer Unbeugsamen, Wiesbaden 2022.
NORBURN, Roger: A Katherine Mansfield Chronology, London 2008.
ORTON, William: The Last Romantic, London 1937.
O'SULLIVAN, Vincent (Hrsg.): The Poems of Katherine Mansfield, Auckland 1991.
ORWELL, George: Mein Katalonien. Bericht über den Spanischen Bürgerkrieg, Zürich 1975.
ORWELL, George: Der Löwe und das Einhorn. Der Sozialismus und der englische Genius, Leipzig 2022.
OUSPENSKY, P. D.: The Fourth Way, New York 1957.
PAGE, Norman (Hrsg.): D. H. Lawrence. Interviews & Recollections, Band I: Lady Ottoline Morrell. Garsington and London, London 1981.
PARRY, Lorae: Bloomsbury Women & The Wild Colonial Girl, Wellington 2010.
PAYTON, Philip/VARNAVA, Andrekos: Australia, Migration and Empire. Immigrants in a Globalised World, Cham, Schweiz 2019.
PEARSALL, Ronald: Edwardian Life and Leisure, Newton Abbot 1973.
PILDITCH, Janice (Hrsg.): The Critical Response to Katherine Mansfield, Westport, Connecticut 1996.
PORTER, Katherine Anne: Was vorher war. Frankfurt a. M. 1968.
RAITT, Suzanne/TATE, Trudi: Women's Fiction and the Great War, Oxford 1997.
READ, Mike: Forever England. The Life of Rupert Brooke, Edinburgh 1997.
ROBERTS, Warren/BOULTON, James/MANSFIELD, Elizabeth (Hrsg.): The Letters of D. H. Lawrence, Vol. IV, June 1921–March 1924, Cambridge 1987.
ROSNER, Victoria: The Cambridge Companion to the Bloomsbury Group, Cambridge 2014.
RUIZ, Marie: British Female Emigration Societies and the New World 1860–1914, Cham, Schweiz 2007.
RUSSELL, Bertrand: The Autobiography of Bertrand Russell, London Vol. I, London 1967.
RUSSELL, Bertrand: The Autobiography of Bertrand Russell, London Vol. II, London 1968.
RUSSELL, Bertrand: Autobiographie II 1914–1944, Frankfurt a. M. 1973.
SCHÖFFLING, Ida (Hrsg.): Katherine Mansfield: Über die Liebe, Frankfurt a. M. 1995.

SCHÖFFLING, Ida: Katherine Mansfield: Leben und Werk in Texten und Bildern, Frankfurt 1996.
SCHWENDIMANN, Max A.: Katherine Mansfield. Ihr Leben in Darstellung und Dokumenten, München 1967.
SAID, Edward W.: Am Falschen Ort. Autobiografie, Berlin 2002.
SCOTT, Margaret (Hrsg.): The Katherine Mansfield Notebooks, Complete Edition, Minneapolis 1997.
SCOTT, Margaret: Recollecting Mansfield, Auckland 2001.
SEIFERT, Nicole: Von Tagebüchern und Trugbildern. Die autobiographischen Aufzeichnungen von Katherine Mansfield, Virginia Woolf und Sylvia Plath, Berlin 2022.
SELLEI, Nora: Katherine Mansfield and Virginia Woolf: A Personal and Professional Bond, London 1996.
SESHAGIRI, Urmila: Race and the Modernist Imagination, Ithaka 2010.
SEYMOUR, Miranda: Ottoline Morrell. Life on the Grand Scale, London 2008.
SHAKESPEARE, William: Shakespeares Meisterdramen in sechs Bänden. Zweiter Band, Leipzig o. J.
SHAKESPEARE, William: Shakespeares Meisterdramen in sechs Bänden. Dritter Band, Leipzig o. J.
SILESIUS, Angelus: Cherubinischer Wandersmann, Ditzingen 1984.
SMITH, Angela: Katherine Mansfield: A Literary Life, London 2000.
SMITH, Angela: Katherine Mansfield and Virginia Woolf: A Public of Two, Oxford 1999.
SNAITH, Anna: Modernist Voyages: Colonial Women Writers in London 1890–1945, Cambridge 2014.
SPALDING, Frances: The Bloomsbury Group, London 1997.
SPALDING, Frances: Virginia Woolf. Leben, Kunst & Visionen, München 2016.
STEAD, C. K.: Mansfield, London 2004.
STRACHEY, Lytton: Eminent Victorians, London 1918.
STUCHTEY, Benedikt: Geschichte des Britischen Empire, München 2021.
SWIFT, Jonathan: Gullivers Reisen, Ditzingen 2022.
TOMALIN, Claire: Katherine Mansfield. Eine Lebensgeschichte, Frankfurt a. M. 1987.
USBORNE, Karen: Elizabeth von Arnim. Eine Biographie, Frankfurt a. M. 1994.
VARLOW, Sally: A Reader's Guide to Writers' Britain, London 1996.
WALDMANN, Werner: Virginia Woolf, Reinbek bei Hamburg 1983.
WEBB, Sidney & Beatrice: Visit to New Zealand in 1898, Wellington 1959.
WELLS, H. G.: Russia in the Shadows, London 1921.
WILDE, Oscar: Das Bildnis des Dorian Gray, München 1988.

WILSON, Janet/KIMBER, Gerri/CORREA, Delia da Sousa: Mansfield and the (Post)colonial. Katherine Mansfield Studies Vol. 5, Edinburgh 2013.
WISER, William: The Crazy Years. Paris in the Twenties, Chichester 1983.
WOOLF, Leonard: Beginning Again. An Autobiography of the Years 1911–1918, London 1964.
WOOLF, Leonard: Mein Leben mit Virginia. Erinnerungen, Frankfurt a. M. 1998.
WOOLF, Leonard / STRACHEY, James (Hrsg.): Virginia Woolf and Lytton Strachey. Letters, London 1956.
WOOLF, Virginia: Jacobs Zimmer, Frankfurt a. M. 2006.
WOOLF, Virginia: Tagebücher 1, 1915–1919, Gesammelte Werke, hrsg. v. Klaus Reichert, Frankfurt a. M. 1990.
WOOLF, Virginia: Tagebücher 2, 1920–1924, Gesammelte Werke, hrsg. v. Klaus Reichert, Frankfurt a. M. 1994.
WOOLF, Virginia: Augenblicke des Daseins. Autobiographische Skizzen, Gesammelte Werke, hrsg. v. Klaus Reichert, Frankfurt a. M. 2013.
YSKA, Redmer: A Strange Beautiful Excitement: Katherine Mansfield's Wellington 1888–1903, Dunedin 2017.

FILM

Stadt Land Kunst: Katherine Mansfields Heimweh nach Neuseeland, arte 04.02.2021
Stadt Land Kunst: Menton. Die unbeschwerte Zeit der Katherine Mansfield, arte 13.04.2022
A Portrait of Katherine Mansfield. A Woman and a Writer, Dokumentarfilm
A Picture of Katherine Mansfield. 6-teilige Fernsehserie der BBC 1973

RUNDFUNK

Owen Leeming: The Sisters of Kezia. Interview 1962. RNZ Collection Sound Collections Nr. 24160 NGA Taonga Sound & Vision Archiv

KATHERINE MANSFIELD SOCIETY

https://katherinemansfieldsociety.org/
Tinakori, Critical Journal of the Katherine Mansfield Society Issue 1–5
https://katherinemansfieldsociety.org/publications/tinakori/
Heron, Creative Journal of the Katherine Mansfield Society, Issue 1–3
https://katherinemansfieldsociety.org/publications/heron/
Bloomsbury Group
https://www.bloomsbury.com/us/
https://www.charleston.org.uk/

Personenregister:

Allilujewa, Swetlana 403
Alpers, Antony 195, 421
Ansell, Mary 203, 206
Archer, Jeffery 199
Arnim, Charlotte von 163
Arnim, Elizabeth von 25, 84, 93, 105, 262, 327, 354, 369, 379, 386, 406, 410, 414
Asquith, Herbert Henry 278, 360
Asquith, Margot 285
Austen, Jane 11, 333, 336, 356, 371

Baker, Ida Constance 25, 52, 91–95, 97 ff., 102, 115, 124 ff., 133, 137, 142, 144 f., 149, 155–158, 161, 166, 170, 172, 174 f., 178–182, 184–188, 193, 202, 213, 216 f., 220, 248, 250, 289, 293 f., 296, 300 f., 304 f., 309, 312 f., 361 ff., 321–324, 328, 331 f., 335 f., 344, 347, 356 ff., 365 f., 369, 371 ff., 375, 381, 385, 387–391, 393, 396, 399 f., 402, 407 f., 411 f., 414, 422
Balzac, Honoré de 363
Barrie, J. M. 13, 206
Bartrick-Baker, Vere »Mimi« 88
Bashkirtseff, Marie 116
Beauchamp, Annie Burnell (Mutter) 47, 49 ff., 54, 63 f., 75, 120, 160 f., 463 f., 222, 232, 242, 309
Beauchamp, Arthur (Großvater) 40, 45 ff.
Beauchamp, Charlotte Mary »Chaddie« (Schwester) 39, 59, 62, 64, 66, 79, 82 f., 106, 116, 129, 135 f., 213, 252, 299, 316, 410, 412
Beauchamp, Connie (Cousine) 334, 342, 344, 347, 357, 373
Beauchamp, Harold (Vater) 38 f., 45–50, 54 f., 57, 62 ff., 67, 72 f., 75, 80, 82, 84, 99, 106, 112, 119 f., 127, 130, 134, 136 f., 144, 188, 232, 242, 252, 303, 309, 320, 330, 335, 374, 389, 415
Beauchamp, Henry Herron (Onkel) 83 f.
Beauchamp, Henry jun. »Guardy« 83
Beauchamp, Jeanne »Jeannie« (Schwester) 54, 59, 64, 213, 406, 410, 412
Beauchamp, Leslie Heron »Chummie« (Bruder) 58, 68, 82, 93, 106, 136, 188, 231, 235, 240–244, 252 f.
Beauchamp, Mary Annette (Cousine) 84
Beauchamp, Sydney (Cousin) 320

Beauchamp, Vera Margaret
(Schwester) 39, 58 f., 61, 66, 79,
82 f., 85, 91, 94, 113, 135 ff., 155, 163,
213, 240
Beauchmap, Cradock
(Großonkel) 61
Bell, Clive 261, 266, 268, 277 f., 283,
298, 329, 363 f.
Bell, Quentin 269, 277
Bell, Vanessa 261, 268 ff., 277–282
Bendall, Edith Kathleen 120, 123,
158
Bentham, Jeremy 266
Beresford, J. D. 203
Besant, Annie 147
Bhabha, Homi K. 28
Bibesco, Antoine Prinz 360
Bibesco, Elizabeth Prinzessin
360 ff., 365 f.
Bibesco, Lena 361
Bishop, Henry 182, 185 f.
Bligh, William 43 f.
Blunt, Wilfrid 270
Booth, Charles 78 f.
Bowden, George Charles 152–156,
158 ff., 163, 172, 174 ff., 179 f., 194 f.,
208, 303
Bowen, Elizabeth 25
Bowes-Lyon, Elizabeth 246
Brady, E. J. 128 f.
Brenan, Gerald 275, 412
Brett, Dorothy 15, 287 f., 290 f., 299,
309, 316, 327, 349, 354 f., 357, 361,
365, 370, 375, 391, 393, 412 f.
Bright, Laura Kate »Bee« 231, 343
Brooke, Rupert 107, 148, 199 f., 203,
207, 237 f., 356
Brouwer, Hendrik 108
Brzeska, Sophie 197 f.

Campbell, Beatrice 228 f., 324
Campbell, Charles Henry
Gordon 196, 203, 221, 224 f., 228,
232, 324
Campion, Jane 112
Cannan, Gilbert 203, 206, 232
Cannan, Mary 206, 232, 364
Carco, Francis 25, 213 f., 216, 231–238,
248, 304, 319, 351
Carrington, Dorothy »Dora« 261,
275 ff., 287 f., 290 f., 294, 412
Carsfield, Anne 120
Cockbayne, Elizabeth »Betty«
414 f.
Colette (Sidonie-Gabrielle
Claudine) 214, 227
Conrad, Joseph 184
Cook, James 42, 108
Cornwell, Patricia 262
Cox, Ka 356
Croudace, Camilla 80, 88

Dampier, William 40, 42
Derp, Clotilde von 406
Dickens, Charles 11, 18 f., 31, 55 f.,
66 f., 70
Donat, Louis 382 f., 385, 397
Duckworth, Georg 273
Duckworth, Gerald 273
Dyer, Annie Burnell siehe
Beauchamp, Annie Burnell
Dyer, Joseph 49
Dyer, Sydney 73

Edward VII., König 77, 99
Eliot, T. S. 12, 176, 248, 274, 282 f.,
325, 350, 352 f., 407
Eliot, Vivian 352, 407
Elvery, Beatrice 196, 203

Fergusson, John Duncan 309
Forster, E. M. 205, 259, 262, 264, 295, 325, 329
Forster, Georg 108
Fox, Ronny 103
French, Vera 172
Fry, Helen 270
Fry, Roger 260 f., 269 ff., 279, 329, 363
Fullerton, Jinnie 334, 342 f., 347, 358

Galsworthy, John 78, 184
Gamble, Mary 415
Garnett, Angelica 277
Garnett, David »Bunny« 204, 206, 210, 277
Garnett, Edward 210
Gaudier-Brzeska, Henri 197 ff., 239
Georg, W. L. 190 f.
George V., König 188
George, Lloyd 278, 280
Gertler, Mark 232 f., 276, 287, 324, 375
Gibson, Robert 316
Gladstone, William 17
Gordon, Ian 29
Gorki, Maxim 223, 381 f.
Grant, Duncan 261, 271, 273 f., 277 f.
Granville, Charles 196, 202
Green, Graham 247
Gross, Otto 205 f.
Gurdjieff, Georges I. 177, 377, 394, 401, 403–407, 409 f.
Gurr, Andrew 177

Hahn, Johann Sigmund 162
Hanson, Clare 177
Hardy, Thomas 18, 414
Hartmann, Olga de 406

Hartmann, Thomas de 405 f.
Harvey, Helen 414
Hastings, Beatrice 25, 177 f., 180 ff., 185, 187 f., 237
Heine, Heinrich 97
Heinemann, Francis 184 ff.
Heinemann, William 184
Herrick, Ruth 25, 89
Hibbert, James E. 242
Higginson, Thomas Cecil 231
Hinzenberg, Olgivann i. e. Olgivanna Lloyd Wright
Hodgkins, Frances
Hudson, Stephen i. e. Sydney Schiff
Hutchinson, Mary 269, 278
Huxley, Aldous 230, 247, 290 f., 325, 418
Hyndman, Henry 78
Hynes, Samuel 77

Iwanowna, Olga 403

Jaffes, Edgar 205
James, Henry 175, 237
Jennings, George 19
Jerrold, William Blanchard 26
Johnston, Tiggy 231
Jones, Kathleen 166
Joyce, James 33, 274, 387 f.
Jung, C. G. 323

Kay, Alexander 143, 160, 180, 241, 309, 330
Keynes, John Maynard 261, 267, 271 f., 278–282, 298
Kimber, Gerri 174, 179
Kipling, Rudyard 18, 184
Kitchener, Herbert Lord 240
Kneipp, Sebastian 161 ff., 165

Koteliansky, Samuel S. »Kot« 222 f., 232, 256, 259, 324, 332, 343, 348, 364, 373, 375, 379, 382, 399

Lancaster, Stephen 55
Lawrence, D. H. 12, 31, 204 ff., 209 ff., 221, 228–232, 236, 239, 277–248, 251, 253, 255–260, 264, 287 f., 292 f., 300, 309, 319 f., 323 ff., 329, 346, 355, 358, 364, 371, 395 f., 409, 413, 420
Lawrence, Frieda 205 f., 209 ff., 224–230, 232, 236, 239, 254–258, 260, 288, 292, 309, 320, 323, 355, 413
Le Maistre, Violet 414
Leeming, Owen 59
Lewis, Wyndham 350, 395
Locke-Ellis, Vivian 393
London, Jack 78 f.
Lopokova, Lydia 281 ff.

MacCarthy, Desmond 262
MacCarthy, Molly 262
Mackenzie, Hettie Millicent 77
Mahupuku, Maata 23, 69 f., 101, 117 f., 123
Manners, Charles 151
Manoukhin, Ivan 373, 375, 377, 381–384, 386, 389. 397
Manoukhin, Tatiana 382
Mansfield, Margaret Isabella (Großmutter) 49
Mantz, Ruth Elvish 28, 153, 166, 420
Marsh, Edward 148, 199 f.
Mary, Königin 360
Mills, Tom L. 127 f., 134
Moody, Fanny 151
Moore, George Edward 266 f.

Moore, Leslie i. e. Ida Constance Baker
Morrell, Lady Ottoline 12, 22 f., 27, 245 ff., 260, 263, 283 f., 286, 290, 292, 297 f., 315, 328 f., 371, 375, 420
Morton, Frank 128
Murry, John Middleton 166, 178, 189–204, 206–211, 213 ff., 221–240, 242 f., 245 f., 248–251, 253–258, 260, 263, 284, 286 f., 290 f., 294, 296–300, 302 ff., 307–314, 316, 319 ff., 324–340, 342 f., 345–349, 351 f., 354 ff., 357–366, 368 f., 371, 375, 377 ff., 383–395, 397 ff., 402, 406, 409, 411–415, 417–423
Murry, Katherine Violet Middleton siehe Le Maistre, Violet
Murry, Richard 45

Nys, Maria 290 f.

O'Brien, Lucy 153
Orage, Alfred Richard 176 f., 180 ff., 185, 192, 237, 295, 378, 393 ff., 399 f.
Orton, William 128, 183, 186 f.
Orwell, George 11, 16, 227, 319
Ostrowska, Julia 406
Ouspensky, P. D. 393 f., 396
Oxon, M. B. i. e. Lewis Wallace

Palmer, Clara 324
Pankhurst, Emmeline 11, 77, 147
Partridge, Frances 275 f.
Partridge, Ralph 275
Pater, Walter 96
Payne, Evelyn (Cousine) 81, 90, 217
Payne, Sylvia (Cousine) 80, 90, 94, 106, 116, 129
Perrot, Susie de 388 f.

Pound, Ezra 352, 407
Proust, Marcel 33, 350, 360, 371
Putnam, Matty 120, 127, 134
Rice, Anne Estelle 195 f., 203, 241, 311
Richthofen, Else von 205
Richthofen, Frieda von siehe
    Lawrence, Frieda
Rippmann, Walter 95 ff., 114
Rothermere, Lady (Mary Lilian
    Share) 396, 407
Rouse, Gwen 90, 125
Ruddick, Marion 64
Russell, Bertrand 12, 35, 246, 289 f.,
    297, 325, 329
Russell, Francis Earl 369 f.

Saleeby, Caleb 153 f.
Salzmann, Jeanne de 406
Sassoon, Siegfried 297
Schiff, Sydney 350, 387, 395
Schiff, Violet 350, 387, 395
Secker, Martin 202, 371
Shaw, George Bernard 13, 78, 147,
    171, 176, 209, 283, 333, 360
Sickert, Walter 262
Sidney-Turner, Saxon 261
Smith, Edna 183 f.
Sobieniowski, Floryan 171 ff., 179,
    201, 208 f., 357
Somerset Maugham, William 184
Sorapure, Victor Edgar 318 f., 325 ff.,
    330, 354, 362, 366, 392 f.
Spahlinger, Henri 372
Stephani, Théodore 367 ff.
Stephen, Virginia i. e. Virginia Woolf
Stevenson, Robert Louis 184, 254, 319
Strachey, Lytton 20, 233, 261, 266 f.,
    269, 271, 275 ff., 284, 287, 290 f.,
    329, 333, 363

Sullivan, J. W. N. 325, 412
Swift, Jonathan 40, 42
Swinburne, Algernon Charles 96
Swinnerton, Frank 22, 203

Tolstoi, Leo N. 88, 333
Trollope, Anthony 24, 45
Trowell, Dolly 149
Trowell, Garnet 73, 98 f., 151 f., 160 f.
    165 f., 181, 343
Trowell, Thomas 72
Trowell, Tom »Arnold« 73, 90, 93,
    97, 99 ff., 120, 123 f., 130, 149
Tschechow, Anton 32, 171, 176 f., 184,
    332 f., 343, 347 f., 361, 388
Tweed, Marion 76

Uhl Strindberg, Frida 145

Vere Cole, William Horace de 274
Verlaine, Paul 96
Victoria, Königin 17 f.

Waterlow, Sydney (Cousin) 210, 293,
    349
Watts, George Frederic 76 f.
Webb, Beatrice 107 f., 147, 283
Webb, Sidney 107 f., 147
Weber, Alfred 205
Weber, Marianne 205
Weber, Max 205 f.
Weekley, Ernest 205, 212
Weekley, Frieda siehe Lawrence,
    Frieda
Wells, H. G. 147, 283, 359, 382
Wilde, Oscar 96, 146, 156, 350
Wilson, Woodrow 275, 280
Wishart, Margaret 151
Wood, Clara Finetta 80

Woodhouse, George 151
Woolf, Leonard 210, 238, 246, 261, 264, 268, 272, 274, 284 f., 293, 295, 305, 329, 334, 353, 420
Woolf, Sydney 264
Woolf, Virginia 12, 33, 200, 238, 248, 258, 261, 263, 266 ff., 270 f., 273 f., 280, 283 f., 287, 289, 293, 295, 297, 299, 305, 314 f., 321, 326, 329, 333 f., 336 f., 351, 353, 356, 359, 363, 412 f., 417, 422

Wright, Frank Lloyd 403
Wright, Olgivanna Lloyd 37, 377, 403 f., 412
Wyspiański, Stanisław 172, 201

Yeats, W. B. 176, 200
Young, James 399, 401

Bildnachweis

1. Beauchamp family. Ref: 1/2-031204-F. Alexander Turnbull Library, Wellington, New Zealand. /records/23011408
2. Annie Beauchamp, Katherine Mansfield's mother. Ref: 1/2-028637-F. Alexander Turnbull Library, Wellington, New Zealand. /records/22680074
3. Portrait of Harold Beauchamp. S P Andrew Ltd: Portrait negatives. Ref: 1/1-013458-G. Alexander Turnbull Library, Wellington, New Zealand. /records/22792744
4. Maata Mahupuku, also known as Martha Grace. Ref: 1/2-049811-F. Alexander Turnbull Library, Wellington, New Zealand. /records/22352835
5. Katherine Mansfield playing the cello, Queen's College, Harley Street, London. Baker, Ida :Photographs of Katherine Mansfield. Ref: 1/2-162825-F. Alexander Turnbull Library, Wellington, New Zealand. /records/22457007
6. Studio portrait of Garnet, Dolly, and Arnold Trowell. Trowell, Arnold Thomas Wilberforce, 1887-1966: Photographs. Ref: PA1-q-984-10. Alexander Turnbull Library, Wellington, New Zealand. /records/50883448
7. ARCHIVIO GBB / Alamy Stock Foto
8. Ida Baker: Alexander Turnbull Library, Wellington, New Zealand
9. Katherine Mansfield wearing an Arabian shawl, Rottingdean, Sussex, England. Baker, Ida :Photographs of Kathe-

rine Mansfield. Ref: 1/4-059878-F. Alexander Turnbull Library, Wellington, New Zealand. /records/22527593
10. Harry Ransom Center/University of Texas, Austin
11. Universal History Archive/Getty Images
12. ARCHIVIO GBB / Alamy Stock Photo
13. ©picturenottingham.co.uk
14. Katherine Mansfield. Ref: 1/2-002594-F. Alexander Turnbull Library, Wellington, New Zealand. /records/22601543
15. Katherine Mansfield and John Middleton Murry at the Villa Isola Bella, Menton, France. Baker, Ida: Photographs of Katherine Mansfield. Ref: 1/2-011908-F. Alexander Turnbull Library, Wellington, New Zealand. /records/22305707
16. Mondadori/Getty Images
17. George C. Beresford/Beresford/Hulton Archive/Getty Images
18. Granger / Bridgeman Images
19. Katherine Mansfield at the Villa Flora, Menton, France. Baker, Ida: Photographs of Katherine Mansfield. Ref: 1/2-011984-F. Alexander Turnbull Library, Wellington, New Zealand. /records/22890079
20. Baker, Ida Constance, 1888-1978. Baker, Ida: Katherine Mansfield and John Middleton Murry in garden at Chateau Belle Vue, Sierre, July 1922. Ref: 1/2-015896-F. Alexander Turnbull Library, Wellington, New Zealand. /records/22748926
21. Katherine Mansfield with Ida Baker and Dorothy Brett in the garden at Sierre, Switzerland. Baker, Ida: Photographs of Katherine Mansfield. Ref: 1/2-011925-F. Alexander Turnbull Library, Wellington, New Zealand. /records/22701010
22. INTERFOTO / Mary Evans / Illustrated London News Ltd

Danksagung

Mein besonderer Dank gilt all den engagierten Katherine-Mansfield-Forscher*innen weltweit, auf deren detaillierte Forschungsergebnisse diese Biographie aufbauen konnte. Zu nennen sind hierbei im besonderen Prof. Dr. Kirsty Gunn, University of Dundee, Prof. Dr. Gerri Kimber, University of Northampton, Dr. W. Todd Martin, Huntington University, Claire Tomalin, London, Kathleen Jones, Cumbria und natürlich die Katherine Mansfield Society.

Die Idee zu diesem Buch entstand in unmittelbarem Zusammenhang mit der Universität Cambridge und den Frauen der Familie Danehy: Robin, Moira und Mary. Danke für alle Impulse und Eure Freundschaft.

Unterstützung, konstruktive Kritik und hinreichend Crémant kamen wie immer von Dr. Ingeborg Beer, Berlin. Danke und bis bald in der Paris Bar!

Der Verlag behält sich die Verwertung der urheberrechtlich geschützten Inhalte dieses Werkes für Zwecke des Text- und Data-Minings nach § 44 b UrhG ausdrücklich vor. Jegliche unbefugte Nutzung ist hiermit ausgeschlossen.

Penguin Random House Verlagsgruppe FSC® N001967

2. Auflage
Copyright © 2023 by btb Verlag
in der Penguin Random House Verlagsgruppe GmbH,
Neumarkter Straße 28, 81673 München
Covergestaltung und Covermotiv: semper smile, München
Satz: Uhl + Massopust, Aalen
Druck und Einband: GGP Media GmbH, Pößneck
Printed in Germany
ISBN 978-3-442-75876-0

www.btb-verlag.de
www.facebook.com/penguinbuecher